本书得到以下单位资助出版：
☆内蒙古财经大学
☆中蒙俄经贸合作与草原丝绸之路经济带
　构建研究协同创新中心

内蒙古自治区
社会经济发展
蓝皮书

总主编／杜金柱　　侯淑霞

内蒙古自治区
中小企业发展研究报告
（2016）

内蒙古中小企业发展研究基地＼编

RESEARCH REPORT ON DEVELOPMENT
OF SMALL AND MEDIUM ENTERPRISES
ON INNER MONGOLIA (2016)

经济管理出版社
ECONOMY & MANAGEMENT PUBLISHING HOUSE

图书在版编目（CIP）数据

内蒙古自治区中小企业发展研究报告.2016/内蒙古中小企业发展研究基地编.—北京：经济管理出版社，2016.10

ISBN 978 - 7 - 5096 - 4157 - 6

Ⅰ.①内…　Ⅱ.①内…　Ⅲ.①中小企业—企业发展—研究报告—内蒙古—2016
Ⅳ.①F279.243

中国版本图书馆 CIP 数据核字(2015)第 299575 号

组稿编辑：王光艳
责任编辑：许　兵
责任印制：黄章平
责任校对：赵天宇

出版发行：经济管理出版社
　　　　　（北京市海淀区北蜂窝 8 号中雅大厦 A 座 11 层　　100038）
网　　　址：www. E - mp. com. cn
电　　　话：(010) 51915602
印　　　刷：北京九州迅驰传媒文化有限公司
经　　　销：新华书店
开　　　本：720mm × 1000mm/16
印　　　张：28
字　　　数：534 千字
版　　　次：2016 年 10 月第 1 版　　2016 年 10 月第 1 次印刷
书　　　号：ISBN 978 - 7 - 5096 - 4157 - 6
定　　　价：98.00 元

内蒙古自治区社会经济发展蓝皮书（2016）
编 委 会

总　序

　　2015 年，面对错综复杂的国际形势和艰巨繁重的国内改革发展稳定任务，内蒙古自治区各族人民在自治区党委、政府的正确领导下，深入学习贯彻党的十八大，十八届三中、四中、五中全会及习近平总书记系列重要讲话精神，按照"五位一体"总体布局和"四个全面"战略布局的总要求，牢固树立和贯彻落实创新、协调、绿色、开放、共享的发展理念，主动适应经济发展新常态。

　　《内蒙古自治区 2015 年国民经济和社会发展统计公报》显示，2015 年末全区常住人口为 2511.04 万人，比 2014 年增加 6.23 万人。人口自然增长率为2.4‰。城镇化率达到 60.3%，比 2014 年提高 0.8 个百分点。全区实现地区生产总值 18032.8 亿元，按可比价格计算，比 2014 年增长 7.7%。全年居民消费价格总水平比 2014 年上涨 1.1%。年末全区城镇单位就业人员为 292.6 万人。年末城镇登记失业率为 3.65%。全年实现失业人员再就业人数为 6.1 万人。全年完成一般公共预算收入 1964.4 亿元，一般公共预算支出 4290.1 亿元，分别比 2014 年增长 6.5% 和 10.6%。财政收入在增收困难较大的情况下，顺利完成了全年增长目标。全年农作物总播种面积 756.8 万公顷，比 2014 年增长 2.9%。年末全区农牧业机械总动力为 3805.1 万千瓦，比 2014 年增长 4.8%；综合机械化水平达到81.4%。全年全部工业增加值为 7939.2 亿元，比 2014 年增长 8.2%。全区规模以上工业企业实现主营业务收入 18522.7 亿元，比 2014 年下降 0.3%；实现利润940.5 亿元，比 2014 年下降 23.8%。全年规模以上工业企业产品销售率为96.6%，产成品库存额为 643.2 亿元，比 2014 年增长 0.7%。全年建筑业增加值为 1263.2 亿元，比 2014 年增长 6.7%。全年全社会固定资产投资总额为 13824.8亿元，比 2014 年增长 14.5%。其中，500 万元以上项目完成固定资产投资13651.7 亿元，比 2014 年增长 14.5%。新开工项目 12695 个，比 2014 年增长2.4%；在建项目投资总规模 35672 亿元，比 2014 年下降 0.1%。全年社会消费品零售总额为 6107.7 亿元，比 2014 年增长 8.0%。全年海关进出口总额为 790.4

亿元，比2014年下降11.6%。全年实际使用外商直接投资额为33.7亿美元，比2014年下降15.4%。全年完成货物运输总量20.9亿吨，比2014年增长2.1%。全年完成旅客运输总量19820万人，比2014年增长0.2%。年末全区民用汽车保有量为400.1万辆，比2014年增长7.6%；全年邮电业务总量（2010年不变价）为400.3亿元，比2014年增长19.1%。全年实现旅游总收入2257.1亿元，比2014年增长25.0%。接待入境旅游人数160.8万人次，比2014年下降3.8%；旅游外汇收入9.6亿美元，比2014年下降4.0%。国内旅游人数为8351.8万人次，比2014年增长12.6%；国内旅游收入为2193.8亿元，比2014年增长25.7%。年末全区金融机构人民币存款余额为18077.6亿元，全年新增存款1641.3亿元，比2014年增长11.0%。全年全体居民人均可支配收入为22310元，比2014年增长8.5%。数据显示，2015年内蒙古自治区社会经济总体发展实现了稳中有进、稳中有好、进中有创、创中提质的良好态势，结构调整出现积极变化，改革开放不断深化，民生事业持续进步，经济社会发展迈上新台阶，实现了"十二五"圆满收官，为"十三五"经济社会发展、决胜全面建成小康社会奠定了坚实基础。

为真实反映内蒙古自治区社会经济发展全景，为内蒙古自治区社会经济发展提供更多的智力支持和决策信息服务，2013年，由内蒙古财经大学组织校内学者编写了《内蒙古自治区社会经济发展研究报告丛书》，丛书自出版以来，受到社会各界的广泛关注，亦成为社会各界深入了解内蒙古自治区的一个重要窗口。2016年，面对新的社会经济发展形势，内蒙古财经大学的专家学者们再接再厉，推出全新的《内蒙古自治区社会经济发展蓝皮书》，丛书的质量和数量均有较大提升，力图准确诠释2015年内蒙古自治区社会经济发展的诸多细节，书目包括《内蒙古自治区区域经济综合竞争力发展报告》《内蒙古自治区文化产业发展报告》《内蒙古自治区旅游业发展报告》《内蒙古自治区社会保障发展报告》《内蒙古自治区财政发展报告》《内蒙古自治区能源发展报告》《内蒙古自治区金融发展报告》《内蒙古自治区投资发展报告》《内蒙古自治区对外经济贸易发展报告》《内蒙古自治区中小企业发展报告》《内蒙古自治区区域经济发展报告》《内蒙古自治区工业发展报告》《蒙古国经济发展现状与展望》《内蒙古自治区商标品牌发展报告》《内蒙古自治区惠农惠牧政策促进农牧民增收发展报告》《内蒙古自治区物流业发展报告》。

一个社会的存续与发展，有其特定的社会和经济形态，同时也离不开独有的思想意识、价值观念和技术手段。秉承社会主义核心价值观、使命意识和学术的职业要求是当代中国学者应有的担当，正是基于这样的基本态度，我们编撰了本套丛书，丛书崇尚学术精神，观点坚持学术视角，客观务实，兼容并蓄；内容上专业深入，丰富实用；兼具科学研究性、实际应用性、参考指导性，希望能给读者以启发和帮助。

　　丛书的研究成果或结论属个人或研究团队观点，不代表单位或官方结论。由于研究者水平有限，特别是当前复杂的世界政治经济形势下的社会演进节奏日新月异，对社会科学研究和发展走向的预测难度可想而知，因此书中结论难免存在不足之处，恳请读者指正。

编委会

2016.8

本书编委会

主　编：李兴旺　　毛文静　　王瑞永　　徐慧贤

　　　　李亚慧　　杜静然

副主编：孔春梅　　余俊秋　　晓　芳　　何永琴

　　　　石全虎　　孙晓光　　张战勇　　王　晔

　　　　王景峰　　李俊英　　康秀梅　　王素艳

　　　　王佳锐　　李瑞峰　　卢田锡　　许　健

　　　　娜仁图雅　　杨志勇　　李景东

　　　　高志辉　　王铁媛　　苏日娜

前　言

　　中小企业是促进国家和区域经济发展一支不可或缺的力量，在增加就业、稳定社会与增进和谐等方面发挥着举足轻重的作用。中小企业发展问题已经成为学术界和企业界的一个重要的研究领域和研究课题。《内蒙古自治区中小企业发展研究报告》是内蒙古自治区经济社会系列发展报告之一。本书由内蒙古自治区高等学校人文社会科学重点研究基地"内蒙古中小企业发展研究基地"资助课题的研究成果整合而成。本书的内容主要包括内蒙古自治区中小企业管理状况、内蒙古自治区中小企业经营状况、内蒙古自治区中小企业管理案例、内蒙古自治区中小企业融资、内蒙古自治区中小企业集群等五部分，每部分又包括若干篇研究报告。本书系统分析和探讨了内蒙古自治区中小企业的发展现状、技术创新、融资、扶持政策、服务体系等重点和热点问题，旨在促进内蒙古自治区中小企业持续、健康、快速地发展。

一、特点

1. 突出内蒙古自治区中小企业的发展与管理特色

　　本书以内蒙古中小企业为研究对象，着重探讨内蒙古自治区中小企业的发展与管理特色。

2. 理论分析与数据分析相结合

　　本书既有中小企业相关理论方面的分析，也有数据方面的调查研究，将理论与实践相结合。

3. 注重多地区、多行业和多领域研究

　　本书研究范围较广，涉及鄂尔多斯、乌海、呼和浩特、乌兰察布等多个地区，涉及制造业、餐饮业、房地产业、制药、旅游业、物流等多个行业以及中小企业管理的多个研究领域，包括创新管理、激励机制、市场营销、绩效管理和信

息化等方面。

二、特色

1. 以为政府决策提供可行性建议为导向

本书立足于能够促进政府为中小企业持续、健康、更快发展的决策提供可操作性的建议。

2. 注重调查研究与第一手数据、资料的收集和分析

本书强调对中小企业发展情况进行实地调查研究，注重收集和分析第一手资料与数据，侧重于真实性和可行性的应用研究。

3. 注重内蒙古自治区中小企业发展现状研究和案例研究

本书注重研究内蒙古自治区中小企业发展现状，以为政府决策提供基本数据和资料，并通过案例研究为内蒙古自治区中小企业发展提供借鉴。

三、重要章节

《内蒙古自治区中小企业发展研究报告》具体内容分五部分：第一部分为"内蒙古自治区中小企业管理状况"、第二部分为"内蒙古自治区中小企业经营状况"、第三部分为"内蒙古自治区中小企业管理案例"、第四部分为"内蒙古自治区中小企业融资"、第五部分为"内蒙古自治区中小企业集群"。

第一部分"内蒙古自治区中小企业管理状况"中，"内蒙古自治区中小企业信息化水平调查"、"呼和浩特地区制造业中小企业绩效考核体系调查研究"、"呼和浩特市房地产开发行业中小企业员工激励机制调查研究"、"集宁地区中小餐饮企业激励机制研究"、"呼和浩特地区生物制药行业中小企业创新能力调查研究"等为重要研究成果，主要调查研究了中小企业信息化、员工激励机制、创新能力等方面的问题。

第二部分"内蒙古自治区中小企业经营状况"中，"鄂尔多斯中小企业发展存在问题及对策研究"、"乌海地区中小企业经营状况与经营环境调查"、"内蒙古自治区微型企业的发展状况及扶持政策调查研究"、"内蒙古自治区中小物流企业与大企业协调配套发展状况调查研究"、"呼和浩特乳制品产业集群中小企业发展状况调查研究"是重点研究内容，主要探讨了鄂尔多斯、乌海、呼和浩特等地区中小企业发展现状、中小企业与大企业配套问题以及内蒙古自治区微型企业发展现状及扶持政策。

第三部分"内蒙古自治区中小企业管理案例"中，"中小企业成长案例研究——H集团公司成长的多元化战略"、"基于产业集群的中小企业创业要素和创业模式研究——以包头XB公司为例"、"内蒙古塞宝燕麦食品有限公司营销管理案例研究"是重要章节，主要探讨了民营中小企业的多元化经营问题、中小企业创业的影响要素和创业模式及中小企业的市场营销问题。

第四部分"内蒙古自治区中小企业融资"中，"内蒙古自治区扶持中小企业发展的金融政策及其效果评价研究"、"内蒙古自治区地方金融机构服务中小企业服务状况调查研究"、"呼和浩特地区旅游行业中小企业融资能力调查"是重要章节，主要探讨内蒙古自治区中小企业的融资能力及金融政策扶持。

第五部分"内蒙古自治区中小企业集群"中，"内蒙古自治区中小企业集群发展动力研究"、"支持内蒙古自治区中小企业集群化成长的政策体系建议"、"内蒙古自治区中小企业集群服务体系的现状分析与改善对策"是重点研究内容，主要探讨了内蒙古自治区中小企业集群发展的动力机制和发展模式、扶持政策体系及社会化服务问题。

四、创新观点

1. 信息化在推进中小企业发展中发挥了越来越重要的作用

内蒙古自治区中小企业面临着技术水平不高、产业能力不强、技术转移和技术扩展存在薄弱环节的问题，这些问题有待于通过更好地利用信息化手段来解决。

2. 建立"微型金融"服务体系

为扶持内蒙古自治区微型企业的发展，应该形成支持自主创业的社会化支持与服务体系，要建立"微型金融"服务体系，构建微型企业发展的"生产加工联盟、市场营销联盟、技术创新联盟"。

3. 多元化战略不是民营企业追求企业成长的唯一有效办法

如果民营企业没有较强的资源与足够的能力以及稳定、可持续发展的主营业务，则多数民营企业并不能有效地受益于多元化战略。

第二部分　内蒙古自治区中小企业经营状况调查研究

第三部分　内蒙古自治区中小企业管理案例研究

第四部分　内蒙古自治区中小企业融资研究

第五部分　内蒙古自治区中小企业集群研究

第一部分

内蒙古自治区中小企业
管理状况调查研究

内蒙古自治区中小企业信息化水平调查

课题编号：ZD12004

主持人：何永琴

参与人：毛文静　王　彪　王燕嘉　卜范玉
　　　　王春枝　康　勇　米　晨

创新是企业的原动力，而在信息化社会环境下，信息化是创新的重要手段。国家发展和改革委员会中小企业司副司长王黎明曾表示，"信息化在推进中小企业发展中发挥了越来越重要的作用。中国的中小企业面临着技术水平不高、产业能力不强、技术转移和技术扩展还存在薄弱环节的问题，这些有待于通过更好的利用信息化手段来解决，从而促进自身发展"。无论从国内外形势来看，还是从信息化社会的环境来看，或者从中小企业自身发展的需求来看，强化中小企业信息化发展已成为一种必然趋势。

一、内蒙古自治区中小企业信息化建设水平

1. 三角形相关理论简述

将3个不在同一条直线上的点顺次用直线连接起来，构成的图形叫平面三角形，如图1-1所示。平面三角形是最简单的多边图形，三角形的各种形态、特性和相关的定律被广泛应用于生产、设计、经济、管理、艺术、生活等各个领域。

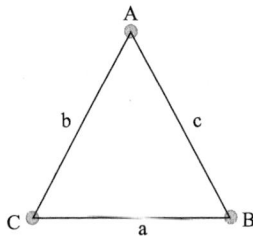

图 1-1 三角形

（1）三角形的稳定特性。自然科学中的"三角形稳定性"原理是一个普遍性原理，被广泛应用于各个领域。

（2）三角形水平分层次关系和数量大小的表示方法。将三角形用平行于底边的线分成不同的层，一般认为层次越高水平越高，层次越高数量越少，并假设用各层的面积表示数量大小，而将三角形整体面积设为100%。

2. 内蒙古自治区中小企业信息化水平调查样本基本信息分析

（1）调查基本情况。在2013年8~10月，对呼和浩特市、包头市、鄂尔多斯市、赤峰市和乌海市5个地区的120家中小企业进行了信息化水平专项调查。通过发放问卷、走访企业以及问卷加访谈相结合的方式，获得有效问卷108份，访谈记录23份。

（2）调查样本构成分析。样本分析分如下几个方面：一是从企业经济成分来看，调查样本以私有企业为主，占被调查企业的65.7%。二是从行业类型来看，以工业企业为主，占被调查企业的84.3%。三是从成立年限来看，4~8年的企业占39.8%；9~15年的企业占33.3%。四是从营业收入来看，50万~299万元的企业占25%；300万~500万元的企业占10.2%；501万~1000万元的企

业占 10.2% ；1001 万 ~ 2000 万元的企业占 22.2% ；2000 万 ~ 4000 万元的企业占 21.3% 。五是从职工人数来看，20 ~ 49 人的企业占 34.3% ；50 ~ 99 人的企业占 25% ；100 ~ 299 人的企业占 18.5% ；300 ~ 1000 人的企业占 14.8% 。总之，从样本基本信息发现被调查企业以小企业和工业企业为主。

3. 内蒙古自治区中小企业信息化建设水平调查结果

（1）网络建设情况。网络建设情况调查结果：75% 的企业接入了互联网，约 50% 的中小企业搭建了局域网，为企业开展网上业务和实施信息化管理奠定了良好的基础。根据之前定义的三角形层次关系，得到网络建设水平分布情况如图 1 - 2 所示。其中，三角形 AFG 是有局域网并接入互联网的企业分布区域，四边形 GFED 是能接入互联网但没有局域网的企业分布区域，四边形 DEBC 是没有网络接入能力的企业分布区域。

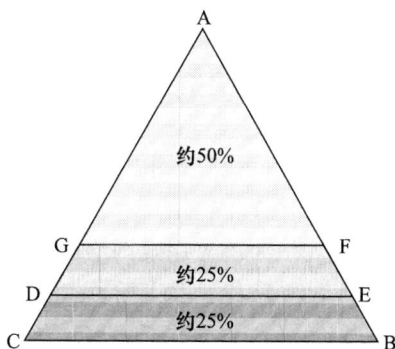

图 1 - 2　中小企业网络基础设施建设水平分布

（2）中小企业信息技术应用情况调查结果。中小企业信息技术应用情况调查结果如下：

1）大约 60% 的企业在电子商务、入网办公、财务管理系统应用等方面有比较好的表现，其中，20% 左右的企业对办公自动化（OA）、供应链管理、人力资源管理、资产管理、企业资源计划管理（ERP）等系统有一定程度的应用；40% 左右的企业没有应用经营管理信息化系统及电子商务线上平台。根据之前定义的三角形水平分层次关系，得到中小企业经营管理信息化水平分布情况，如图 1 - 3 所示。其中，四边形 DEBC 是信息化应用零起点企业分布区域；四边形 GFED 是已有电子商务、入网办公和财务管理系统应用的企业分布区域；三角形 AFG 除了具有四边形 GFED 区域企业的应用，还对办公自动化、供应链管理、人力资源管理等系统有不同程度的应用。

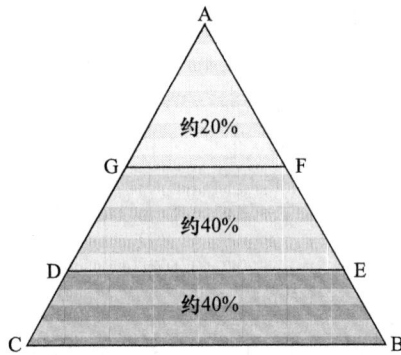

图1-3　中小企业经营管理信息化水平分布

2）对比图1-2和图1-3可知，有30%拥有局域网的企业在办公自动化、供应链管理、人力资源管理、资产管理、企业资源计划管理方面没有应用行动，有15%接入互联网的企业没有电子商务应用行动，造成基础设施资源的浪费。这30%和15%具有信息化发展潜能，是需要政府、信息化服务企业和社会机构重点挖掘的服务空间。

3）依据信息化发展阶段理论，并结合图1-3生成中小企业信息化发展水平与信息化发展阶段对比示意图如图1-4所示。主要含义：一是将信息化发展划分为四个阶段：第一阶段，计算机简单应用及网络形成阶段；第二阶段，单一业务系统应用及网络应用和技术发展阶段；第三阶段，多业务数据整合及网络应用和技术提高阶段；第四阶段，云平台、大数据、移动化应用及互联网络向物联网应用发展和技术更新阶段。二是与中小企业信息化建设水平层次做对比可知，约有20%的中小企业信息化建设处于第三阶段的发展水平，具有适应信息化技术新

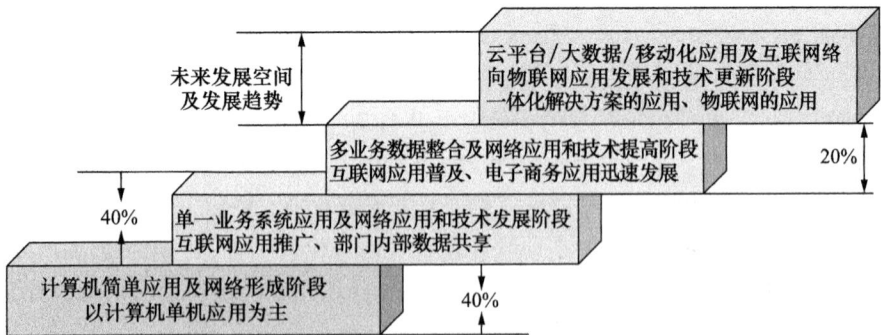

图1-4　中小企业信息化水平分布及所处阶段

发展的能力；约有40%的中小企业信息化处于第二阶段及步入第三阶段的发展水平，比目前信息化技术发展水平落后一个阶段，具有一定的发展基础和较大的后发展空间，有实现跨阶段发展的可能性；还有40%的中小企业信息化建设水平处在第一阶段，严重落后于信息化技术发展水平，分布在这个层次的中小企业大多处在经营不景气状态，亟须做出转型升级的决策和做出再创业的选择。

4. 内蒙古自治区中小企业信息化建设特色

（1）已使用的信息化软件系统满意度较高。在经营管理环节使用信息化软件系统的企业有90%以上比较满意，使用办公自动化的企业有73%比较满意，使用计算机系统辅助设计与制造的企业有90%左右比较满意。

（2）如图1-5所示，从经济效益影响因素、员工激励影响因素、创新能力影响因素和其他综合影响因素4个方面（共31个因素项，其中成本项包含9个子项），描述了中小企业实施信息化对提升企业核心竞争力的作用因素和影响力。

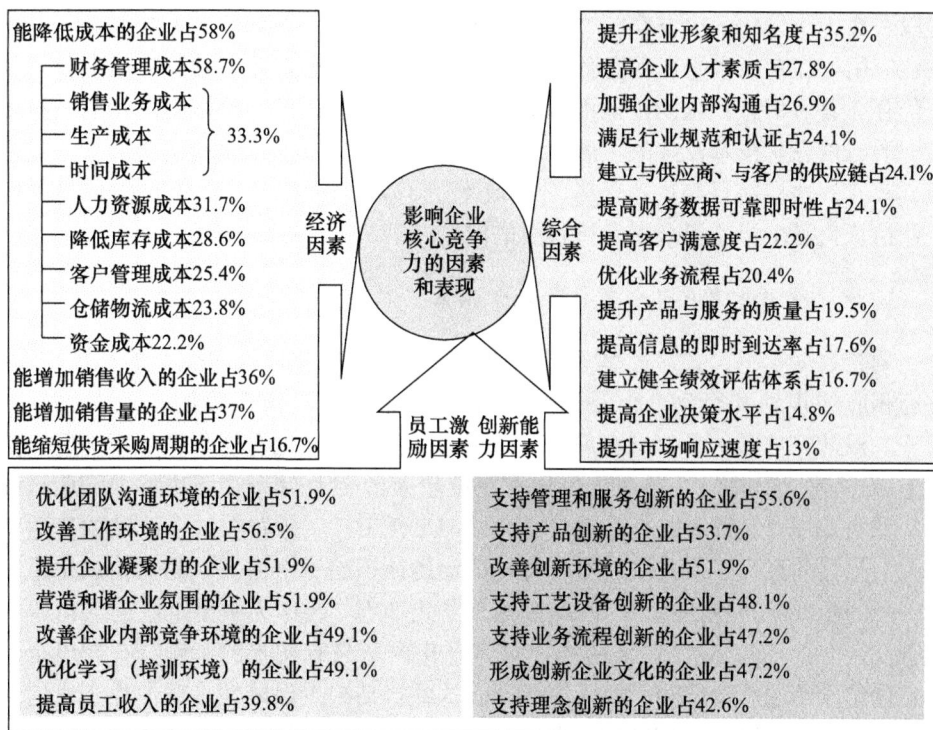

图1-5 实施信息化对企业发展的积极作用

50%以上的企业通过实施信息化在降低成本，在对员工的激励作用和提升创新能力方面产生了一定的效果，其中，20%~30%的企业效果明显。

（3）一些经营小于5年的企业和电力、制药、新型材料、信息技术等行业信息化建设的整体水平较高；食品加工、服装制造行业的信息化水平参差不齐；建筑、化工等行业信息化水平落后。

总体来看，内蒙古自治区中小企业信息化建设投入效率比较高，信息化应用效果较好。网络基础设施建设及互联网接入水平自上而下呈50:25:25的分布，应用水平从高至低呈20:40:40的分布，只要抓住机遇，有快速发展成30:40:30的良好态势。

二、中小企业信息化建设存在的问题

在政府政策和行动计划的助力与企业和社会机构积极参与下，内蒙古自治区中小企业信息化的总体水平有了一定的提升，但从上述调查数据发现，在先进管理理念和信息化技术手段的深度融合、应用软件系统全面整合、标准化的经营管理以及实施一体化解决方案等方面的成功案例还较少，管理信息系统和电子商务平台应用处在初级水平，信息孤岛现象比较严重。中小企业在后续的信息化发展中仍存在着对信息化内涵认识不清、缺乏资金与信息化产品价格高的矛盾、技术实力弱与信息化技术复杂的矛盾、政府的扶持力度与中小企业的期望值有一定差距、政府的扶持项目与中小企业对接效率还不高、信息化产品（服务）与中小企业信息化需求错位等众多亟待解决的问题。

1. 中小企业信息化认识盲区和认识误区

调查数据显示：大约有50%的企业已意识到信息化建设对企业的积极作用，并有相应的规划和行动，但是有信息化建设资金和机构保障的企业大约只占20%。根据三角形水平分层次关系，得到中小企业信息化重视程度分布情况，如图1-6所示。其中，一是对信息化重视度较差的企业分布在四边形DEBC区域层（约占50%），称为中小企业信息化"认识盲区"。分布在这个区域的企业对实施信息化的意义了解甚少，对信息化内涵的认识趋于空白。二是对信息化重视度一般的企业分布在四边形GFED区域（约占30%），称为中小企业信息化"认识普及区"。分布在这个区域的企业对信息化内涵只有初步的了解，有开展企业信息化建设的主观意愿和一些无序行动，这些行动缺少保障性，对中小企业信息化存在着认识误区，是信息化潜在风险较大的区域。三是对信息化重视度较高的企业分布在三角形AFG区域（约占20%），称为中小企业信息化"认识提高区"。

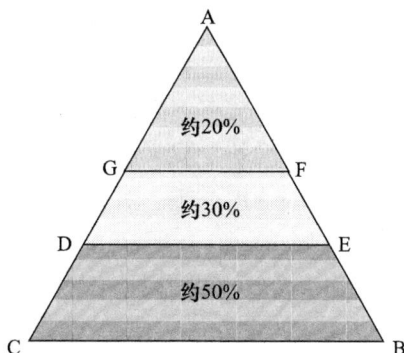

图1-6　中小企业信息化重视程度分布情况

分布在这个区域的企业对信息化内涵有一定的理解,有开展企业信息化的主动性和积极性,并有系统性实施企业信息化的行动,有一定的规避信息化风险的能力,容易受信息化投入效率不高、效益不明显、后续资金短缺等因素的困扰,动摇推进信息化建设的信心,是企业信息化前功尽弃的危险区。

(1)中小企业信息化认识盲区。信息化建设是一项系统工程,具有复杂性、系统性、长期性等特征。被调查企业中有相当比例的企业没有信息化建设的中长期规划,即使在有规划的企业中也有一定比例的企业没有专项预算做保障。在访谈中还了解到,一些中小企业人员尤其是领导层对企业信息化的重要作用缺乏认识,对运用信息化手段降低经营成本、提升企业知名度、改善客户和供应链关系、提高企业的市场应变能力和综合竞争能力信心不足,甚至持怀疑态度。对信息化内涵、先进的运营理念与信息化的关系、信息技术和信息化项目建设特征、中小企业及行业特征与信息化的关联性、中小企业实施信息化的内部和外部环境的适应关系、企业定位和需求的对接关系、信息化产品(服务)和信息化市场等方面认识缺失,出现了不同程度的信息化认识盲区。

(2)中小企业信息化认识误区。在中小企业中,由于对信息化内涵不甚了解,产生了信息化认识误区。认识误区的主要表现:一是认为有计算机、接入互联网、有办公软件、有财务软件就已经实现了企业信息化,对信息化平台和管理软件深度应用的难度估计不足,对信息化建设的综合关联性、过程性、长期性、层次性、循序渐进性等特征的认识存在偏差;二是认为管理信息化适合于大企业,中小企业规模小,目前的管理方式已能够满足对人、财、物的管理需求;三是认为电子商务只适合民用小商品的经营,对化工、建筑、机械等专用的工业产品来说,传统的供销渠道和模式更安全、可靠、成熟和实用;四是认为企业信息化项目是一次性投入,对后续的维护、深度应用和阶段性推进准备不足;五是认为资金到位就能实现企业信息化，片面夸大资金的作用，缺少对信息化的系统性、综合性、整体性、技术性、长期性、复杂性等特征的了解，忽视了人在企业信息化建设中的主体作用，导致投资效率不高，严重的会使信息化建设项目彻底失败；六是认为设置信息化组织机构和专职（IT）技术编制成本太高，对信息化部门及专职人员的工作职责和作用认识不清；七是认为企业信息化只是部分人的事情，对全员参与的重要性认识不足。

2. 中小企业信息化资源环境问题

（1）资金和信息化专业技术人才短缺问题仍较为突出，分别排在第一位和第二位。中小企业规模小，资金实力薄弱，调查数据显示，40.8%的中小企业信息化总投资在 5 万元以下，信息化总体投入明显不足。再看信息化专业技术人员配置情况：40%的企业没有配置信息化专职技术人员。成熟的信息化专业技术人才在就业市场中是短缺人才，人才的聘用成本相对较高，中小企业聘用信息化专业技术人才与大型企业相比更加困难，获得来了就能任用的成熟型信息化技术人才的机会就更少。

（2）政府扶持力度不够和信息化产品（或服务）价格高的问题仍然是中小企业信息化建设中的主要问题，排在第三位，其问题主要体现在以下两方面：

1）近年来政府出台了一系列扶持中小企业的政策和行动计划，并产生了较好的效果。调查数据显示，中小企业在网络基础设施建设方面和网络应用方面推进速度较快，有61.6%的中小企业应用互联网电子商务平台开展业务，其中，开展电子商务业务在 3 年以下的企业有49.1%，电子商务应用近 3 年发展迅速。但是和中小企业对政府的期望值还存在差距，已启动的服务中小企业信息化的项目推进速度和质量还有待提高。例如，中小企业信息化服务示范平台建设项目，从数量上已经有了一定规模，但调查发现，大多数中小企业对服务示范平台不了解，对服务平台企业的质量信任度不高；与服务平台企业成功对接的中小企业数量很少，服务满意度不高。在访谈中还发现，一些中小企业认为与政府的一些部门对接服务项目时间成本高，对政府的办事效率和透明度不满意。

2）对信息化产品需求情况和对信息化技术服务商改进建议的调查结果显示，排在前三位的是：培训需求占 42.6%；对经济、易用、实用产品的需求占38.9%；希望得到更优惠价格的占35.2%。中小企业资金短缺与信息化产品和服务价格高的矛盾仍然较为突出。

（3）在信息化服务商的供给与中小企业的需求之间，出现比较严重的供需错位问题。供需错位主要体现在以下两方面：

1）中小企业信息化应用的整体水平不高，还处在第一阶段。从调查数据来看，近一半的企业仍然停留在简单的计算机办公和财务软件的应用上，没有深度挖掘和运用财务数据的能力，更没有即时获取全业务过程信息的能力，有较大的信息化需求市场。

2）中小企业信息化产品和服务需求呈现多样化和个性化。信息化产品和服务的技术性强，定制开发的技术成本高，加之中小企业规范经营管理基础较差，资金实力薄弱，信息化服务商与中小企业对接的困难和风险相对较大。中小企业信息化市场的开发出现高成本、高风险和低利润的矛盾，使得适合中小企业应用的信息化产品和服务市场供给严重不足。

3. 信息化投资与收益失衡的问题

（1）信息化对提升企业核心竞争力有积极作用，但作用效果明显度不高，与投入的预期目标存在差距。调查发现，认为企业实施信息化工程对降低运营成本有作用的企业占58%，对增加销售收入有作用的企业占36.1%，对提升竞争力有作用的企业占66.7%，对企业创新有支持作用的占50%。由此来看，信息化对提升企业核心竞争力的积极作用是显而易见的，但作用效果的明显程度和投入预期存在较大差距。

（2）信息化项目周期长，对其经济效益和管理价值难以量化评价，信息化投资与收益不对称，使中小企业实施信息化的积极性受到不良影响。信息化建设是一项投入风险较高的系统工程，其投入将伴随项目的整个生命周期，包括后期的信息消费、系统维护、技术升级、业务发展性优化、人员长期性培训等诸多方面，而收益具有间接性、不确定性和长效性等特点，出现投资大、风险高和收益的隐蔽性、不确定性的矛盾。加之中小企业规模小、承担风险能力弱、投资理念较落后等自然特征，使得投资与收益不对称问题在推进中小企业信息化发展行动中产生的消极影响会更加明显，阻力也会更大。

三、中小企业信息化需求特征

信息化技术服务商是推进中小企业信息化建设和发展的重要力量，中小企业是庞大的信息化技术产品的需求群体，解决好两者之间的供需关系，是实现双方共赢的前提条件。准确掌握中小企业信息化需求信息，分析其需求特征，对进行策略制定的研究具有极其重要的意义。

1. 需要政府的扶持

政府在促进中小企业信息化发展中起着关键作用，中小企业信息化建设需要政府的多方面帮助和支持。调查发现，有 57.4% 的企业需要资金支持，有 42.6% 的企业需要政策支持，有 42.6% 的企业需要培训支持，33.3% 的企业有搭建中小企业信息化建设交流平台的需求，有 28.7% 的企业需要组织专家指导和咨询帮助，有 25.9% 的企业需要行业信息化示范企业的推广，11.1% 的企业有建立健全效果评估机制的需求。其中排在前三位的是资金支持、政策和培训支持、搭建中小企业信息化建设交流平台。

2. 需要信息化服务企业开发符合中小企业信息化需求特征的产品和服务

调查结果显示，有培训需求的企业占 42.6%，希望开发适合中小企业产品（服务）的企业占 38.9%，需要提供更优惠价格的企业占 35.2%，提升产品升级和满足用户需求的快速反应能力的企业占 31.5%，改善售后服务质量的企业占 25.9%。其中排在前三位的是培训需求，对经济、易用、实用产品的需求，得到更优惠价格的需求。

3. 中小企业信息化需求呈现的主要特征

（1）资金、政策和培训方面是中小企业的首要需求。从调查数据可知，有 50% 以上的中小企业信息化建设有比较好的基础，对信息化建设呈主动需求态势，需要更好的政策环境、便捷的学习平台和见效快的培训项目，已经实现了从要我信息化的被动角色到我要信息化的主动角色的转变，有主动和积极的信息消费意识和行动。同时，需要政府在资金方面给予支持。

（2）高品质、有适用性、价格优惠的信息化产品和服务仍然是中小企业的基本需求。中小企业占企业总数的 99%，具有规模小、数量多、经济成分复杂、行业分布广泛、资金实力薄弱、经营方式灵活、管理松散及信息化应用水平低等特征。总体看，中小企业信息化需求市场巨大，对信息化产品和服务的需求呈现出个性化、网络化、模块化等特征。在信息化产品和服务的选型上，更看重有针对性、投资少、风险低、见效快、灵活便捷的实用产品。

四、推动中小企业信息化健康发展对策研究

1. 掌握中小企业信息化需求市场变化

加强中小企业信息化需求市场的调查研究，支持政府、企业和社会机构服务的策略和行动。政府通过政策导向和相关行动鼓励大中型企业和社会机构广泛调查研究中小企业信息化水平现状及需求市场变化情况，建立信息共享平台和中小

企业信息化调查研究文档管理机制，积极发挥政府、企业和社会机构三方联合优势，通过线上和线下不同方式，采取问卷、走访、访谈等多种调查手段和方法，广泛获取反映中小企业信息化真实水平和实际需求的数据，搭建信息量大、来源广泛、有质量的中小企业信息化水平及需求市场研究平台，以动态地把握中小企业信息化实际需求情况和发展趋势，使政府、企业和社会机构三方的联合服务行动更有针对性和实际价值。

2. 促进内外网络基础设施建设同步发展

加强信息化基础设施建设，不断改善国家的网络基础设施环境，营造快速、安全、稳定、全覆盖、低成本的网络环境。通信网络环境是中小企业信息化推进工程的基础环节，就像有好的道路交通环境可以刺激交通消费一样，高品质、低成本的通信网络环境能有效地刺激中小企业信息消费。政府需要通过政策导向、加大信息化公共设施的投入、与大型信息化服务企业协作等方式，不断完善通信子网建设和技术升级，为中小企业提供覆盖面广泛、无盲区、区域发展均衡、高服务品质、应用成本低的信息化网络环境。同时，对中小企业内部网络基础设施建设加大扶持力度和严格规范要求，使其与外部网络基础设施配置相匹配，实现内外网络基础建设同步发展，像水、电网一样内外无瓶颈、畅通且应用便捷，最大化地挖掘中小企业信息化潜在的消费市场。

3. 继续加速推进中小企业电子商务普及性和提高性应用

电子商务应用仍然是推进中小企业信息化应用的切入点，采取政府出台鼓励线上交易政策、企业和社会机构联合行动的方式，发挥大中型企业和社会机构的技术力量，开发切合中小企业实际的创新服务项目。从普及性应用和提高性应用两个层面，加大分层次及个性化指导和培训力度，提高中小企业对C2C、B2C、B2B、O2O等技术和功能的认识以及对行业联盟平台和中小企业信息化服务平台的了解，指导中小企业在众多电子商务平台中有效地进行选择，全面提高中小企业电子商务应用能力、水平和普及度，增加企业线上交易额，建立与上下游企业线上交易关系，降低企业运营成本，促使中小企业在以物联网发展和大数据为引导的电子商务发展新阶段中把握机遇，实现"创业＋转型"的平稳升级。

4. 构建中小企业信息化培训体系

信息化培训需求仍是中小企业信息化的主要需求之一。不断改善中小企业信息化培训服务市场环境，搭建开放的中小企业信息化培训服务平台，以满足中小企业信息化发展中的培训需求。随着中小企业信息化应用的深化，中小企业信息化培训需求由被动需求走向主动需求，从模糊需求走向明确需求，为全面推进中小企业信息化培训工程迎来了良机，也是拓展中小企业信息化市场的最佳时机。

目前，在中小企业信息化培训市场中，存在着一些矛盾，即中小企业对信息化培训预期目标高和实际培训效果较差的矛盾；中小企业看重培训对绩效的明显作用与开发培训项目者很少考虑培训对绩效指标产生的正能量影响之间的矛盾；中小企业需要能解决企业具体问题的培训与开放灵活有针对性的培训项目较少的矛盾；中小企业更期望在投资前就了解收益机会与描述培训投资效益难的矛盾等。为了解决上述矛盾，需要构建分层次完全透明的中小企业信息化培训体系，具体如图1-7所示。

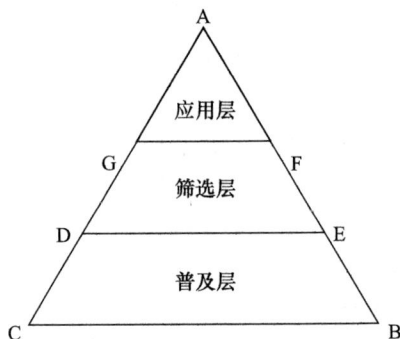

图1-7　中小企业信息化培训体系

分层次是指依据中小企业信息化水平和有待解决的问题，将培训服务分为普及层、产品筛选层、产品应用层3个层次。

（1）普及层培训服务。普及层培训服务是指以中小企业信息化公共服务平台为载体，借助政府、企业和社会机构三方联合资源，运用网络环境和多媒体技术，为中小企业提供可按需选择的公益性培训平台，其作用在于让中小企业充分认识信息化的内涵和意义，厘清本企业存在的问题和信息化的实际需求，了解差异化评估信息化产品（或服务）的方法，体验评估过程，形成产品（或服务）选型的可行性论证报告和初步意向。

（2）产品筛选层培训服务。产品筛选层培训服务是指中小企业购买信息化产品或服务之前，信息化服务企业提供的以产品为单元、能让服务对象感知产品（或服务）应用价值的灵活开放的推广性培训平台，其作用在于使培训对象熟知产品（或服务）的功能和预期投入，感知及体验产品（或服务）的适用度和预期价值，形成产品（或服务）选型结果。

（3）产品应用层培训服务。产品应用层培训服务是指中小企业购买信息化产品或服务之后，信息化服务企业提供的伴随产品（或服务）整个技术生命周期的配套培训服务，包括开放的、定制的、虚拟的、直播的以及点播等多种可自主选择的培训形式。其作用在于使培训对象认知和接受产品（或服务）带来的新变化，在实际应用中感知产品（或服务）给企业绩效带来的价值，并在产品（或服务）全生命周期中不断得到适用性培训服务，挖掘产品（或服务）的绩效价值。

通过回访、动态跟踪调查，不断补充和完善实践效果好的培训，淘汰实践效果差的培训，形成可持续优化的培训体系。

5. 用创新的产品和服务丰富中小企业信息化供给市场

在政府倡导下，信息化服务企业及社会机构相互协作，加强与中小企业信息化发展需求相适应的创新产品（或服务）的研发与推广应用，是解决中小企业信息化建设中存在的资金实力薄弱与信息化产品（或服务）价格高、信息化技术人才短缺与信息化系统工程复杂性及技术性强、庞大的中小企业信息化需求市场与适宜中小企业信息化的产品（或服务）供给匮乏3方面矛盾的核心环节。

（1）软件即服务（SaaS）模式是中小企业信息化建设的必然选择。中小企业自身特征决定了其在信息化产品和服务的选型上，更看重有针对性、见效快、投资少、风险低、安全性高、灵活便捷的产品。目前，企业信息化建设过程中采用比较多的有定制开发模式与购买模式、动态服务器页面（ASP）模式和软件即服务（SaaS）模式。随着互联网技术发展和应用软件的成熟，企业信息化建设模式也得到了不断发展和优化，软件即服务（SaaS）模式将逐步成为中小企业信息化建设的必然选择。

（2）软件即服务模式是基于云计算的支付和使用模式，客户基于互联网以按需、易扩展的方式获得所需服务。软件即服务模式是一种通过网络提供类似虚拟桌面、各种实用应用程序、资源管理、电子邮件等各种软件的服务模式。其中，客户可按需定制软件，云服务供应商按需提供软件安装、管理、运营、咨询和培训等各种服务，而客户只需通过云端来登录、使用软件和分享服务。同时，客户只需租用、不需购买应用软件和服务硬件设备，降低了客户构建信息化方案、购买和维护基础设施和应用程序的成本，客户可以在应用软件和功能模块数、客户终端连接数据、数据流量或数据存储量等灵活的计费策略中进行选择，并可在月、季、年等支付选项中选择支付方式。这样既解决了中小企业信息化一次性投入大的困难和风险，也解决了中小企业信息化技术人才实力薄弱和技术人才聘用成本高的问题；还使中小企业在获得先进的应用软件和平台服务的同时，分享到云服务供应商的先进管理思想和经验。

（3）软件即服务模式的推广。推广有以下几种方式：

1）信息化服务商通过建立合作伙伴关系和行业联盟等方式互相协作，开发更多的基于软件即服务模式的、适合中小企业信息化实际需求的优质产品，丰富中小企业信息化供给市场，不断降低运营成本。用供给充足、性价比高、质量保证、供需关系和谐的信息化消费环境，吸引更多的中小企业客户。

2）政府出台扶持政策和推广行动计划，支持信息化服务商和社会机构与中小企业行业联盟、商会、园区等合作。通过举办基于软件即服务模式的信息化产品现场和线上推广会、利用中小企业信息化服务平台和行业网站等线上平台进行广泛宣传，同时发挥政府、信息化服务商和社会机构三方联合资源优势推出基于软件即服务模式的产品培训项目、咨询专题和线上体验中心等行动，为中小企业全面了解基于软件即服务模式的产品提供零距离的服务，解决中小企业信息化选型困难和供需成功对接效率低的实际问题。

3）信息安全是国家信息化发展的关键问题，也是直接影响软件即服务产品推广应用的关键要素。中小企业应用软件即服务模式的最大顾虑就是信息安全问题。然而，信息安全是包含安全技术、安全管理、安全法规和安全责任4个方面的复杂问题，涉及技术、管理和人的安全素质等多方面。同时，软件即服务模式远程托管和远程存储的服务特性，不仅加大了安全技术的压力，也对安全管理、安全法规和安全责任提出了全新的更高要求。因此，信息安全问题需要在政府驱动下，政府、企业和社会机构等全社会共同面对和解决。建立与企业业务运作实际相符合，具有可操作性、可验证性的信息安全风险管理体系，做到全业务过程有章可循、有标准可依，并有行为记录文件和预防措施，把潜在的安全风险降到最低。建立健全信息安全法律法规，且随着信息技术发展出现的新的信息安全问题不断完善信息安全法律法规。同时在我国的不同层次人才培养中要重视信息安全法规教育，建立诚信体系。通过教育、培训、宣传和咨询等方式提高人们的信息安全素质和信息安全责任感。

4）加强技术创新，开发面向中小企业信息化需求的创新产品和服务，支撑中小企业信息化应用升级。亟须国家和政府出台一系列与云计算技术发展相适应的、精细化的、可操作的信息化服务标准和行业规范，鼓励和支持大中型企业和研究机构相互合作，开发适合中小企业信息化应用的云计算技术产品（服务），引导企业和社会机构为中小企业信息化提供有质量、有效果、标准化的需求服务，同时为中小企业选择信息化产品和服务提供依据。在中小企业广泛推广基于软件即服务模式的产品（服务），通过租用模式和体验效果评价过程机制，将企业的资本投入转变为日常开支和运营成本，将传统的产品选型过程转变为真实体验效果评价之后再做选择。解决中小企业信息化选型困难、一次性投资的资金压力大和风险高以及信息化系统运作维护专业技术人员不足等现实问题。完全实现低风险、低成本、高效率的需求服务，切实有效地推进中小企业信息化健康发展。

6. 继续发挥三方联合资源优势助推中小企业信息化发展

中小企业数量多，经济实力薄弱，是市场竞争中的弱势经济实体，是政府、企业和社会机构三方联合服务的主体。近年来，在中小企业信息化推进工程中，发挥三方联合资源优势，助推中小企业信息化发展取得了明显效果，形成了三方联合推动中小企业信息化建设的工作特色。中小企业信息化建设是一项长期、不断发展的系统工程，为了持续有效推进中小企业信息化健康发展，需要在政府推力和巨大需求市场力量双驱动条件下，不断完善政府、企业和社会机构三方联合推动中小企业信息化服务模式，形成三方联合的正能量，最大化地发挥三方联合资源优势，实现中小企业与三方的共赢局面。

（1）政府、企业和社会机构的三角形关系。政府、企业和社会机构之间存在着既相互独立又相互作用和相互影响的自然特征。在中小企业信息化推进工程中，为了共同的信息化服务市场需求和社会责任，形成基于"政府倡导、企业主体、社会参与"原则的三方联合、相互合作、互相配合、互相支持的三角形关系，如图1-8所示。其中三角形的三个顶点 A、B、C 分别是政府、企业和社会机构三方实体，AB（或 BA）、AC（或 CA）、BC（或 CB）是三方实体的相互作用关系，面积是三方联合的服务对象的分布区域。三方联合推动模式三角形关系模型具有三角形固有的稳定特性，只要三角形的结构存在，其稳定特性也会持续，就能稳定发挥三方联合推动模式的功效。"功能由结构决定，结构由要素构成"，下面从要素入手讨论三方联合推动模式的功能和作用。

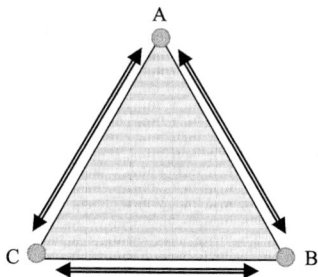

图1-8 三方联合推动模式三角形模型

1）要素之一——政府。三角形第一个顶点代表政府，其指国家各级政府，是国家公共行政权力的象征、承载体和实际行为体。广义的政府包括立法机关、行政机关、司法机关、军事机关。政府为了推动中小企业信息化健康发展，针对面向中小企业的信息化市场供需错位问题和中小企业发展中的困难，启动了"中小企业信息化推进工程"，并推出一系列扶持政策、安全保障措施、相关标准和行动计划。通过协商、合作、沟通、扶持等方式，广泛挖掘和聚集资源，充分发挥政府的引导、协调、鼓励、牵线、沟通能力，为企业和社会机构营造适度宽松的中小企业信息化服务市场环境，极大地调动了企业和社会机构的积极性，为政府、企业和社会机构三方联合推动模式搭建了稳定高效的运行平台，对企业和社会机构产生了积极的驱动作用。

2）要素之二——企业。三角形的第二个顶点代表企业，其是指以大型企业为核心，由众多中小企业协同，服务于中小企业信息化发展需求的信息化产品及服务供应商群体，是在政府政策、法律的保护和制约下独立存在的经济实体群。目前，在政府的驱动下，已形成由移动、联通、电信三大电信运营商以及阿里巴巴集团公司、金和软件公司、畅捷通信息技术股份有限公司、江苏风云科技服务有限公司和铭万集团等众多企业组成的，服务于中小企业信息化需求的信息化产品和服务提供商群体。

3）要素之三——社会机构。三角形的第三个顶点代表社会机构，其是指由新闻媒体界、教育界、咨询机构、研究机构和协会、联盟等组成的关注中小企业信息化发展的社会群体，是在政府政策、法律的保护和制约下独立存在的，并区别于信息化产品和服务提供商群体的促进中小企业信息化发展的第三方面的力量。通过技术转让、调查研究、信息沟通、组织培训、信息化技术咨询、审核评价、宣传报道等方式支持和协助政府政策和计划的落实及企业的产品和服务项目的推广应用，在政府、企业（信息化产品和服务提供商）和中小企业之间搭建畅通的信息化沟通平台，提高政府和企业推动中小企业信息化行动的效率和效果。

（2）政府、企业和社会机构的相互作用关系。三角形的3条边代表三方实体的互相作用关系，一是政府和企业及社会机构存在相互信任、支持、协作或合作的互动互利关系。在"中小企业信息化推进工程"中，政府通过优惠政策、相关的行动计划、法律法规以及改善信息化公共服务设施建设等措施和行动为企业提供安全和谐、鼓励创新、信息畅通的发展环境，号召以三大电信运营商为核心的信息化专业服务企业承担国家信息化建设的社会责任和义务。企业在政府推力和中小企业信息化巨大需求市场力量的驱动以及社会责任感的作用下，积极支持政府的"中小企业信息化推进工程"。政府和企业之间形成协商合作、互相支持、资源共享的互动关系，并在追求社会效益和经济效益最大化过程中不断得到优化。二是政府对社会机构有监督管理职责，通过购买服务、购买项目、政策激励等方式支持和鼓励社会机构积极参与"中小企业信息化推进工程"的相关行动。社会机构发挥资源优势协助政府为中小企业信息化提供更专业、更优质的需求服务，弥补政府直接为中小企业信息化提供服务的局限性和不足。三是社会机构和企业为了共同的社会责任和各自的利益，在项目开发、人才培训、技术推广、资源共享等方面相互合作或协作，形成互动互利的伙伴关系。总之，三方为了共同的社会责任和各自的效益，不断优化三方的互动互利关系，形成三方联合推动中小企业信息化建设的正能量，建立按需动态优化的三方联合推动中小企业信息化发展的服务模式。

（3）三方联合推动模式的核心价值。三方联合推动模式具有高效的互动性、固有的稳定性和可动态的优化性，用好三方联合推动模式，能实现"共赢"效果。政府能更高效地激励企业和社会机构的力量，为中小企业提供更多的低成本、低风险、见效快的创新技术产品和满足个性化需求的服务，不断改善中小企业信息化供需市场关系，有效实施"中小企业信息化推进工程"，保障国家相关政策的落实和政府工作目标的实现；企业能获得更多的与政府和社会机构合作的机会，增强创新能力，把握中小企业信息化需求市场，赢得中小企业消费群体，实现增加营业收入和获得社会效益的双赢；社会机构也会从中小企业信息化服务市场中获得更多的合作、技术转让和服务对接等机会，配合政府和企业在中小企业信息化培训、产品选型、技术创新与推广、调查研究等方面做出贡献，体现自身的价值，实现物质和精神双丰收。

总之，中小企业信息化是渐进发展的系统工程。首先，需要政府的长期关注和扶持。政府可以通过出台和不断完善与中小企业信息化需求相适应的有时效性的相关政策、服务标准和法律法规，激励信息化龙头企业承担起推动中小企业信息化的社会责任以及把推进中小企业信息化工作常态化等途径，促进政府推进中小企业信息化工作效率的提升。为中小企业提供宽松透明有扶持力度的政策环境，高效地解决中小企业信息化发展中出现的新问题，主动适应中小企业信息化发展中的动态需求。同时还要制定运行有效的监管保障机制。其次，随着基于软件即服务模式及移动化、云端化的信息化创新产品的推广应用，中小企业的资金紧缺与信息化成本高、人才匮乏与信息化技术及应用系统的复杂性、企业抵御风险能力低与信息化投资风险大等矛盾将逐步得到解决。同时，企业信息化将更加依赖成熟的网络环境，需要政府与信息化服务商合作，搭建无盲区的网络大环境，为中小企业信息化发展提供像水、电网一样的运行稳定、使用便捷、低成本、高品质、安全的外部网络环境，并加大对云计算产业和物联网产业发展的支持力度。再次，中小企业信息化应用更看重产品和服务的"经济实用性"。随着技术的发展和理念的更新，"经济实用性"也有了更多的新内涵，既能融合新理念、新技术及新功能，又能减少成本及复杂性障碍的产品（服务）成为中小企业信息化的主要选择。为了适应中小企业对"经济实用性"的新追求，信息化服务商未来推出的产品（服务）主要将有如下特征：软件即服务模式；大众功能免费产品与个性化增值产品相配套的"1＋1＞2"的服务方式；信息、移动、云计算、智能化等相关技术深度融合；现代传媒方法、管理思想和大数据理念的引入；按需选择的模块化、平台化服务架构等特征。最后，电子商务应用是中小企业信息化发展的切入点。线上交易技术和电商平台渐进的走向成熟，为中小企业电商应用创造了有利的条件。通过电商平台及 B2B、B2C 和 O2O 等商业模式增强客户关系管理和潜在客户的挖掘能力、增加线上交易份额及降低运营成本、提升企业文化和产品信息的传播能力及到达率已成为中小企业的必然选择。中小企业应把握电商移动化、智能化的发展机遇，将电商应用推向纵深发展，实现电子商务应用水平的跳跃式提升。

五、中小企业信息化发展前景

1. 新技术产品和服务模式将成为中小企业信息化的必然选择

随着现代技术的发展，基于大数据、云计算及虚拟化技术的信息化产品（服务）将成为信息化市场和需求的主流，具有模块化、智能化、移动化、平台化、易用性、灵活性和扩展性及云交付模式等特性的信息化产品（服务）将成为信息化市场的发展趋势，也是中小企业信息化发展的必然选择。

2. 大数据应用为中小企业信息化发展带来新机遇

随着大数据技术的发展，大数据应用的不断深入，从大数据获取有价值信息的能力将成为中小企业生存能力的重要组成部分。首先，大数据时代，经济信息的不对称格局将被打破，中小企业和大企业享有平等的获取大数据的权利和机会，从大数据中获取有价值的信息将成为中小企业信息化建设的重要内容之一。其次，"知己知彼，百战不殆"。越来越多的中小企业认识到准确掌握同行业企业和消费者行为等数据所带来的益处，尤其是各行业供需市场大数据在降低企业投资风险中的重要作用。中小企业对大数据的理解和运用，将把中小企业信息化建设推向以追求更细致的企业规划、更精准的企业投入、零距离的客户沟通为目标的发展方向。

3. 电子商务将成为引领中小企业信息化快速发展的核心领域

线上购物正在成为人们的消费习惯，未来的企业都将是电商企业，电子商务将成为推动中小企业信息化发展的最有效的突破口。物联网的发展将赋予电子商务全新的概念，在线上足不出户同样可以体验真实的买卖过程，线上支付方式会像面对面支付一样安全，并且更便捷，线上线下完美融合的新型商业模式将逐步形成。如果说之前是财务管理信息系统的应用助推了中小企业信息化的起步速度，那么未来物联网环境下电子商务的深入应用，将引领中小企业信息化发展迈向全新的提高阶段。

六、结论

近年来，内蒙古自治区中小企业信息化水平有较大幅度提升，尤其是近 3 年以电子商务应用为代表的信息化应用水平提升速度明显加快。但中小企业信息化总体水平仍不高，和经济发达地区有较大差距，这一事实不容忽视。一是资金、人才培训和适宜的信息化产品（服务或方案）仍是亟待解决的首要问题。二是40% 左右的中小企业处于信息化零起点，调查发现大部分企业有实施信息化的意愿和实现跳跃式发展的内在动因，是潜在的信息化消费群体。三是另有 60% 左右的企业在核心业务上有不同程度的信息化应用，有实施信息化的尝试，积累了部分经验，具有较好的信息化发展基础。同时对通过信息化手段提升员工绩效水平和企业核心竞争力有更多的期待和需求。四是在调查中发现应用计算机办公、应用经营管理信息化软件的企业已经达到较高的比例，且应用效果和满意度较高。但是对其分项调查中发现大多数企业信息化应用层次处在部门级应用水平，整合应用的企业不到 20%，核心业务的流程和数据流需要进行优化整合。五是应用电子商务平台开展业务的企业有 61.6%，其中开展电子商务业务在 3 年以下的企业有 49.1%，近 3 年电子商务应用发展迅速。但在 2012 年通过电子商务平台或电子支付产生的销售额占总销售额比例不高，其中有 38.9% 的企业电商销售额占总销售额的比例在 10% 以下，有极大的发展空间。未来几年电子商务应用发展速度会更加迅速，是推进中小企业信息化发展的突破口。

中小企业信息化后发展空间巨大，潜藏着庞大的信息化消费市场，是基于软件即服务模式的信息化产品的重要需求市场。需要政府、企业和社会机构相互协作，以中小企业信息化需求为中心；以互联网建设为基本保障条件；以软件即服务模式的产品开发和推广应用为主线；以推进中小企业电子商务应用为切入点；以中小企业信息化服务平台为载体；以中小企业信息化培训行动为手段，全面实施中小企业信息化推进工程，是促进现代信息技术与先进管理理念的深度融合，稳步提升中小企业信息化建设水平，持续优化中小企业资源配置、运营效率和经济成本的有效途径。

政府、企业和社会机构联合推动中小企业信息化的工作模式已获得明显的效果。以中小企业信息化需求为中心，以动态满足中小企业信息化需求为动力，以优化政策、培训和信息化产品（服务）供给市场环境为目标，以中小企业信息化大数据共享平台和透明化的监控系统为手段，基于政府、企业及社会机构三方稳定的三角关系，能更有效地发挥三方联合资源优势，不断提高三方联合推动模式的服务能力、效率和效益，实现三方联合价值的最大化。更高效地为中小企业营造信息化产品供需信息畅通、信息化供给产品（服务）丰富、和谐诚信、可持续发展的中小企业信息化市场环境，加快推进中小企业信息化发展进程，提高中小企业生产、管理与市场开拓的信息化水平和创新能力。

总之，中小企业信息化产品（服务）、方案及发展路径的选择，要持科学的态度和求真务实的行为准则，客观的评价企业现状，厘清企业核心问题。一般应遵循与企业实际相适应、与行业发展相适应、与国家信息化标准的发展相适应、与信息化技术发展相适应的原则。

参考文献

［1］2011 年通信业推进中小企业信息化调研报告发布［J］. 中国新通信，2011，24：21.

［2］2013 信息化服务与中小企业需求对接高层研讨会［EB/OL］. 中国中小企业信息网，http://www.sme.gov.cn，2013，12.

［3］曾智勇等. 中小企业信息化最佳实践［M］. 北京：清华大学出版社，2011.

［4］工信部. 2013 中小企业信息化服务信息发布会暨中小企业信息化培训启动会［R］. 2013，4.

［5］工业和信息化部中小企业司. 中国中小企业管理信息化发展报告（2009）［M］. 北京：机械工业出版社，2010.

［6］工业和信息化部中小企业司. 中小企业信息化发展指南［M］. 北京：机械工业出版社，2013.

［7］何永琴，王燕嘉等. 中小企业信息化水平调查数据分析与对策研究［J］. 现代计算机，2014，8：23 - 26.

［8］何永琴. "套餐 + 自助"组合教学模式的构建［J］. 内蒙古财经大学学报，2013，4：109 - 113.

［9］何永琴等．三方联合推动中小企业信息化运行模式研究［J］．中国管理信息化，2015，5：99－102.

［10］何永琴等．中小企业信息化水平调查研究［J］．内蒙古财经大学学报，2015，2：60－67.

［11］姜梅．中小企业信息化问题及对策［J］．中国中小企业，2011，6：67－68.

［12］马永涛．中小企业管理信息化实施策略与方法［M］．北京：中国社会科学出版社，2012.

［13］宋建军．中小企业信息化管理实践［M］．北京：冶金工业出版社，2010.

［14］王茜．我国中小企业信息化建设的价值分析［D］．天津：天津大学硕士学位论文，2012.

［15］王维剑．我国中小企业信息化建设存在的问题及应对措施［J］．软件导刊，2011，3：3－4.

［16］项建标等．互联网思维到底是什么［M］．北京：电子工业出版社，2014.

［17］詹姆斯·R.埃文斯等．质量管理与控制［M］．北京：人民大学出版社，2010.

［18］张洪宾.2013中小企业信息化服务信息发布会在京举办［J］．中国中小企业，2013，5：22.

［19］张庆武．中小企业信息化投资分析［D］．厦门：华侨大学博士学位论文，2007.

［20］赵大伟．互联网思维孤独九剑［M］．北京：机械工业出版社，2014.

［21］郑小军．中小企业信息化市场：老问题与新机遇［J］．通信世界周刊，2011，15：17.

［22］课题组成员郑昕，刘怡等．中外促进中小企业信息化发展政策比较研究［EB/OL］．中国信息年鉴，2007. http：//www. cia. org. cn/subject/subject_ 07_ xx-hzt_ 13. htm.

［23］郑昕．促进中小企业信息化与工业化深度融合［J］．化工管理，2011，5：13－14.

［24］董焱．中小企业信息化建设与治理［M］．北京：知识产权出版社，2012.

［25］周锡冰．中小企业电子商务与信息化——就这几招［M］．北京：企业管理出版社，2010.

呼和浩特地区物业管理行业中小企业绩效考核体系调查研究

课题编号：Y12008

主 持 人：王瑞永

参 与 人：王素艳　王　晔　韩　燕　刘　甜

　　　　　张培霞

一、呼和浩特地区物业公司员工绩效考核现状及存在的问题

1. 员工绩效考核现状

从内蒙古自治区中小企业的行业整体发展状况来看，从事物业管理是一个朝阳行业。据有关数据统计，呼和浩特地区从事物业管理的企业有 400 多家，其中 80% 以上的企业生存状况举步维艰，尤其是相对于现代企业制度和管理理论而言，中小型企业的绩效考核就是一个很鲜明的问题。绩效考核通俗地说就是根据企业发展战略和业务流程，设定绩效考核指标及一个考核周期的目标值，通过考核指标的达成情况来评价和考核一定时期内被考核对象的工作成果及业绩情况，实现对企业、部门及个人的绩效评定，达到整体提高绩效水平的目的。

在呼和浩特地区，绝大多数物业管理企业已经建立了绩效考核制度，但真正能够将绩效考核工作的作用完全发挥出来的企业却较少。为此，我们对内蒙古自治区中小型物业管理公司就绩效考核这一问题采用了调查问卷的形式进行调查研究，总共发放 30 份问卷，回收了 28 份，其中有效问卷 25 份，经过调查研究分析，结果显示内蒙古自治区中小企业物业公司员工绩效考核现状主要体现在以下几个方面：

（1）员工整体文化素质偏低。根据调查结果显示，呼和浩特地区的物业公司 90% 以上是民营企业，具有大专及以上学历的员工比例较小。在调查的 25 家企业中，其中一家公司大专及以上学历的员工比例为 44%，9 家公司大专及以上学历介于 30% ~ 40%，5 家公司大专及以上学历介于 20% ~ 30%，剩余 10 家公司还不到 20%。总体而言，没有一家公司超过 50%。由此可见，员工整体素质偏低，致使绩效考核工作实施起来比较困难。

（2）不能及时地修改与完善绩效考核制度。企业的绩效考核制度不是一成不变的，而是随着外界环境以及业务的变化而变化的。目前大多数企业管理者错误地认为，绩效考核制度只要制定了就不会变化，其结果是使考核与现实脱节，失去了考核的意义。根据调查的 25 家企业结果显示，一个季度完善一次考核制度的企业很少，仅占 16%，一年以上甚至没有完善考核制度的占 84%。具体见图 1 - 9 绩效考核制度完善时间。

（3）员工对绩效考核的认识不够。虽然在调查中显示，大多数企业员工明确知道绩效考核不仅是人力资源部门的事情，而且是企业中每个员工都应参与其中的，但是普通员工的参与积极性却不是很高，他们对绩效考核这一工作没能很好地理解。同时，对于所在企业开展绩效考核的主要目的也了解得不够全面。

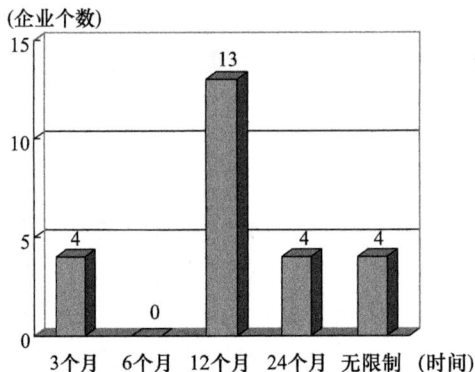

图 1-9 绩效考核制度完善时间

调研显示，超过 50% 的员工认为企业实施绩效考核是为了与薪酬挂钩、合理地发放奖金、确定员工的工作目标以及提升员工绩效与能力，并帮助员工更有效地开展工作，而忽略了员工绩效考核也可以确定其需求，帮助员工做好职业生涯规划。绩效考核的目标在不同的企业发展时期，其目标也是不同的，是随着不同的发展阶段而改变的。具体分析如表 1-1 所示。

表 1-1 员工对绩效考核目标认识比例 　　　　　　单位:%

目标	比例
确定员工的工作目标	66.67
将绩效与薪酬挂钩，合理发放奖金	66.67
改变企业的组织文化	16.67
留住优秀人才，淘汰不合格员工	50
提升员工绩效与能力	100
帮助员工更有效地开展工作	66.67
确定培训需求	0
帮助员工做好职业生涯规划	0
其他	0

（4）员工参与制定绩效计划的程度低。绩效计划的制定需要从高层到基层的员工共同参与，在调查公司是否有员工参与绩效计划的制定时，大多数企业有员工参与绩效计划的制定，但在制定方式问题上则不同。图 1-10 调研汇总显示，由管理人员制定，员工在形式上参与的占 52%；员工参与制定，管理人员

依据情况修改的仅占32%。员工绩效计划制定的参与度不高，由于管理人员能力有限，不可能对每个岗位都充分了解，这样就容易造成绩效考核指标与企业的实际情况脱节、员工无法执行指标的情况。

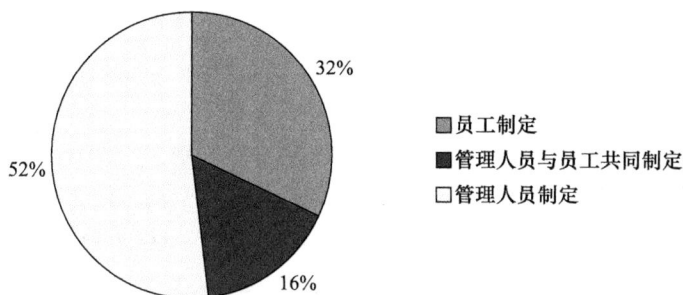

图 1 – 10　绩效计划制定方式分布

（5）考核缺乏公正性。考核的公平公正，是绩效考核必须具备的特性。考核结果做到了公平公正，考核才能起作用，才能调动员工的积极性，提高员工的工作业绩。公正性是绩效考核必须达到的标准，是绩效考核效果能够实现的前提。针对绩效考核实施过程中需要加强环节的这一问题，调研结果如图 1 – 11 所示。

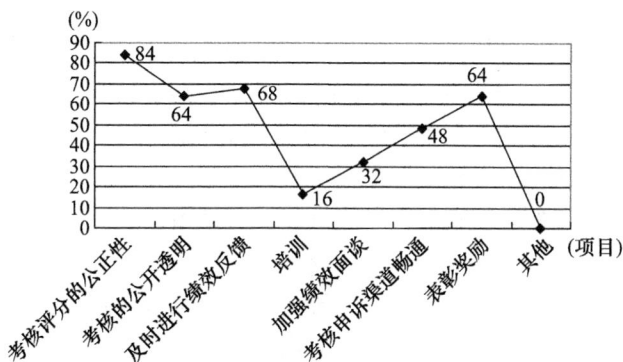

图 1 – 11　绩效考核加强环节分布

由图 1 – 11 结果显示，84%的员工认为企业应加强绩效考核评分的公正性，64%的员工认为加强考核的公开透明，68%的员工认为要及时进行绩效反馈，16%的员工认为要加强培训，32%的员工认为要加强绩效面谈，48%的员工认为要加强考核申诉渠道畅通，64%的员工认为要加强表彰奖励。其中认为加强绩效考核评分公正性的最多，占84%，由此可见，在企业绩效考核过程中，公正性成为一个显性的问题。

总之，呼和浩特地区中小物业管理企业虽然大部分已经实施了绩效考核，但是现存的绩效考核体系存在太多问题，还需要在今后的实践过程中不断完善。

2. 员工绩效考核存在的问题

绩效考核是现代人力资源管理的核心任务之一，是员工调迁、升降、奖惩等重大人事决策的主要指标来源。作为支持绩效管理的工具，绩效考核方法的选择是企业绩效管理的重要内容。然而近年来，呼和浩特地区物业管理行业的员工绩效考核存在许多问题，其主要体现在以下几个方面：

（1）考核指标设计不合理。物业公司的本质就是为客户提供服务，尽管服务质量的好坏是通过服务结果体现出来的，但是，在绩效考核的过程中不仅要追求好的服务结果，更应注重的是整个服务的过程。物业公司在进行绩效考核时，不像生产企业有可计量的数量和可供统一使用的质量检测标准，很难以数量和质量标准来衡量工作绩效，应当尽量体现员工的服务过程。然而，呼和浩特地区的物业公司在绩效考核的过程中，绩效考核指标只片面地注重了服务的结果，仅依据服务结果来考评员工工作业绩，而员工为了得到公司所期望的服务结果，对服务过程中本应该完成的工作视而不见，忽略了服务过程。这样的绩效考核指标不利于物业公司的长远发展。

另外，考核指标的设计主要依据岗位说明书进行，而将工作计划作为辅助补充标准。在对绩效考核指标确定的依据这一问题的调查中，其中有50%的企业同时依据岗位说明书与工作计划制定考核标准，另外50%的企业只依据工作计划来制定，这就造成绩效考核指标的设立脱离实际，容易造成与企业的实际业务不符，无法实现企业的长远目标，也不利于员工绩效的提高。

（2）考核信息不对称。在对绩效考核制度实施过程中，要让公司员工充分了解公司的绩效考核制度，但是由于种种原因造成绩效考核信息与员工掌握的信息不对称的问题，其产生原因主要有两方面，一方面在于员工的文化素质，呼和浩特地区的物业公司除了管理层外，其他员工的文化程度普遍比较低，对于规范化的绩效考核指标常常无法理解，这就导致员工对绩效管理指标不能全面地理解；另一方面在于公司的相关工作人员与员工就绩效考核指标缺乏沟通，对员工提出的问题往往不能耐心去讲解，甚至讲解得晦涩难懂，员工无法正确理解。同时大多数的物业公司内部培训形式化，是为了培训而培训，员工根本没有从培训过程中得到提高，培训对于他们来说只是一个必须要完成的任务。另外，公司就绩效考核问题缺乏前期的宣传，许多员工反映不知道公司的考核是如何进行的，考核指标是怎样提出来的，考核结果是什么，考核结果究竟又有什么用处，等等，结果造成许多员工对绩效管理制度了解甚少。在对于员工了解绩效考核体系的途径调查中，结果如图 1－12 所示。

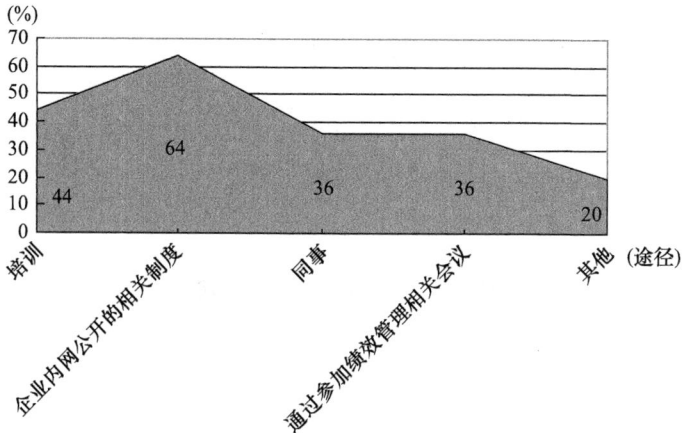

图 1－12　员工了解绩效考核体系途径

由图 1－12 可知，44% 的员工通过培训了解到公司的绩效考核体系，64% 的员工是通过企业内网公开的相关制度了解到的，36% 的员工是通过同事了解的，36% 的员工是通过参加绩效管理相关会议了解的，20% 的员工是通过其他方式了解的。由此可以看出，公司大多数员工是通过企业内网公开的制度了解的，而通过培训所知的只占 44% ，不到 50% 的员工通过内网只能了解到绩效考核制度的皮毛，不能了解到绩效考核制度的实质，因此，必然造成员工自己所掌握的信息与公司绩效考核信息不对称，以至于员工最终的工作业绩背离了企业的预期期望。

（3）考核结果反馈不及时。绩效反馈在整个绩效考核的过程中是一个很重要的环节，员工通过绩效反馈可以知道上级的评价，从而根据要求不断提高自身素质。主管通过绩效反馈指出员工的绩效水平或存在的问题，可以有的放矢地进行激励和指导。然而，绝大多数物业公司没有及时进行绩效结果的反馈，造成许多员工无法了解自己的工作业绩，无从对自己的工作行为进行修正，从而无法逐步提高业务能力，甚至可能丧失继续努力的动力，无心提高自己的工作业绩，致使工作表现变得越来越差。绩效结果反馈不及时使得许多员工认为存在暗箱操作，缺乏公平、公正的环境，进而降低了员工对公司的忠诚度与满意度，久而久之，导致越来越多的员工出现不满情绪，有的甚至提出了离职申请，造成物业公司的离职率越来越高，影响整个物业公司的业绩。

在对绩效考核结果反馈及时与否的调查中，情况如图1-13所示。

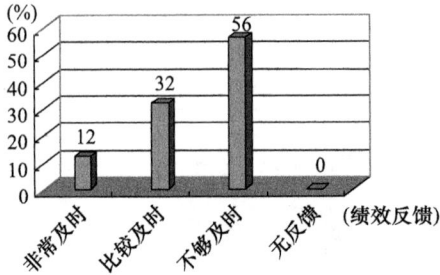

图1-13 绩效反馈及时情况

结果显示，对于绩效考核结果反馈非常及时的公司占12%，比较及时的占32%，不及时的占56%，超过一半以上。由此可以看出大多数企业绩效结果反馈不及时，容易造成员工负面情绪，影响员工工作积极性。

（4）考核过程形式化。考核过程形式化有很多因素，第一，员工的认识问题。物业公司虽然已经制定和实施了绩效考核工作，但是绝大多数员工内心认为绩效考核只是管理者的一种形式主义，没有真正的体现考核目的，对绩效管理存在很强烈的抵触情绪。第二，管理者的问题。由于物业公司不能系统地进行绩效管理，不能将绩效融入管理的过程中，考核也就起不到应有的作用。虽然许多物业公司为管理者提供了绩效考核表，但内容空洞且缺乏说服力的绩效考核表流于形式，大多数员工认为考核工作是一件劳心费力的琐事，抱怨考核过程的烦琐，怀疑考核结果的真实性。第三，考核中个人偏见影响。管理者对绩效考核只凭印象打分，草草了事，使得个人偏见与人情关系在考核过程中占据了极其重要的位置，挫伤了员工的积极性，完全丧失了绩效管理鞭策后进的作用。在对考核成绩最容易受哪些因素的影响的调查中显示，其中50%的公司容易受近期效应影响，这就造成考核结果失去公平，不利于调动员工的工作积极性。

（5）考核当"大棒"。由于物业公司是一个服务性的企业，在考核内容上只限于对个人在工作能力和工作态度上一些基准模糊的绩效指标，所以随意性很大。据调查显示，呼和浩特地区绝大多数的物业公司过分重视考核的结果，主张"以成败论英雄"，习惯于拿绩效考核当"大棒"，只要考核结果不合格，工资马上降一级，同时受到相应的惩罚，而绩效考核结果优秀者，工资却没有得到提升，更没有相应的奖励措施，这使得绝大多数的员工认为考核"只罚不奖"，导致其在工作中带有不满情绪，没有起到绩效考核的正强化作用，势必严重打击员工的工作积极性。同时，这种考核对于许多不可控因素较多、变化因素较大的、难以完全量化的工作，不能给予准确的绩效评价，失去了考核的公平、公正性。

二、出现问题的原因分析

在企业管理中，绩效管理不是孤立存在的，它是与企业的方方面面相互影响、相互联系的。在绩效管理过程中，影响绩效管理的因素有很多，包括企业组织的战略、相关业务流程、组织结构、岗位职责和企业文化等多方面因素，这些因素对绩效管理有很大的影响，它们可以称得上是绩效管理的评估基础。在对造成呼和浩特市嘉融物业服务公司绩效管理问题的原因研究时发现主要有以下几方面问题：

1. 组织结构不合理

绩效考核要为企业各个部门设计相关的绩效指标，这个指标的制定直接关系到以后的绩效考核。在一个组织结构比较清晰，职责分明的公司内部，绩效考核的制定有很多良好的参考依据，如果内部组织比较混乱，要想绩效指标做到合理化、流程化是很难的。

而呼和浩特市大部分的物业公司组织结构分布不合理，其组织结构如图1-14所示。

由图1-14中可以看出公司的组织结构设置的不合理，其中物业服务公司下设4个项目部，项目部与项目部之间权责不分开，一方面使员工工作不能符合各个项目部的实际情况；另一方面容易造成责任混乱、权责不明确、互相推诿的现象。另外，没有设立专门的人事行政部门，容易造成部门责任混乱。而组织结构是绩效考核指标设立的基础，如果基础有问题就可能造成绩效考核指标责任不清。

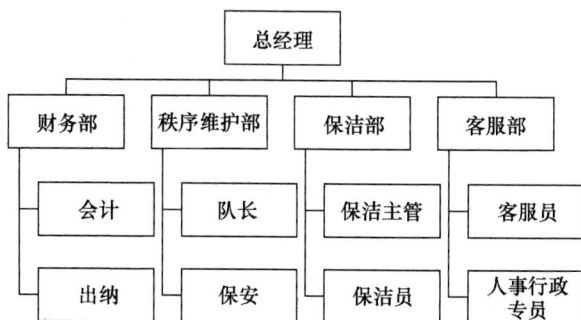

图1-14 呼和浩特市物业服务公司组织结构

2. 岗位设置存在问题

岗位管理主要包括岗位分析、岗位设置、岗位说明书撰写等工作。构建人力资源管理体系的逻辑顺序依次是岗位分析—撰写岗位说明书—设计绩效管理体系。岗位说明书是绩效管理的基础性文件，两者存在紧密的衔接关系。

呼和浩特市物业服务公司岗位管理存在严重问题。公司里没有专门负责人事行政的人员，而是由客服员兼职，会计岗位设有一个兼职的会计，总经理自己负责出纳工作。这样出现了一人兼多职的情况，造成员工压力较大，职责混乱。同时公司没有成文的岗位说明书，基于此产生的绩效考核指标无法与企业实际相结合，导致绩效考核流于形式。

3. 企业文化对绩效考核的负面影响显著

绩效管理的制定要与企业的文化相适应，企业文化对企业的长远发展有着深远的影响，它会形成一种群体意识，这种群体意识可以规范企业员工的行为，为企业的发展注入生机和活力。在制定企业文化时，一定要注意到这点，要参考企业文化来制定相应的考核制度，才能发挥出绩效考核的最大功能，也能让企业的运行不偏离正常的轨道。

呼和浩特市物业服务公司是"一把手"文化，员工的行为都是围绕着总经理的言传身教，总经理不注重授权，不听取下属意见，在管理过程中有罚没有奖，批评较多，不善于表扬，造成员工工作积极性不高，存在负面情绪，就使员工形成考核是领导的事情的思维，并且造成绩效考核结果与奖罚不相符的情况。

4. 执行力不强

影响呼和浩特市物业服务公司绩效管理的因素不仅有以上因素，其中规章制度执行不力也对绩效管理造成影响。在实施绩效管理的时候，一定要充分考虑影响绩效管理的各方面因素，在排除这些因素的不利影响之下，制定真正适合企业发展的绩效管理制度。

三、呼和浩特物业公司员工绩效考核体系设计

1. 设计关键绩效指标体系的程序

（1）对企业战略目标进行分解，明确所辖部门和个人在一定时期内应该完

成的任务。对企业战略目标进行分解应该建立在理解企业当前业绩管理体系，对组织文化、组织氛围、管理风格、绩效管理等企业现状进行诊断的基础上，因为只有了解清楚将来运行整个绩效管理系统的组织背景，找出组织目前绩效管理中做得好的方面和存在的不足，才能有针对性地设计与组织相匹配的绩效管理系统。企业的战略目标可以分解为每个子公司、分公司和职能部门的经营目标，然后细分到每个员工的岗位目标。如果每个员工的目标能保质保量甚至超额完成，整个企业的目标就能很好地完成。明确所辖部门和个人在一定时期内应该完成的任务，主要是界定某个个体或团队应该做什么，做出来的结果是什么，即工作产出。工作产出是设定关键绩效指标的基础。工作产出可以是一种有形的产品，也可以是某种结果的状态。通常来说，以客户为导向来设定工作产出是一种比较适宜的方法。定义工作产出需要从客户的需求出发，凡是被评估者设定为工作产出输出的对象，无论组织外部还是内部都构成客户。这里尤其强调的是组织内部客户概念，这是把组织内部不同部门或个人之间工作产出的相互输入输出也当作是客户关系。

（2）设计关键绩效（KPI）考核指标。关键绩效指标的建立有两种最基本的方法：

1）确定关键绩效指标以岗位职务说明书为基础，详尽了解岗位工作内容并找出主要工作，在能够反映被考评人的所有评价指标中，选择最重要的5~8个最能反映出被考评人业绩的评价指标来制定关键绩效指标。制定关键绩效指标应兼顾公司长期目标和短期利益。

2）在制定岗位关键绩效指标时采取硬指标和软指标相结合的方式，对被考评人进行全面考评，有助于衡量被考评人的全面绩效。硬指标是以统计数据为基础，把统计数据作为主要评价信息，通过硬指标计算公式，最终获得数量结果的业绩考评指标；软指标是由评价者对被考评人业绩作为主观的分析，直接给评价对象进行打分或做出模糊评判的业绩考评指标。

3）关键绩效指标在考核的实施与监控。关键绩效指标考核的实施过程中可能会碰到很多意想不到或者不够科学合理的问题，这时就需要对原有的指标和标准进行一定的调整和控制，以保证考核的科学有效。不过这种调整在一段时间内只能是微调，大面积的调整会引起员工情绪的不稳定，不利于人力资源政策的有效实施。

2. 确定考核主体与权重

根据大多数物业公司设立的共同岗位，确定各自的考核主体及权重，具体如表1-2所示。

表 1-2 物业公司考核主体及权重

部门名称	岗位名称	考核主体及权重
财务部	财务经理	考核分数＝总经理评分×40%＋品质员评分×30%＋物业服务处经理评分×30%
	会计	考核分数＝品质员评分×50%＋物业服务处经理评分×50%
	出纳	考核分数＝品质员评分×50%＋物业服务处经理评分×50%
综合办公室	综合办主任	考核分数＝总经理评分×40%＋品质员评分×30%＋物业服务处经理评分×30%
	品质员	考核分数＝综合办主任评分×70%＋总经理评分×30%
	行政专员	考核分数＝品质员评分×50%＋物业服务处经理评分×50%
	保管员	考核分数＝品质员评分×50%＋物业服务处经理评分×50%
维修部	维修部经理	考核分数＝总经理评分×40%＋品质员评分×30%＋物业服务处经理评分×30%
物业服务处	物业服务处经理	考核分数＝总经理评分×50%＋品质员评分×50%
	客服部主任	考核分数＝品质员评分×50%＋物业服务处经理评分×50%
客服部	客服员	考核分数＝品质员评分×50%＋物业服务处经理评分×50%
秩序维护部	秩序维护队长	考核分数＝品质员评分×50%＋物业服务处经理评分×50%
	保安员	考核分数＝品质员评分×50%＋物业服务处经理评分×50%
	中控员	考核分数＝品质员评分×50%＋物业服务处经理评分×50%
工程维修部	工程维修主管（班组长）	考核分数＝品质员评分×50%＋物业服务处经理评分×50%
	维修工	考核分数＝品质员评分×50%＋物业服务处经理评分×50%
保洁部	保洁管理员（班组长）	考核分数＝品质员评分×50%＋物业服务处经理评分×50%
	保洁员	考核分数＝品质员评分×50%＋物业服务处经理评分×50%

3. 确定考核内容与指标

考核内容主要包括工作态度与行为（30%）、工作业绩（70%）。下面以物业服务处经理为例解释考核内容与指标，如表1-3和表1-4所示。

表1-3 物业服务经理工作态度与行为测评表

绩效项目	绩效指标（KPI）	绩效标准	得分
工作态度与行为30分	言谈举止与仪容仪表（4分）	1. 对顾客说话语气生硬，没有礼貌（扣0.3分） 2. 对业主没有耐心，不能耐心细致地解释业主的各种问题（扣0.3分） 3. 与业主争吵，业主出现不满情绪（扣0.5分） 4. 与业主争吵，有业主投诉现象（扣0.7分） 5. 不着工作服上岗，佩戴标志不齐全，敞胸露怀，挽袖卷裤腿，穿凉鞋或旅游鞋（扣0.3分） 6. 仪容不符合标准，头发长，鼻毛超过鼻孔1毫米，指甲超过指头1厘米（扣0.2分） 7. 有意煽动员工怠工或闹事、公众传闲话、搬弄是非、出工不出力（扣0.7分） 8. 制造事端，影响团结，给公司带来严重不良影响和后果（扣0.7分） 9. 顶撞上级，言语恶劣（扣0.3分）	
	责任心（0.5分）	10. 工作马虎应付，推卸责任（扣0.5分） 11. 工作责任心不强，出现扯皮、拖拉现象（扣0.5分） 12. 工作责任心不强，造成工作差错或公司财产损失（扣0.5分） 13. 不按交接班制度执行，交接记录不写或少写（扣0.5分） 14. 明知其他员工有严重过失行为而知情不报（扣0.5分） 15. 在装修期间，因巡查不到位，造成业主损坏公共设施设备（扣0.5分） 16. 因不负责任，造成闲置人员进入小区而不制止，遭到业主直接投诉（扣0.5分） 17. 高峰期不立岗，不落实车辆管理制度，业主出现乱停、乱放车辆现象（扣0.5分） 18. 发现跑、冒、滴、漏等现象，不及时通知有关部门处理或报告上级领导（扣0.5分） 19. 玩忽职守，造成事故，使公司蒙受经济损失（扣2分）	
	沟通协调性（2分）	20. 不善于协调，不与同事合作（扣0.5分） 21. 不与业主沟通，业主出现不满情绪（扣0.5分） 22. 与业主发生纠纷，造成业主投诉，使公司形象受损（扣0.5分） 23. 部门之间沟通不畅，不能很好地解决问题（扣0.5分）	
	积极性（5分）	24. 工作拖拉、怠工、推诿、扯皮（扣0.5分） 25. 以各种理由不参加公司周义务劳动和例会（扣0.5分） 26. 以各种理由不去落实工作任务（扣0.5分） 27. 不积极处理工作中出现的问题（扣0.5分） 28. 工作被动，在上级领导监督或督促下，才完成本职工作（扣0.5分）	

续表

绩效项目	绩效指标（KPI）	绩效标准	得分
工作态度与行为30分	纪律性（12分）	29. 不按规定时间上班，出现迟到、早退现象（扣0.5分） 30. 不服从工作安排（扣0.5分） 31. 未经批准或未向部门负责人请假，擅自脱岗（扣0.5分） 32. 动用公司设备干私活（扣0.5分） 33. 公共场所吸烟，随地吐痰、乱扔杂物（扣0.5分） 34. 私自携带公司物品外出（扣0.5分） 35. 上班时间干与工作无关的事，扎堆聊天、嬉笑打闹、污言秽语、出口伤人（扣0.5分） 36. 私自向外界提供公司内部信息、文件、资料（扣1分） 37. 向业主索要小费、物品，私自接受业主的财物（扣1分） 38. 利用工作之便私自将公司物品赠送他人（扣1分） 39. 侵占、盗窃业主、公司或同事财物（扣1分） 40. 盗用或故意破坏业主或同事财产（扣1分） 41. 私自使用电器设备或动用明火作业（扣1分） 42. 不按规定动用消防安全设备（扣1分） 43. 故意损坏设施、设备（扣1分）	

表1-4 物业服务处经理工作业绩考核评分表

绩效项目	绩效指标（KPI）	绩效标准	得分
工作业绩70分	业务管理（15分）	1. 不及时签发上报报表、文件，造成各项工作不能有序开展（扣1分） 2. 没有完善的物业管理方案（扣1分） 3. 不按规范签订物业服务合同（扣1分） 4. 没有明确的经营目标以及方针政策（扣1分） 5. 没有及时完成上级下达的任务（扣1分） 6. 所辖小区内出现业主投诉1起/月（扣1分） 7. 不熟悉所管小区的房屋、绿地、市政设备和各种设备、设施的运行管理的法规及安全使用规程（扣2分） 8. 业主满意度未满90%（扣1分） 9. 维修到达及时率未达到100%（扣1分） 10. 业主投诉处理率未达到100%（扣1分） 11. 设备返修率大于3%（扣1分） 12. 房屋设备的完好率未达到98%（扣1分） 13. 急修情况1小时未达到现场（扣1分） 14. 业主回访率未达到80%（扣1分）	

续表

绩效项目	绩效指标（KPI）	绩效标准	得分
工作业绩 70 分	员工培训与管理（10分）	15. 对下级部门管理、监督不到位（扣3分） 16. 对下属分工不合理，监督管理不到位，造成下属情绪不满（扣3分） 17. 对员工考核随意，有失公平（扣3分） 18. 不注重对下属员工的培训，或培训效果差（扣1分）	
	成本控制（12分）	19. 没有良好的节约意识，出现浪费现象（扣2分） 20. 成本控制方法不当，开支不合理（扣2分） 21. 超出规定的成本预算（扣2分） 22. 未经上级领导批准，擅自开支（扣4分）	
	物业费收缴（15分）	23. 收取各项物业管理费用，回收率未达到标准的5%及以下（扣1分） 24. 收取各项物业管理费用，回收率未达到标准的6%～10%（扣2分） 25. 收取各项物业管理费用，回收率未达到标准的11%～15%（扣2分） 26. 收取各项物业管理费用，回收率未达到标准的16%～20%（扣3分） 27. 收取各项物业管理费用，回收率未达到标准的21%及以上（扣7分）	
	经营性收入管理（10分）	28. 没有努力创收（扣1分） 29. 隐瞒经营性收入（扣1分） 30. 没有及时上缴经营性收入（扣2分） 31. 擅自挪用经营性收入（扣2分） 32. 将经营性收入设为小金库（扣2分） 33. 贪污经营性收入（扣2分）	
	安全管理（6分）	34. 所辖小区内存在安全隐患，并出现小事故（扣4分） 35. 没有消防预案，存在消防隐患（扣0.5分） 36. 没有各类突发事件的预防及处理方案（扣0.5分） 37. 未保证所辖小区内公共秩序（扣0.5分） 38. 对所辖小区内设施、设备养护、维修、监管不到位（扣0.5分）	
	对外联络（2分）	39. 不能与公安机关协调处理重大事件（扣1分） 40. 不积极配合有关部门对小区特种设备、设施的检查工作（扣1分）	

4. 考核结果计算与兑现

被考核人员考核得分＝考核主体对工作态度与行为评分（30%）＋考核主体对工作业绩评分（70%）。

对员工每个岗位的考核分为 A、B、C、D、E 5 个档次，每个人的绩效工资按考核档次对应发放。考核评分结果遇到小数时，采取四舍五入制。具体档次及配发比例如表1-5所示。

表1-5　绩效工资配发系数

考核分数	96~100分	91~95分	86~90分	81~85分	80分及以下
对应档次	A	B	C	D	E
绩效工资配发系数	1.4	1.2	1.0	0.8	0.6

5. 考核反馈与结果运用

根据考核结果排序，前10%的员工被评为"年度优秀员工"，分设一、二、三等奖，给予设定的奖励，并将此作为岗位晋升的重要条件之一。

考核结束后，10日内由考核组长向被考核者反馈考核结果。被考核者对考核结果如有异议，可向综合办公室提出复议。

四、调研结论

员工绩效考核是一项复杂的系统工程，不仅涉及企业战略目标体系和目标责任体系，而且涉及绩效考核指标体系的构建、考核标准和考核方法等内容。员工绩效考核的核心是不断提高企业的核心竞争力，目的是努力做到人尽其才，最有效地发挥人力资源的作用，实现人的最大价值。员工绩效考核工作作为评价员工工作业绩、发现问题和不足、找到改进方向和措施的手段，是提高员工能力，顺利完成公司整体工作目标的重要保证。现将此次调研情况做进一步梳理，得出如下结论：

1. 对绩效概念的明确认知

一般来说，对于绩效这一概念，从使用的角度来说，可以理解成下列几种含义：①绩效相当于完成的工作任务。这一解释主要是从一线的生产工人和体力劳动者来说的，即这些人的绩效考核内容应该是他们完成了多少任务，完成的任务就是完成的绩效。②绩效相当于业绩，即结果或产出。所谓的结果或产出，可以理解成包括责任、指标、目标、关键绩效领域、任务等。③绩效相当于行为。一般的把绩效分为任务绩效和周边绩效。前者指正式定义的工作各个方面；后者是指组织自发性或超职责行为。④绩效相当于结果加过程，即一个员工懂得做什么并知道如何做好，那么他就会得到优秀的绩效。⑤绩效等于做了什么（实际绩效）加上能做什么（预期绩效）。这说明，绩效考核的目的不仅是针对过去的结果或行为，其目的还在于预计未来的结果与行为。因此，管理员工绩效的目的就是实现预期绩效的管理。

综上所述，我们对绩效的概念应是这样理解的：绩效有结果与过程的双重含义，与评价的过程相联系；不仅关注过去还要关注未来，评价时必须加入时间因素；绩效反映在业绩、过程、行为3个方面。基于绩效概念的全新认识，我们在设计考核制度时，针对高层管理者，主要以业绩为考核内容；针对知识性人员主要以做了什么加能做什么为考核内容；针对基层员工主要以行为为考核内容；针对所有员工以业绩加行为为考核内容。

2. 对绩效考核目的要正确定位

绩效考核的目的对于绩效考核非常重要，有什么样的考核目的，就会有什么样的考核指标。事实上，绩效考核的目的总结起来不过有两条：一是为了企业的发展；二是为了内部奖罚。所谓发展就是为了实现绩效的改进，既要实现企业目标，又要提高员工潜力。事实上，这两种目的不能用好或坏来评判，要根据企业的发展阶段和考核能力来定。根据该公司的实际情况，我们定位的考核目的是前者。这种考核目的更关心员工的开发、流程的合理驱动和组织的层层贯彻。

3. 对绩效考核主体要客观确立

对考核主体的确立也非常重要，大部分公司原有的考核主体只有考核评价委员会，但从实际情况出发考虑，考核主体应分成不同的人员，包括上层领导、人力资源部门的考评员、中层直接领导以及员工自己。这些人员的分级考核就确保了考核工作的公正性。

在绩效考核主体方面，物业公司应该成立专门的绩效考核领导小组，组织各部门指定的具体人员来执行，监察部门参与并监督管理。通过考核领导小组来协调各部门的绩效考核指标以及考核标准，并组织对各部门进行考核，这在一定程度上解决了由部门自行制定指标过于容易而导致绩效考核失效的问题，也保证了考核的公正、公平，有助于解决管理人员与公司员工之间存在的考核结果不平衡的问题。

4. 对绩效考核方法要科学确定

大多数公司的绩效考核方法只用扣分的方式进行，而事实上考核方法是针对部门用打分方式进行；针对与绩效挂钩的人员用绩效工资的方式进行；针对全员考核用计分培训的方式进行。这样做既考虑到团队的建设，又考虑到个人的情况，特别要注重重奖轻罚及中层管理者作用的发挥。

5. 对考核内容及指标要根据实际业务及行业性质确定

在考核内容选择上，要根据企业实际业务及行业性质而定。在物业行业要选取员工态度、行为及业绩3方面较为科学。在绩效指标设计上，要尽量将指标量化，并对各部门指标统一采用百分制进行衡量和计算，以增强考核过程的可操作性和考核结果的可比性，克服考核标准模糊、主观随意性大等缺点。

6. 对绩效考核结果要注重上下级沟通及追踪与反馈

由于绩效考评的最终目的是要应用于绩效管理，所以我们在绩效考核制度设计时特别注意其结果的应用。对绩效管理要有全新的认识。

首先，绩效管理是上下级的沟通过程。绩效管理作为行之有效的管理手段，其关键一点就是绩效管理工作是上级与员工一起完成，并追求以共同合作的方式来完成，它意味着相互沟通并共同提高。所以，绩效管理绝对不是经理对员工的单项工作，也绝对不是迫使员工更好或努力工作的"棍棒"，更不是只在绩效低下时才使用的惩罚工具。在新的绩效管理制度中，我们改变了原有的只在年终才通报结果的做法，也改变了原有的只扣工资的做法，而实行重奖轻罚、员工培训、及时沟通等一系列办法。

其次，绩效管理强调追踪与反馈。大多数公司把原有的考核执行成了有头无尾的"怪物"。他们在制定完绩效目标以后，就对员工撒手不管了，年底一打分，不够标准就扣发工资，而中间的流程："追踪—反馈"这一重要绩效应用被完全忽略了。而较为有用的绩效追踪与反馈包括：绩效的追踪、记录绩效、根据标准打分、反馈与沟通，这些才是应该被关注的。

总之，绩效考核是企业对单位员工工作行为及结果运用科学的方法进行考核和评价的过程。企业绩效考核要有整体的、综合的、长远的眼光，从企业的发展和员工的发展出发，引用合理的过程考核，放眼长远和未来。企业必须结合自身的实际情况，吸收各种绩效考核方法的长处，选择适合企业自身特点的方法，设计出科学的、可操作的、与实际相符的绩效管理体系，才能实现企业的战略目标，达到绩效管理的目的。

参考文献

［1］Hermanson，Roger，Carcello，Joseph V. Better Environmen，Better Staff［J］. Journal of Accountancy，1995，4.

［2］Smith W. J., Hamington K. V., Houghton J. D. Predictors of performance appraisal discomfort – A preliminary examination ［J］. Public Personnel Management, 2000, 1.

［3］West, Giles H., Andreas R. Twelve steps to heaven：Successfully managing change through developing innovative teams ［J］. European Journal of Work and Organization Psychology, 2004, 13.

［4］白小弟. 物业管理企业的人力资源开发与管理对策 ［J］. 北京房地产, 2006, 3.

［5］包诺敏. 内蒙古中小企业现状透视 ［J］. 北方经济, 2009, 7.

［6］陈凌芹. 绩效管理 ［M］. 北京：中国纺织出版社, 2004.

［7］陈素琴. 基于和谐社会建设的中小企业绩效评价方法研究 ［J］. 企业经济, 2009, 11.

［8］陈欣, 黄坤. 绩效考核系统的设计与实现 ［J］. 池州学院学报, 2008, 3.

［9］陈忠. 绩效管理在物业管理企业中的应用 ［J］. 管理研究, 2007, 6.

［10］高畅宏. 中小企业绩效考核问题诊断与分析 ［J］. 辽宁广播电视大学学报, 2008, 1.

［11］何正罗. 中小企业绩效管理存在的问题及对策 ［J］. 人力资源管理, 2009, 1.

［12］蒋伟权. 试论我国物业管理企业绩效管理中存在的问题及其对策 ［J］. 管理视野, 2007, 5.

［13］李海, 张德. 构建完善的考核体系 ［J］. 企业管理, 2005, 4.

［14］李蜀玉, 赵晋毅. 浅议企业绩效管理的基础——绩效考核 ［J］. 电力学报, 2008, 3.

［15］李薇薇, 苏宝炜. 物业服务企业人员绩效管理存在的问题及改进策略 ［J］. 交流, 2009, 6.

［16］李小程. 物业管理绩效评价框架的构建探讨 ［J］. 企业家天地, 2010, 8.

［17］李小琪. 论述中小企业的绩效管理 ［J］. 中小企业管理与科技（上旬刊）, 2009, 2.

［18］龙双柏, 章争荣, 肖小亭. 压铸模制造企业的绩效考核模型 ［J］. 现代机械, 2010, 1.

［19］毛军. 绩效管理的四结合原则 ［J］. 企业改革与管理, 2005, 1.

［20］宁春霞. 物业公司绩效评估现状及方法探讨 ［J］. 企业导报,

2012，7.

［21］牛雄鹰．发展导向的绩效管理模式［J］．中国人力资源开发，2003，11.

［22］石建．绩效考核不能带来高绩效的成因分析［J］．北京劳动保障职业学院学报，2011，2.

［23］孙丽．关键绩效指标评价体系研究［J］．财会通讯，2004，99.

［24］谭善勇，郭立．物业管理理论与实务［M］．北京：机械工业出版社，2005.

［25］王怀明．绩效管理［M］．济南：山东人民出版社，2004.

［26］辛馥．物业公司员工绩效考核问题分析［J］．辽宁省交通高等专科学校学报，2007，3（9）.

［27］杨剑．白云，郑蓓莉．目标导向的绩效考评［M］．北京：中国纺织出版社，2003.

［28］杨金霞．论物业管理企业的绩效管理［J］．北京建筑工程学院院报，2007，9（23）.

［29］玉文娟．基于KPI的企业目标绩效管理探析——以Y公司构建目标绩效管理体系为例［J］．生产力研究，2009，13.

［30］袁光华．绩效考核指标的选取与组织目标一致性的实现［D］．北京：清华大学博士学位论文，2005.

［31］张德．人力资源开发与管理［M］．北京：清华大学出版社，2001.

［32］张建国，徐伟．绩效体系设计［M］．北京：工业大学出版社，2003.

［33］郑颖俊．中小企业的绩效考核与激励机制研究［D］．北京：北京交通大学硕士学位论文，2007.

［34］建设部房地产业司．中国物业管理从业人员岗位培训教材［M］．北京：中国物价出版社，1996.

［35］周梅．建筑企业绩效考核体系研究［D］．济南：山东大学硕士学位论文，2008.

［36］周子惟，李明生．企业战略性绩效管理体系的建立和应用［J］．长沙铁道学院学报（社会科学版），2006，4.

呼和浩特地区制造业中小企业绩效考核体系调查研究

课题编号：Y11017

主 持 人：王素艳

参 与 人：王瑞永　李文武　胡树红　韩　燕
　　　　　刘丽莎　刘　华　王淑娟　赵亚洲

一、内蒙古自治区呼和浩特市中小制造企业员工绩效考核的现状

就企业员工绩效管理而言，当前呼和浩特市中小制造企业已经逐步认识到员工绩效考核工作的重要性，但是从绩效管理的运行上还不尽如人意，有待进一步提高和完善。

1. 与企业战略目标相关程度低

企业的一切经营活动都要以企业战略目标为出发点和归宿，对员工的绩效管理不仅服从于企业的发展战略与规划，更重要的，它也是企业实施战略的强有力工具。不过，当前呼和浩特地区很多中小制造企业绩效管理体系与企业战略目标相关程度较低，或者在实际的操作中没有将企业战略目标有效分解落实到相应岗位和每位员工身上，这样员工就不能为企业战略目标的实现承担相应责任，现实中出现了"企业各个部门员工的绩效目标都完成得很好，但是企业总体业绩却不好"的怪现象。造成这种现象的原因主要是员工绩效目标的确定存在问题，也就是部门的绩效目标、员工个人的绩效目标不是从企业的战略目标逐层分解获得的，而仅限于从各自的工作内容提出相应的绩效考核目标，导致考核指标与企业战略目标脱节；甚至一些企业尚没有明确的战略目标，根本谈不上对战略目标在各部门和个人之间进行合理分解的问题，长此以往，绩效管理成为花钱、费时却不能带来成效的过程。

2. 存在"拿来主义"现象

企业的管理活动要充分考虑企业的行业特点、发展阶段与规划、人员状况等条件。不考虑企业自身情况，跟风模仿，对其他企业管理系统生搬硬套只能带来"水土不服"。一个企业的员工绩效管理系统运行得有效成功，不一定意味着在另一个企业同样也有效可行。即使两家企业是同一个地区同一个行业，在很多方面肯定也会存在差异。呼和浩特地区中小制造企业的绩效考核体系中，不少企业采用"拿来主义"，如将员工绩效管理成效做得好的大公司的绩效考核制度和绩效考核方法直接"拿来"，或者简单修改，就在本企业各部门推广运行，这样的员工绩效管理活动往往以怨声载道或流于形式等结果草草收场，也使今后的员工绩效管理工作"披上不良的外衣"，更加难以有效开展。

二、内蒙古自治区呼和浩特市中小制造企业员工绩效考核存在的主要问题

从调查结果中得出，很多中小制造企业进行绩效管理的目的不明确，主要是考虑"使绩效与薪酬挂钩，有利于发放奖金"，绩效考核的结果也主要用在"奖金分配"上，这会影响绩效管理作用的充分发挥，甚至一些企业在绩效考核方面出现了员工抵触的心理或流于形式等现象，其具体体现在以下 5 个方面：

1. 制定绩效目标缺乏合理性

在呼和浩特市大多数中小制造企业中，对员工的绩效考核目标仅限于员工对工作的服从及完成的程度上，对员工工作态度的考核更多地停留在考勤上，有关工作能力等其他方面的关注很少。同时，在目标的制定上，通常是上级说了算，制定绩效考核目标很少与员工进行沟通，员工极少能够真正参与进来，如图 1–15 所示。在所有被调查企业中，公司员工的绩效计划主要由"管理人员制定，员工在形式上参与，但是不起真正作用"所占比例为 57.1%。这样制定出来的绩效目标很容易影响绩效管理的实施效果，比如，上级领导没有考虑市场实际情况，片面地、过高地制定了绩效目标，即使员工很努力地工作，也没有办法完成不切实际的考核指标，如此的绩效管理工作，既对员工做出的考核结果是不公平的，

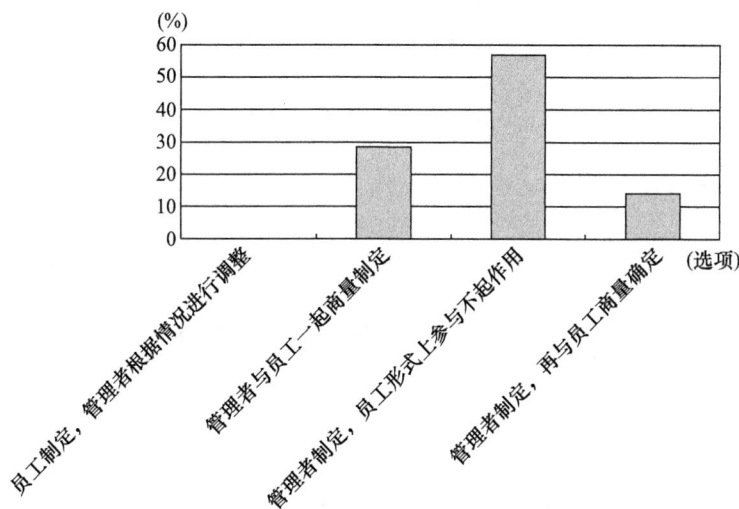

图 1–15　员工绩效计划的制定状况分析

又严重挫伤员工的工作积极性，甚至员工会产生抵触情绪。另外，在制定绩效目标时，如果与员工沟通少，还会造成员工对企业战略目标了解甚少或一知半解，不利于实现通过绩效管理这一工具推动企业战略目标有效实施的目的。

2. 考核指标缺乏精细化

绩效考核指标的确定是企业员工绩效管理的一个十分关键又较难操作的环节。呼和浩特地区中小制造企业考核指标的设置还不够科学化和精细化，这主要是由于一方面没有基于企业的战略目标去考虑设计考核指标；另一方面很多中小制造企业缺少工作分析这个基础环节，没有形成有效的、合理的岗位说明书，因而考核指标体系不可避免地出现一些偏差。比如，设定的指标比较随意，有时管理者的意志往往强加于考核之上，不能使得员工绩效考核与企业的管理形成一致性；设置的指标过于简单，或者笼统，或者指标难以评估，难以形成系统性的考核指标体系，不利于进行绩效考核等。图1-16显示了所有被调查企业中，所设置的员工考核指标能否反映出其真实工作内容的情况：57%的员工认为所设置的考核指标"部分反映"其真实工作内容，29%的员工认为所设置的考核指标"较少反映"，14%的员工"不知道"所设置的考核指标能否反映出其真实工作内容。

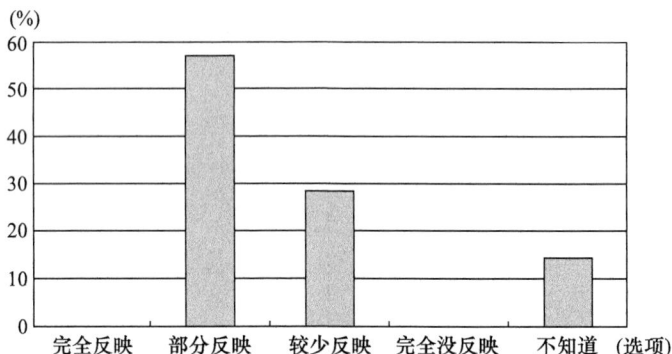

图1-16 员工绩效考核指标的设置情况分析

3. 考核方式不灵活，考核主体单一

由于呼和浩特市中小制造企业规模不是很大，员工的绩效考核往往是上级对下级进行简单评价，如图1-17所示，在所有被调查企业中，员工绩效考核主体只有其上级。长此以往，容易导致考核者个人的偏见、与下属私人感情的好坏等主观因素影响绩效考核过程，使员工产生"努力工作，不如讨好维护上司"的错觉，造成考核结果不公平，打击员工工作积极性。另外，员工的日常工作不仅是面向上级的，还有同事、客户、供应商等，他们更加直接、客观、全面地了解员工的工作表现，是作为上级——单一的考核主体的有效补充。因此，对于呼和浩特市中小制造企业而言，在考核方式上还需进一步完善，使考核反馈信息更加客观、全面。

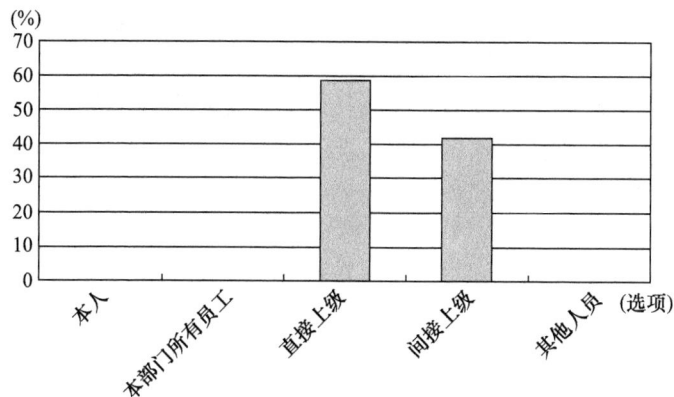

图 1–17　普通员工绩效考核主体情况分析

4. 缺少有效的绩效沟通

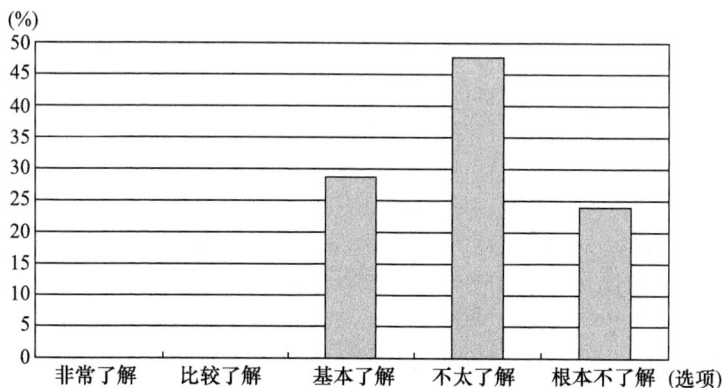

图 1–18　普通员工对公司绩效考核体系（或制度）了解程度分析

呼和浩特地区中小制造企业在绩效管理体系的实施过程中还缺乏员工的参与和有效的绩效沟通，这主要体现在两个方面：一方面，调查结果显示（见图 1－18），许多普通员工对绩效管理制度基本不了解。在所有被调查企业中，有 47.6% 的普通员工对绩效管理体系或制度"不太了解"，23.8% 的普通员工对绩效管理体系或制度"根本不了解"，这些员工不知道企业的员工绩效考核是如何进行的，考核指标是如何确定，考核结果是怎么来的、被如何使用，等等。在调查中还发现，公司内部的管理人员要比普通员工对绩效管理体系或制度更为了解。另一方面，员工就绩效问题，比如在完成绩效目标过程中遇到困难、发生环境变化等情况，很少主动与上级进行有效沟通。事实上，通过与上级的沟通，能够实现员工和上级对绩效目标理解的一致性，上级及时了解其绩效的完成进度和状况，然后进行相应的辅导，以确保绩效目标的实现，同时充分了解员工工作情况以利于在考核周期末对员工进行公正、客观的考核。

5. 考核结果运用不足

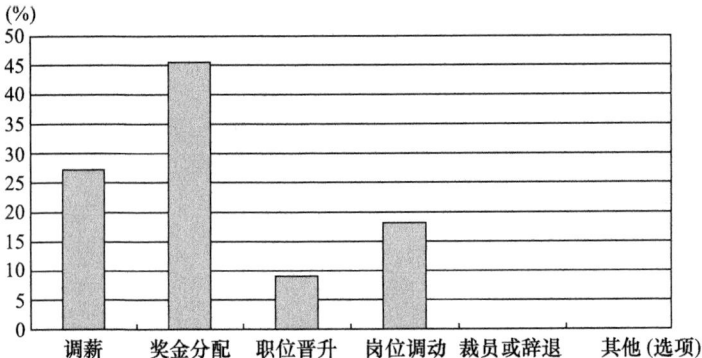

图 1－19　员工绩效考核结果的主要用途分析

目前绩效管理工作在中小制造企业中还处于摸索阶段，在运用和功能上还需进一步改善和提高。如图 1－19 所示，很多企业将绩效考核的结果主要用于"奖金分配"上，所占比例为 45.5%，用于"调薪"所占比例为 27.3%，即这些企业注重绩效考核的功能仅限于薪酬发放上，使奖金发放、调整薪酬成为绩效管理的最主要甚至是唯一目的，而忽视其他绩效管理功能。比如，一些中小企业将员工绩效考核结果直接归档，对来之不易的绩效考核结果信息根本不用，浪费了这些有效的管理信息，而在进行员工培训需求分析时又无据可依、无从下手，一味跟着当前的热门、热点培训内容走；还有的中小制造企业又走向另一个极端——

存在滥用绩效考核结果的问题，即利用考核结果对员工实施严惩严罚，这样一方面挫伤了员工的工作积极性，另一方面员工对绩效考核产生了越来越多的抵触情绪和消极行为，不利于绩效考核的后期开展。而事实上，绩效管理的功能和目标远不止于此，这些中小制造企业需要明确绩效管理系统运行的真正目的，根据企业的实际情况和需要，科学地、有效地运用员工绩效考核结果，使员工绩效管理系统发挥应有的作用。

三、内蒙古自治区中小企业员工绩效考核体系的构建

上述对呼和浩特地区中小制造企业员工绩效考核的现状和存在的问题进行了详细的调研和分析，在此基础上，将针对目前绩效评价体系存在的主要问题提出相应的解决方案，即构建一套较为科学的内蒙古自治区中小制造企业员工绩效评价体系，以此为该地区中小企业建设和完善员工绩效评价体系提供具体的、有效的建议和指导。

绩效评价体系是指由开展评价工作的目的、原则、评价操作方法和评价工作推进机制所组成的一个评价体系。在企业中，通常以评价管理制度的形式体现。评价体系设计实际上就是回答评价内容如何选取、重点如何确定、标准如何制定、方法如何选择、谁适合做评价人、评价结果如何应用等问题。基于以上思想，结合内蒙古自治区中小企业的现实状况和存在的主要问题，我们构建了内蒙古自治区中小企业员工绩效评价体系，该体系如图 1-20 所示。

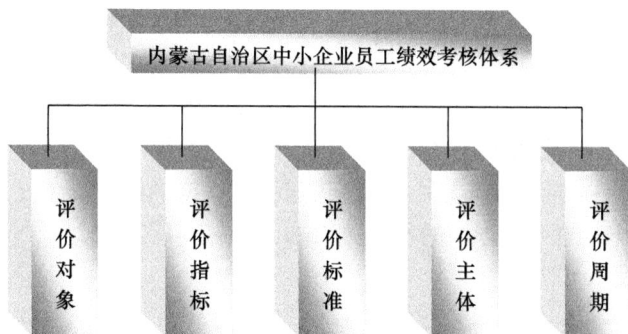

图 1-20　内蒙古自治区中小企业员工绩效评价体系的构建

1. 评价对象的确立

在构建内蒙古自治区中小企业员工绩效评价体系过程中，我们采用"分层分

类的绩效评价"方式。该方式包含了两层意思：一是职位类型的不同形成横向分类；二是职位等级形成的纵向层次。采用该方式进行员工绩效评价的主要依据是不同的职位类型、不同的职位等级其工作内容和绩效标准都存在着较大的差异，因此，必然需要使用不同的评价指标和权重。

对于不同类型的工作内容，绩效评价指标自然各不相同。一般地，职位类型可以分为生产类、工程技术类、销售类、研发类、管理服务类、政工类等。从整体上看，内蒙古自治区中小企业的规模不大，我们将其职位类型大致划分为四大类：管理服务类、研发类、生产类、营销类。由于职位等级的区别也会对绩效评价指标产生影响，所以，我们根据内蒙古自治区中小企业的现状和需要，将职位等级分为两大层次：中层管理人员和普通员工。这两大类人员被确立为被考核对象。

2. 评价指标的构建

针对中层管理人员的工作内容，我们基于平衡计分卡的思想来具体设计其绩效评价指标。同时，对于普通员工的绩效评价，我们采用目前企业通用的绩效评价内容，即工作业绩评价、工作能力评价和工作态度评价。这样，最终构建出来的绩效评价指标体系的优势在于克服了上述呼和浩特地区中小制造企业存在的一些常见问题——员工绩效目标制定的不合理、与企业战略目标相关程度低、绩效考核指标设置不科学、缺乏精细化，等等。

（1）平衡计分卡。平衡计分卡（Balanced Score Card，BSC）是由美国学者罗伯特·S. 卡普兰（Robert S. Kaplan）和戴维·P. 诺顿（David. P. Nodrton）提出的。1990年，他们在进行的一项题为"衡量组织的未来业绩"的课题研究成果基础上，创建了一套用于评价企业战略经营业绩的财务与非财务指标体系。平衡计分卡是与企业长远战略目标紧密联系、体现企业成功关键因素的一种业绩衡量系统，这套业绩衡量指标体系包括财务、客户、内部经营过程、学习与成长4个方面的内容。平衡计分卡是在企业愿景与战略框架的统领下完成的，企业战略目标与平衡计分卡的4个方面的相互关系如图1-21所示。

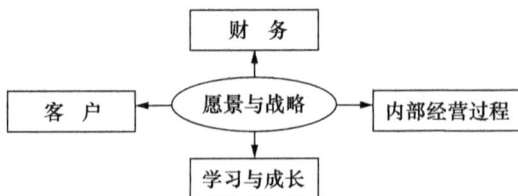

图1-21 战略平衡计分卡

平衡计分卡以企业愿景与战略为中心，从财务、客户、内部经营过程、学习与成长 4 个方面展开，每一方面包括 3 个层次：期望达到的总体目标；由每个总体目标引出或分解出的若干具体目标；衡量每个具体目标执行情况的若干指标。平衡计分卡所包含的业绩衡量指标兼顾了影响业绩的长期与短期因素、财务与非财务因素、外部（如客户）与内部（如内部经营过程）因素、先行与滞后指标等多个方面。平衡计分卡的实质不仅是一种企业业绩评价方法，还可以将企业的愿景与战略有效地转化为可以度量的指标，有利于企业战略的实施和有效落实。

下面具体说明平衡计分卡所包括的财务、客户、内部经营过程、学习与成长 4 个方面的内容：

1）财务。财务方面综合地反映企业业绩，财务指标直接体现股东的利益。财务指标一直被广泛地应用于对企业业绩的评价中，在平衡计分卡中也被保留下来。企业战略目标是根据企业发展阶段和环境的变化不断调整的，企业所处的生命周期阶段的不同导致其财务目标会有很大的差异。比如，企业处于成长期，其战略目标主要是开发产品或服务，以占领市场、赢得客户。因此，该阶段的财务指标主要包括销售增长率、产品销售收入占总收入的比率、研发费用与销售额之比、研发费用增长率、收入与员工人数之比等指标；当企业进入维持期，其战略目标主要是保持或增长市场份额，不断获得丰厚的利润。因此，这一阶段的财务指标主要包括目标客户销售额与总销售额之比、成本降低率、期间费用与销售额之比、投资回报率等。

2）客户。在以市场为导向的发展战略中，企业只有善于发现和了解顾客要求，更好地满足顾客需要，能为顾客提供更加有价值的产品和服务，才能实现企业的长期持续发展。对客户的有效管理是衡量企业业绩的重要指标之一，将强调顾客主导权，以顾客为导向，为客户增加价值，为客户提供个性化产品以及提高客户的忠诚度等经营理念全面渗透到企业管理当中，成为企业业绩好坏的重要评价指标，具体地，平衡计分卡中客户方面的主要指标包括市场占有率、客户保持率、客户获得率、客户满意度。

3）内部经营过程。业务流程是企业向客户提供产品或服务的过程，企业真正的核心竞争力蕴藏在业务流程中，并最终通过向客户提供的产品或服务来实现。内部经营过程的好坏不仅影响着企业目标是否能够实现，也会对企业未来业绩有着长远的影响。良好的内部经营过程可以使企业有效地向下传达战略规划、价值观念等，在平衡计分卡中，内部经营过程的指标主要包括创新、经营和售后服务等方面。

4）学习与成长。企业要持续经营下去，良好的学习能力是支撑企业成长的前提。企业的学习和成长是互为一体的，不具有良好学习能力的企业，当然就不具备良好的成长能力。新技术、新知识的应用与发展要求企业员工具备学习、认识使用新经济条件下的业务性质转换的能力，企业理应成为一个学习型组织；物质生产要素再好，没有一个良好的适应发展的人员队伍，其效用就难以发挥。因此，平衡计分卡注意从员工与团队学习能力的角度对企业业绩进行评价。企业的学习与成长主要来自于两个方面：人员、信息系统。对于人员方面采用的评价指标主要包括员工满意度、员工稳定性、员工生产率、员工工作覆盖率、员工创新性、员工意见采纳百分比、员工的培训与提升等。

（2）基于平衡计分卡的思想设计中层管理人员的绩效评价指标。将上述平衡计分卡的思想与职位类型不同形成的横向分类相结合，具体设计内蒙古自治区中小企业的中层管理人员的绩效评价指标，如表1-6所示。

表1-6　中层管理人员的绩效评价指标

	管理服务类	研发类	生产类	营销类
财务指标	●经营利润率 ●净资产增长率 ●净利润增长率	●新产品销售增长率 ●新产品市场占有率	●产量增长率 ●生产成本降低率	●市场占有率 ●销售增长率 ●销售收入完成率
客户指标	●客户满意度 ●客户档案完整率	●客户满意度 ●客户档案完整率	●投诉处理及时率 ●准时交货率	●客户满意度 ●客户保持率 ●投诉处理及时率
内部经营过程	●事故回应速度 ●业务计划完成率 ●组织协调能力	●新产品比重 ●新产品投产率 ●引进技术成功率	●次品率 ●原料耗损率 ●设备有效作业率	●客户投诉率 ●客户在财务中所占份额 ●新产品销售额所占百分比
学习与成长	●关键员工流失率 ●员工参与培训的次数	●参与培训的次数 ●研发中新技术的使用次数	●被采纳建议数量 ●新技术的使用数	●参与培训的次数 ●被采纳建议的数量

在表1-6中，对中层管理人员进行绩效评价时，其评价维度分别是财务、客户、内部经营过程、学习与成长。而且，这4个评价维度又分别包括了许多具体的评价指标。这些具体的评价指标主要来源于两个途径：一是将企业的战略目标和本年度经营重点按照财务、客户、内部经营过程、学习与成长4个评价维度进行分解、细化，并具体落实到对应的中层管理岗位上，实质上，这是将企业战略目标层层分解的一个复杂过程；二是根据部门职能要求和各个中层管理岗位的工作说明书等人事资料对这4个评价维度进行向下分解、具体化，最终形成全面的、有效的绩效评价指标。

基于平衡计分卡的思想为中层管理人员所设计的绩效评价指标体系，具有以下一些显著优势：

1）鉴于平衡计分卡的思想可以推动企业战略目标的具体实施，并在动态的调整中保持向目标前进的灵活性和有效性。上述设计的指标体系将企业的战略目标和员工绩效管理联系起来，实现了引导和约束员工行为使之与企业目标相一致，最终保证企业战略的有效实施和实现。

2）平衡计分卡显而易见的优势就是与传统业绩评价体系相比，它实现了全方位的"平衡"。对于中层管理人员（尤其是部门负责人）的工作内容而言，上述构建的绩效评价指标体系有效地实现了短期目标和长期目标之间、外部衡量和内部衡量之间、成果与动因之间、财务评价和非财务评价之间的平衡。

（3）确定普通员工的绩效评价指标。在对普通员工进行绩效评价时，我们综合考虑员工的工作业绩、工作能力和工作态度3个方面的情况，并根据部门职能要求和各个职位的工作说明书等资料将这3个评价维度进行有效分解、具体化，最终形成具有可操作性、合理的绩效评价指标体系。比如，对于工作业绩这一维度，可以从工作质量、数量、效率以及费用节约等方面分解设置绩效评价指标。

1）工作业绩评价。工作业绩评价是指对员工的各项岗位任务的直接结果进行评估的活动过程。这个评估过程不仅体现了员工的工作最终完成状况，还通过评估结果引导员工有计划、有目的地改进工作，以实现与企业发展目标相一致的目的。这一评价维度是普通员工绩效考核的核心内容。一般地，可以从数量、质量、效率、成本和时间等方面对员工的工作业绩进行评估。

通常工作业绩评价指标属于结果性指标和滞后性指标。如果单纯进行工作业绩评价容易引起员工的短期工作行为，不利于对员工进行长期的、有效的引导，可能会影响企业的长期发展。因此，普通员工的绩效评价还包括工作能力评价和工作态度评价两个方面。

2）工作能力评价。工作能力评价是对员工日常工作所需要的基本能力、经验性能力等进行评价的活动过程。对于工作能力评价，可以从以下几个方面考虑设置：专业知识和相关知识；技术、技能或技巧；工作中需要的理解力、判断力、创造力、沟通能力、计划能力、组织能力等经验性能力；工作所要求的体力等。

同工作业绩相比，工作能力是内在的，不容易衡量和比较，为了实现有效地对员工行为的过程进行引导的目的，可以将工作能力评价维度所包含的指标设计成为前瞻性指标。针对内蒙古自治区中小制造企业，我们通过设计一系列中介指标来对员工的工作能力进行评价，采用过程评价的方式。例如，某员工在工作中发生紧急情况的时候是否具有极高的应变能力，是否具有协调能力处理各方面的关系，是否能够向客户清晰地表达需要传达的内容的沟通能力，等等。

3）工作态度评价。工作态度评价是指对员工工作热情、努力程度、工作积极性以及出勤率等方面所进行的评估活动过程。实践证明，工作态度往往影响着员工的工作业绩和工作能力。不难看出，工作态度是工作能力向工作业绩转换过程中的重要干涉变量，比如，工作能力相当的两个员工，往往工作态度积极的员工要比工作态度差的员工的工作业绩更佳。通过对工作态度的评价，可以提高工作积极性，鼓励员工发挥现有的工作能力，从而达到不断地提高绩效的目的。这一评价维度所包含的指标可以设计成为前瞻性指标，因此工作态度的评价采用过程评价的方式。

将上述"三维度"的绩效评价内容与职位类型不同形成的横向分类相结合，具体设计内蒙古自治区中小企业的普通员工的绩效评价指标，如表1-7所示。

表1-7　普通员工的绩效评价指标

评价指标 / 人员类别		管理服务类	研发类	生产类	营销类
工作业绩	工作数量	●		●	
	工作质量		●	●	
	工作效率	●		●	●
	目标完成程度	●	●	●	●
工作能力	业务知识	●	●	●	●
	执行能力	●	●	●	●
	计划能力	●	●	●	●
	文字表达能力	●	●	●	●
	微机操作能力	●	●	●	●
	协作能力	●	●	●	●
	沟通协调能力	●	●	●	●
	公共关系能力	●	●	●	●
工作态度	全局意识	●	●	●	●
	责任感	●	●	●	●
	纪律性	●	●	●	●
	积极性	●	●	●	●
	自我开发意识	●	●	●	●

在表1-7中，在确定具体的绩效评价指标时，我们从工作业绩、工作能力和工作态度3个方面出发，并主要根据部门职能要求和各个职位的工作说明书等人事资料对这3个评价维度进行向下分解、细化，以形成表中具体的绩效评价指标。

总之，通过上述"分层分类的绩效评价"方式构建的内蒙古自治区中小企业员工绩效评价体系，有效地改善了目前中小制造企业存在的常见问题——员工绩效目标制定的不合理、与企业战略目标相关程度低；绩效考核指标设置不科学、缺乏精细化等。

3. 评价标准的制定

（1）绩效标准的确定。设置合理、明确的绩效标准，一方面可以引导和约束员工在日常工作中应当怎样做以及做到什么样的程度；另一方面有助于考评主体准确、一致地进行绩效评价。在具体确定绩效标准时，要注意防止设置的绩效标准过于简单、笼统或者发生歧义，具体如表1-8所示。

表1-8 普通员工计划能力的绩效标准

等级	等级含义
5	十分重视工作目标的树立，个人目标符合部门或团队的工作目标，积极参与个人工作目标的确定，并能够在工作中按照预定的目标落实每一项工作
4	认识到工作目标的重要性，个人目标基本符合部门或团队的目标，参与个人工作目标的确定，在工作中基本按照预定的目标落实每一项工作
3	重视工作目标的树立，不能将自身的目标与部门或团队的工作目标很好地结合，不善于制定目标
2	在领导的要求下被动地开展工作，在日常工作中有一定的计划性，缺乏一个长期的或阶段性的工作目标
1	每天都在被动地完成上级交给的工作，工作完全没有计划性

（2）确定绩效评价指标的权重与方法。在现实岗位中，由于每项工作任务的重要性存在着差异，这必然影响到各个绩效评价维度，评价指标之间的重要程度也是不同的。准确、合理地确定绩效评价指标的权重不仅能够有效地提高指标的准确性，同时也让被考核者了解到哪些因素是日常工作的重点。但是这种权重的设计并不一定必须明确到每个绩效评价指标上，通常的做法可以只是规定各个评价维度的权重。根据内蒙古自治区中小企业的实际情况，为了增强员工绩效评

价的可操作性和可行性，我们对各个评价维度设计了权重。针对中层管理人员而言，需要按照职位类型分别确定财务、客户、内部经营过程、学习与成长 4 个评价维度之间的权重。对于普通员工来说，需要按照职位类型分别确定工作业绩、工作能力和工作态度 3 个评价维度之间的权重。

我们采用层次分析法确定绩效评价指标的权重。

1）层次分析法（Analytic Hierarchy Process，AHP）。在 20 世纪 70 年代初期，美国运筹学家塞特（T. L. Saaty）教授提出了层次分析法，它是一种简便、灵活而又实用的多准则决策方法。这种方法将定性分析与定量分析相结合，适用于那些难以完全定量分析的问题，特别是将决策者的经验判断予以量化，对因素结构复杂且缺乏必要的数据情况下更为实用。这种方法的最大优势在于它兼具了纯定性与纯定量方法的优点，能够在定性分析的基础上，定量、科学地确定评价指标的权重。

2）确定评价维度的权重。

表 1-9　标度的具体含义

标　度	含　义
1	表示两个因素相比较，二者重要性相同
3	表示两个因素相比较，前者比后者稍重要
5	表示两个因素相比较，前者比后者明显重要
7	表示两个因素相比较，前者比后者强烈重要
9	表示两个因素相比较，前者比后者极端重要
2，4，6，8	表示上述相邻比较的中间值
倒数	如果因素 i 与因素 j 的重要性之比为 a_{ij}，那么因素 j 与因素 i 重要性之比为 a_{ij} 的倒数

运用层次分析法的原理，采用数字 1~9 及其倒数作为标度（见表 1-9）构造判断矩阵。例如，某中小企业的管理岗，该岗位 4 个评价维度（财务、客户、内部经营过程、学习与成长）分别用 a_1、a_2、a_3、a_4 表示，如果我们认为 a_3 比 a_1 稍重要时，则在判断矩阵中的 a_3 行 a_1 列交叉处给 a_3 记 3，在 a_1 行 a_3 列交叉处给 a_1 记 1/3，这样就可以构造出判断矩阵，然后将判断矩阵中的数据输入到层次分析法软件系统中，直接得出这 4 个评价维度的权重，如表 1-10 所示。

表 1-10 判断矩阵

	a_1	a_2	a_3	a_4	权重
a_1	1	1/2	1/3	1	0.141
a_2	2	1	1/2	2	0.263
a_3	3	2	1	3	0.455
a_4	1	1/2	1/3	1	0.141

4. 评价主体的选择

评价主体的选择是评价体系设计中的重要环节之一。有些企业为什么最终使评价流于形式或引起质疑，除了评价目的不清楚、方法与标准有问题以外，其中一个很重要的原因就是评价人选择不当。对于中层管理人员和普通员工，在呼和浩特中小制造企业选择考核主体的以往做法——主要以上级作为考核主体的基础上，可以根据企业实际需要结合使用 360 度考核方法，克服由于考核主体单一而带来的个人偏见或个人感情喜好等主观因素，以实现全面、公平、公开的考核。对评价主体的选择考虑有如下要求：

第一，责权对等原则。将考核权力赋予需要担任相应监管责任的人，当然，考核人承担多少责任，就要行使多少程度的考核权力。

第二，考核人能够有途径了解被考核人的工作状况，不熟悉和不了解员工绩效信息的人不能作为考核人。

在使用 360 度考核方法过程中，可以按照以下两个方面来选择考核主体：

（1）针对中层管理人员评价主体的确定。在企业中，中层管理人员一方面要接受来自上级领导的指挥与命令，另一方面又要直接指挥下级工作，同时还与外部客户进行广泛的业务往来和联系，他们处于承上启下的地位，这就要求绩效考核时，应该将最直接的和相关的人员作为中层管理者的考核主体。依据 360 度考核思想和内蒙古自治区中小企业的特点，我们将中层管理人员评价主体确定为上级、同事、自我评价、下级以及外部客户。

（2）针对普通员工评价主体的确定。普通员工与管理人员不同，他们在中小企业中所处的职位较低，承担的责任相对较少，同时与外部客户或间接上级联系不多。基于以上原因，我们选择普通员工的评价主体主要有直接上级、同事和自己。

5. 评价周期的确定

评价周期，即多长时间进行一次绩效考核。一般来说，对于一些无法设计考核周期的企业，绩效考核是无法进行的。确定的评价周期不能过长，但也不能太短。通常在设计绩效评价周期时，要考虑一些重要因素，如考核目的、公司所在行业、评价对象的岗位性质、奖金发放的周期等，只有综合考虑到这些因素，才能设计出符合自身企业实际需要的评价周期。

根据上述思路构建好内蒙古自治区中小企业员工绩效考核体系后，在实际运行中，还必须在绩效管理的各个环节——绩效计划、绩效监控、绩效考核结果的运用等方面，加强和完善绩效沟通，事实上，绩效沟通是贯穿于绩效管理的整个过程的。

总之，一个良好的绩效评价体系关键是绩效考核目的是否明确，考核指标体系是否合理有效，持续考核机制是否建立，考核主体是否掌握了评价标准和方法，运行中是否落实到位。绩效评价体系建设不是一劳永逸的事情，随着环境的变换、战略的调整、组织的变动、人员素质的提高都需要调整评价内容和方法。

参考文献

［1］陈韶君，龙景奎. 试论平衡计分卡［J］. 云南财贸学院学报，2001，17（2）.

［2］董克用，叶向峰. 人力资源管理概论［M］. 北京：中国人民大学出版社，2003.

［3］方振邦. 绩效管理［M］. 北京：中国人民大学出版社，2003.

［4］郭洁，周秀兰. 浅析中小企业绩效考核中存在的问题与对策［J］. 人力资源管理，2010，2.

［5］黄孟复主编. 中国民营经济发展报告［M］. 北京：社会科学文献出版社，2007.

［6］栗松，陈敏. 平衡计分卡：企业战略规划评估的新体系［J］. 东北大学学报（社会科学版），2001，3（2）.

［7］邵翔，瞿恒锐. 平衡计分卡与银行战略管理模式的创新［J］. 金融论坛，2002，1.

［8］隋学深，高长元. 层次分析法在通信企业考评运营指标中的应用［J］. 哈尔滨商业大学学报（自然科学版），2003，19（2）.

［9］王芳，张笑莉. 平衡计分卡：一种新的经营业绩评价方法［J］. 中南

财经大学学报，2001，4.

［10］王莲芬，许树柏．层次分析法引论［M］．北京：中国人民大学出版社，1990.

［11］王瑞永，王素艳．分层次绩效评价指标构建及权重设计研究［J］．内蒙古财经学院学报，2008，4.

［12］王素艳．我国中小企业绩效管理存在的问题及对策研究［J］．中国乡镇企业会计，2012，9.

［13］王素艳．中小企业人力资源管理问题及对策研究——以内蒙古地区为例［J］．中国乡镇企业会计，2013，2.

［14］王秀丽，王素艳．基于 BSC 的员工绩效层次分析研究［J］．中国人力资源开发，2005，12.

［15］王艳龙，薛高亮．内蒙古"十二五"时期中小企业集群发展研究［J］．北方经济（综合版），2011，10.

［16］颜志刚．EVA 综合计分卡：实现平衡计分卡的真正"平衡"［J］．经济师，2002，5.

［17］杨成义，张红哲．试论业绩评价体系——平衡计分卡［J］．煤炭经济研究，2001，7.

［18］杨月和．浅析我国中小企业绩效管理的现状、问题和对策［J］．现代经济信息，2011，17.

［19］张彦君．中小企业绩效管理研究［J］．科技信息，2011，11.

［20］张悦玫，栾庆伟．平衡计分卡的"平衡"辨析［J］．技术经济与管理研究，2003，5.

［21］赵健梅，邢颖．对企业经营业绩评价的探讨——建立 EVA 综合平衡计分卡［J］．北京交通大学学报（社会科学版），2003，2（3）.

［22］赵立三，康爱民．平衡计分卡制度与企业绩效评价［J］．经济论坛，2003，19.

［23］朱丹．浅析企业业绩评价新方法——平衡计分卡［J］．企业经济，2002，8.

呼和浩特市中小酒店企业组织与管理模式研究

课题编号：Y11011

主 持 人：杨智勇

参 与 人：王春枝　李　雯

　　对呼和浩特市中小酒店进行调查，调查采用问卷、访谈相结合的方式，发放问卷40份，收回有效问卷34份，有效回收率85%。通过对呼和浩特市中小酒店企业的调研，研究其组织模式的设置，为中小酒店企业的组织管理提供一些理论上可供参考的标准。

一、中小酒店企业概念界定

根据《中华人民共和国中小企业促进法》和《国务院关于进一步促进中小企业发展的若干意见》，2011 年国务院发布的《中小企业划型标准规定》，将中小企业划分为中型、小型、微型 3 种类型，具体标准根据企业从业人员、营业收入、资产总额等指标，结合行业特点制定。

二、呼和浩特中小酒店企业组织管理模式分析

酒店的组织管理就是运用各种管理方法建立精干的、高效的酒店组织机构和严密的、科学的管理制度并使之正常运行，是由一系列形成酒店组织的成员（员工、部门）的岗位职能、行为规范以及在组织中所处的地位、享有的权利、承担的责任、相互的隶属、协作、制约关系所构成。

1. 酒店管理层次分析

酒店的管理层次一般都呈金字塔形式，从下到上分为 4 个层次：服务员操作层、督导层、部门经理管理层、总经理决策层。

（1）微型酒店组织管理层次分析。微型酒店人数一般在 10 人以内，调查的 9 家微型酒店中，在管理层次方面有如下特点（见表 1 - 11）。

表 1 - 11　微型酒店组织管理层次设置情况统计

酒店编号	总经理	副总经理	部门经理	主管	领班	员工
1	√			√	√	√
2	√			√	√	√
3	√					√
4	√			√		√
5	√		√			√
6	√					√
7	√		√		√	√
8	√			√		√
9	√		√	√	√	√

1）9 家微型酒店，在表 1 - 11 所列的 5 级管理人员中没有全部设置，尤其是都没设副总经理职位，其余或不设部门经理、或不设主管或领班，明显看出微

型酒店在压缩管理人员。

2）有3家采用总经理—主管（或部门经理）—领班—员工的3级管理模式，不设副总经理。

3）有3家采用总经理—主管（或部门经理）—员工的两级管理模式。

4）有两家采用总经理—员工的管理模式，即店长—员工的模式，完全取消中间管理层。

（2）小型酒店组织管理层次分析。小型酒店人数一般在100人以内，调查的20家小型酒店其管理人员设置由于人数的不同，既有微型酒店减少中间管理层次的特点，也有与中型酒店设置全部管理人员的特点（见表1-12），具体特点有如下几方面：

表1-12　小型酒店组织管理层次设置情况统计

酒店编号	总经理	副总经理	部门经理	主管	领班	员工
1	√			√	√	
2	√			√	√	√
3	√		√	√		√
4	√		√	√		√
5	√		√	√	√	√
6	√	√	√	√	√	√
7	√		√	√	√	√
8	√		√	√	√	√
9	√	√	√	√	√	√
10	√		√	√	√	√
11	√	√	√	√	√	√
12	√		√	√		√
13	√		√	√		√
14	√		√	√		√
15	√	√	√		√	√
16	√	√	√	√		√
17	√	√	√	√		√
18	√	√	√		√	√
19	√		√	√		√
20	√	√	√	√	√	√

1）有 6 家酒店采用总经理—主管（或部门经理）—领班—员工的 3 级管理模式，不设副总经理。

2）有 9 家酒店采用总经理—部门经理—主管—领班—员工的 4 级管理模式，不设副总经理。

3）有 5 家采用总经理—副总经理—部门经理—主管—领班—员工的 5 级管理模式。

（3）中型酒店组织管理层次分析。中型酒店人数一般在 300 人以内，其管理人员设置呈现完全一致的特点（见表 1 – 13），调查的 5 家中型酒店中总经理、副总经理、部门经理、主管、领班 5 级管理人员全部都设置。

表 1 – 13　中型酒店组织管理层次设置情况统计

酒店编号	总经理	副总经理	部门经理	主管	领班	员工
1	√	√	√	√	√	√
2	√	√	√	√	√	√
3	√	√	√	√	√	√
4	√	√	√	√	√	√
5	√	√	√	√	√	√

2. 酒店机构设置分析

酒店运作机制分为营业部门和职能部门两大部门。由于各酒店的规模和经营管理方式不同，机构设置不完全一致，但不会有很大的差别。酒店营业部门是与酒店的日常经营活动相关并直接为宾客提供产品和服务的业务部门，又称营业创收部门。主要包括酒店的前厅部、客房内各部、餐饮部、营销部以及其他康乐部门等。

酒店的职能部门不直接从事接待和供应业务，而是为业务部门服务、执行某种管理职能的部门。酒店的办公室、人事部、工程部、安全部、财务部等均属于职能部门。

酒店的机构设置在微型、小型、中型酒店的情况各不相同，有较大差异（见表 1 – 14）。

（1）微型酒店机构设置分析。微型酒店机构设置有如下特点：

1）全部设置前厅部和客房部，因为微型酒店的主营业务是客房，所以这两个部门是酒店必设的部门。有些微型酒店前厅与客房合并作为一个部门，以减少管理人员的设置。

表1-14 各类酒店部门设置统计

部门	酒店类型			合计
	微型	小型	中型	
前厅部	9	20	5	34
	100.0%	100.0%	100.0%	
客房部	9	20	5	34
	100.0%	100.0%	100.0%	
餐饮部	2	14	5	21
	22.2%	70.0%	100.0%	
商品部	0	3	2	5
	0.0	15.0%	40.0%	
康乐部	0	0	2	2
	0.0	0.0	40.0%	
工程部	2	16	5	23
	22.2%	80.0%	100.0%	
安全部	2	9	5	16
	22.2%	45.0%	100.0%	
人力资源部	0	14	5	19
	0.0	70.0%	100.0%	
财务部	2	18	5	25
	22.2%	90.0%	100.0%	
销售部	0	15	5	20
	0.0	75.0%	100.0%	
总经理办公室	0	17	5	22
	0.0	85.0%	100.0%	
合计	9	20	5	34

2）基本不设置餐饮部、康乐部、商品部等业务部门，调查中有两家微型酒店设置了餐饮部，且只提供早餐。

3）基本不设置工程部、财务部、人力资源部、安全部、销售部、总经理办公室等职能部门，个别酒店设置了工程部、安全部、财务部，且有些是总经理或指定人员兼任以上部门的工作，有些采用临时雇用的方式从事工程、财务的工作。

（2）小型酒店机构设置分析。小型酒店机构设置有如下特点：

1）全部设置前厅部和客房部，其主营业务与微型酒店一样仍以住宿为主。

2）餐饮部的设置比例大幅提高，有14家小型酒店设置餐饮部，为客人提供餐饮服务。但如前面分析，有些小型酒店只设简易餐厅或租用外面餐厅提供简单的餐饮服务；有些设置了豪华餐厅，增加盈利点。

3）其余业务部门只设商品部，不设占用较大面积的康乐部。

4）普遍设置工程部、财务部、人力资源部、安全部、销售部、总经理办公室等职能部门。因为酒店规模、酒店人数、营业额等较微型酒店增多，所以设置必不可少的职能部门，但具体到每家酒店设置的情况稍有不同。

（3）中型酒店机构设置分析。中型酒店机构设置有如下特点：

1）客房部、前厅部、餐饮部全部设置，客房和餐饮都是主营业务，且餐厅都是具有多选择口味的豪华餐厅。

2）其余业务部门有两家设置了康乐部和商品部，这主要是由于康乐部占据较大面积空间，使得酒店根据硬件条件有选择地设置此部门。

3）工程部、财务部、人力资源部、安全部、销售部、总经理办公室等职能部门全部设置。

3. 酒店组织管理模式分析

酒店的组织管理模式一般包括直线式、直线职能式、事业部式和矩阵式。在调查中，中小酒店企业组织管理模式主要是直线式和直线职能式。具体每类酒店的情况有如下几种：

（1）微型酒店企业主要采用直线式的组织模式。调查的9家微型酒店企业中，全部采用直线式的组织模式。直线式是一种简单的集权式组织结构模式，其领导关系按垂直系统组成，不设专门的职能部门，自上而下形同直线。组织结构模式如图1-22所示，即酒店的组织模式按总经理—部门经理—主管—领班4级来设置。

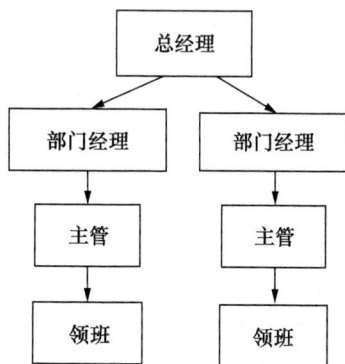

图1-22 直线式组织结构

从调查酒店实际情况看，微型酒店组织模式还呈现以下特点：

1）减少中间管理层的设置。全部不设副总经理。部门经理、主管、领班尽可能减少。具体有总经理—主管（或部门经理）—领班—员工的3级管理模式；总经理—主管（或部门经理）—员工的两级管理模式；总经理—员工的管理模式，即店长—员工的模式。

2）从部门设置看，一般只设置前厅部和客房部，甚至这两个部门合二为一，少数酒店设置餐饮部并配备餐饮部经理，其他如商品部、康乐部、工程部、安全部、人力资源部、财务部、销售部都不设置，由总经理或指定的人兼任人力资源、销售、财务岗位的职能。

3）从管理层次看，一般主管管理10名员工。

（2）中型酒店企业采用直线职能式的组织模式。调查的5家中型酒店企业中，都采用了直线职能式的组织模式。直线职能式是一种以直线式结构为基础，在各级直线管理人员的领导下，设置相应的职能部门作为参谋机构，以专业分工的管理者来承担直线式全能管理者的部分工作。这种管理模式，酒店的部门分两类：①酒店的直线部门。即酒店业务部门，是酒店中直接从事接待服务工作的部门，如酒店的客房部、餐饮部、前厅部、康乐部等。②酒店的职能部门。指那些不直接向客人提供服务，而是为酒店业务部门提供服务的部门，包括酒店的人事部、财务部、培训部、采购部、保安部等，如图1-23所示。

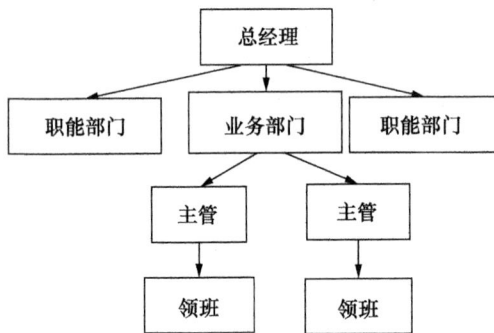

图1-23 直线职能式组织结构

从调查酒店实际情况来看，中型酒店企业组织模式还具备以下特点：

1）调查的中型酒店中四星级酒店和三星级酒店设置酒店组织模式中的包括"九部一室"的全部业务部门和职能部门。

2）个别中型酒店不设康乐部和商品部，原因主要是由于酒店建筑面积的有限而放弃占地面积较大的康乐部等部门。

3）从管理层次看，一般主管管理 8 名员工。

（3）小型酒店企业采用直线式或直线职能式的组织模式。小型酒店企业介于微型与中型酒店企业之间，员工人数 10 ~ 100 人，所以采取了比较灵活的组织模式，兼有两种组织形式。调查的 20 家酒店中，有 7 家采用直线式的组织模式，其余 13 家采用直线职能式的组织模式。

4. 酒店企业组织模式设置的影响因素分析

酒店组织模式的设置受酒店投资结构、酒店规模、酒店星级档次、酒店服务项目多少等因素的影响。

（1）酒店投资结构。投资结构是酒店经济性质和产权关系的本质体现，常常决定酒店组织管理模式和组织结构的形式。一般有限责任公司和股份有限公司成立董事会，股东人数较少和规模较小的，可以设一名执行董事，不设立董事会。总经理由董事会聘任，并对董事会负责。董事会的设立影响甚至决定公司的组织模式及其管理工作。

在呼和浩特中小酒店企业的调查中，9 家微型酒店都不设董事会，以执行董事担任总经理的形式出现；20 家小型酒店企业中有 12 家企业设立董事会；5 家中型酒店企业中全部设立董事会。总体呈现出设立董事会的比例从微型到中型总体增加的趋势。

（2）酒店规模。酒店规模是酒店组织结构设置的重要依据。酒店规模主要是由客房或床位数量构成，酒店规模直接关系到酒店所需要服务人员的数量，进而影响酒店组织管理层次、管理幅度、管理结构和部门设置等各个方面。

调查的 9 家微型酒店中，房间数在 50 间以内，其中有的酒店房间数少于 20 间，所雇用的人员大多在 10 人左右。由于人员较少，在组织模式上基本都采用直线式组织模式，甚至采用店长—员工这样简单的组织模式。

20 家小型酒店中，两家房间数在 20 ~ 50 间，两家在 51 ~ 80 间，3 家在 81 ~ 100 间，12 家在 101 ~ 200 间，一家房间数大于 200 间，所雇用的人员数在 40 ~ 100 人。房间数超过 100 间的 13 家酒店都采用了直线职能式的组织模式，但职能部门的设置主要设置人事部、工程部、财务部；低于 100 间客房的 7 家酒店，采用直线式的组织模式。

5 家中型酒店企业房间数超过 100 间，其中两家客房数在 101 ~ 200 间，3 家客房数超过 200 间，雇用的人数多在 200 ~ 350 人。由于人数较多，所以组织模式全部采用直线职能式的组织模式，且职能部门比较齐全。

（3）酒店星级档次。一般而言，酒店是星级档次越高，设施设备越豪华，经营管理和服务质量的要求越高，员工的需求数量也就相对越多，必然加大酒店组织结构规模。所以，规模相同的酒店，星级档次高低、豪华程度不同，其组织结构的形式、岗位设置和组织管理都有较大区别。

调查10家中型酒店，全部是星级酒店，组织模式都采取直线职能式的形式。

（4）酒店服务项目。酒店服务项目的多少直接影响酒店的综合性程度。服务项目越多，综合性就越强，其所设置的领班或主管人员必然越多，组织规模也就越大。

在调查的酒店中，中型酒店设置的服务部门多，所需管理人员、服务人员多，组织规模较大。小型、微型酒店服务部门少，甚至只提供住房和早餐，因此所需人员少，组织规模较小。

三、中小酒店企业组织与管理模式发展建议

中小酒店企业数量较多，形成过度竞争的态势，尤其表现为价格的竞争。一些高星级的大型酒店将价位降至中档酒店的价位范畴来抢夺顾客，抢走相当一部分客源；中档酒店也通过降价的方式与中小酒店抢夺客源。面对残酷的市场竞争，中小酒店企业不得不降低成本，迎接竞争，其中以削减人员、降低管理成本的手段进行组织模式的变革成为主要的发展趋势。

1. 减少管理层级，实行扁平化管理

扁平化全称是组织结构扁平化，是指组织打破传统的专业分工和等级制，通过减少中间环节，增加管理宽度，减员增效来形成的一种纵向变短、横向加宽的扁平的组织结构。扁平化的核心就是减少管理的中间层次，告别线形组织的那种多层级的金字塔式的模式。

酒店组织结构扁平化的措施主要有：①减少管理层次。酒店的组织结构一般是总经理—部门经理—部门主管—领班—员工。它的最上层和最下层显然是不能再精减的，但是在主管和领班这两个层次上却可以减少一层。像"如家"酒店由店长、值班经理、员工3层构成一家酒店的组织机构图。②部门不设副职。中小酒店人员相对较少，除非某部门人员较多，否则一般而言部门没有必要设副职。③二线部门坚决不设主管。比较典型的是财务部、工程部、人力资源部、洗衣部等，特点是办公地点集中，班次集中，大部分时间经理或领班都在位，有领班就没必要再设主管。④技能性强但对岗位不设管理职务，比如美容、电脑网络管理、美工等，对他们不妨加个"××师"作为职务称呼。不论手艺多么好的美工，称"美工师"比称"美工主管"要好。关键在于薪酬机制是不是非得有个"主管"头衔才可以发到与其相应的工资。要淡化"官本位"思想。应该设

立技能工资体系对酒店内技能高但不担任管理职务的人评定合理薪酬，而不要非得戴上"乌纱"才可以涨工资。⑤加强培训，使员工技能多样化。扁平化的组织结构要求员工及管理人员掌握多种技能，基层一线员工不再固定在某一部门中，而是根据实际需要随时安排工作；中层管理人员不再简单地管理某一部门，而是扩大了管理幅度。如前厅部经理不仅管理前厅部，而且还要兼管客房部，这样可以减少管理人员的数量，减少管理费用。

2. 运用好酒店业务外包

业务外包是指企业整合利用其外部最优秀的专业化资源，从而达到降低成本、提高效率、充分发挥自身核心竞争力和增强企业对环境的迅速应变能力的一种管理模式。企业通过外包，将一些非核心的、次要的或辅助性的功能或业务外包给企业外部的专业服务机构，利用它们的专长和优势来提高企业整体的效率和竞争力，而自身仅专注于那些核心的、主要的功能或业务。

酒店在为宾客提供客房、餐饮等核心产品的同时，为了方便宾客，还设立了商场、票务代理、鲜花店、美容美发等辅助产品。但随着社会专业化分工的加剧，酒店用工成本的增加以及酒店星级评定标准的变化，酒店从先前的大而全，逐步出现了瘦身的迹象。酒店可以将一些服务项目和工作内容实施外包，这样可以充分利用社会资源，降低运营费用，分摊酒店经营风险。这种业务外包符合社会化分工的趋势，也是还原酒店作为经营主体，集中精力做好核心产品的需要。

酒店业务外包的内容包括以下几方面：

（1）服务项目外包。主要是酒店的配套设施或者非核心产品，比如花店、商店、茶社、票务以及桑拿康乐设施等。随着外包业务的深入，酒店的餐饮甚至厨房也可以实施外包。

（2）工作内容外包。除服务项目外包外，酒店部分辅助功能的工作内容也走出酒店，充分利用社会资源，比如，工程维修、公共区域灭害杀虫、外围玻璃清洗、人力资源外包、花草的租摆以及酒店消防设备、电梯等设备的维保服务等。

3. 削减业务部门和职能部门

中小酒店企业尤其是小微型酒店以客房住宿服务为主营业务，其他的业务部门如康乐部、商品部、商务中心、酒吧等部门都可以不设。另外业务部门中占据重要地位的餐饮部，由于运营成本高以及社会餐饮竞争的激烈，也可以削减。尤其是微型以及小型酒店，可以不设餐厅，或者只设简易餐厅提供早餐服务。

从职能部门看，由于中小酒店业务部门少且员工人数较少，因此酒店职能部门如人事部、财务部还有营销部都可以削减，采取总经理办公室人员统管的方式。

4. 加入连锁酒店

中小酒店在经营管理中面临国内外大酒店的威胁，为争取更多客源，有必要加入连锁酒店来增强竞争力。

酒店连锁经营方式主要包括以下几种：

（1）直营连锁（RC）。直营连锁是指酒店总部直接经营的连锁店，是由酒店总部直接经营投资管理各个分店的经营形态，此连锁形态并无加盟店的存在。总部采取纵深式的管理方式，直接下令掌管所有的分店，分店也毫无疑问地必须完全接受总部的指挥。直接连锁的主要任务在于"渠道经营"，是指通过经营渠道的拓展从消费者手中获取利润。因此直营连锁实际上是一种"管理产业"。

（2）特许加盟。特许加盟是指与酒店总部签署特许经营协议的加盟店，是由拥有技术和管理经验的酒店总部，指导传授加盟店各项经营的技术经验，并收取一定比例的权利金及指导费的连锁方式。特许加盟总部必须拥有一套完整有效的运作技术优势，从而转移指导，让加盟店能很快地运作，同时从中获取利益，使得加盟网络日益壮大。

（3）自愿加盟。自愿加盟是指自愿加入连锁体系的酒店。这种自愿加盟体系中，酒店的所有权是属于加盟方所有，而运作技术及酒店品牌则归总部持有。自愿加盟体系的运作着重于总部和加盟方两者间的沟通，达到以观念一致为首要合作目标。

以上3种模式中，第一种主要是以直接建立酒店和兼并的形式，后两种主要是独立酒店加盟形式。3种模式在中小酒店企业加入连锁酒店的模式中都有其重要意义。

参考文献

［1］工业和信息化部，国家统计局，国家发展和改革委员会，财政部. 中小企业划型标准规定［S］. 2011.

［2］李力. 现代饭店经营管理总论［M］. 大连：东北财经大学出版社，2000.

［3］李志平. 中国经济型酒店成功之道［M］. 上海：上海交通大学出版社，2008.

［4］梁玉社，李烨. 饭店管理［M］. 上海：格致出版社，2010.

［5］梭伦. 宾馆酒店人力资源管理［M］. 北京：中国纺织出版社，2004.

［6］王鑫雨. 如何实现酒店组织架构扁平化［N］. 中国劳动保障报，2011 - 02 - 19.

呼和浩特市房地产开发行业中小企业员工激励机制调查研究

课题编号：Y11006

主　持　人：卢田锡

参　与　人：李文武　李亚慧　胡树红　王佳锐
　　　　　　刘丽莎　田包来　姚瑞林　王小东

　　实践证明，员工满意度调查是员工对企业各种管理问题的满意度的晴雨表。如果企业通过员工满意度调查发现员工对薪酬满意度有下降趋势，就应及时检查其薪酬政策，找出不满的原因，并采取措施予以纠正。例如，企业受离职率高的困扰（即吸引力不大），通过员工满意度调查就会找出导致问题发生的原因，确定是否存在员工工资过低、管理不善、晋升渠道不畅等问题，在此基础上找出更适合的激励措施。做员工满意度测量对中小企业来说是极有意义的一项工作，通过工作满意度的测量，企业不仅可以找出管理中存在的问题，而且还可以找出有效的激励措施，从而达到完善企业管理、激发员工工作积极性、不断地增强企业的竞争力的目的。本课题采用国际通行的实证研究方法，调查中小企业员工的工作满意度。应用层次分析法，在调查和分析中小企业员工对工作的满意度的基础上，研究分析导致员工满意的因素，找出管理中存在的问题，并提出有效的激励措施。

一、概念界定

1. 我国对中小房地产企业的界定

"中小企业"的概念最早出现在 19 世纪末，第二次工业革命的完成，建立起了资本主义大工业体系和现代商业体系，大企业也开始在经济生活中占主导地位，与大企业相对应，出现了小企业的概念。

中小企业是一个相对的概念，它是指相对于大企业而言，其人员规模、资本规模、经营规模都比较小的经济单位。同时中小企业也是一个动态的概念，过去被称为大企业的，现在可能只是中等企业，而现在是小企业的，若干年后可能会发展为大企业，中小企业也是一个比较复杂的概念，在不同的国家会有不同的定义和标准。

我国 2002 年颁布的《中华人民共和国中小企业促进法》中指出：中小企业是指在中华人民共和国境内依法设立的有利于满足社会需要，增加就业，符合国家产业政策，生产经营规模属于中小型的各种所有制和各种形式的企业。

我国对主要行业的中小企业标准做出了明确界定，该标准是根据企业的职工人数、销售额、资产总额等指标来进行规定的。

2011 年 6 月 18 日，工业和信息化部、国家统计局、国家发展和改革委员会、财政部联合印发了《关于印发中小企业划型标准规定的通知》，规定了各行业划型标准，其中第四条的第十三项规定了中小房地产开发经营企业的划型标准：营业收入 200000 万元以下或资产总额 10000 万元以下的为中小微型企业，其中，营业收入 1000 万元及以上，且资产总额 5000 万元及以上的为中型企业；营业收入 100 万元及以上，且资产总额 2000 万元及以上的为小型企业；营业收入 100 万元以下或资产总额 2000 万元以下的为微型企业。

2. 激励机制的概念与内涵

现代管理者如果要进行有效的人力资源管理，建立适当的激励机制是必不可少的。科学研究和社会实践已经证明，激励是现代人力资源管理的重要手段之一。

激励机制是指组织系统中激励主体通过激励因素或激励手段与激励客体之间相互作用关系的总和，也是企业激励内在关系结构、运行方式和发展演变规律的总和。

激励机制所包含的内容极其广泛，既有外部激励机制，又有内部激励机制。外部激励机制是指消费者、履行社会管理职能的政府、社区公众等对企业的激励。消费者对企业具有巨大的激励作用，消费者的购买行为实际上就是一种"货币投票"手段，对企业改善经营，降低成本，开发新产品具有刺激作用。政府偏好和政策对企业也有激励作用，政府的政策效应就是通过对企业行为的刺激和制约来发挥作用的。社区公众对企业也有激励作用，社区公众对企业的态度也是推动或阻碍企业发展的力量。内部激励机制是指对企业自身包括经营者和员工的激励。对于企业内部激励机制，主要包括物质激励和精神激励。物质激励是企业以经济手段来激发员工的物资动力，如工资、奖金福利待遇等；而所谓精神激励是指企业以授予某种具有象征意义的符号，或对员工的行为方式和价值观念给予认可、赞赏等作为激励手段，以此激发员工的精神动力。

二、对内蒙古自治区中小房地产企业员工激励机制的调查

1. 确定调查内容

导致员工对工作满意与否的因素是多方面的，有关理论认为，有以下6方面原因：①工作本身。要求工作是人的本能，企业管理的任务就是要给员工安排富有意义和挑战性的工作，使员工在实现企业目标的同时也达到个人目标的实现。②工作报酬。员工作为一个社会人在工作之后，必然需要得到相应的回报。令人满意的工作回报，才能够极大地激发员工的积极性和主动性。而这些工作回报不仅是金钱性的，还需要有精神性的；不仅需要能够维持日常的生产生活，还需要使个人的职业生涯发展空间得以充实。③工作条件。根据行为科学理论，工作条件属保健因素，改善工作条件虽不能激励员工提高效率，但能够促使员工消除部分不满情绪，维持原有工作效率。④人际关系。人际关系主要考察组织中员工对上下级关系的满意度和客户对待员工的态度，和谐的人际关系是员工保持良好心境、愉快工作的关键。⑤企业文化背景。企业是员工之家，对企业整体满意程度的高低与员工是否愿意继续在企业中高效率、创造性的工作密切相关。⑥家庭生活。员工的工作如果能够对家庭和生活质量起到促进作用，则能够提升员工的满意度。

工作满意度通常是由个人对工作的期望和工作的实际状况之间的差异决定的，图1-24给出的工作满意度模型明确界定了工作满意度和激励因素的关系。

同样条件下，期望值高的人，对工作满意度相对较低；而期望值低的人，相对容易得到满足。因此，一个企业要使员工满意，不仅要为员工提供良好的工作岗位、工作回报、工作条件，提供升迁、参与管理决策的机会，使工作内容符合员工的成长需要，还要对员工进行必要的教育和引导，使员工的期望更切合实际。

影响中小企业员工工作满意度的基本因素应该是工作本身、工作回报、工作条件、工作群体、企业的背景文化、员工的家庭生活；而影响中小企业员工工作满意度的指标则有：对工作感兴趣、工作有挑战性、工作稳定、工作有明确职责、

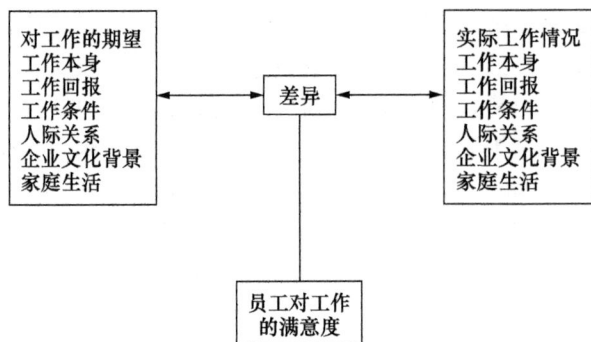

图 1 - 24 工作满意度与激励因素模型

工作自主性、领导的鼓励和肯定、同事肯定、下属尊重、自己的能力表现、得到相应的现金收入、长期分红或股票期权、良好的福利待遇、公司提供带薪假期、得到晋升的机会、公平的竞争机会、自己在工作中成长、弹性工作时间、工作环境美观、工作地点整洁、工作空间宽敞、职业病防治及保护措施、公司内部信息沟通流畅、上级关爱、同事合作、同事互相帮助、客户对自己平和、公司规章制度合理、公司的精神与价值观、能够参与公司管理、员工对公司很了解、员工对公司的认同度、工作有助于家庭幸福、工作有助于提高生活质量等诸多方面的因素。根据这些要素之间的相互关联性，可以确定出员工工作满意度及激励的指标体系（主要因素）。如图 1 - 25 所示。

2. 确定选择调查对象、方法和内容

为了保证问卷回答的客观性和真实性，采用了严格的匿名答卷制度，尽量使受调查者能根据自己的真实感觉和思考来回答问题，本次调查采用了问卷调查和访谈调查两种方式相结合的调查方法。

本问卷采用了封闭式调查的模式。问卷包括背景和主体两部分。背景部分包括性别、年龄、教育水平、职位类别、岗位、企业名称、企业类型等基本信息，主体部分是对员工需要重要性和工作满意度的量度。重要性指标和满意度指标都采用 5 级划分，其中重要性等级分别为"很重要"、"较重要"、"一般"、"较不重要"、"很不重要"，其中 5 分代表很重要，逐次递减，分数越高，表示越重要；工作满意度等级分别为"很满意"、"较满意"、"一般"、"不太满意"和"不满意"，其中 5 分代表"很满意"，逐次递减，分数越高，表示越满意。计算员工需要的重要性采用平均法。计算员工满意度采用加权求和法，首先采用专家咨询，确定指标的判断矩阵，然后采用层次分析法计算出各指标对员工工作满意度的影响，从而产生它们的权值，最后加权求和，统计出员工的满意度。

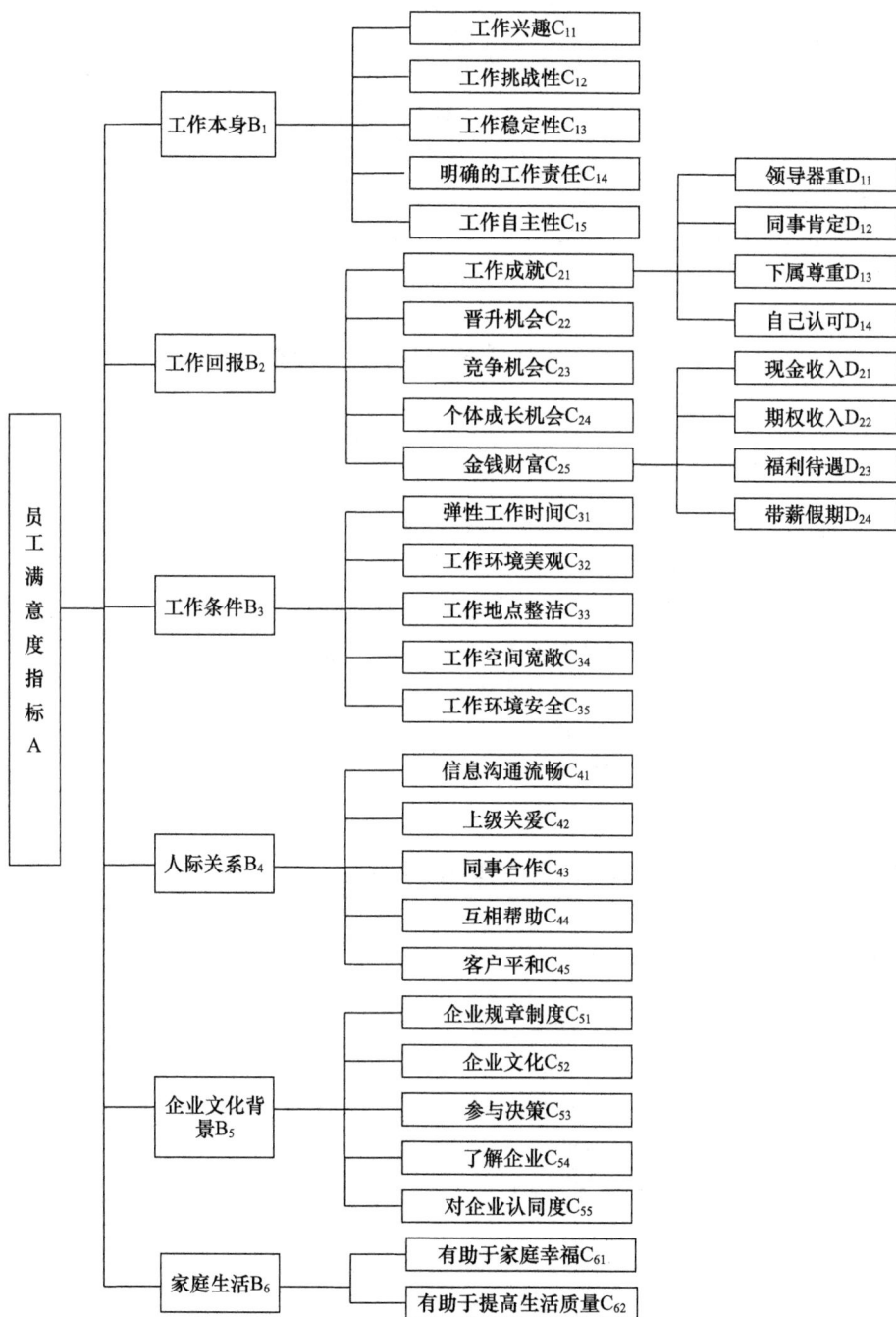

图1-25 员工满意度指标体系

工作本身B₁
- 工作兴趣C₁₁
- 工作挑战性C₁₂
- 工作稳定性C₁₃
- 明确的工作责任C₁₄
- 工作自主性C₁₅

工作回报B₂
- 工作成就C₂₁
  - 领导器重D₁₁
  - 同事肯定D₁₂
  - 下属尊重D₁₃
  - 自己认可D₁₄
- 晋升机会C₂₂
- 竞争机会C₂₃
- 个体成长机会C₂₄
- 金钱财富C₂₅
  - 现金收入D₂₁
  - 期权收入D₂₂
  - 福利待遇D₂₃
  - 带薪假期D₂₄

工作条件B₃
- 弹性工作时间C₃₁
- 工作环境美观C₃₂
- 工作地点整洁C₃₃
- 工作空间宽敞C₃₄
- 工作环境安全C₃₅

人际关系B₄
- 信息沟通流畅C₄₁
- 上级关爱C₄₂
- 同事合作C₄₃
- 互相帮助C₄₄
- 客户平和C₄₅

企业文化背景B₅
- 企业规章制度C₅₁
- 企业文化C₅₂
- 参与决策C₅₃
- 了解企业C₅₄
- 对企业认同度C₅₅

家庭生活B₆
- 有助于家庭幸福C₆₁
- 有助于提高生活质量C₆₂

员工满意度指标A

采用克朗巴哈（Cronbach）提出的 α 系数进行信度分析，每个项目的克朗巴哈 α 系数都大于 0.7，员工工作满意度的 α = 0.952，证明此员工满意度调查问卷的信度良好。采用皮尔逊（Pearson）系数分析该员工满意度调查问卷的内容效度，调查问卷的皮尔逊系数从 0.792 到 0.837，所有的皮尔逊系数均在 0.500 以上，表明该员工满意度调查问卷具有较好的内容效度。

以上的检验结果表明，该员工满意度调查问卷具有较好的信度和效度，是一个可以接受的合理的调查问卷。

三、内蒙古自治区中小房地产企业员工需要分析

1. 员工总体需要分析

在问卷调查中，共涉及员工 18 种需要内容，按照马斯洛 5 个层次需要对它们进行归类的统计结果表明（见表 1 – 15）：在 5 个层次需要中，内蒙古自治区中小房地产企业员工的需要从强到弱依次是：自尊需要、生理需要、社交需要、自我实现需要和安全需要。马斯洛的需求层次理论将人的生理需要、安全需要、社交需要称为基础性需要，尊重的需要和自我实现的需要称为发展性需要。内蒙古自治区中小房地产企业员工的需要呈现基础性和发展性需要的交叉排列，而又以自尊需要和生理需要特别强烈。

表 1 – 15　员工总体需要统计分析

因素	指标名称	指标		5 个因素	
		均值	等级	均值	等级
自我实现需要	参与公司管理	4.36	4	4.25	4
	发挥自己特长	4.32	7		
	挑战性的工作	4.08	17		
	晋升的机会	4.25	14		
自尊需要	上级的尊重和理解	4.31	9	4.34	1
	上级的肯定和鼓励	4.33	6		
	同事的信赖	4.31	8		
	工作得到认可	4.43	1		
	得到相应的薪酬	4.26	13		
	公司重用	4.42	3		

续表

因素	指标名称	指标		5个因素	
		均值	等级	均值	等级
社交需要	向上级沟通工作	4.26	12	4.29	3
	同事间相处和配合	4.26	11		
	家庭幸福	4.35	5		
安全需要	工作稳定	3.83	18	4.08	5
	明确的工作目标	4.11	16		
	公司发展壮大	4.30	10		
生理需要	增加福利	4.20	15	4.31	2
	提高薪酬	4.42	2		

（1）自尊需要可分为内部尊重和外部尊重。内部尊重是指一个人希望在各种不同情景中有实力、能胜任、充满信心、能独立自主，外部尊重是指一个人希望有地位、有威信，受到别人的尊重、信赖和高度评价。当这两种需要得到满足的情况下，人才能对自己充满信心，对工作充满热情，才能在工作中表现出积极性、能动性。值得关注的是员工在"自己的工作得到认可"这一自尊需要的均值为4.43分，位居第一。

（2）生理需要是生存需要的基础，在这一最根本的需要都不能满足的情况下，人们是很难实现更高层次的需要或目标的。本次调查的结果显示内蒙古自治区中小房地产企业员工的生理需要是较为突出的，表现在他们期望所在企业能增加薪酬待遇，员工在"提高薪酬"这一生理需要的均值为4.42分，位居第二。因为薪酬待遇的提高对于改善员工生活质量、肯定员工工作成就有着十分重要的意义和作用。

（3）从表1－15来看，排在第三位的是员工的社交需要，均值为4.29分，仅比生理需要的均值低0.02分，可认为中小企业员工这两项需要基本相当。大部分员工认为工作的内容是比较单一、枯燥的，在一个和睦的团队中工作起来应该比较愉快，而自身的心理愉悦程度高，可在一定程度上消除体力上的疲乏。同时，增进同事间的了解和信赖，能使信息传递畅通，工作效率提高。若这方面的需要达不到，员工从心理到行为将反映出不快，不满情绪就会蔓延。其间，家庭的幸福程度又在一定程度上影响着员工的工作态度、工作努力程度及其与同事或上级的关系。

（4）员工自我实现的需要在5种需要中较低。据调查，中小企业管理上的不规范、制度的执行力度差使得员工的这一需要受到一定压抑。而事实上，企业若能满足员工自我实现的需要，才能从根本上激发其工作积极性，员工才能以工作为乐，把企业当家。

（5）安全需要在5种需要中最低。安全需要是人生存和发展的基础性需要，没有安全需要的满足，人的生存和发展将受到一定的威胁。追求安全，维护生活稳定、职业稳定是人们的普遍追求。在中小企业中，由于用工制度、员工与企业的关系、企业未来的发展等方面因素存在一定的模糊性，员工缺乏应有的稳定保障。因此，中小企业员工这一需要也表现较高。

在调查的18种需要中，员工认为工作得到认可、提高薪酬、公司重用、参与公司管理、家庭幸福是员工最为需要的。

而工作稳定、挑战性的工作、明确的工作目标、增加福利、晋升的机会得分较低，其中工作稳定、挑战性的工作、明确的工作目标明显低于其他指标，表明这几项员工的需要程度不是很迫切。

2. 不同类别员工需要对比分析

（1）不同性别员工需要比较分析。通过对男女员工5个层次需要平均值 t 的检验发现，男女员工在5种需要上不存在显著性差异，$p > 0.05$。尽管从 t 检验中没有发现男女员工需要的差异，但是从男女员工需要比较表1-16中，仍然可以发现两者需要差异的有关特征：男性员工在生理需要、自尊需要、自我实现需要3个方面略高于女性员工，但在生理需要上两者相差不大；女性员工在安全需要方面略高于男性员工，女性员工在社交需要方面比男性员工高较多，这表明女性员工比男性员工有更高的社交性需要。所以男性员工在发展需要上高于女性员工，女性员工在基础性需要上高于男性员工。

表1-16 不同性别员工需要比较

需要＼性别	男性		女性		t 检验及显著性
	平均值	标准差	平均值	标准差	
自我实现需要	4.29	0.45	4.23	0.66	0.53，$p > 0.05$
自尊需要	4.36	0.39	4.33	0.56	0.22，$p > 0.05$
社交需要	4.21	0.38	4.35	0.56	-1.37，$p > 0.05$
安全需要	4.07	0.56	4.09	0.72	-0.12，$p > 0.05$
生理需要	4.32	0.64	4.30	0.78	0.15，$p > 0.05$

（2）不同年龄员工需要比较分析。本课题把年龄小于30岁的员工划为一个群体，称为低龄员工；年龄大于30岁的员工划为一个群体，称为大龄员工。根

据表 1 - 17 比较分析可以发现，不同年龄段员工较低层次的 4 个需要没有呈现出显著性差异，p > 0.05，低龄员工与大龄员工在最高层次的需要——自我实现需要上存在显著性差异，p < 0.05，并且在每个需要层次上，低龄员工的需要都高于大龄员工。

表 1 - 17 不同年龄员工需要比较

需要 \ 年龄	低龄		大龄		t 检验及显著性
	平均值	标准差	平均值	标准差	
自我实现需要	4.37	0.58	4.11	0.56	2.07, p < 0.05
自尊需要	4.42	0.49	4.25	0.49	1.66, p > 0.05
社交需要	4.36	0.49	4.20	0.49	1.49, p > 0.05
安全需要	4.17	0.72	3.97	0.55	1.36, p > 0.05
生理需要	4.36	0.79	4.25	0.62	0.69, p > 0.05

究其原因，低龄员工刚刚走入社会，他们对职业充满信心，活力和干劲很足，也希望能够获得更多回报。

（3）不同学历员工需要比较分析。本课题把大专及其以上学历的员工称为高学历员工，高中、中专及其以下的员工称为低学历员工。从表 1 - 18 中对不同学历员工需要进行比较发现：高学历员工与低学历员工的需要未呈现出显著性差异，p > 0.05。比较发现，高学历员工的自我实现需要、安全需要比低学历员工强烈，而低学历员工的自尊需要、社交需要、生理需要比高学历员工强烈。

表 1 - 18 不同学历员工需要比较

需要 \ 学历	低学历		高学历		t 检验及显著性
	平均值	标准差	平均值	标准差	
自我实现需要	4.14	0.71	4.28	0.54	- 0.92, p > 0.05
自尊需要	4.50	0.46	4.30	0.50	1.59, p > 0.05
社交需要	4.40	0.42	4.26	0.51	1.14, p > 0.05
安全需要	3.96	0.66	4.11	0.65	- 0.87, p > 0.05
生理需要	4.55	0.50	4.24	0.76	1.69, p > 0.05

高学历员工由于自身具有的特性使他们在工作中更希望能得到上级的理解和支持，能够满足自我实现的需要。同时，低学历员工在工作的过程中往往表现出较强的自尊心，当企业老总对其工作各方面的处理不当，会使低学历员工的工作

积极性和工作态度出现较大的波动。相对而言，大多数低学历员工从事的工作是事务性工作，由于工作内容的单一和繁杂，薪酬待遇相对较低，所以他们更关注生理需要。

（4）不同岗位员工需要比较分析。从表1-19中对不同岗位员工需要进行比较发现：管理层员工与一般员工在生理需要、安全需要、自我实现需要方面未呈现出显著性差异，$p > 0.05$。管理层员工在社交需要和自尊需要方面与一般员工存在显著性差异。一般员工在5个层次的需要都比管理层员工强烈。

表1-19 不同岗位员工需要比较

岗位 需要	管理层		一般员工		t检验及显著性
	平均值	标准差	平均值	标准差	
自我实现需要	4.11	0.51	4.31	0.60	-1.39，$p > 0.05$
自尊需要	4.15	0.39	4.42	0.51	-2.29，$p < 0.05$
社交需要	3.97	0.47	4.42	0.45	-4.04，$p < 0.05$
安全需要	3.88	0.52	4.16	0.68	-1.84，$p > 0.05$
生理需要	4.29	0.67	4.32	0.74	-0.14，$p > 0.05$

究其原因，也许是管理层在企业中获得的报酬比一般员工高很多，工作比较稳定，时间也相对自由，并且能够得到单位员工的肯定和信赖，能够接受有挑战性的工作等。他们在这5个层次上获得了较大满足，所以各层需要表现得不比一般员工更强烈。

综上所述，内蒙古自治区中小房地产企业员工的需要从强到弱依次是：自尊需要、生理需要、社交需要、自我实现需要、安全需要。

男女员工在5种需要上不存在显著性差异，男性员工比女性员工有更高的发展性需要，而女性员工比男性员工有更强的生存性需要。

低龄员工与大龄员工仅在最高层次的需要——自我实现需要上存在显著性差异，并且在每个需要层次上，低龄员工的需要都高于大龄员工。

高学历员工与低学历员工的需要未呈现出显著性差异。比较发现，高学历员工的自我实现需要、安全需要比低学历员工强烈，而低学历员工的自尊需要、社交需要、生理需要比高学历员工强烈。

管理层员工与一般员工在社交需要和自尊需要方面存在显著性差异。一般员工在5个层次的需要都比管理层员工强烈。

需要的满足，是员工从事生产的根本目的和动力。科学把握员工需要特征对激励措施的研究奠定了重要基础。

四、内蒙古自治区中小房地产企业员工满意度的实证分析

1. 员工总体满意度的分析

运用层次分析法，求得各项目的权重和指标的权重（见表1－20）。

表1－20　项目的权重和指标的权重

项目			指标		
名称	权重变量	权重值	名称	权重变量	权重值
工作本身	W_{b1}	0.21	工作令您感兴趣	w_1	0.43
			工作具有挑战性	w_2	0.24
			工作稳定	w_3	0.10
			有明确的工作职责	w_4	0.10
			工作自主性	w_5	0.13
工作回报	W_{b2}	0.25	领导的肯定和鼓励	w_6	0.17
			同事肯定	w_7	0.10
			下属尊重	w_8	0.07
			自己工作能力表现	w_9	0.03
			得到相应现金收入	W_{10}	0.05
			长期分红或股票期权	W_{11}	0.02
			良好的福利待遇	W_{12}	0.02
			公司提供的带薪假期	W_{13}	0.01
			得到晋升的机会	W_{14}	0.24
			公平的竞争机会	W_{15}	0.13
			自己在工作中能够成长	W_{16}	0.16
工作条件	W_{b3}	0.11	弹性工作时间	W_{17}	0.46
			工作环境的美观程度	W_{18}	0.18
			工作地点整洁	W_{19}	0.09
			工作空间宽敞	W_{20}	0.08
			职业病防治及保护措施	W_{21}	0.19
人际关系	W_{b4}	0.11	公司内部信息沟通流畅	W_{22}	0.34
			上级给予关爱	W_{23}	0.20
			同事间合作情况	W_{24}	0.20
			同事间互相帮助	W_{25}	0.18
			客户对自己平和	W_{26}	0.08

员工工作满意度

项目			指标		
名称	权重变量	权重值	名称	权重变量	权重值
员工工作满意度 — 企业文化背景	W_{b5}	0.06	公司规章制度合理	W_{27}	0.34
			公司的精神与价值观	W_{28}	0.19
			能够参与公司管理	W_{29}	0.26
			员工对公司很了解	W_{30}	0.09
			员工对企业的认同度	W_{31}	0.12
家庭生活	W_{b6}	0.26	有助于家庭幸福	W_{32}	0.58
			有助于提高生活质量	W_{33}	0.42

员工满意度是员工在企业的实际感受与其期望值比较的程度（员工满意度＝实际感受/期望值）。它既体现了员工满意的程度，也反映出企业在达成员工需要方面的实际结果。员工满意度具有很强的个性特征，因人而异。员工的满意度直接影响其工作行为和业绩，对企业的发展有着重要的影响。

员工满意度评价指标体系的定量评价，确立了评价指标和各自权重之后，即可展开对指标体系的定量评价。将评价指标设计成问卷，在员工中调查，让员工对各个指标评分，问卷收回后，对每个员工指标加权求和，统计出每个员工的工作本身、工作回报、工作条件、人际关系、企业文化背景、家庭生活6个方面的满意度分值，再将这6个项目的分值加权求和，得出每个员工的工作满意度分值（见表1-21）。

表1-21 员工总体满意度统计分析

项目名称	指标名称	指标		项目	
		均分	等级	得分	等级
工作本身	工作令您感兴趣	4.26	1	4.07	1
	工作具有挑战性	3.82	20		
	工作稳定	3.90	16		
	有明确的工作职责	4.10	4		
	工作自主性	3.99	8		
工作回报	领导的肯定和鼓励	4.11	3	3.89	3
	同事肯定	3.93	12		
	下属尊重	3.93	13		
	自己工作能力表现	4.06	6		

项目名称	指标名称	指标		项目	
		均分	等级	得分	等级
工作回报	得到相应现金收入	3.92	15	3.89	3
	长期分红或股票期权	3.39	33		
	良好的福利待遇	3.65	30		
	公司提供的带薪假期	3.64	31		
	得到晋升的机会	3.76	24		
	公平的竞争机会	3.75	27		
	自己在工作中能够成长	3.99	9		
工作条件	弹性工作时间	3.70	29	3.73	6
	工作环境的美观程度	3.76	25		
	工作地点整洁	4.02	7		
	工作空间宽敞	3.98	11		
	职业病防治及保护措施	3.54	32		
人际关系	公司内部信息沟通流畅	3.76	26	3.94	2
	上级给予关爱	4.20	2		
	同事间合作情况	4.08	5		
	同事间互相帮助	3.90	17		
	客户对自己平和	3.79	23		
企业文化背景	公司规章制度合理	3.90	18	3.87	4
	公司的精神与价值观	3.99	10		
	能够参与公司管理	3.80	22		
	员工对公司很了解	3.74	28		
	员工对企业的认同度	3.87	19		
家庭生活	有助于家庭幸福	3.81	21	3.86	5
	有助于提高生活质量	3.93	14		
总体满意度		3.91			

通过对内蒙古自治区中小房地产企业员工的抽样调查，按划分的 6 个项目来看，工作本身的满意度最高，为 4.07，次之的是人际关系的满意度，为 3.94，工作回报的满意度为 3.89，企业文化背景的满意度为 3.87，家庭生活的满意度为 3.86，工作条件的满意度最低，为 3.73。总体满意度为 3.91，处于比较居中的位置。工作条件的满意度是 6 个项目中最低的，其中"职业病防治及保护措

施"的满意度仅为3.54，这也反映了房地产开发行业的工作环境需要一定的保护措施，但企业还没有重视起来。"弹性工作时间"的满意度为3.70，这也反映了房地产企业在工作时间上有待改善。访谈发现，一般的房地产企业工作时间比较呆板，上下班时间有严格的规定，但也有个别小企业由于今年没有项目，大家不需要按时到公司，如果有业务，上班时间可以在外面办事。

在这6个项目的所有指标中，"长期分红或股票期权"得分最低，为3.39，所有参与访谈的企业都表示，企业没有实行长期分红或股票期权，这反映了企业只重视现期回报，而忽视了员工的长期回报的需要。在这6项因素中，得分最高的指标分别是"工作令您感兴趣"，为4.26，"上级给予关爱"，为4.20，"领导的肯定和鼓励"，为4.11。

2. 不同类别员工满意度的对比分析

（1）不同性别的员工满意度比较。由表1-22对男女员工6个方面的满意度差异比较，男性员工的6个项目的满意度均高于女性员工。男女员工在工作本身、工作条件、家庭生活3个方面未呈现出显著性差异（p>0.05），而在工作回报、人际关系、企业文化背景3个方面的满意度上呈现出显著性差异（p<0.05）。

表1-22　不同性别的员工满意度统计

性别 项目	男性		女性		t检验及显著性
	平均值	标准差	平均值	标准差	
工作本身	4.16	0.60	4.01	0.71	1.02，p>0.05
工作回报	4.05	0.53	3.78	0.65	2.31，p<0.05
工作条件	3.85	0.69	3.65	0.71	1.30，p>0.05
人际关系	4.13	0.49	3.81	0.63	2.51，p<0.05
企业文化背景	4.08	0.68	3.74	0.72	2.17，p<0.05
家庭生活	3.90	0.71	3.83	0.82	0.37，p>0.05

在工作回报项目下，男性员工和女性员工的满意度分别为4.05和3.78。其中的"得到相应现金收入"指标，"长期分红或股票期权"指标，"良好的福利待遇"指标，"公司提供的带薪假期"指标，男性员工的满意度分别为4.12，3.74，3.85，3.97，女性员工的满意度分别为3.78，3.16，3.52，3.42。对于"得到晋升的机会"和"公平的竞争机会"，男女员工的满意度差别也很大，男性员工分别为4.06，3.91，女性员工的满意度分别为3.56，3.64。究其原因女

性员工对企业提供回报比较看重，所以同等程度下，满意的程度偏低。

在人际关系项目下，男性员工和女性员工的满意度分别为4.13和3.81。其中差异较大的指标是"公司内部信息沟通流畅"和"上级给予关爱"，男性员工的满意度分别为4.09和4.41，女性员工的满意度分别为3.54和4.06。女性员工一般感情比较细腻，对于信息沟通要求较高，在同等程度下，满意程度偏低。一般上级领导多为男性员工，一般不便多关心女下属，而多关心男下属则不会带来问题，所以女性员工的满意程度偏低。

在企业文化背景项目下，男性员工和女性员工的满意度分别为4.08和3.74。男女员工在"公司规章制度合理"、"公司的精神和价值观"、"能够参与公司管理"3项指标差异比较大。进一步访谈得知，现在内蒙古自治区中小房地产企业几乎没有成文的规章制度，即使有一些工作规则，也只是供相关员工在工作中遵守的。对于公司的精神和价值观是什么，员工们都很模糊。几乎所有的企业都没有让员工参与公司管理。在这个项目上的满意度的差别，可能是出于男女员工对于该指标的期望值的差异。

（2）不同年龄的员工满意度比较。表1-23的数据结果表明，低龄员工和大龄员工的满意度无显著性差异。但从均值的情况可发现，低龄员工在工作本身项目上与大龄员工相当，对工作条件的满意度略高于大龄员工，其余的满意度均值都小于大龄员工。研究表明，相比大龄员工而言，低龄员工处于成家和创业并重的阶段，加之他们较为鲜明的个性以及对事物的认识具有一定的片面性，且对自身各方面考虑相对较多，缺乏对他人和企业的理解。因此，要提高他们的满意度并非易事。据了解，绝大部分的低龄员工期望自身的工作能力和水平能有所提高。知识经济的飞速发展、知识折旧的年限缩短，让低龄员工时常感到只有提高自身的素质才能使自己不断地发展和进步，才能在激烈的竞争中不被淘汰。

表1-23 不同年龄的员工满意度统计

项目 \ 年龄	低龄		大龄		t检验及显著性
	平均值	标准差	平均值	标准差	
工作本身	4.07	0.61	4.07	0.74	0.22，$p > 0.05$
工作回报	3.86	0.60	3.92	0.65	-0.45，$p > 0.05$
工作条件	3.75	0.71	3.71	0.70	0.28，$p > 0.05$
人际关系	3.90	0.65	3.99	0.53	-0.69，$p > 0.05$
企业文化背景	3.84	0.63	3.91	0.82	-0.47，$p > 0.05$
家庭生活	3.81	0.77	3.92	0.78	-0.65，$p > 0.05$

（3）不同学历的员工满意度比较。表 1-24 的数据结果表明，高学历员工与低学历员工在这 6 个方面不存在显著性差异。就调查数据来看，高学历员工除去在"家庭生活"这个项目上的满意度略高之外，在其他 5 个方面的满意度均值都低于低学历员工。这是因为高学历员工由于自身在企业中所处的位置比低学历员工更高，使他们更能从较高的层面看待企业内部管理的方方面面，他们更注意寻找企业本身所存在的问题和不足。由此企业管理层应不断完善企业管理，从而提高高学历员工的满意度和工作积极性。

表 1-24　不同学历的员工满意度统计

项目 \ 学历	高学历		低学历		t 检验及显著性
	平均值	标准差	平均值	标准差	
工作本身	3.99	0.76	4.09	0.65	-0.53，p>0.05
工作回报	3.83	0.68	3.91	0.60	-0.47，p>0.05
工作条件	3.69	0.80	3.75	0.68	-0.31，p>0.05
人际关系	3.90	0.56	3.95	0.61	-0.35，p>0.05
企业文化背景	3.83	0.80	3.89	0.70	-0.29，p>0.05
家庭生活	4.05	0.79	3.80	0.76	1.25，p>0.05

（4）不同工作类别的员工满意度比较。企业一般认为，财务人员是一类技术人员，本课题把财务人员与其他技术人员合称为技术人员。考虑到一般企业不把生产人员、后勤人员、其他人员作为核心员工看待，这里不做比较，比较结果列于表 1-25 中。

表 1-25　不同工作类别的员工满意度统计

项目 \ 工作类别	管理人员		技术人员		营销人员		t 检验及显著性		
	平均值	标准差	平均值	标准差	平均值	标准差	管与技	管与销	技与销
工作本身	3.91	0.74	4.27	0.62	4.04	0.64	-1.89，p>0.05	-0.66，p>0.05	1.25，p>0.05
工作回报	3.94	0.50	4.08	0.54	3.67	0.79	-0.93，p>0.05	1.38，p>0.05	2.05，p<0.05
工作条件	3.56	0.65	4.01	0.73	3.71	0.77	-2.35，p<0.05	-0.75，p>0.05	1.37，p>0.05
人际关系	3.89	0.51	4.09	0.61	3.93	0.70	-1.26，p>0.05	-0.21，p>0.05	0.85，p>0.05

工作类别 项目	管理人员		技术人员		营销人员		t 检验及显著性		
	平均值	标准差	平均值	标准差	平均值	标准差	管与技	管与销	技与销
企业文化背景	3.89	0.60	4.02	0.78	3.63	0.81	−0.70, $p>0.05$	1.23, $p>0.05$	1.67, $p>0.05$
家庭生活	3.71	0.71	3.94	0.78	3.99	0.88	−1.09, $p>0.05$	−1.19, $p>0.05$	−0.18, $p>0.05$

1）管理人员与技术人员的满意度相比。就调查数据来看，管理人员的 6 个方面的满意度得分都低于技术人员。统计分析得到，两者除在"工作条件"项目上呈现显著性差异，$p<0.05$ 外，在其他 5 个项目上不存在显著性差异。

在"工作条件"这一项目中的 5 个指标上，管理层只在"工作空间宽敞"指标上的满意度略高于技术人员，其余指标都低于技术人员很多。其实，管理人员的工作空间比技术人员要宽敞很多，由此可以判断，管理人员的期望值比技术人员高许多。另外，管理人员的工作环境和工作地点都比技术人员的工作环境美观和整洁，但是对于"工作环境的美观程度"和"工作环境整洁"两项指标，管理人员的满意度比技术人员低很多，这也反映了管理人员的期望值比技术人员高。这个原因也导致管理层在其他指标上的满意度比技术人员低很多。究其原因，或许是由于管理人员日常要在办公室会见访客以及自己的同事和下属，所以管理人员很关注自己的工作环境，而技术人员与事物打交道多，与人打交道少，关心专业技术多于关心自己的工作环境。

2）管理人员和营销人员的满意度相比。双方在所有的 6 个项目上不存在显著性差异。就满意度的均值来看，管理人员在"工作回报"和"企业文化背景"两个项目上的满意度高于营销人员，而在其他 4 个项目上的满意度低于营销人员。

3）技术人员和营销人员的满意度相比。就调查数据来看，技术人员和营销人员除在"工作回报"项目上呈现显著性差异，$p<0.05$ 外，在其他 5 个项目上不存在显著性差异。就满意度的均值比较，技术人员除在"家庭生活"项目上略低于营销人员，在其余 5 个项目上的满意度高于营销人员。相关研究表明，技术人员通常会获得较高的基本薪酬，奖金很少或者没有，因为技术人员主要是靠知识和技能的存量及其运用来获得报酬的，他们的这种专业知识和技能本身是有明确的市场价值的，而且技术人员对一些常规性的福利不是很感兴趣，但是他们非常看重继续接受教育和培训的机会。营销人员的工作业绩通常可以用非常明确的结果指标衡量，因此营销人员的收入主要取决于销售提成。在经济增长放缓，

房地产销售不旺的现在，营销人员的收入比前期会下降许多。因此营销人员在"工作回报"项目的满意度会很低。比较调查统计数据发现，在"工作回报"项目中，技术人员与营销人员的满意度在以下几个指标上存在比较大的差异（括号中的数值是技术人员满意度减去营销人员满意度）。领导的肯定和鼓励（0.69），得到相应的现金收入（0.72），长期分红或股票期权（0.79），良好的福利待遇（0.74），公司提供的带薪假期（1.18），得到晋升的机会（0.59）。

（5）不同岗位的员工满意度比较。表 1 - 26 的数据表明，管理层与一般员工除在"工作本身"存在显著性差异外，在其他 5 个项目上不存在显著性差异。就调查数据来看，除去在"工作回报"这一项目略高之外，管理层在其余 5 个项目的满意度均值均低于一般员工。

表 1 - 26　不同岗位的员工满意度统计

岗位 项目	管理层		一般员工		t 检验及显著性
	平均值	标准差	平均值	标准差	
工作本身	3.81	0.72	4.17	0.63	- 2.28，$p < 0.05$
工作回报	3.90	0.55	3.89	0.65	0.06，$p > 0.05$
工作条件	3.54	0.67	3.81	0.71	- 1.57，$p > 0.05$
人际关系	3.84	0.58	3.98	0.60	- 0.96，$p > 0.05$
企业文化背景	3.88	0.63	3.87	0.76	0.05，$p > 0.05$
家庭生活	3.74	0.76	3.91	0.78	- 0.87，$p > 0.05$

在"工作本身"项目下，管理层员工和一般员工的满意度分别为 3.81 和 4.17。其中差异较大的指标是"工作令您感兴趣"，"工作具有挑战性"和"工作有明确的工作职责"，管理层员工的满意度分别为 4.04，3.40，3.92，一般员工的满意度分别为 4.36，4.00，4.17。明茨伯格在针对管理人员工作进行的一项经典研究中发现，管理人员大都会陷入大量变化的、无一定模式的和短期的活动中，几乎很少有时间静下心来思考。同时半数以上的管理活动持续时间少于 9 分钟。调查发现，中小房地产企业的管理层把大量的时间用在联络社会关系上，这项工作的本身具有很强的挑战性，这可能导致管理层在"工作令您感兴趣"，"工作具有挑战性"和"工作有明确的工作职责"3 项指标的满意度低于一般员工。其中，管理层在"工作具有挑战性"这项指标上大大低于一般员工，其原因或许是因为管理层的工作挑战性过高。

综上所述，内蒙古自治区中小房地产企业员工的满意度从强到弱依次是：工作本身、人际关系、工作回报、企业文化背景、家庭生活、工作条件。

男女员工在工作本身、工作条件、家庭生活 3 个方面未呈现出显著性差异

（p＞0.05），而在工作回报、人际关系、企业文化背景这3个方面的满意度上呈现出显著性差异（p＜0.05），并且女员工满意度均高于男员工。

低龄员工和大龄员工的满意度无显著性差异。但从均值的情况可发现，低龄员工在工作本身项目上与大龄员工相当，对工作条件的满意度略高于大龄员工，其余的满意度均值都小于大龄员工。

高学历员工与低学历员工在这6个方面不存在显著性差异。就调查数据来看，高学历员工除去在"家庭生活"这个项目上的满意度略高之外，在其他5个方面的满意度均值都低于低学历员工。

管理人员的6个方面的满意度得分都低于技术人员。统计分析得到，两者除在"工作条件"项目上呈现显著性差异，p＜0.05，在其他5个项目上不存在显著性差异。

管理人员和营销人员的满意度相比。双方在所有的六个项目上不存在显著性差异。

技术人员和营销人员除在"工作回报"项目上呈现显著性差异，p＜0.05外，在其他5个项目上不存在显著性差异。就满意度的均值比较，技术人员除在"家庭生活"项目上略低于营销人员，在其余5个项目上的满意度高于营销人员。

管理层与一般员工除在"工作本身"存在显著性差异外，在其他5个项目上不存在显著差异。就调查数据来看，除去在"工作回报"这一项目略高之外，管理层在其余5个项目的满意度均值均低于一般员工。

只有有效地提高员工的满意度，激发其工作积极性，使他们能够在工作中保持最佳的精神状态，充分发挥自己的聪明才智，才能增强企业的凝聚力和抵御市场风险的能力。

五、完善内蒙古自治区中小房地产企业激励机制的建议

根据对内蒙古自治区中小房地产企业员工满意度的调查统计结果看，内蒙古自治区的样本企业的总体满意度属于中等，但是在某些方面的员工满意度还比较低，所以，企业应结合自身的实际情况，采取相应对策提高员工的满意度。

为使提高员工满意度的对策有针对性和可操作性，本文结合满意度统计结果，对一些特征突出的满意度影响因素提出相应的对策和建议。

1. 提供富有挑战性的工作，加强员工的成就激励

当工作具有一定的挑战性时，员工才会从中获得工作的成就感和自我发展的机会。日本著名企业家稻山嘉宽说过，"工作的报酬就是工作本身"。工作富有

挑战性，能为个人能力的强弱提供一种检验标准，也是能够体现优秀的一种标志。当企业员工在解决了温饱的问题以后，将更加关注工作内容是否有挑战性，是否能显示成就，是否能发挥个人潜力，是否能实现自我价值。没有人喜欢平庸，尤其对于那些年纪轻、干劲足的员工来说，总是力求把事情做得更好，他们希望对工作承担责任，喜欢适度的风险，因此，企业在日常人力资源管理中应尽量全面分析岗位需求和员工需求，使工作具备适当的难度和挑战性。企业应为员工提供具有挑战性的工作，使员工的个人能力得到充分发挥，以提高员工的积极性，激发员工在工作中发挥更多的潜能，为企业创造出更多的价值。

在本次内蒙古自治区中小房地产企业员工满意度调查中，员工对"工作具有挑战性"这一指标的满意度均值为 3.82 分，在所有 33 个指标中处于第 20 位，比较落后。企业应采取相应对策来提高员工对"工作挑战性"这一项目的满意度。首先，要对员工的工作能力有充分的认识。只有领导对其下属员工的工作能力和潜能有比较充分的认识，才能知道员工究竟能做怎样的工作，才能为其提供有挑战性的工作。其次，要使员工的工作具有挑战性。具有挑战性的工作，才能使员工在工作中得到成就感和满足感，使他们有出色完成工作的强大动力。

2. 完善薪酬制度，促进激励机制

完善的薪酬制度是企业人力资源管理制度是否健全、合理的一个重要标志。薪酬制度如果设计得合理、公平，不仅能非常好地激励员工，提高员工工作的积极性和主动性，提高工作效率和工作质量，而且可以留住人才，防止人才流失，降低企业人力资源成本和风险，提高企业生存竞争能力。

薪酬制度主要包括工资、短期奖金等短期收入，长期分红和股票期权等长期收入，福利待遇等非货币性报酬。当前，企业间的竞争异常激烈，人才的竞争将成为企业竞争的关键，如何留住企业需要的人才是人力资源管理的一个重要课题，企业必须建立起一套合理的、有激励性的薪酬制度，才能充分发挥员工的才能和潜力，才能留住那些对企业生存和发展有巨大贡献的员工，才能使企业在激烈的市场竞争中立于不败之地。

本次问卷统计数据得出"相应现金收入"均值为 3.92，"长期分红或股票期权"为 3.39，"良好的福利待遇"为 3.65，"公司提供的假期"也是一种非常重要的企业福利，它的均值为 3.64，这 4 个满意度指标在所有 33 个指标中分别处于第 15 位、第 33 位、第 30 位、第 31 位，除了相应现金收入的满意度处于中等水平外，其余 3 个指标的满意度都比较低，在本次调查中排在所有指标的末尾。

内蒙古自治区中小房地产企业应该结合自身的企业实际情况，设立长期分红或股票期权机制，有针对性地增加福利待遇，并落实带薪休假制度，真正让激励

制度起到作用。

3. 保证晋升机制的公平性，开辟多样的晋升途径

晋升对员工的工作权力、工作内容以及工作报酬等方面都会带来很大的变化，所以员工对晋升机会是否公平，都非常关心，晋升也是激励员工和留住人才非常重要的手段，晋升机会公平不仅可以较好地激励员工努力工作，而且可以留住企业最需要的人才，留住对企业有巨大贡献的人才——充分发挥他们的智慧和才能，为企业的生存和发展贡献力量。

在本次的问卷调查中，员工对"得到晋升的机会"这一项目的满意度为3.76分，在所有33个指标中处于第24位，企业必须提供充分公平的晋升机会来满足员工的晋升需求。首先，必须建立合理的晋升机制。其次，建立多个晋升途径，可分职位和岗位开辟多个晋升渠道，使各类员工都拥有一定的晋升途径，以确保员工拥有充分的晋升机会。最后，企业应关注现有晋升机制的公平性，设计公平合理的晋升机制，为多通道晋升提供基础依据。

4. 适度放权，并给予员工参与决策的权利

传统目标管理的办法，是自上而下进行的，优点是可以将公司目标进行层层分解，落实到部门和岗位，缺点是缺乏灵活性，目标相对是固定的，但外界环境的变化会导致目标的不可行或者无法完成，从而引起考核者与被考核者的矛盾。同时也在很大程度上阻碍了员工的主动性与创新精神。为了解决这样的矛盾，管理者要适度放权，给予员工更大的权利和自主空间，可以让员工制定弹性的工作计划，自己来安排完成目标的时间和方式，并可以在一定程度内进行目标调整，从而充分调动员工的积极性，激发员工的工作热情和创造性。

管理决策行为不仅是领导的使命，随着企业制度的演进，管理观念的变化，员工参与管理决策也已经成为企业管理的大趋势。但是，现在许多企业的领导在进行管理决策时，特别是那些与群体利益相关的管理决策时，却没有或很少考虑到员工的意见。若这种管理决策付诸实施，很可能造成员工的消极对抗或刻意阻挠。而员工参与管理决策，特别是与其工作有关的管理决策，有助于员工了解管理状况，减少或克服因不了解管理者意图所引起的不满心理。同时，如果员工的建议在管理决策过程中得到一定程度的体现，这类管理决策往往由于得到员工的支持，在贯彻时将会事半功倍。另外，参与管理决策还可以使管理者与员工的关系得到改善，加强彼此间的沟通与信任。

本次调查的统计数据显示，"弹性工作时间"指标的满意度为3.70分，"能够参与公司管理"这一指标的满意度为3.80分，在所有33个指标中分别处于第

29 位和第 22 位。内蒙古自治区中小房地产企业应根据企业自身的实际情况，适度放权，让员工制定弹性的工作计划，自己安排完成目标的时间。可以建立有效的员工参与管理决策机制。在员工参与决策时，可以依据员工工作的时间进行参与；依据参与的问题必须与其利益有关进行参与；依据员工所具有的参与能力进行参与等。

5. 加强企业文化建设，为激励机制建立良好的文化环境

对于企业来说，优秀的企业文化不仅可以向社会展示企业成功的管理风格、良好的经营状况和高尚的精神风貌，也可以为企业塑造良好的整体形象，树立信誉，扩大影响，而且可以把职工和企业的追求紧紧联系在一起，使每个职工产生归属感和荣誉感。相信每一个人，凡事都以员工的共同价值观念为尺度，能最大限度地激发员工的积极性和创造性。

对于员工而言，企业文化的形成使企业职工有了共同的价值观念，对很多问题的认识趋于一致，增强了他们之间的相互信任。

大家公认，企业文化是影响企业行事规则的最重要的无形财富，是现代企业最具战略性的管理思想与管理方法，是直接影响企业核心竞争力、决定企业兴衰的关键因素。

在本次调查中，内蒙古自治区中小房地产企业的管理层都表示，自己没有建设企业文化。其实企业都有自己特有的文化。企业的经营方式，言谈举止，形象口碑就是自己的文化表征。只是这些企业都没有关注企业的文化建设，没有明确自己的企业文化。内蒙古自治区中小房地产企业应根据企业自身的实际情况，明确所有企业员工应该共同信守的基本信念、价值标准、职业道德及精神风貌，建立起一套适合企业员工队伍的企业文化，以此提高企业员工工作的积极性和主动性，增强企业员工的主人翁精神、团队协作精神和企业部门的凝聚力，使企业员工的潜能得到最大限度的挖掘。

6. 建立沟通与反馈机制

从个体行为的角度来考察，员工有一种及时了解上级对自己工作评价的需求。当这种信息不能及时反馈给员工时，他们一方面会迷失行动方向，即不知道自己的工作方法究竟是否正确，从而彷徨不前；另一方面，他们会感到自己的工作不被组织重视，从而失去工作动力。

从企业角度来看，让员工知道公司近期的经营业绩和重大事项，不仅可以使员工及时了解公司的情况，而且那些振奋人心的合同、业绩、人物和事件能够鼓励员工，激发大家的荣誉感和归属感。同时，也可以及时地了解到员工的工作状况和心态，有效地对员工的工作进行指导和纠正，确保员工工作的正确性和效率的提升。

本次调查的统计数据显示，"公司内部信息沟通流畅"指标的满意度为 3.76 分，"员工对公司很了解"指标的满意度为 3.74 分，在所有 33 个指标中分别处于第 26 位和第 28 位。内蒙古自治区中小房地产企业应根据企业自身的实际情况，建立制度化和非制度化相结合的沟通与反馈机制。如定期举办员工协调会议和举办员工集体活动。员工协调会议可以在较短的时间内增进高层管理者与员工的沟通，解决一些棘手问题，提高管理者的威信，并可以大大提高管理的透明度和员工的满意度；员工集体活动可以增加员工间的了解，增进员工间的感情。

参考文献

[1] 工业和信息化部，国家统计局，国家改革和发展委员会，财政部. 中小企业划型标准规定 [S] . 2011.

[2] 杜栋等. 现代综合评价方法与案例精选（第 2 版）[M] . 北京：清华大学出版社，2008.

[3] 高红英. H 公司激励问题研究 [J] . 吉林工程技术师范学院学报，2012，10.

[4] 郭婧驰，范勇. 基于团队导向基础上的中小企业核心员工薪酬激励 [J] . 商场现代化，2008，26.

[5] 郭亚军. 综合评价理论、方法及应用 [M] . 北京：科学出版社，2007.

[6] 韩红俊. 中小 IT 企业员工的激励思考 [J] . 黑龙江科技信息，2008，17.

[7] 黄春丽，杨凤义. 民营中小企业员工激励机制的有效运用 [J] . 齐齐哈尔师范高等专科学校学报，2007，5.

[8] 李俊. 中小企业知识型核心员工的非物质性激励探讨 [J] . 商场现代化，2008，7.

[9] 李穗豫. 科技型中小企业核心员工股权激励模式研究 [J] . 特区经济，2008，7.

[10] 刘丽辉. 从"民工荒"看我国中小企业的员工激励机制 [J] . 企业活力，2007，4.

[11] 刘思瑶，廖康皓. 国有企业激励机制现状及对策研究 [J] . 科技和产业，2011，9.

［12］刘雅平．科技型中小企业员工激励机制［J］．中小企业管理与科技，2008，5．

［13］卢纹岱．SPSS for Windows 统计分析（第3版）［M］．北京：电子工业出版社，2006．

［14］陆佳敏．论企业绩效激励机制的构建［J］．财经界（学术版），2010，18．

［15］陆静．A房地产公司核心员工激励机制研究［D］．昆明：云南大学硕士学位论文，2011．

［16］路秀平．民营中小企业激励机制建设研究［J］．商业会计，2012，1．

［17］马美英．高科技中小企业员工的管理与激励［J］．科技创业月刊，2003，5．

［18］毛清华．中小企业核心员工的差异化激励研究［J］．商场现代化，2007，14．

［19］南小英．我国民营企业激励机制失效的原因与对策研究［J］．中国商贸，2012，1．

［20］聂冉．东北地区中小企业员工人格特质与激励因素关系的研究［D］．长春：吉林大学硕士学位论文，2008．

［21］王晔．内蒙古地区企业知识型员工满意度研究［D］．呼和浩特：内蒙古大学硕士学位论文，2009．

［22］王周火，谢恒，李新平．我国中小民营企业员工激励机制问题及对策研究［J］．江苏商论，2008，8．

［23］向征．重庆市中小民营企业员工激励研究［D］．重庆：重庆大学硕士学位论文，2004．

［24］颜冰．中小企业中知识型员工的激励［J］．中国中小企业，2004，2．

［25］叶霞．中小IT企业核心员工激励机制研究［D］．长沙：中南大学硕士学位论文，2005．

［26］张建民．国内知识型员工激励研究：现状及展望［J］．云南财经大学学报，2009，5．

［27］赵峰，丁娟娟，赵博．三层委托代理关系下的高新技术中小企业知识型员工激励机制设计［J］．价值工程，2008，7．

［28］朱顺泉．管理科学研究方法——统计与运筹优化应用［M］．北京：清华大学出版社，2007．

［29］朱晓红．民营中小企业知识型员工激励机制问题［J］．合作经济与科技，2011，4．

集宁地区中小餐饮企业
激励机制研究

课题编号：Y12009

主 持 人：王　晔

参 与 人：王素艳　王瑞永　毛文静　李文武

　　　　　胡树红　许　健　刘丽莎　王　凯

　　　　　于慧军

一、集宁地区中小餐饮企业发展现状

1. 国内餐饮业近 30 年发展的状况

民以食为天。自改革开放以来，我国餐饮业的营业额相对增长了近 200 倍，是起步最早、发展最快、收效最明显、市场化程度最高的行业之一，已成为拉动我国消费需求增长的中坚力量。从 1978 年至今，伴随着我国的社会进步与经济发展，餐饮业也经历了历史性的巨变。在这变革的 30 多年里，从行业规模、企业水平到社会影响地位、经济拉动作用，餐饮业都发生了巨大而深刻的变化，其营业额年平均增长率高达 20.53%。

中国烹饪协会的资料记载，1978 年前夕，我国饮食行业的全部经营网点数量相加不足 12 万，从事该行业的员工约 100 万，全行业全年零售额 50 多亿元。从 1978 年实施改革开放以来，通过"全民、集体、个体一起上"的政策引导，在多种经济成分共同参与的市场化条件下，我国餐饮行业呈现出欣欣向荣、飞速发展的新面貌。这一时期，国营和供销系统的餐饮企业仍占据着市场的主体，但由于其推行的以多种形式的经营承包制为主的经营管理体制改革的实施，伴随着提成工资制和浮动定价策略的渐进式推广，加上行业内各企业的人员培训力度的不断加强与服务标准的不断提高，我国餐饮行业的发展势头呈现出多元化、全方位的特点，中国烹饪开始走出国门。

作为第三产业中的一个兼顾传统而又不断创新的服务性行业，我国的餐饮业自改革开放以来始终保持着旺盛的发展势头。从 20 世纪 90 年代至今，我国餐饮业的零售额逐年递增，且年增幅一直保持在 10% 以上。2006 年，我国餐饮业再上新台阶，全行业零售额首次突破一万亿元大关，零售总额达到 10345.5 亿元，同比增长 16.4%，为我国社会消费品零售总额的增长贡献了 2.2%。

据相关专业人士分析，我国餐饮市场的不断发展有四大主要推动力：一是我国社会经济的稳定发展提供的基本推动力；二是餐饮业协会自身的不断发展、完善与创新提供的行业环境推动力；三是外资的引入与国际品牌的竞争提供的外部推动力；四是我国国民收入的提高与传统消费观念的转变提供的市场推动力。

从中国烹饪协会 2007 年的统计资料来看，我国餐饮行业的社会化程度随着人民生活水平的稳步提升而不断提高。就在 2007 年，我国的餐饮行业再次创出佳绩，全国的行业零售额累计达到 12352 亿元，同比增长了 19.4%，比上年同期增幅高出 3%，我国居民的餐饮消费额仍呈现出快速、持续、稳定增长的态势，在各行业中保持着领先的地位。近年来，我国餐饮行业的零售额占社会消费品零售总额的比重一直保持在 10% 左右，是拉动我国社会消费品零售总额增长的重要力量，对全社会的消费品零售总额的增长持续不断地做着贡献。

2. 集宁地区餐饮业发展的现状

乌兰察布，蒙语意为"红色的山崖"，是内蒙古自治区中部地区的一个重要的农业城市和旅游城市，北交蒙古国，东南接壤河北省，西南接壤陕西省，以小麦、莜面、谷子、马铃薯等为主要农作物，牲畜种类多样。在饮食方面，乌兰察布既有内蒙古自治区饮食的传统特征，又兼具创新的特点。乌兰察布人民在自治区中部这片富饶的土地上，辛勤耕作、勤劳致富，对生活充满热情，拥有着独特的、氛围浓重的饮食文化。集宁区是乌兰察布市的市辖区，也是乌兰察布市人民政府的所在地，辖区面积共 400 多平方公里，有"北方迷你型城市"之称。

通过前期的调查走访和资料查证，我们对集宁地区的餐饮行业的情况做了初步的统计。集宁区共有餐饮企业 1700 多家，中小餐饮企业有 1400 多家，从近 3 年的统计数据来看，中小餐饮企业的数量在逐年增加，2012 ~ 2013 年，增加了 40 ~ 50 家。但 2013 ~ 2014 年，受经济因素的影响，增加数量较往年有所减少，转租、停业现象明显。

从餐饮企业店面规模来看，店面在 200 平方米以下的饭店，60% 为夫妻店，2 ~ 5 人为主，多通过转租的形式获租。店面在 200 ~ 500 平方米的酒店，雇用人数在 15 人左右，多以合伙经营或是家族经营为主，日平均营业额可达到5000 ~ 7000 元，常雇用一名管理者，2 ~ 3 名领班负责日常经营管理工作。

从餐饮企业的主营业务来看，多以大众炒菜为主，可以占到 70%，莜面、炖骨头、羊蝎子、蒙餐、火锅等地域特色餐饮占全部餐饮企业数量的 20%，海鲜类餐饮占全部餐饮企业数量的 3% ~ 5%，西餐类饭店占全部餐饮企业数量的 1% ~ 2%，约为 15 家。

从餐饮企业的分布来看，没有明显的地域分布，老城区的餐饮企业以家常菜品为主打，新城区的餐饮企业以特色菜品居多。且在全区形成一些有特色的中小餐饮企业集群，例如，新区广电大楼附近的羊蝎子特色火锅一条街、天恒广场蒙餐一条街、学府步行街家常菜一条街、团结路餐饮一条街等。

集宁地区近年餐饮企业的快速发展，每年可以为市场提供约一万多人次就业，但是由于该行业自身的特点，员工的流动性很大，流失率也很高，但这些人员的流动多数在行业内流动，薪酬水平低，人际关系、管理缺乏是导致其流动的主要原因。

二、集宁地区中小餐饮企业员工激励机制存在的问题

1. 员工的工作满意度不高

目前，集宁地区由于地理位置相对偏远，经济发展相对落后、人员素质偏低等原因，使得中小企业的发展速度及竞争实力处于劣势。管理者缺乏现代企业管理的相关理论作为支撑，大多数企业仍采用传统的职位薪酬体系，薪酬结构设计不合理，薪酬水平在同行业中缺少市场竞争力，员工精神层面的激励没有得到相应的重视，中、高层管理者和一般员工的薪酬水平存在较大差距等一系列问题，阻碍了企业的发展。例如，如果基层员工在很长一段时间内不能获得快速晋升，他们的薪酬也不会发生较大的变动，于是员工的积极性会因此受挫，进而产生消极情绪，对企业的满意度下降，工作处于被动状况。

2. 企业忽视员工广度技能的提升

集宁地区中小企业目前对于员工的培训仍然以传统的师徒制培训形式为主，特别是对于核心员工与一般员工并没有太大变化，这种培训方法对于新员工尽快熟悉餐饮行业业务，进入到工作状态固然能起到良好的效果，但是同时也暴露出一些弊端。首先，这种培训制度是由老员工根据自己的岗位工作经验来对新员工进行指导的，缺乏科学理论，如果总结的方法存在偏差或是不适合普遍推广时，这种方法只能是适得其反，甚至浪费时间。其次，企业的岗位安排制度也有一定的缺陷，企业对于员工的岗位安排工作是根据专业、特长及能力安排某一固定岗位，缺乏工作岗位之间的轮换和工作内容的扩大化，员工在长期重复一项工作之后，就会对工作内容产生厌烦情绪，并且这种重复单一的工作内容不能满足员工自我价值的实现。长此以往，由于学习的自主性得不到满足，他们就会产生不满足情绪，工作的积极性就会下降。

3. 家族式管理，排外性较强

由于集宁地区中小企业大都是由最初的夫妻店、家族店发展而来，其在最初创业阶段都是由家族内部成员共同筹款、共同承担风险。所以当企业具备了一定的规模之后，利益的分享也是由家族中参与的成员共同支配。因此，在这类中小企业的管理中，仍然是以家族内部成员为主，并且随着企业规模的扩大，家族内部成员会为了自己的利益而钩心斗角，不会像最初创业时那样同心协力，更担心大权旁落。在家族企业工作的员工，不仅要竭尽全力完成自己分内的工作，而且

还要分出精力来处理与上级领导之间的关系，有时出现员工工作能力很强，但与家族中的个别成员关系不融洽，就会直接影响到员工的绩效与薪酬；大部分员工也难以参与企业经营管理，难以得到晋升，当员工对自我价值的实现欲较高，自主性较强时，对企业管理方式就会产生不满意情绪。当员工看不到在该企业的发展机遇时，就会主动选择离职。另外，家族裙带关系也会影响到家族式中小餐饮企业的长远发展。

4. 人力资源理管理念和技术滞后

国外企业普遍重视企业内员工的发展和成长，在企业利润分配时有意向核心员工倾斜，让员工参与价值分配，提高员工对企业的满意度，激发他们的工作积极性，最终达到与企业"双赢"的局面。然而，在调研的过程中我们发现，很多中小餐饮企业正处于企业成长期，为了维持发展，企业主多数会选择关注资金供给、产品销售、市场拓展等层面的事务，人力资源管理在中小企业中仅处于辅助管理的角色。许多中小企业主将主要精力放在业务方面的问题上，片面地关注经济利益，却忽视了企业内部管理尤其是人力资源管理所带来的管理效益。例如，许多中小餐饮企业没有建立规范、完善的人力资源管理体系，没有独立的人力资源管理部门，没有专业的人力资源管理人员。在人力资源管理方面的投资甚少，缺乏对人力资源管理体系建设的长远规划。事实上，缺乏科学的人力资源管理会给中小企业带来诸多问题，仅仅关注于外部市场，没有科学的管理制度和方法对企业内部的人员进行合理配置、培训开发、有效激励，难以保证企业发展目标的充分实现。所以，用人才支撑中小餐饮企业的成长是保障该类企业长远发展的必要条件。

5. 薪酬管理随意性较大

薪酬制度缺乏合理性，许多中小餐饮企业对员工的报酬采用基薪加奖金或基薪加提成的办法。许多餐饮企业在招聘员工时，纷纷打出"高工资、高福利"招牌，表面上"双高"策略确实吸引了一批员工，但工作一段时间后，这些员工发现现有工作缺乏挑战性、缺乏合理的晋升机会、缺乏积极合理的文化氛围，进而离职走人。究其原因，这些管理者往往将内在薪酬等同于外在薪酬；只注意薪酬的多少，而忽视薪酬的公平；只关注物质奖励，而忽视了精神奖励。认为只要支付给相当于劳动力价值的薪酬就行，结果在难以稳定内部人才的同时又失去对外部人才的吸引力。

6. 培训的受重视程度不高

中小餐饮企业缺乏有效的培训体系是由以下原因造成：一是中小餐饮企业主

没有认识到培训对其发展的重要性，认为培训就需要投入成本，许多中小餐饮企业在培训费用方面的支出很少或是空白，也就更不存在建立规范、完整的培训体系；二是中小餐饮企业主虽然意识到需要花费人力、物力、财力进行培训工作，但是由于缺乏培训前的需求调研，缺乏对培训体系的规划设计，培训形式单一，培训方法落后，培训者的专业化程度不高，培训教材和资料与实践操作的关联性较差等多方面原因，最终导致了培训内容没有与工作内容紧密联系，培训目标没有与个人职业发展目标紧密联系，培训评价没有与个人业绩考评紧密联系等一系列问题的出现，培训效果不好，受训者参与的积极性不高，培训对于提高管理者和员工的工作效果也不明显，培训效果整体不佳；三是中小餐饮企业主虽然进行培训工作，但采用短效、速成班的形式，只针对当前工作所需要的专业技能进行快速培训，缺乏对管理人员经营管理理念方面的培训，也缺乏为员工职业生涯发展需求提供适当的培训；四是还有一些中小餐饮企业主认为企业规模小是客观条件，培训是在变相地给他人作嫁衣，投入很多精力培训员工，一旦员工觉得自己在企业中的发展空间变小时，就会流动到其他企业，自己不愿意成为"人才流动站"，因此也就不愿意花更多的精力去培训员工。

7. 缺乏相匹配的企业文化

中小餐饮企业管理者对企业文化缺乏正确的认识或是对直接利益的短期追求，致使企业长期处于企业文化缺失的状态。首先，他们认为企业文化是虚的，没有什么实质内容，不需要浪费精力去建设。其次，很多中小餐饮企业的管理者认为，只有大企业才会有企业文化，而小的企业没有自己的文化，也就没有必要进行企业文化建设。最后，很多中小餐饮企业的管理者只注重企业是否盈利，菜品是否更新，追求经济利益，缺乏对员工精神需求的重视，因而忽视了对企业文化的建设。中小餐饮企业由于企业文化建设的缺失，使员工对企业缺乏归属感，人际关系紧张，企业内部沟通出现障碍。

8. 缺乏专业的管理人员

中小餐饮企业由于受到经营实力和企业规模的影响，不可能像大企业那样花费额外的资金聘用专业化的人才。例如，在聘用职业经理人负责管理企业内部事务时，问题较为突出。中小餐饮企业主很多是家族企业成员或是以创业者身份起家，这些企业主在企业中扮演着企业家、创业者、企业所有者以及企业经营者等角色，形成已久的经营管理方式，使他们很难将权力主动下放给职业经理人。因此，职业经理人在中小餐饮企业中介入的现象较少。同时，中小餐饮企业主中很多人虽然有丰富的实践经验，但学历层次偏低，缺乏现代企业管理理论作为支撑，在管理方式上常处于经验管理阶段，没有科学有效的管理制度，导致管理的随意性比较大，管理者的主观意愿往往起了决定性作用，大大降低了执行的规范性，导致企业管理水平落后，有时可能因为领导的判断失误，而使企业陷入危机与困境中。另外，由于缺乏专业的人力资源管理人员，不能科学地配置人力资源，有效激励和管理员工，造成人才短缺和人才过剩的现象可能同时出现，或是中小餐饮企业的核心人才和关键员工严重流失。

9. 缺乏有效的激励机制

中小餐饮企业激励机制存在的问题主要表现在以下几个方面：大多数的中小餐饮企业缺乏有竞争性的薪酬；偏重于物质激励，忽视精神激励；分配方式不公平；缺乏规范的晋升机制，仅凭中小餐饮企业主的个人意志决定；激励措施相对单一。产生这些现象的原因在于，中小餐饮企业缺乏像大型企业人力资源管理那样拥有丰富的实践经验；中小餐饮企业的财力有限，无法满足员工更多的物质激励的需求；中小餐饮企业规模较小，岗位数量较少，企业对工作岗位内容很少进行规范化的定义，职责不清，内容不明，也容易造成中小餐饮企业的激励措施不畅；中小餐饮企业常采用单一的激励方式，用计时工资制进行考核和激励，多元化的激励方式很少能见到；中小餐饮企业对于员工绩效考核重视程度不够，流于形式，与员工收入不挂钩或者是不相关；中小餐饮企业缺乏完善的福利制度，不为员工购买社会保险、工伤保险等社会保障，甚至连住房、就医、子女上学等基本生活保障都无法解决和满足，这就使得一些员工无法安心工作，不能将才能发挥出来，工作中缺乏了安全感，对于企业的忠诚度和满足感就会降低，进而导致优秀人才的流失。

三、集宁地区中小餐饮企业员工激励状况分析及调查结果评价

1. 集宁地区中小餐饮企业员工激励状况分析

本文对集宁地区中小餐饮企业员工整体满意度采取描述性统计分析中的频数分析。主要考察问卷中所有题项的满意度均值和5项因素的均值，得出集宁地区中小餐饮企业员工的整体激励状况，按划分的5项影响因素来看，工作回报的激励程度为最高，为2.51，其次为工作条件的激励程度为2.40，企业管理的激励程度为2.36，工作本身的激励程度为2.35，工作群体的激励程度最低，为2.16。目前工作状态为2.15，处于偏低的水平，这也是目前中小餐饮企业员工流动速度快的一些原因，需要引起关注。5种影响因素按得分从低到高看，工作群体方面

所受的激励程度最低，从某一方面也说明了，集宁地区经济的发展虽然在加快，但是中小餐饮企业员工的工作群体之间的相互关系仍没有达到期望的水平，造成了员工的激励程度偏低。企业管理的激励程度处于偏低水平，尤其员工发展前景仅为2.24，这也间接地反映出企业忽视了员工职业规划与职业发展的培养，从而影响了员工参与工作的积极性。工作本身、工作回报和工作条件3项因素也处于较低的激励水平。在5项因素中，题项得分最高的分别为工作的吸引力为2.67，福利的满意程度为2.66，先进设备的使用为2.62。

2. 集宁地区不同属性的中小餐饮企业员工激励统计分析

本文对知识型员工的基本属性采用探索分析的方式，通过将不同属性作为因子，问卷的5项因素作为因变量，对这些均值进行纵向和横向比较分析，得出集宁地区中小餐饮企业员工的激励情况。

（1）不同性别的员工激励情况。不同性别员工的激励程度如表1-27所示，在整体激励程度中，男性受激励程度为2.12，高于女性的激励程度2.10。由于男性的心理特点使其在各方面比女性较容易满足，所以男性受激励的程度略高于女性应该也是可以接受的。员工受激励程度差异较大的为工作条件方面，分别为男性2.46和女性2.34。在"酒店的绩效考核与业绩工资直接挂钩"这一题项中，男女差异最大，女性员工为2.44，男性为2.68，女性员工对企业提供的奖励比较看重，所以同等程度下，满意的程度偏低，受到的激励不显著。在工作是否能给员工提供较大发展空间这一题项中，男性员工的激励程度高于女性员工。其他几个因素，男、女性员工的满意度差别不大。个别题项，如工作群体中的各题项值均偏低。此部分的题项能间接反映出现阶段集宁地区餐饮企业虽然也在积极促进工作群体之间的沟通，但是很多企业员工的离职率仍然很高，员工的工作情绪和困难难以得到准确及时的解决，群体之间的沟通不畅，激励效果得不到体现，长久下去员工产生消极心理，认为组织的发展与个人的发展联系甚少，对参与企业决策的不满情绪也日渐加深，这也可能使组织文化难以与个人文化相融合。只有在"努力工作的员工会得到领导的认可和赞赏"这个题项上，女员工的激励程度略微高于男性。产生这种结果本文认为当前多数中小餐饮企业虽然没对员工性别有过于明显的要求，但是在一些岗位企业还是乐意优先选择和提拔女性员工，造成这种情况的原因可能是由于一些特殊岗位需要女性员工；女性员工可能带来更好的沟通效果，吸引更多的顾客。企业基于对业绩和效益的考虑，就会尽量重视选择女性员工，因此女性员工在企业中可能会受到企业任用和提拔，女性对领导赏识受到的激励程度就会偏高。具体调查结果如表1-27所示，但各题项的具体数据没有在此处体现。

表1－27　不同性别的中小餐饮企业员工激励程度调查统计结果

性别 ＼ 因素	工作本身	工作回报	工作条件	工作群体	企业管理	整体激励度
男	2.38	2.55	2.46	2.17	2.41	2.12
女	2.33	2.46	2.34	2.15	2.31	2.10

资料来源：笔者整理。

（2）不同年龄的员工激励情况。不同年龄的员工激励程度不同，20岁左右的员工激励程度最高，刚入职员工也较高，激励程度随着年龄逐渐递减。前两者的受激励程度显著，产生这种结果的原因本文认为，从有效问卷看，处于21～30岁左右的员工多数从事餐饮工作几年，有一定的工作经验和经历，职业发展的前景和提升的空间较大，他们对企业的满意度较高，相对容易感受到激励。对于刚入职的知识型员工，他们刚步入工作岗位，对自己的职业发展充满信心，相应的激励程度也比较高。具体数据如表1－28所示。

表1－28　不同年龄的员工激励状况调查统计结果

年龄 ＼ 因素	工作本身	工作回报	工作条件	工作群体	企业管理	整体激励度
20岁以下	2.44	2.55	2.41	2.27	2.48	2.41
21～30岁	2.32	2.46	2.37	2.15	2.33	2.14
31～40岁	2.35	2.5	2.41	2.13	2.37	2.08
41～50岁	2.44	2.74	2.43	2.15	2.36	2.0
50岁以上	2.45	2.58	2.55	2.15	2.05	2.0

资料来源：笔者整理。

（3）不同学历的员工激励情况。从整体激励程度来看，本科员工的激励程度最高，为2.83，在这类企业中高学历员工多数受到企业的重视，虽然数量不多但是一般被安排在管理岗位或行政岗位上，他们可能更容易满足于现状。在工作群体这一因素中，大部分员工的激励程度均偏低，题项"同事之间的配合和默契协作"对大部分员工激励程度都偏低。这项数据显示，集宁地区的中小餐饮企业在日常的工作群体的活动中，应当不断强化和完善企业文化氛围，促进员工之间的交流和协作，逐步改善群体之间协作的障碍。具体数据如表1－29所示。

表 1 – 29   不同学历的员工激励程度调查统计结果

因素 学历	工作本身	工作回报	工作条件	工作群体	企业管理	整体 激励度
初中及以下	2.39	2.56	2.41	2.16	2.36	2.12
高中	2.36	2.50	2.43	2.22	2.42	2.25
中专或技校	2.17	2.35	2.27	2.06	2.19	2.06
大专或高职	2.29	2.35	2.37	2.0	2.24	1.87
本科及以上	2.71	2.35	3.09	2.42	2.92	2.83

资料来源：笔者整理。

（4）不同年薪的员工激励情况。不同年薪的员工整体激励程度为一万元以下的员工激励程度偏低，且可以简单地看出年薪越高，激励程度也越高。但是激励程度是否与年薪成正比还有待进一步研究。在工作回报这一因素中，每个年薪段的员工都对工作本身的激励程度相对高些，其中年薪 10 万元以上的员工在题项中激励程度更高，也说明企业给员工提供较高工资，能够对员工产生显著的激励作用。具体数据如表 1 – 30 所示。

表 1 – 30   不同年薪的员工激励程度调查统计结果

因素 年薪	工作本身	工作回报	工作条件	工作群体	企业管理	整体激励度
1 万元以下	1.90	2.01	2.1	2.07	2.04	2.01
1 万~3 万元	2.34	2.12	2.38	2.15	2.30	2.09
3 万~5 万元	2.27	2.36	2.32	2.06	2.26	2.26
5 万~10 万元	2.26	2.5	2.44	2.23	2.39	2.49
10 万元以上	2.42	2.56	2.79	2.0	2.13	2.33

资料来源：笔者整理。

（5）不同工作年限的员工激励情况。不同工作年限的员工激励程度，从整体可以看出，刚入职的员工受激励程度较高，为2.23，他们受激励的情况也可以从工作回报中的题项"工资水平和本地同行业其他企业相同职位相比有吸引力"上看出，受激励程度为2.7。可以理解为刚入职一年以内的员工对工作充满了信心，工作回报对他们的激励程度较高。而工作了 5 年以上的员工，如果他们长时间地在餐饮行业工作，产生厌倦感，甚至是离职的想法，尽管熟悉企业的环境，但害怕不能快速就业，受激励的程度在下降。而激励程度最低的是工作10~15年的员工，这类员工多数年龄在 40 岁左右，在餐饮企业做保洁工作居多，学历不高，也没有提拔晋升的空间，以挣钱养家为主要目标，激励效果不是很明显。但如果企业能够关注每个阶段员工的感受以及对于激励产生的敏感度，并与员工进行积极的沟通，此类员工可能就会重新调整，走出矛盾和误解。这样不仅可以起到激励作用，还避免了员工的流失，为企业留住了人才。具体数据如表1-31所示。

表1-31 不同工龄的员工激励程度调查统计结果

因素\年限	工作本身	工作回报	工作条件	工作群体	企业管理	整体激励度
1年以下	2.39	2.51	2.43	2.17	2.40	2.23
1~3年	2.31	2.49	2.3	2.08	2.3	2.13
3~5年	2.34	2.57	2.47	2.27	2.43	2.06
5~10年	2.43	2.43	2.37	2.22	2.34	2.0
10~15年	2.6	2.41	2.83	2.55	2.65	1.9
15年以上	0	0	0	0	0	0

资料来源：笔者整理。

（6）不同工作类别的员工激励情况。不同类别员工的激励情况，此处节选了具有代表性的3个岗位，从整体激励情况看，厨师的激励程度相对高一些，厨师的工作水平是这些岗位中最高的。前台接待人员的激励状况相对较差，可能是面对的顾客群体不同，导致了激励水平的感知较低。目前在市场经济的大环境下，企业管理的发展速度加快，集宁地区中小餐饮企业在绩效考核体系和薪酬体系的设计和实施方面，仍有待改进的地方，考评方式和薪酬结构方面应多借鉴国内成功企业的经验，真正将业绩工资作为激励员工的方式，通过公正的考评体系，鼓励员工最大限度地发挥创造性。另外，餐饮企业管理层应当关注员工的想法，及时与他们进行沟通，让员工积极地参与企业的管理决策，减少或克服因不了解管理者意图而产生的不满情绪。具体数据如表1-32所示。

表1-32 不同工作类别的员工激励程度调查统计结果（摘选）

因素\工作类别	工作本身	工作回报	工作条件	工作群体	企业管理	整体激励度
前台接待	2.0	2.31	2.24	2.04	2.23	2.0
厨师	2.44	2.62	2.49	2.19	2.41	2.07
服务员	2.22	2.40	2.26	2.09	2.19	2.05

资料来源：笔者整理。

3. 影响集宁地区中小餐饮企业员工激励的重要因素统计分析

影响集宁地区中小餐饮企业员工激励因素，主要通过问卷调查获得。问卷在实施过程中，一部分考察员工的激励现状，是文章主旨部分；另一部分考察了影响员工自身工作效率和激励程度的因素有哪些，作为后续章节的结论依据。下面对重要因素主要以问卷中重要性的部分为统计切入点。针对相关的题项，重要性的均值高于激励程度均值。影响激励程度的重要因素从高到低依次为：工作回报 > 工作本身 > 工作条件 > 企业管理 > 工作群体。工作回报中普遍认为职位晋升和职业发展更能影响激励程度；工作本身中工作内容的丰富化更能影响激励程度；在工作条件中，工作时间的合理性更为重要，现实中，作为餐饮行业，员工每天工作的时间和强度，的确是影响员工去留的重要因素；在工作群体中，领导的认可和赏识成为重要的影响因素，次之是同事间配合和同事间的沟通交流。在企业管理这一因素中，普遍认为影响激励程度的因素首先是员工参与管理制度；其次是企业者素质；最后是企业发展前景（见表1-33）。

表1-33 影响集宁地区中小餐饮企业员工激励的因素统计分析（重要性）

因素	题项	题项均值	因素均值
工作本身	挑战性	2.07	2.23
	成就感	2.24	
	自主性	2.22	
	丰富化	2.37	
工作回报	薪酬福利水平	2.19	2.25
	培训学习机会	2.31	
	职位晋升	2.34	
	职业发展空间	2.23	
	自我价值实现	2.16	
工作条件	工作时间的合理	2.32	2.17
	先进设备的使用	2.11	
	工作保障	2.08	
工作群体	人际关系	2.05	2.10
	领导的认可和赏识	2.13	
	同事间的配合与协作	2.11	
	同事间沟通与交流	2.10	

因素	题项	题项均值	因素均值
企业管理	管理制度	2.14	2.14
	管理者素质	2.13	
	员工参与	2.24	
	企业发展前景	2.05	

资料来源：笔者整理。

四、集宁地区中小餐饮企业员工激励机制研究结论与对策建议

1. 集宁地区中小餐饮企业员工激励机制研究结论

通过采用访谈、调查问卷等多种形式对集宁地区中小餐饮企业近700名员工进行调查，初步探讨了集宁地区中小餐饮企业员工激励的基本情况。从样本数据基本上可以看出集宁地区中小餐饮企业员工在工作中的激励程度和影响激励的一些因素。具体研究结果如下：

（1）根据访谈和当地实际情况将影响集宁地区中小餐饮企业员工激励因素划定为5个方面，包括工作本身、工作回报、工作条件、工作群体、企业管理。这5项因素构成决定了激励程度量表的结构由这5个维度组成。研究得出中小餐饮企业员工激励维度对企业有重要的实用价值，能够为当地餐饮企业员工的激励测评提供基本框架和依据。

（2）通过对问卷进行效度、信度检验，得出问卷的效度为0.956，信度采用克朗巴哈的α系数检验为0.929。又同时采用折半信度来检验信度，第一部分的信度为0.921，第二部分的信度为0.934。以上数据均可说明本文所采用的问卷是效度、信度较好的能够合理研究集宁地区中小餐饮企业员工激励机制的问卷。

（3）从集宁地区中小餐饮企业员工整体的激励现状来看，本次样本的整体激励程度为2.15，属于偏低的水平。工作回报的激励程度最高，为2.51，工作群体的激励程度最低，为2.16。

（4）从不同性别员工的激励程度比较情况来看，集宁地区中小餐饮企业中女性员工的激励程度要低于男性员工。差异性较大的是"同事间的配合与协作默契"这一题项。

（5）从不同年龄员工的激励程度比较情况来看，20岁左右的员工激励程度偏高，刚入职的员工对自己的职业发展充满信心，因此工作中受到的激励程度也

较高。而处于职业生涯后期人员的激励程度偏低。

（6）从不同学历员工的满意度比较情况来看，本科以上员工的激励程度最高，为 2.83，对于工作群体这一因素，几种学历员工的激励程度在人际关系的融洽、领导的认可和赞赏、同事的配合和协作、同事间的沟通与交流方面的激励程度偏低。

（7）从不同工作年薪员工的激励程度比较来看，年薪一万元以下的员工激励程度偏低，工作本身中，年薪 10 万元以上的员工在题项"工作内容丰富，经常改变工作内容和工作层次"都偏高，可达到 2.56。可以简单地看出年薪越高，激励程度也越高。但是激励程度是否与年薪成正比还有待进一步研究。

（8）从不同工作年限员工受激励的程度比较情况来看，刚入职的员工对企业的激励程度较高，工作 10 年以上的员工激励程度最低。

（9）从不同工作类别员工受激励的程度比较情况来看，前台接待人员和服务人员的受激励程度偏低，厨师在同等条件下，受激励的程度偏高一些。

（10）影响激励程度的重要因素从高到低依次为：工作回报 > 工作本身 > 工作条件 > 企业管理 > 工作群体。

2. 提升集宁地区中小餐饮企业员工激励机制对策建议

（1）提高员工的薪酬满意度，强调非物质激励的作用，加强物质激励的合理性。集宁地区中小餐饮企业物质激励是其主要的激励方式。中小餐饮企业应该根据员工的需要，设计合理的全面薪酬激励机制，在整个市场环境和企业经营目标进行分析的基础上，根据员工的绩效考核对其薪酬做合理的调整。这样，既保证企业薪酬水平对外具有竞争性，又保证对内具有公平性，这样企业就为员工提供了有竞争性的薪酬体系。首先，通过对职位的分析和评价，确定企业内部每一职位的具体工作内容、职责，制定一个可实现的标准，据此制定相应的奖惩制度，结合企业经营目标，预测下一步工作应该达到的目标。其次，做好薪酬调查工作。薪酬调查的重点是了解本企业薪酬在同行业、同地区间是否有竞争力，是否能吸引优秀人才，企业根据市场劳动力的变化及时做出薪酬方案的调整。最后，依据绩效考核合理定位薪酬标准。在对市场竞争对手薪酬水平分析的基础上，明确自身薪酬在哪些方面有优势，哪些方面需要改进。同时对内参照工作计划标准，明确哪些员工进步明显，形成员工之间、部门之间、行业之间的多重对比，根据对比的结果采取差异化的薪酬激励措施。采取这些措施不仅能吸引优秀的人才，还能避免因薪酬缺乏竞争性而造成的"人才洼地"，减少企业内员工的流失，同时又能在企业内部形成一种良性的竞争氛围。

注重精神激励的有效性。激励员工不仅要以物质的方式来吸引他们，更重要的是从员工的需求出发，理解他们所需，了解他们所想，并且切实地保障他们的利益才能使他们感受到企业的温暖，才会产生归属感。首先，要重视沟通的作用。人与人之间保持信息的畅通无阻简单而有效的途径无疑就是沟通，企业和员工之间进行适时沟通也是非常重要的。有效的沟通可以把企业的理念和文化有效地传递给员工。员工也可以向企业传达他们的关注和需求。在此基础上，企业可以有针对性地对员工做出激励。同时员工还能及时了解企业的目标，调整自己的工作状态，达到企业和员工的双赢。其次，企业应当重视正向激励的作用。集宁地区中小餐饮企业坚持和逐步规范荣誉激励的一些制度，增加激励形式，使得激励具有吸引力。最后，应该做到合理的授权，鼓励员工参与管理。对于员工而言，工作的内容应不断扩大，只有具有挑战性、创新性的工作才能更好地激发出他们的潜力。而不断地被赋予权力，承担责任是他们进步和被信任的体现，这样能极大地满足他们的成就感。

（2）适当引导员工重视广度技能的提高。当前知识经济高速发展，对人才的要求也会相应提高，对于集宁地区中小餐饮企业员工而言，只有熟悉岗位工作，同时适应相关的几种工作岗位的工作内容和环境，才会得到更多的发展机会，同时也为实现自我价值掌握更多的筹码。企业通过培训使员工掌握多种工作内容和技能，可以减轻劳动力再就业的压力，在他们重新选择工作岗位的时候，可以进行多种选择。另外，如果员工同时掌握着几种相关工作所需的知识和能力，当企业出现临时性的员工短缺时，员工可以暂时代替他人完成工作任务，解决企业的燃眉之急，同时也可以缓解员工因长期重复地进行某一项工作而产生的厌烦情绪。

（3）聘请专业的职业管理团队参与管理。中小餐饮企业因其发展的年限较短、规模较小、实力还不够雄厚等条件的限制，所以在人才管理的问题上还存在弊端，没有意识到一个优秀的管理者对于企业存亡的重要作用。集宁地区中小餐饮企业可以根据自身发展的需要聘请职业经理人参与管理企业日常事务。由于职业经理人受过专业的教育和培训，有丰富的实践管理经验，懂得如何管理企业和员工，能够采用较为科学的手段激励员工。虽然目前，在内蒙古自治区中小餐饮企业引入职业经理人或是职业管理团队的情况仍然较少，但是中小餐饮企业要想取得长远发展，职业管理团队参与企业管理必然是内蒙古自治区中小餐饮企业发展的一种新趋势。

（4）培养特色企业餐饮文化。文化管理又称基于价值观的管理，它是一种以人为中心、以塑造共同价值观为手段的管理模式，即通过企业文化来治理企业。企业文化是在企业中形成的一种人们共同拥有的经营理念、信仰和行为准则。企业文化的强度从强到弱连续分布。对于拥有强文化的企业而言，其成员会有意识地了解本企业的价值与信念，完全赞同共享的假设、价值、信念，主动以预期的方式行动。对于拥有弱文化的企业而言，其多数成员不按预期方式行动，甚至会挑战组织的文化。集宁地区中小餐饮企业要依托建立适合自身的企业文化来强化企业制度，减少企业管理中的随意性，营造一种和谐、充满活力的企业文化，树立人才至上的企业氛围，尊重员工、关爱员工，最大限度地发挥员工工作的积极性。让员工认同企业的文化，将个人的价值观与企业文化相结合，转化为自觉的行为，树立组织特有的企业文化的同时，增强员工的归属感。

企业文化象征着一个企业的价值观，这种文化渗透到企业的日常工作中，它涉及企业形象，企业应当拥有符合自身发展特点的企业文化。中小餐饮企业在意识到企业餐饮文化的重要性后，往往急于建设，照抄照搬他人的企业文化，忽略自身文化的特色。很多企业文化缺乏实质性的内涵，没有真正融入员工的内心。良好的企业文化不仅可以吸引优秀的员工，同时还可以激励员工。企业可以从两个方面建设自身的企业文化。首先，领导者是民营企业的领头羊，可以起到表率作用，领导的态度和行为表现可以影响企业中每一位员工，领导者应具备内外兼修的素质，对内培养良好的修养，对外注意自己的言谈举止。其次是企业中的员工，员工是企业文化的创造主体，也是企业文化的承载者和实践者，所以在建设企业文化时，要多与员工沟通交流，采纳员工的建议，形成大多数人的共同认知，用优秀的企业文化感染员工、激励员工。

（5）赋予员工自主工作的权力。集宁地区中小餐饮企业中的员工和其他员工一样具有独立性和自主性的特点，且他们都是企业中拥有专业知识、掌握核心技术的人才，企业应当根据工作任务的需要进行适度的分权，允许他们按照自己喜欢的工作方式完成工作任务。少使用命令、指挥的方式干预他们的工作，让他们在宽松的工作氛围中完成工作。这样不仅员工和企业之间建立了彼此的信任，也使得员工能够发挥较高的工作效率和获取快速的职业成长。

（6）完善人力资源管理体系。中小餐饮企业的快速发展，使得这类企业之间的竞争变得日益激烈。如果仍按照传统人事管理的方式对员工进行管理，从长远看会制约企业的发展，对于员工的激励和优秀人才的吸引也会受到制约。企业在发展壮大的同时，需要构建系统化的人力资源管理体系。进行系统的人力资源规划，明确工作岗位职责和岗位目标，设计公平、公开的绩效考评体系，建立公平、合理的薪酬管理体系，让员工切实感受到企业在制度上的合理，从而增强员工对企业的忠诚感和满意度。集宁地区中小餐饮企业中管理者要注重与员工经常进行沟通，为员工营造一种轻松、和谐、民主的工作环境，让员工始终保持高度的工作热情和工作自信心。只有将"以人为本"的理念落实到了各项具体工作中，才能赢得员工对企业的忠诚。

（7）构建科学的激励机制。激励机制是管理者依据法律、法规、价值取向和文化环境等，对管理对象的行为从物质、精神等方面进行激发和鼓励以使其行为继续发展的机制。中小餐饮企业在创业初期，由于规模、资金、发展预期等方面的原因，都会影响到中小餐饮企业主对激励机制的关注。即使企业内部存在激励，大多也是单一化的激励形式，或者是以短期激励为主，缺乏长期的、多元化的激励形式。首先，集宁地区中小餐饮企业应当建立科学合理的考评制度和薪酬管理。在绩效考评的过程中，明确绩效考评的目的和对象之后，根据不同属性的员工采用不同的绩效考评方法，把考评作为衡量员工工作态度和工作结果的标准，并与员工的薪酬挂钩。在薪酬管理方面，物质激励和精神激励要有机地结合，对员工的需求和心理进行前期了解，根据员工的需求进行激励，一方面能满足员工的需求，另一方面，能更好地激发员工的工作热情，使员工能全身心地投入到工作中去，同时也增加了员工对企业的归属感和忠诚度。其次，集宁地区中小餐饮企业需要根据自身发展状况，设计多样化的激励方式。例如，通过创造一些机会，让员工参与企业的发展和管理，让员工亲自体验企业的成长过程；中小餐饮企业在给员工提供晋升机会时，更多地依据员工的自身情况及特点，及早地帮助员工规划职业生涯，让员工了解自己的发展方向和职业前景，进而可以避免人才流失；中小餐饮企业也可以采用股权激励的方式，吸引和留住核心员工。最后，集宁地区中小餐饮企业还需要重视员工责任感和忠诚感的培养，拉近中小餐饮企业主与员工间的劳动关系，促进中小餐饮企业良性、可持续的发展。

（8）创新管理方式。树立"以人为本"的思想。集宁地区中小餐饮企业根据现有的企业经营状况，要树立"以人为本"的思想，明确人才是企业发展的关键要素，建立正确的现代人力资源管理的观念，把人才作为企业的核心力量，就会发现人才，开发人才，进而才能有效、合理地利用人才。将员工的发展和企业的发展结合起来，受益的不仅是企业，同时还有员工。员工也会在"以人为本"的理念下，努力工作，提高自身素质，在工作中实现自己的价值。

强化员工的自我管理能力。自我管理是指具有自我意识、自主意识和自由能力的个人，在正确认识自己及其所处环境的基础上，通过合理的自我设计、自我学习、自我调节和自我控制等环节来获得自我实现和全面发展的能动行为。自我管理具有较强的主观能动性，可以开拓视野，实现更高的目标追求。同时自我管理已成为改变员工动机、提高员工生产力、降低员工缺勤率的管理策略，也是一种改善管理的新方向。集宁地区中小餐饮企业可以尝试采用自我管理的方式，让员工亲自参与企业的人力资源管理过程，让员工切身体验管理，感受自己在企业中的价值和作用，在理解工作内容的同时，会自觉有效地配合他人的工作。也就是说，自我管理的核心就是将组织的利益与个人的利益相结合，让员工通过个人的自觉行为，指导个人的工作，从而促进组织绩效的改良，真正推动个人和组织的共同发展。

（9）转变人才培养方式。转变员工的培训方式。员工培训是通过教学或实验等方法促使员工在知识、技术、品德、动机、态度和行为等方面有所改进和提高，保证员工能够按照预期的标准或水平完成所承担或将要承担的工作与任务。从某种意义上说，它是企业人力资本增值的重要途径。对员工进行有针对性的培训可以提高员工的能力，减少人员流动的可能性，提高培训与开发实践的成本效率。集宁地区中小餐饮企业要把培训作为提升企业工作效率最有效的方式。首先，要把培训的计划纳入企业管理的基本工作之一，有针对性地对企业培训目标进行定位。其次，建立和完善培训内容和培训方式，对培训的需求进行前期预测，走访和调查员工，了解他们对培训内容和方式的需要，做好培训前期工作，既减少培训的多余投入，增加了培训的有效投入，又可提高员工培训的效率。最后，建立和完善培训评价体制，对于实施培训的岗位和员工进行整体评估，并与员工的绩效、薪酬、福利相衔接，增强员工参与培训的热情和积极性，提高员工培训的效果。

转变管理者的培训方式。对于管理者的培训应多安排企业管理、市场营销、财务管理等管理学方面的知识培训。鼓励管理者树立终身学习的观念，结合自己岗位特点，学习先进、科学的管理思想，掌握管理的新方法、新知识。同时管理者要从传统的重技能、重知识的培训观念，转化为重创新思维、重新技能、重自我发展的新型培训观念上来。同时，集宁地区中小餐饮企业主也应当积极地吸引和接纳职业经理人，不断地提高自身管理水平，使企业逐渐步入规范化、科学化的管理模式。

注重员工培训开发的实践性。集宁地区中小餐饮企业中具有创新能力员工的短缺是制约该类企业发展的重要内部障碍。这种短缺体现在两个方面：一方面是企业招不到合适的员工；另一方面是企业即使招到了合适的员工，又可能因为对该类员工的重视程度、培训开发投入程度不足和人才培养机制不健全等因素，而导致人才流失。企业要想留住这类员工，需要从他们的需求着手，摸清这些员工对培训的需求，设计合理的培训内容和培训方式，有针对性地进行培训，保证新知识、新技术、新思想的传递能够符合员工自身发展特点的需要。在培训开发的同时做好员工职业生涯规划，让员工看到企业对自身发展的重视程度，愿意为企业发展而努力。企业也要根据员工自身的特点及其职业发展的意向，为员工提供多通道职业发展道路，从而达到员工与企业的共赢。

综上所述，应该在集宁地区中小餐饮企业内部构建一种学习型组织，树立全员参与培训、全员学习的新风气。另外，集宁地区中小餐饮企业在发展过程中，应努力争取政府和高校在培训工作上的支持。政府可以委托一些专业的人员或高校教师对集宁地区中小餐饮企业生产经营过程中遇到的管理和技术方面的难题给予指导，提高中小餐饮企业的发展质量。集宁地区中小餐饮企业也可以将培训工作外包给专业的人力资源管理机构，帮助集宁地区中小餐饮企业建立规范化的培训体系，提高该地区中小餐饮企业整体的生存能力。

参考文献

［1］Adrian Furnham，Liam Forde，Kirsti Ferrari. Personality and Work Motivation［J］. Elsevier Science B. V，1999.

［2］Dong Annthony. The New International Division of Labour in Asian Electronis：Work Organization and Human Resources in Japan and manaysia［J］. Journal of Management Studies，2001，4（5）：675 – 696.

［3］Dunn，J. D.，E. C. Stephens. Management of Personnal：Manpower Management and Organization Behavior［M］. New York：McGraw – Hill Book Co，1972.

［4］Ruyter，K. de，Bloemer，J.. Customer Loyalty in Extended Service Settings［J］. International Journal of Service Industry Management，1999，3（10）：320 – 336.

［5］Stephen，P. Robbins. Essentials entails of Organizational Behavior［M］. Upper Saddle River：Prentice Hall，2003.

［6］胡鑫鑫. 餐饮业连锁经营的现状及其发展策略［J］. 财经界，2007，8.

［7］姜敢闯. 现代企业激励问题研究［D］. 长沙：中南大学博士学位论文，2002.

［8］李燕. 延安市酒店业员工激励机制研究［D］. 延安：延安大学硕士学位论文，2009.

［9］练彩霞. 国内饭店业人力资源管理与开发研究综述［J］. 西南农业大学学报（社会科学版），2011，1（9）.

［10］廖世鹏. 餐饮管理系统软件研究［D］. 成都：电子科技大学硕士学位论文，2009.

［11］刘小丽. 中国酒店业人力资源管理中激励机制的应用研究［D］. 长沙：湖南师范大学硕士学位论文，2008.

［12］刘艳莉. 中小企业员工激励存在的问题及对策研究［J］. 中小企业管理与科技，2011，19.

［13］闵锐. 我国经济型酒店员工激励机制研究［D］. 大庆：大庆石油学

院硕士学位论文，2010.

　　［14］王琳．有效的激励机制是企业发挥人才潜能的重要保障［J］．天津冶金，2006，3.

　　［15］王瑞永，刘丽莎，刘胜男．未来人力资源管理新趋势——员工自我管理［J］．未来与发展，2012，1.

　　［16］王晔．内蒙古地区企业知识型员工满意度研究［D］．呼和浩特：内蒙古大学硕士学位论文，2009.

　　［17］王晔．小微企业人力资源管理的困境及模式选择［J］．中国管理信息化，2014，4.

　　［18］王晔．中小科技型企业知识型员工激励机制优化研究［J］．中国乡镇企业会计，2014，1.

　　［19］王晔．中小企业激励机制存在的问题及对策［J］．中国乡镇企业会计，2013，8.

　　［20］杨开福．论餐饮连锁企业持续发展的几个问题［J］．中国食品，2004，6.

　　［21］张凤刚．淮东大酒店员工培训研究［D］．大连：大连理工大学硕士学位论文，2009.

　　［22］周邦慧，陈发美．充分重视员工的发展需求［J］．南方经济，2004，10.

　　［23］周华．百胜餐饮深圳公司管理人员激励研究［D］．武汉：华中科技大学硕士学位论文，2006.

　　［24］周慧敏．呼市CGX酒店人力资源管理研究［D］．呼和浩特：内蒙古大学硕士学位论文，2011.

呼和浩特地区生物制药行业中小企业创新能力调查研究

课题编号：Y12013
主　持　人：李俊英
参　与　人：李兴旺　李瑞峰　许　建　洪冬星

生物制药行业是一个知识密集、技术密集的高新技术产业，从药品研发、生产到销售，每一个环节无不需要进行科学研究的不断实践和持续创新。一个多世纪以来医药产业的发展史可以说是医药科技创新的发展史，未来医药市场的竞争就是制药企业创新能力的竞争。尤其是生物制药业，在近几十年得到了快速的发展，并呈现着非常积极的发展趋势。2007年国家发展和改革委员会发布了《生物制药业发展"十一五"规划》，规划提出生物制药业将成为我国高技术领域的支柱产业和国民经济的主导产业。

呼和浩特地区生物制药行业起步较晚，最近几年发展速度较快。元和制药、大唐药业、华蒙金河在竞争中不断发展壮大，华药集团、石药集团、中牧集团等相继入驻，目前正在建设的有石药集团万吨青霉素项目和阿莫西林项目、华蒙金河年产两万吨饲料金霉素项目、中牧公司黄霉素预混剂项目、金达威公司维生素B12项目、升华拜克阿维菌素项目等，按照市委、市政府的工作思路，2008年，将生物制药行业确定为呼和浩特地区六大支柱产业之一，成为推进全市国民经济增长的重要力量，2009年医药制造业工业总产值突破100亿元。但是目前呼和浩特地区注册的73家生物制药行业企业，70%以上都是中小型企业，面临很大的生存压力，科技创新之路充满艰难和坎坷；面临着资金短缺、投入科研开发的经费不足以及缺乏人才、信息和技术的支撑，自主创新能力较弱等一系列问题。因此，本研究具有重要的理论探索和实际意义。

一、呼和浩特地区生物制药行业中小企业的发展概况

通过发放问卷调查表、亲赴企业访谈、查阅相关资料等形式，了解呼和浩特地区生物制药行业中小企业的从业人员及企业家情况、产品与工艺创新情况、生物制药企业创新研究开发能力情况、生物制药企业创新能力的产出情况等。

1. 从业人员及企业家情况

呼和浩特市生物制药企业开展创新活动较为活跃。53家企业中开展创新活动的有46家，占86.89%；有从业人员13000多人，平均每个企业有246人；具有本科及以上学历的有2500多人，占从业人员的19.59%。生物制药企业家具有年轻化、学历高等特点。30~44岁的企业家占57.38%，45~59岁的企业家占37.70%；具有大学本科及以上学历人员占75.41%，具有博士学历的占11.48%。

2. 产品与工艺创新的情况

（1）有超过50%的生物制药企业开展了产品与工艺创新活动。2009~2011年，有75%的企业向市场推出了新的或有重大改进的产品，有63%的企业采用了新的或有重大改进的生产工艺。

（2）企业和企业集团是呼和浩特市生物制药企业创新活动的主要研发主体。在产品创新中，由本企业和本企业集团研发的占75%；在工艺创新中，由本企业和本企业集团研发的占84%。

（3）各种模式的创新活动竞相开展。2009~2011年，从产品创新看，有原始创新、集成创新和消化吸收再创新的企业占全部生物制药企业比重分别为34.43%、29.51%和34.43%。从工艺创新看，有原始创新、集成创新和消化吸收再创新的企业占全部生物制药企业比重分别为27.87%、29.51%和26.23%。

3. 生物制药企业创新研究开发能力情况

（1）创新活动的形式。呼和浩特市生物制药企业的创新活动逐渐普及并多样化，呈现出积极活跃的发展势头。2009~2011年，呼和浩特市生物制药企业中内部研发的占85.25%；培训的占73.77%；市场推介的占65.57%；外部研发的占55.74%；获取机器设备和软件的占54.10%。

（2）创新费用支出和来源构成情况。生物制药行业企业科技意识不断提高，科技经费投入不断增加。2006 年呼和浩特市生物制药企业开展创新活动的费用总支出为 1.80 亿元，占产品销售收入的 3.02%，比 2005 年增长 25.67%；研究与开发（R&D）经费内部支出为 1.08 亿元，占销售收入的 1.81%，占创新费用支出的 60.07%；创新费用中企业资金占主要份额，有 55.74% 的企业在其创新费用构成中，企业资金达 70% 以上。

4. 生物制药企业创新的产出能力情况

呼和浩特市生物制药企业在广泛研发新产品的过程中，成果转化能力进一步提高。2006 年，新产品销售收入为 11.84 亿元，占产品销售收入的 19.83%，其中新产品出口为 1.244 亿元，占产品销售收入的 10.51%。在新产品销售收入中，国际市场新产品销售收入为 1.242 亿元，占产品销售收入的 10.50%，国内市场新产品销售收入为 7.88 亿元，占产品销售收入的 66.60%，企业新产品销售收入为 2.71 亿元，占产品销售收入的 22.90%。生物制药企业中，对主营产品拥有自主品牌的企业占 90.16%。其中，申请专利、注册商标、版权登记、形成国家或行业技术标准以及对技术秘密进行内部保护的企业分别占 62.30%、81.97%、22.95%、49.18% 和 75.41%，说明呼和浩特市生物制药企业自主知识产权保护意识明显增强。

二、呼和浩特地区生物制药行业中小企业创新能力评价指标体系的构建与测度

在对国外学者研究成果进行系统分析、评估的基础上，结合呼和浩特地区生物制药行业中小企业创新能力实践以及调研的数据，基于中小企业创新过程，将其创新能力提炼概括为创新资源投入能力、研究开发能力、市场销售能力、创新产出能力、创新管理能力 5 方面。根据这 5 个维度建立创新能力评价指标体系，运用模糊综合评价方法对中小企业创新能力做出测度。

1. 评价指标体系的构建

经过分析后确定了中小企业创新能力的构成要素包括创新资源投入能力、研究开发能力、市场营销能力、创新产出能力以及创新管理能力 5 个方面。下面结合生物制药行业中小企业创新的特点，建立中小企业创新能力评价指标体系（见表 1 - 34）。

表1-34　中小企业创新能力评价指标体系

一级指标	二级指标	二级指标描述
创新资源投入能力（C1）	人力投入	技术专职人员比例（C11）
		技术人员素质—数量强度（C12）
	财力投入	研究开发投入强度（C13）
		非研究开发投入强度（C14）
研究开发能力（C2）	研发效率	产品研发周期（C21）
		产品研发成功率（C22）
	成果	专利拥有数（C23）
		新产品产值率（C24）
	研发团队素质	专业研发人员比例（C25）
市场营销能力（C3）	市场研究能力	开发新产品或对新产品进行重大改进时充分的市场调研（C31）
		设立专人负责市场研究（C32）
		主要用户发展长期联系（C33）
	营销水平	有效的产品推广和促销方式（C34）
		企业品牌知名度和有效管理（C35）
		新产品广告支出比例（C36）
		营销队伍能力（C37）
	销售网络	设立完善有效的销售网络（C38）
		对销售渠道的有效控制和管理（C39）
	售后服务	良好的售后服务质量和技术支持（C3，C10）
		顾客满意度（C3，C11）
创新产出能力（C4）	收益性	新产品销售份额（C41）
		技术贸易指数（C42）
		产品出口份额（C43）
	技术性	技术新颖性（C44）
	竞争性	产品市场占有率（C45）
创新管理能力（C5）	创新战略	管理者的决策水平（C51）
		获取信息能力（C52）
		对创新源的重视程度（C53）
		信息的分析与处理能力（C54）
	创新机制	研发人员的创新成果与其工资收入等的关联度（C55）
		员工对个人事业发展、升迁机会、报酬的满意程度（C56）

一级指标	二级指标	二级指标描述
创新管理能力（C5）	组织协调能力	企业各部门参与创新过程的协作程度合作效率（C57）
		企业与用户、供应商之间的交流合作程度（C58）
		研发部门、生产部门和营销部门之间的交流合作程度（C59）
		企业与外部技术力量的交流合作程度与效率（C5，C10）

2. 指标体系的分析与测度

从已建立的指标体系中我们看出，中小企业创新能力评价指标既有定量指标，又有定性指标。由于定量指标和定性指标的评价标准和评价方式不同，为了便于处理，我们先将上述指标中的定量指标和定性指标分开来进行描述。

三、呼和浩特地区生物制药行业中小企业创新能力的综合评价

在建立了创新能力评价指标体系以后，需要解决的主要问题就是如何综合评价中小企业的创新能力。由于企业创新能力评价指标是一个多层次的综合体系，同时指标体系中的许多因素是难以精确描述的，因此，要解决这个问题，可以采用多级模糊综合评价。

1. 建立递阶层次结构

使用模糊层次综合评价方法进行创新能力评价，首先要根据总目标建立递阶层次结构。我们依据表1-34建立相应的递阶层次结构。

在所建立的指标体系中，市场营销能力和创新管理能力的细分评价指标几乎都是定性指标，而且这些细分指标难以单独区分开来作为一个要素，因而在递阶层次结构里采用它们所共同评价的要素作为处理指标。比如，市场研究能力包括3个细分指标：开发新产品或对新产品进行重大改进时进行充分的市场调查，设立专人负责市场研究或设立专门的市场研究小组，主要用户发展长期联系以随时反馈客户信息，这3个细分指标都是用来评价市场研究能力的，难以拆分开来，所以在递阶层次结构中，就用市场研究能力来作为子准则层的要素。

2. 确定模糊集合

建立了递阶层次结构之后，就需要确定模糊评价指标集和模糊评价评语集。现根据已经建立的递阶层次结构，来确定评价指标集和评价评语集。

（1）确定指标评价集。用 U 表示评价总目标，U_i 表示第一层的第 i 评价目标，根据评价指标体系，可得出指标评价集 $U=(U_1，U_2，U_3，U_4，U_5)$。在此模型中，$U_1=(u_{11}，u_{12}，u_{13}，u_{14})$，$U2=(u_{21}，u_{22}，u_{23}，u_{24}，u_{25})$，$U_3=(u_{31}，u_{32}，u_{33}，u_{34})$，$U_4=(u_{41}，u_{42}，u_{43}，u_{44}，u_{45})$，$U_5=(u_{51}，u_{52}，u_{53})$。

（2）确定指标评语集。要综合评价中小企业的技术创新能力，还要确定评语等级论域 $Y=(Y_1，Y_2，\cdots，Y_m)$，即确定各个指标的评语集。其中 Yi 表示 m 个等级论域中第 i 个等级论域。比如，根据评价目标的性质，可以把等级论域分为优、良、中、一般、差5个部分。这一步骤是其他多指标综合评价方法所没有的，也正是由于这一论域的确定才使得模糊层次综合评价得到了模糊评判向量，而模糊向量可以表示出被评对象对应各评语等级隶属程度的信息，体现评价的模糊特性。

从技术处理来看，一方面评语等级个数通常要大于4而不超过9。因为等级个数过多而超过人的语义区分能力，不易判断对象的等级归属；另一方面等级个数过少又不合乎模糊综合评价的质量要求，所以适中为宜。另外，等级个数最好取奇数，这样处理得到综合评价结果后，便于进一步计算隶属度对比指数。

本文在借鉴有关模糊综合评价理论的基础上，选用优、良、中、一般、差5个等级论域，即 $Y=(Y_1，Y_2，Y_3，Y_4，Y_5)=\{优，良，中，一般，差\}$。根据上面的评分标准，对评语集中的不同等级采用百分比来衡量。

3. 确定评价指标的权重

权重是某一指标在总评价指标体系中所起作用大小和相对重要程度的变量，它代表了该指标对综合评价目标的贡献程度。在模糊层次综合评价中，权重的确定是一个重要步骤，权重值的确定直接影响综合评价的结果，它的变化会引起被评对象评价结果的变动。因而，科学地确定指标的权重在模糊层次综合评价中是举足轻重的。确定权重的方法很多，有强制打分法、熵值法、专家意见法、功效系数法等，本文采用层次分析法（AHP）。

（1）用1~9标度法构造判断矩阵。在确定指标之间的层次结构模型之后，运用层次分析法对每一个层次的指标进行两两比较，判断其优先程度，即要确定某一层次目标 A 中各元素相对重要性，从而构造判断矩阵 $B=(b_{ij})$。

建立两两比较判断矩阵就是按1~9标度法进行相对重要程度赋值。1~9标度法如表 1 – 35 所示。判断矩阵中赋值的依据或来源，可以由决策者直接给出，或由决策者同分析者对话给出，或由专家调查法给定。在本文，我们选择专家调查法来进行。根据 1~9 标度法的原理，请被调查专家对每项指标进行评分，便可得到判断矩阵。

表 1 – 35　Saaty 的 1~9 标度法

量化值	评价规则
1	相对同一目标 A，元素 a_i 与 a_j 同等重要
3	相对同一目标 A，元素 a_i 比 a_j 稍微重要
5	相对同一目标 A，元素 a_i 比 a_j 明显重要
7	相对同一目标 A，元素 a_i 比 a_j 非常重要
9	相对同一目标 A，元素 a_i 比 a_j 极度重要
2、4、6、8	元素 a_i 与 a_j 比较，重要性介于上述两相邻等级之间
倒数	若 a_i 与 a_j 的重要性之比为 r_{ij}（假设为 3），则后者与前者的重要性之比为 r_{ji}（1/3）

通过上述的两两比较，就得到进一步计算必需的判断矩阵。具体地说，假设目标层要素 A 与下一层要素 a_1，a_2，$\cdots$，a_n 有联系，判断矩阵如表 1 – 36 所示。

表 1 – 36　判断矩阵

A	a_1	a_2	$\cdots$	a_n
a_1	b_{11}	b_{12}	$\cdots$	b_{1n}
a_2	b_{21}	b_{22}	$\cdots$	b_{2n}
$\vdots$	$\vdots$	$\vdots$	$\vdots$	$\vdots$
a_n	b_{n1}	b_{n2}	$\cdots$	b_{nn}

b_{ij} 表示要素 a_i 对 a_j 的相对重要性的尺度，称作判断尺度。若 a_i 比 a_j 略微重要，则 $b_{ij} = 3$，$b_{ji} = 1/3$。判断矩阵的性质是：$b_{ij} > 0$；$b_{ji} = 1/b_{ij}$；$b_{ii} = 1$。

判断矩阵元素的值反映了人们对各要素相对重要性的认识。如果所考虑的 A 层一共有 K 个要素，那么 K = 1，2，$\cdots$，K，就应该有 K 个判断矩阵，且须逐一生成。根据已建立的评价指标体系，第二层共有 6 个指标，那么将逐一生成 6 个判断矩阵。

（2）计算单排序矩阵权数。针对单排序的判断矩 B（如表 1 – 36 所示），本文采用和积法计算单排序矩阵的权数 W。

第一步，将判断矩阵 B 的元素按列进行归一化。公式为：

$$\overline{b_{ij}} = \frac{b_{ij}}{\sum\limits_{k=1}^{n} b_{kj}} \ , \ i, \ j = 1, \ 2, \ \cdots, \ n$$

$i, \ j = 1, \ 2, \ \cdots, \ n$

得归一化后的判断矩阵：

$$\overline{B}\cdots = \begin{Bmatrix} \overline{b_{11}} & \overline{b_{12}} & \cdots & \overline{b_{1n}} \\ \overline{b_{21}} & \overline{b_{22}} & \cdots & \overline{b_{2n}} \\ \vdots & \vdots & \vdots & \vdots \\ \overline{b_{n1}} & \overline{b_{n2}} & \cdots & \overline{b_{nn}} \end{Bmatrix}$$

第二步，归一化后的判断矩阵 $\overline{B}$ 按行相加，公式为：

$$W_i = \sum_{k=1}^{n} b_{ik}, i = 1, 2 \cdots, n$$

得向量：

$$\overline{W} \left[\overline{w_1}, \ \overline{w_2}, \ \cdots, \ \overline{w_n} \right]^t$$

第三步，对向量：

$$\overline{W} \left[\overline{w_1}, \ \overline{w_2}, \ \cdots, \ \overline{w_n} \right]^t$$

归一化，公式为：

$$W_i = \frac{w_i}{\sum\limits_{k=1}^{n} \overline{W}k}, i = 1, 2, \cdots, n$$

即得到向量：

$W \left[w_1, \ w_2, \ \cdots, \ w_n \right]$，即为相应要素 A_1，A_2，$\cdots$，A_n 的权重向量。

（3）对判断矩阵进行一致性检验。在填写判断矩阵标度中，如果认为要素 1 比要素 2 重要，要素 2 比要素 3 重要，而要素 3 又比要素 1 重要，则是矛盾的。同样如果填写要素 1 比要素 4 极端重要，与要素 2 同等重要，但又填写要素 2 比要素 4 稍微重要，这显然也是不合理的。为避免这类现象，需要进行一致性的检验。公式如下：

$$CR = \frac{CI}{RI}$$

其中，CR 是判断矩阵的一致性比率，CI 是判断矩阵的一致性指标。

$$CI = \frac{\lambda_{\max} - n}{n - 1}$$

$$BW = \begin{pmatrix} \overline{b_{11}} & \overline{b_{12}} & \cdots & \overline{b_{1n}} \\ \overline{b_{21}} & \overline{b_{22}} & \cdots & \overline{b_{2n}} \\ \vdots & \vdots & \vdots & \vdots \\ \overline{b_{n1}} & \overline{b_{n2}} & \cdots & \overline{b_{nn}} \end{pmatrix} \begin{pmatrix} W_1 \\ W_2 \\ \vdots \\ W_n \end{pmatrix} = \begin{pmatrix} \sum\limits_{k=1}^{n} b1kwk \\ \sum\limits_{k=1}^{n} b2kwk \\ \vdots \\ \sum\limits_{k=1}^{n} bnkwk \end{pmatrix}$$

$$\lambda_{max} = \sum_{i=1}^{n} \frac{(BW)_i}{nw_i} + \frac{(BW)_1}{nw_1} + \frac{(BW)_2}{nw_2} + \cdots + \frac{(BW)_n}{nwn}$$

其中，$(BW)_i$ 是向量 BW 的第 i 个分量，λ_{max} 为判断矩阵 B 的最大特征根。即：

$$\lambda_{max} = \frac{\sum\limits_{k=1}^{n} b1kwk}{nw_1} + \frac{\sum\limits_{k=1}^{n} b2kwk}{nw_2} + \cdots + \frac{\sum\limits_{k=1}^{n} bnkwk}{nw_n}$$

RI 为判断矩阵的平均随机一致性检验。对于 1 ~ 10 阶判断矩阵，RI 值如表 1 - 37 所示。

表 1 - 37　一致性指标 RI 值

阶数	1	2	3	4	5	6	7	8	9	10
RI	0	0	0.58	0.90	1.12	1.24	1.32	1.41	1.45	1.49

当 CR < 0.1 时，即认为判断矩阵具有满意的一致性，说明权数的分配是合理的；若相反，则应对判断矩阵进行修正，以保持一定程度的一致性。

（4）计算权重的综合排序向量。由于不同评估者对中小企业创新能力的理解有差异，仅仅依赖层次分析法是不够准确的。这里有多位专家参与打分，根据不同专家的评分所得的判断矩阵是不同的，为了使结果更加接近现实，本文将根据每位专家给定的判断矩阵，依次计算各个目标层指标的权重向量，然后对所有专家给出的权重向量进行综合处理，计算指标体系中对于各个目标层指标的综合排序向量。我们认为各个专家的评价权重系数是相等的，专家的权重系数是对专家能力水平的一个综合的数量表示，然后采用几何平均综合排序向量的方法对多个判断矩阵进行计算，最后得到权重的综合排序向量。其方法如下：

第一，计算群组权向量的几何平均值。根据 S 位专家给出的判断矩阵 $B_k = (b_{ijk})$，根据上面的步骤求出权向量 W_k [wk_1，wk_2，$\cdots$，wk_n]，并分别进行一致性判断。这里 $k = 1$，2，$\cdots$，n，n 表示某个指标层的指标总数。

然后计算 $W'_{ij} = \sqrt[S]{W_{ij1} \times W_{ij2} \times \cdots \overline{W_{ijs}}}$

W'_{ij} 为 S 位专家对第 i 目标层的第 j 个指标赋予权重的几何平均值。

第二，对几何平均值进行归一化处理。

$$Wj = \frac{W'_j}{\sum\limits_{j=1}^{n} W'_j}$$

其中，$j = 1, 2, \cdots, n$；W_j 为对某一目标层 j 指标的几何平均值进行归一化处理后得到的权重值。最后得到由 W_j 组成的权重的综合排序向量。

第三，计算群组判断的标准差。

对于得到的目标层每个指标的专家群组判断，要进行一致性检验，即计算总体标准差。其标准差计算方法如下：

$$\sigma_j = \sqrt{\frac{1}{(S-1)} (W_{ijk} - W'_j)^2}$$

其中，σ_j 为 j 指标优先权重的总体标准差。当 $\sigma_j < \varepsilon$ 时，我们认为该群组判断是可以接受的，ε 表示某个专家与总体判断结果的离散程度，数值越小，对专家判断一致性要求就越高。ε 取 $[0, 1]$ 之间的数，本文取 $\varepsilon = 0.5$。

本文根据层次分析模型，通过问卷形式和访谈方式，征询有关专家学者、企业管理者的意见，向 11 位专家发放了评价指标权重的调查问卷，咨询了各个级别的各种评价指标的权重。再根据层次分析法确定评价指标权重的程序，对调查问卷表进行数据处理。限于篇幅，本文仅给出指标权重计算的结果而略去了计算过程。对中小企业创新能力评价指标体系的权重计算结果如表 1-38 所示。

表1-38　中小企业创新能力评价指标体系

二级指标	三级指标	权重
创新投入能力 （0.20）	人力投入	0.08
	财力投入	0.12
研究与开发能力 （0.24）	研发效率	0.08
	研发成果	0.06
	团队素质	0.10
市场营销能力 （0.21）	研究能力	0.09
	营销水平	0.04
	营销网络	0.05
	售后服务	0.03

二级指标	三级指标	权重
产出能力 （0.20）	收益性	0.07
	技术性	0.06
	竞争性	0.07
创新管理能力 （0.15）	创新战略	0.05
	创新机制	0.04
	组织协调能力	0.06

4. 评价指标无量纲化处理

在中小企业创新能力评价指标体系中，其指标单位各异，形式不一，不仅不利于计算，而且不能直观地反映问题，故需对其进行无量纲化处理。无量纲化是数据的标准化、规格化，它是通过数学变换来消除原始变量量纲影响的方法。本文采用指标归一化来解决这个问题。在选定样本中，对于指标 C_{ij}，其值为 d_{ij}，样本中不同个体的指标 C_{ij} 的值 d_{ij} 不同，但有一共同之处，即 d_{ij} 一定落在 $\mid d_{ij}^{\min}$，$d_{ij}^{\max} \mid$ 之间，其中 $d_{ij}^{\min}$，$d_{ij}^{\max}$ 是指标 C_{ij} 对于不同个体所得的最大值和最小值，则对于指标：

$$M_{ij} = \frac{d_{ij} - d_{ij}^{\min}}{d_{ij}^{\max} - d_{ij}^{\min}}$$

可见，当 $d_{ij} = d_{ij}^{\min}$ 时，$M_{ij} = 0$；

当 $d_{ij} = d_{ij}^{\max}$ 时，$M_{ij} = 1$；

当 $d_{ij}^{\min} < d_{ij} < d_{ij}^{\max}$ 时，$0 < M_{ij} < 1$。

于是，指标 C_{ij} 的值对应的评分值 M_{ij} 落在（0，1）中，实现了归一化。

5. 确定评判隶属矩阵

由于对中小企业创新能力评价的指标中既包括定性指标又包括定量指标，在这里采用隶属函数来对指标的等级进行评价。

所谓隶属函数法，就是通过数学方法，经过处理后，确定定性评价指标值和定量评价指标值属于优、良、中、一般、差中每个等级的比重是多少的方法。对原始评价指标实际值，进行无量纲化处理后，根据隶属函数，可以确定主观评价指标值和定量评价指标值属于优、良、中、一般、差每个等级的比重，从而得出每个评价指标的隶属度向量。

（1）定性指标隶属函数。定性指标隶属函数是要专家们从若干因素对某一评价指标属于哪个等级做出判断，然后求出该评价指标属于某等级的人数在全部评判人数中的比重作为 r_{ij}，就得到了该评价指标的隶属值向量。其计算公式如下：

$$r_{ij} = \frac{\sum_{k=1}^{n} r_{ijk}}{n}$$

其中，r_{ij} 为企业某个目标层的第 i 项指标属于第 j 等级的隶属度，$j=1$，2，…，n；r_{ijk} 为第 k 位评价者认为企业某个目标层的第 i 项指标属于第 j 等级的评价值；其评价值为 0 或 1；n 为专家人数。

（2）定量指标隶属函数。在前文中已将等级论域分为优、良、中、一般、差5个等级，相应地，各个等级论域用（100～90）、（90～80）、（80～70）、（70～60）、（60～50）等区间来表示。定量评价指标实际值进行无量纲化处理后，可以得到属于某个区间的相应评价值，为了避免出现企业某项指标评价值位于边界边缘，而造成评语相差一个级别的不合理现象，将计算得出的各个指标的评价值，按照隶属函数公式进行模糊化处理，即确定最基层定量指标的隶属度。

$$Rr_{v1} = \begin{cases} 1; & u_i \geqslant 95 \\ (u_i - 85)/10; & 85 \leqslant u_i < 95 \\ 0; & 其他 \end{cases}$$

$$Rr_{v2} = \begin{cases} (95 - u_i)/10; & 85 \leqslant u_i < 95 \\ (u_i - 75)/10; & 75 \leqslant u_i < 85 \\ 0; & 其他 \end{cases}$$

$$Rr_{v3} = \begin{cases} (85 - u_i)/10; & 75 \leqslant u_i < 85 \\ (u_i - 65)/10; & 65 \leqslant u_i < 75 \\ 0; & 其他 \end{cases}$$

$$Rr_{v4} = \begin{cases} (75 - u_i)/10; & 65 \leqslant u_i < 75 \\ (u_i - 55)/10; & 55 \leqslant u_i < 65 \\ 0; & 其他 \end{cases}$$

$$Rr_{v5} = \begin{cases} (65 - u_i)/10; & 55 \leqslant u_i < 65 \\ (u_i - 45)/10; & 54 \leqslant u_i < 55 \\ 0; & 其他 \end{cases}$$

6. 综合评价

根据计算得出的权向量 W，选择合适的合成算子，将 W 与隶属度 R 合成，可以得到模糊层次综合评价结果 Z。

目前，在模糊层次综合评判实践中常见的合成算子有取小取大算子 M（$\wedge$，$\vee$）、乘与取大算子 M（$\bullet$，$\vee$）、取小与有界的算子 M（$\wedge$，$\oplus$）、乘与有界和算子 M（$\bullet$，$\oplus$）4 种。根据有关合成算子理论，乘与有界和算子 M（$\bullet$，$\oplus$）可以保证模糊评判矩阵信息的充分利用，而且保证权向量的性质，具有较大程度的综合性。与其他算子相比而言，是更适用于模糊层次综合评判方法的优化算子。所以，本论文选用 M（$\bullet$，$\oplus$）合成算子。考虑到本文是用层次分析法来确定权重，按照前面确定权重的方法得出的任何某一目标层的权重和都是 1，即 $\sum W = 1$，所以本论文的合成算子就成为普通数学的 M（$\bullet$，$+$）算子。这样，对每一层次目标就可以用 $Z = WR$ 来计算评价结果了。

在进行综合评价之前，首先要进行单项评价。单项评价是对企业的某一特殊方面或某个具体的方面进行详细的评价，也是综合评价之前的一种中间的过渡性评价。只有按层次结构，从操作层开始逐步对上一目标进行单项评价，才能最后得到对企业的综合评价。单项评价只能反映被评价对象的局部的性质，不能全面地反映所评价对象的全部情况。因此，通过对企业技术创新能力的单项评价和综合评价，可全面地了解到企业技术创新能力的总体及局部的情况，根据评价结果可结合企业的具体情况，针对性地对企业技术创新活动中的薄弱环节提出相应的改进措施。

四、呼和浩特地区生物制药行业中小企业创新能力方面存在的问题

改革开放以来，尽管呼和浩特通过技术引进、技术改造、技术开发使中小企业的创新能力有了一定的提高，高新技术企业的规模也不断扩大，竞争力有所增加，但在新产品开发、企业经营管理、产品质量、营销战略等方面与发达地区相比还存在较大差距。就呼和浩特生物制药行业来说，中小企业在自身主体建设和外部宏观环境方面，都存在一定的问题。

1. 资金要素紧缺，创新投入能力不足

技术创新的成果产业化过程，必须经过研究开发、试制和生产销售 3 个阶段，是一项高投入、高风险的活动，企业良好的资金实力、筹资能力、资金运营状况能分散技术创新的风险，直接决定着技术创新的规模、强度，影响着创新决策优化和实现经济效益。呼和浩特大多数中小企业研究开发投入不足的最突出表现为其经费占销售额的比例低，由于规模小，实力较弱，难以在资本市场上获得技术创新各阶段需要的长期资金，只能以企业自我积累、社会集资和民间借贷维持，借入成本较高的短期资金，而不是资金市场或风险投资，资本来源有限，加

大了技术开发的风险。有很多科技企业尽管有很好的高科技项目，但科研设备需要投入大量资金，要为科研高级人才支付高额的工资，由于缺乏资金，又无正常渠道贷款，无法进行进一步的研制和开发，使企业发展停滞不前。

2. 研究开发能力不足，制约了企业创新能力的提高

一是全市有30多个从事药品研发的机构，属不同的部门和企业，既有中科院系统、中国医科院系统所属，也有省属，甚至有市地属乃至地方企业所属，条块分割，科技资源难以优化配置，没有形成一个完整的新药研发体系；二是人才总量偏少，尤其是高层次的技术人才和管理人才匮乏，力量分散，整体实力不足；三是国有研发机构机制不灵，与市场脱节，科研机构新药创新成果数量少、转化率低，一些好的科研成果不能及时转化为产业优势和经济优势；四是科研与产业、企业结合不紧密，缺乏统一目标和规划，各自为政，难以形成强大合力。在53家生物制药企业中，与科研院所开展合作研究的仅有3家，占4.2%，与高等学校开展合作研究的仅有一家，占1.64%。

3. 市场营销能力薄弱导致了市场不协同

从2012~2014年动态发展的角度看，在呼和浩特市制药企业自主创新实现机制系统中，营销能力处于不协同的状态，把握市场能力处于不够协同的状态，营销能力的不协同与把握市场能力的不够协同，导致了市场实现处于不协同的状态。在呼和浩特市制药企业自主创新能力机制循环中，市场实现是重要的环节，它是能力机制能否良性循环的关键。因此，在增强自主创新能力机制中，要强化市场销售和把握市场能力的建设。

4. 政策环境不完善，制约企业创新活动的开展

药品管理体系中对创新的保护不足，自主知识产权药品由于研发投入、知识产权保护等成本较大，与仿制药品同台竞争处于劣势。医疗体制改革的滞后、以药养医的机制等制约了生物制药的发展，尤其使国产生物药品与国外生物药品在竞争环境上有失公平。此外，公共服务平台建设不够完善，创新机制和激励政策力度不强，影响生物制药企业创新活动的开展。在对全市53家生物制药企业调查中，认为优惠扶持政策对企业创新活动发挥了较大作用的企业仅为21家，占34.43%。

5. 创新管理中信息要素缺失，创新来源不足

呼和浩特信息化进程中存在的问题：首先，企业对信息化投入资金的力度不

够。目前，呼和浩特经营情况比较好的科技型中小企业，信息化建设投入仅占销售收入的1%，其他企业还远低于这个水平，由于投入有限，企业在项目建设上难见成效。其次，企业可利用的社会信息资源有限。长期以来政府部门掌握着社会资源中80%有价值的信息以及相关信息库，目前保持动态更新且有效利用的信息库仅占10%左右，其他大部分信息资源都没有充分利用并适时更新，基本上是"死库"。几年来，虽然各部门也建立了一些数据库，但由于缺乏权威机构进行管理、协调与监督，缺少统一的建设目标和发展规划，造成数据交叉采集、指标口径不一致等信息流通"瓶颈"问题。在信息渠道的选择和信息的获取方面，还没有建立起先进完善的沟通、反馈网络，获取信息的渠道单一，信息基础工作、系统建设滞后，电子商务的水平低，而且政府部门之间的信息交流渠道不通畅，共享能力不强，导致信息的使用效率不高，而且所提供的产品、技术、人才方面的信息数据缺乏完整性和准确性，加大了中小企业决策的风险，也影响了企业技术创新的积极性。

五、提高呼和浩特地区生物制药行业中小企业创新能力的对策与建议

综上所述，立足于呼和浩特地区生物制药行业中小企业创新能力的影响因素，结合呼和浩特地区生物制药行业中小企业创新能力方面存在的一系列问题，提出以下对策与建议。

1. 加大研发资金的投入，建立公共研发机构

中小企业要提高对技术创新重要性的认识，牢固树立"创新就发展，守旧就落后"的创新意识和创业精神，大力开发技术含量高、附加值高、市场前景好的新产品。技术创新能力与研究开发能力紧密相关，没有研究开发，企业就谈不上进行技术创新。要鼓励、支持中小企业以多种渠道、多种形式筹集资金，如进行企业股份制改造或引进外资，有能力的科技型中小企业设立自己专门的技术开发中心，配备合适的研究开发人员，投入足够资金进行研究开发，加强财物管理，提高资金的使用效率，及时跟踪企业外部技术变化，保证技术创新具有一定的前瞻性，使技术开发中心成为企业发展的技术支撑源，增强企业与外界进行技术交流与合作的能力。对于资金能力有限的中小企业，可以建立和鼓励发展一批为这些企业提供技术包括技术升级来源的公共研发机构，由政府扶持或资助建立公共研究院或者由相关企业合作建立行业技术研发联盟来解决，支持企业选择符合自身条件的技术创新机制。

2. 培养和引进人才，调动企业科研人才创新的积极性

培养人才要坚持自主培养和对外引进相结合的办法，一方面要优化现有教育资源，扩大高层次、复合型人才培养，通过生物制药企业孵化基地抚育和培养经营管理人才；另一方面要创造良好环境，通过各种优惠政策留住人才、吸引海外高端生物制药人才回来创业。同时，研究单位与企业应尽快建立对员工的激励机制及良好的工作环境，激发科研人员及员工的创造精神，为制药领域生物技术的发展做出贡献。

3. 强化市场销售和把握市场能力的建设

加强各部门人员的协调。沟通协调能力是良好运行的关键，为此，在市场营销工作中要有信息交流与共享的部分。因为工作方式的改变，单位内部组织结构也渐渐多样化、复杂化。面对各部门之间的差异时，市场营销人员要能够利用不同的方式来交流协调。市场营销人员必须擅长和不同的利益主体开展业务，充分实施协调机制与管理，在取得共同的收益的同时，能够不断地熟悉和完善工作方式，达到共同实现提高市场营销效率的目的。

4. 完善政策服务环境，积极引导企业加大创新投入

一是要进一步完善和落实对生物技术制药企业的税收扶持政策，对企业的技术创新费用投入给予财政补助，通过财政投入引导企业加大创新活动的投入力度；二是完善政府性创业投资机构或引导基金的运作模式，推进生物医药投资主体多元化，进一步拓展创新投融资渠道；三是加强企业知识产权保护，药品定价要充分考虑研究开发费用成本，仿制药与自主知识产权药实行差别定价；四是以建设和完善研发公共服务平台为载体，通过政府引导和市场机制并举，提高企业专业技术服务、技术转移服务、成果转化服务的质量和效率。

5. 创新管理中健全技术创新信息网络，以信息化带动工业化

信息化是企业技术创新的资源保证，有效获取经济、技术、市场、人才等方面的信息，能使中小企业以更少的成本、更方便的途径来利用各种社会资源。信息化既是正确决策的基本依据，也是内部组织协调的重要手段。面对日新月异的技术发展以及复杂多变的市场需求，中小企业必须利用有限的资源建立和维持自己特有的核心专长，通过建立"流动性"组织，加快信息在企业传递的速度和时效，以拥有快速、灵活的反应能力和决策能力。

参考文献

［1］William Lurker etc. Employment Shift in High – technology Industries 1988 – 1996［J］. Monthly Labor Review, 1997, 7: 13 – 14.

［2］邓禹. 云南省生物制药行业企业创新能力调查分析［J］. 云南科技管理, 2010, 1.

［3］杜伟. 关于技术创新与制度激励的思考［J］. 同济大学学报（社会科学版）, 2001, 5: 66 – 67.

［4］方四平. 科技型中小企业创新能力的评价研究［J］. 当代经济, 2012, 2.

［5］傅家骥. 技术创新学［M］. 北京: 清华大学出版社, 1997.

［6］高金德. 中小企业与技术创新［J］. 技术经济与管理研究, 2000, 6: 84 – 86.

［7］李琪. 企业技术创新能力评价指标体系及评价模型研究［J］. 科学技术管理, 2004, 8.

［8］吕伟. 企业技术创新与核心竞争力研究［D］. 长春: 长春理工大学硕士学位论文, 2002.

［9］田家林. 中小企业创新问题研究——以江苏省为例［J］. 技术经济与管理研究, 2011, 12.

［10］王瑾. 技术创新促进区域经济增长的机理研究［J］. 经济纵横, 2003, 11: 26 – 27.

［11］王俊霞. 创新能力与中小企业发展［J］. 党政干部学刊, 2012, 7.

［12］王仰东. 我国生物制药产业创业态势分析——基于科技型中小企业技术创新基金数据［J］. 中国基础科学, 2013, 2.

［13］吴永林, 高洪深. 企业技术创新能力的多级综合评价［J］. 数量经济技术经济研究, 2002, 3.

［14］张凤杰. 科技型中小企业创新能力评估指标体系研究［J］. 上海管理科学, 2007, 4.

［15］张俊芬. 新疆中小企业创新能力分析及实证研究［D］. 天津: 天津大学硕士学位论文, 2011.

［16］张敏. 中小生物制药企业服务化发展趋势［J］. 科教导刊, 2013, 10.

［17］左毅. 江西科技型中小企业创新能力评价研究［J］. 东方企业文化, 2013, 9.

第二部分

内蒙古自治区中小企业经营状况调查研究

鄂尔多斯中小企业发展存在的问题及对策研究

课题编号：ZA11022

主 持 人：孔春梅

参 与 人：王佳锐　胡树红　马晓霖　王阳阳

边　涛　张　宁　王爱珍　郭　鹏

一、鄂尔多斯中小企业发展外部环境和内部条件存在的突出问题

1. 金融环境：中小企业融资难

根据 74 家被调研和访谈的企业调查结果显示，从企业融资难度评价角度来看：认为一般的占 23%；认为较容易的占 2.7%；认为非常容易的占 4.1%。可见，中小企业融资和获取资金难的问题仍然是困扰制约中小企业发展与生存的"瓶颈"问题，中小企业自诞生之日起，情况就是如此。虽然经过这些年的发展，鄂尔多斯市初步形成了以银行机构为主渠道，小额贷款公司、信托公司及股权投资类企业为补充，信用担保机构为支持的完整的中小企业融资服务体系，但是仍然存在一些困难。通过调查我们发现，中小企业普遍反映贷款难，贷款手续繁，归还期限短。

2. 公共政策环境：鄂尔多斯政府有关扶持中小企业的政策缺乏吸引力

调查数据显示，对《国务院关于进一步促进中小企业发展的若干意见》了解的有 32 家，占 43%；了解很少和不了解的总共有 42 家，占 57%。对《内蒙古自治区人民政府关于进一步促进中小企业发展的意见》的了解程度，了解的有 26 家，占 35%；了解很少和不了解的总共有 48 家，占 65%。对国家设立的各项扶持中小企业发展的专项资金的了解程度，了解的有 22 家，占 30%；了解很少和不了解的共有 52 家，占 70%。对自治区设立的各项扶持中小企业发展的专项资金的了解程度，了解的有 24 家，占 33%；了解很少和不了解的有 50 家，占 67%。对盟（市）设立的各项扶持中小企业发展的专项资金的了解程度，了解的有 24 家，占 32%；了解很少和不了解的有 50 家，占 68%。

可以看出，有超过 60% 的中小企业对国家和内蒙古自治区的各项政策和扶持资金了解很少甚至不了解，企业对国家出台的各项优惠政策享受到的力度不大。

3. 成本水平逐年升高、盈利减少

生产成本、用工成本上升，是成本上升的最主要表现，而原材料成本大幅度上升是成本水平上升的主要原因。按照供应链成本三大理论比较明确的界定可以将成本按内容分为物料成本、劳动力成本、制造成本、运输成本、设备成本和其他变动成本，几大成本均制约着鄂尔多斯中小企业的发展，特别是劳动力成本和物料成本。劳动力成本较高的原因是内蒙古自治区原本就是一个地广人稀的资源

大省，还处于欠发达状态，区内教育水平相对落后，而物价水平却很高。大量劳动力人才外流，技术型人才也非常匮乏，大量人才需要靠外来引进。这些大大加剧了鄂尔多斯乃至整个内蒙古自治区劳动力成本的大幅度上升。而物料成本上升从一个侧面反映了中小企业技术水平的落后。产业链条短、加工程度低、产品形态初级化仍然是鄂尔多斯市工业经济的基本特征，较低的加工转化水平制约着资源开发的综合效益。随着成本的上升，中小企业的盈利情况也不容乐观。

4. 人力资源方面：人力资源素质不高，人才流失严重

从生产力的 3 要素条件看，目前鄂尔多斯中小企业发展所需的资源、资本等"物"的方面相对富足，技术、设备等生产工具方面也可以通过项目引进加以解决，而最大制约在于"人"的方面，主要表现为高级人才匮乏和产业工人短缺。尽管政府每年投入大量人力、财力、物力加强人才引进、职业教育和技能培训，但人才队伍仍难以满足快速增长的产业需求，目前鄂尔多斯市每年产业工人缺口约 5 万人。

（1）人力资源素质不高。根据调查数据显示，在人员结构方面，被调查企业中企业管理人员的学历近六成是大专，本科以上学历仅占 25%，可见企业高学历的管理人才还是十分匮乏。人才引进与培养是现代企业可持续发展的关键环节。

（2）人才流失严重。通过调研发现，人员流失、营销策划和绩效考核分别以 47.3%、35.1% 和 27% 成为了中小企业最首要的三大问题，其中人员流失情况尤为严重（见图 2-1）。

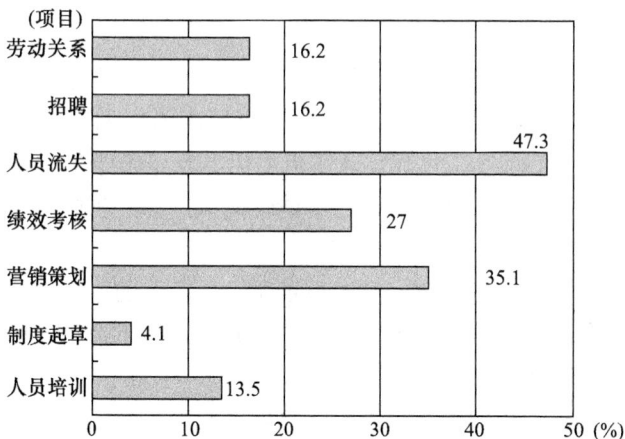

图 2-1　企业管理中面临的重大困难情况

二、鄂尔多斯中小企业发展存在问题的原因分析

1. 融资问题分析

融资难依旧是中小企业最大的问题，由于中小企业自身特征，偿债能力弱、融资规模较小、财务规范性差、缺乏完善的公司治理机制等问题，中小企业抵御风险的能力较弱。目前，针对中小企业融资一般都是通过地下钱庄、私募基金、担保公司、投资公司等来获取企业发展需要的资金，但是这些都不是解决问题的根本办法。

据调查表明，融资难主要体现在：①直接融资方面。中小企业发行股票上市融资有十分严格的限制条件，空间有限，一般中小企业无法利用股票市场筹措资金。②银行贷款方面。中小企业自身经营风险大，信息透明度不高，担保能力弱，商业银行出于这类贷款数额小、笔数多、风险大和成本高的考虑，不愿向中小企业提供贷款。担保难是制约中小企业融资的一个关键问题，银行对此要求过高，中小企业特别是处于创业初期的企业一般不能满足，因此难以得到银行支持。③民间资金方面。由于银行贷款手续烦琐、审批期限较长等原因，造成大部分中小企业更加依赖于民间资金的使用。但民间资金借贷的利率很高，直接增加了中小企业的投资成本和财务成本，挤压了企业的盈利空间，影响了中小企业的生存能力和竞争能力。成本问题占被调查企业的32.4%，排名第二，这在前面的分析中也做出了阐述。

2. 政府政策问题分析

一是企业认为优惠政策缺乏吸引力。认为优惠政策对企业缺乏吸引力的有73家，占总体抽样的99%，占没有享受到优惠原因份额的47%。在实地调查过程中华泰财务经理曾表示，"由于为得到相关优惠政策，企业可能要付出比获得政策收益、利益更多的资源。而且，在申请政策支持的过程中，个别还存在'卡拿要'现象"。

二是政府公共服务缺位。政府对中小企业优惠政策的宣传力度低，透明度不高。一方面是许多优惠政策企业不知道；另一方面是由于部门职能交叉、办事手续复杂，承诺企业的各种政策、事项落实不到位，多项针对中小企业的优惠政策，在实际操作过程中依然存在承诺的多、兑现的少，部门之间互相推诿，事项落实不到位等现象。

三是政府数据信息公开等公共服务平台建设滞后。政府政策的透明度和政府

公开政策信息的工作与中小企业对政策的了解程度有很大的关系。为数不少的企业表示，虽然目前发达的网络科技有助于政府及时地公开政策信息，但是企业真正了解、熟悉的政策还是非常少的，企业并不能较容易地得到政府掌握的统计信息和市场信息。

四是中小企业自身获取公共信息的能力不足。中小企业的信息收集能力相对于大企业较弱，如果政府能更主动地披露政策信息，积极拓展企业获取政策信息的渠道，使可获取的信息内容和获取信息的规则更明确，这对促进政府政策的有效实施和增强中小企业的竞争力，都是很有价值的。

3. 成本问题分析

成本上升最主要表现为生产成本、用工成本的上升。劳动力成本较高的原因是内蒙古自治区原本就是一个地广人稀的资源大省，尚处于欠发达状态，区内教育水平相对落后，而物价水平却很高。大量劳动力人才外流，技术型人才也非常匮乏，大量人才需要靠外来引进。这就大大加剧了鄂尔多斯乃至整个内蒙古自治区劳动力成本的大幅度上升。

而物料成本上升从一个侧面反映了中小企业技术水平的落后。产业链条短、加工程度低、产品形态初级化仍然是鄂尔多斯市工业经济的基本特征。2009年鄂尔多斯市煤炭洗选率仅为41%，就地转化加工率不足20%，大部分煤炭直接外运销售。从整个工业经济不同环节的产值分布看，2009年鄂尔多斯市采矿业产值为1079.51亿元，原材料工业产值为763亿元，制造业产值为48.1亿元，三者比例为1:0.7:0.07，而同期全区和全国水平则分别为1:2:0.4和1:5.5:6.7，鄂尔多斯工业结构的低层次性特点尤为明显。较低的加工转化水平制约着资源开发的综合效益。

4. 人才问题分析

中小企业的人才流失原因是多种多样的，如性别、年龄、薪酬、工作预期、企业文化等，但这些因素概括起来不外乎两类，即内部因素和外部因素，亦即人才流失的内部原因和外部原因。一些中小企业中、高级人才的流失率高达30%，而过高的人才流失率必将给企业带来相当大的负面影响，最终可能影响到企业持续发展的潜力和竞争力，甚至可以使企业最终走向衰亡。据调查分析总结出以下几点原因：

（1）鄂尔多斯当地经济生活特点。人才引进除企业自身原因外，物价导致的企业用工难已成为制约鄂尔多斯市人才引进的重要因素。鄂尔多斯市存在物价高、生活费用高的现象，造成企业就业人员的收支不平衡，这不仅影响企业引进高端管理型、技术型、服务型人才，还造成以上人才的流失。另外，鄂尔多斯市专项培训中小企业管理人员、专业技术工人及基础性服务人员的培训机构很少，现有的职业院校专业设置适应不了企业人才需要，无法满足企业用人需求，导致中小企业大部分采取自主培训和外地招工等方式引进必备人才，增加了人力资源成本。再加上中小企业没有形成科学有效的人才引进、培育和使用机制，也是导致人才匮乏、流失，影响企业健康可持续发展的原因之一。

（2）企业缺乏有效的激励措施。中小企业由于规模较小，资金链较大，企业资金链更容易断裂，并且在财务管理和薪酬评定方面也存在混乱的情况，使员工对企业的认同感下降，工作积极性丧失，导致其想方设法"逃离"该公司。

（3）企业文化匮乏。很多中小企业都没有一个明确的企业文化，更别说公司专门设立战略部门去规划企业文化。即使一些中小企业有企业文化，其企业文化也存在着某些"弊病"，比如，要求员工"以公司为家，为公司竭尽所能地奉献"，但公司却不能带给员工家的温暖，反而让员工感觉自己像一头埋头工作的水牛一样。所以，企业文化对员工的凝聚作用不大。

（4）工作压力大且得不到应有的尊重。中小企业生存和发展的压力往往很大，面对这些压力有些公司的老板经常会克制不住自己的情绪，喜怒无常地呵斥，甚至辱骂自己的员工，导致员工感觉自身价值得不到肯定。在这种工作压力大且得不到应有尊重的情况下，促使员工离职。

（5）难以实现自身价值，企业没有员工的成长快，优秀的员工难以在企业找到实现自己更大价值的位置，这是中小企业人才流失的最主要原因。中小企业是非常锻炼人的地方，因为在这样的企业里面，员工往往一专多能，相对大企业、外资企业而言，员工们会接触到更多的东西。而对一些有悟性、有能力、肯付出的员工来讲，就会在短时间内得到较大的成长。员工成长了，可是部门经理、副总经理的位置，还是被元老或者是某些家族成员占着，没有供他们施展拳脚的舞台，导致员工向其他大企业另谋高就。

三、鄂尔多斯中小企业健康发展的对策建议

为鄂尔多斯市中小企业的生存和发展提供一个良好的外部环境是鄂尔多斯市中小企业能否度过艰难期的必要条件。同时，中小企业自身也要加强内部管理，加大创新力度，提高自身的竞争力。

1. 创新融资财税环境，建立金融与财税扶持体系

（1）创新融资环境，建立鄂尔多斯市中小企业微型金融体系。鄂尔多斯市

中小企业由于先天性的原因，大多数资产规模小，部分中小企业更是产业层次低，经济效益和生产稳定性差，竞争力和风险抵抗力弱，信用等级低，难以获得平等的融资机会。为了保障鄂尔多斯市中小企业健康成长，融资渠道是一个关键点。

1）建立鄂尔多斯市中小企业专属金融机构：小额贷款公司。根据部分国家成立专门向中小企业和自主创业者提供贷款支持的微型金融机构的做法及成功经验，建议在鄂尔多斯成立专门向中小企业和自主创业者提供"微型金融"支持与服务的微型金融机构——小额贷款公司，并以小额贷款公司作为"微型金融"支持与服务体系的支柱和主要实施机构。

2）建立新型资金担保体系。目前，造成鄂尔多斯市中小企业融资难的一个重要原因是资金的担保问题，中小企业由于其规模小、实力弱，有的甚至没有可以抵押的实物或者厂房，所以一般银行都不愿意给其提供贷款。对此，有以下几个方面的建议：

第一，建立多层次信用担保体系，创新担保抵押机制。鄂尔多斯市各级财政要进一步加大对政策性担保公司的注资力度，使之做大做强。鼓励各种经济成分的资本参与担保公司投资，形成多元化、多层次的信用担保体系。全面落实支持鄂尔多斯市中小企业发展的金融政策，进一步完善中小企业金融服务，积极引导银行业金融机构创新体制机制，创新金融产品、服务和贷款抵、质押方式，扩大对中小企业的贷款规模和比例。

第二，建立政府主导的信用担保机构。鄂尔多斯市政府可以以政府为主导，政府、中小企业、担保机构三方共同分担风险，建立信用担保机构：一是建立风险补偿基金；二是完善中小企业信用再担保制度。

（2）完善针对中小企业的税收优惠政策。要加快清理、规范和完善当前的税收政策，建立起明确以鄂尔多斯市中小企业为受惠对象的统一的税收优惠政策。从当前的经济发展态势看，这种税收倾斜要体现以下要求：有利于推动中小企业的技术创新；有利于中小企业做大做强；有利于促进中小企业扩大出口；有利于中小企业增强就业吸纳能力。

（3）加大财政补贴力度。财政补贴应牢牢把握以下原则：合理选择补贴对象，并根据不同时期经济发展的需要，适时调整；补贴的目的是提高中小企业生存竞争和创新能力，严格把握补贴的分寸、形式和环节。在当前，地方财政应予以补贴的是：中小企业新产品、新工艺的研究开发和技术创新；中小企业的技术改造和结构调整；中小企业为节省能耗和物耗以及保持生态平衡、减少环境污染而进行的研究与开发；中小企业信息网络的建设；中小企业人力资源的开发与应用、就业与培训、国际市场开拓；能提高人们生活质量并广开就业渠道的中小企业等。

2. 完善市场法律政务环境，建立法律与政策政务扶持体系

（1）建立良好的法律环境，保障中小企业的合法权益。鄂尔多斯市政府应帮助中小企业熟悉法律、法规和政策，引导企业自觉遵守法律法规，依法诚信经营，照章纳税，切实保障中小企业合法权益，增强知法、守法和用法的能力。

（2）建设支持促进自主创业和中小企业发展的服务型政府。鄂尔多斯市在进一步完善社会主义市场经济体制，加快政府职能的改革，实现由"管理型政府"向"服务型政府"的根本性转变基础上，针对鄂尔多斯市目前在自主创业和中小企业的工商管理和市场管理方面存在的突出问题，我们建议还应采取如下措施：第一，借鉴部分国家的经验，建立鄂尔多斯市政府各个相关部门联合办公的"中小企业服务中心"，以增强对中小企业的服务功能。第二，针对目前存在的突出问题，应采取有力措施予以解决。第三，应加强对造成"乱收费"现象的根本原因的调查和整改力度。

（3）优化政策政务环境，建立政策支持与服务体系。鄂尔多斯市所制定的支持和促进中小企业发展的政策，应当涵盖中小企业发展所涉及的所有领域，即形成政策的一个完整体系。从总体上看，该政策体系主要应当包括：第一，有关支持和促进鄂尔多斯市中小企业发展的基本政策和法律法规。第二，有关支持和促进鄂尔多斯市中小企业发展的金融政策和法律法规。第三，有关建立支持和促进鄂尔多斯市中小企业发展的各项财政专项补助支持基金的政策。第四，有关支持和促进中小企业发展的税收优惠政策。第五，有关支持和促进中小企业发展的工商管理、市场管理的政策和法律法规。

（4）行政审批流程再造，建立网上行政审批系统。依据对发达国家网上审批系统流程再造的经验，我们建议鄂尔多斯市政府建设"一条龙审批系统"，"一条龙审批系统"有人也叫一站式或并联审批系统。通过构建一条龙审批减少申请人递交文件数量、份数、信息共享、减少人工录入次数及申办人来往跑路次数，采取提前通知、提前介入、并行审批等方式，缩短整个审批过程时限。"一条龙审批系统"能明显地提高政府为社会公众服务水平和提高政府的决策管理能力，其作用非常突出。

3. 完善社会化服务环境，建立社会化服务与支持体系

建立健全中小企业社会化服务体系，改善中小企业经营环境，引导其健康发展，充分发挥其在国民经济和社会发展中的重要作用，是扶持促进中小企业发展的关键。就现阶段而言，鄂尔多斯市中小企业对服务体系的需求主要集中在教育

培训、管理咨询、信息网络、行业协会等领域。

（1）提供多样化的教育培训服务。以人才交流中心、职业介绍所等中介机构为主，采取多种形式帮助中小企业引进所需要的各类人才，代理企业档案管理、劳务中介、职称申报等手续；积极开展中小企业人才测评与推荐，联合人才交流中心和职业介绍所等机构，为鄂尔多斯市中小企业选择和聘用生产经营、技术开发、企业管理所需要的各类人才提供帮助。采取官助民办的方式，建立鄂尔多斯市中小企业培训基地，举办各种培训班，研讨会，为中小企业培训经营管理人才和技术专业人才；对中小企业的管理人员和技术人员进行专业培训和辅助培训；充分利用现有的广播、电视、网络教室等手段发展远程教育。

（2）建立完善管理咨询服务。鄂尔多斯市政府引导建立一批为鄂尔多斯市中小企业服务的管理咨询机构，提供咨询、教育、信息、技术、产品开发和市场开发等方面的服务。由服务中心与法律援助中心等法律服务组织建立法律固定协作关系，无偿或低价为中小企业提供各种法律咨询、代理及专项服务等法律援助。

（3）促进中介公司产业化。首先，鄂尔多斯市政府应大力发展民营服务体系，这是促进中小企业中介服务体系产业化的一个重要方面。同时鼓励高校、科研院所、企业及社会团体建立各类服务机构，鼓励一些科研机构向服务性中小企业发展，鼓励专家、工程师举办业余咨询活动等。其次，鄂尔多斯市政府要鼓励目前存在的公共服务机构向企业化方面发展。

（4）培育和发展鄂尔多斯市行业协会。行业协会与政府完全是两类性质的组织，决不简单是在政府机构改革之时，把一些职能让渡给行业协会，成为"二政府"。目前，行业协会的发展面临着许多困难，但最主要的就是由于政策法规不到位，行业协会的社会合法性普遍不足，从而造成生存空间的狭窄。为此，要借助鄂尔多斯市社会各方面的力量，为行业协会发展创造良好的环境。

4. 创新技术文化环境，建立自主创新集群与人才外部支持体系

（1）建立中小企业自主创新集群体系，提升创业创新文化氛围。中小企业自主创新活动是一项系统工程，不仅需要企业（包括中小企业）的参与，还需要高校、科研院所、金融系统等创新资源的供应者，最后还需要鄂尔多斯市政府提供政策、制度及公共平台。鄂尔多斯市通过这种集群合作的方式，不仅可以解决中小企业资金少、没有自己的科研机构的问题，还可以为自主创新产品寻找出路，大大促进了中小企业的发展，同时也有助于促进建立鄂尔多斯市的创新型社会。

（2）建立人才外部支持体系。整合培训资源，改革培训管理体制，建立社会化人才培训公共服务体系。通过政府资助培训、课题招标、购买培训等扶持措施，培植一批信誉好、质量高、针对性强的专业培训机构，形成专业训练网络。加大财政投入力度，优化投入机制，努力寻求中小企业人才供给机制的创新。提高鄂尔多斯市政府人才投入绩效。整合政府人才资金，加大人才开发投入，突出政策重点，提高资金使用绩效，支持人才的引进、培养和激励。

优化人才环境，完善创新型人才的服务保障体系。完善人才政策制定机制。建立社会参与人才政策制定的机制，实行人才开发政策咨询会制度。充分发挥各类社团组织的作用，为人才引进、流动、生活服务等政策的制定提供咨询意见。组建人才中介行业协会，建立人才中介服务和等级评价体系，加强行业自律，规范人才中介活动，提升服务水准和诚信，特别是建立人才社会福利机制来留住人才。

5. 企业组织结构方面：健全管理体制，强化内部控制

鄂尔多斯许多中小企业实行的是家庭式管理，这种管理方式既有优点，也有弊端。所以，家庭式企业发展到一定阶段就需要转变管理方式，引进科学的管理模式（引入合伙人成立合伙企业；吸引外部资本入股，改为股份制企业；聘请外部专业人才参与管理）。中小企业要善于学习这种两权分离的做法，促进企业的发展壮大。健全管理体制，加强内部控制的主要方法有如下几方面：

（1）不相容职务分离，形成有效制衡机制。不相容职务是指由一个人担任可能会发生错误和舞弊行为，又可能掩盖其错误和舞弊行为的职务。在设计、建立内部控制制度时，首先应确定哪些职务和岗位是不相容的。其次要明确规定各个机构的岗位职责权限，使不相容岗位和职务之间相互监督、相互制约，形成有效的制衡机制。

（2）坚持以人为本，做好绩效考评控制。在内部控制中，控制环境是最基本的构成要素，而人又是控制环境中的重要因素。要严把用人关，对重要岗位的人员配备和管理人员的选拔应全面考查德、能、勤、绩的综合素质。应科学设置考核指标体系，对内部各职能部门和全体员工的业绩进行定期考核和客观评价，并将考核结果作为确定员工薪酬以及职务晋升、评优或降级、调岗和辞退的依据。企业各级管理部门和人员必须明确各自的职能和责任，建立责任追究制度，根据各自的情况在年末进行考评、确定绩效。

（3）强化内部审计，借助外部审计力量。鄂尔多斯市中小企业应加强企业内部审计监督职能，建立独立的内部审计机构，而且内部审计机构的组成人员应该由企业最高层直接聘请能力强、思想素质高、敢说真话的员工担任，直接对企业的最高领导层负责，以保持相对的独立性。通过内部审计制度，监督内部控制制度的执行情况，对内部控制制度的各业务环节进行评价，避免内部控制制度形同虚设。有些中小企业可能出于成本考虑没有设立内部审计，但可以借助外部审计的力量，切实发挥审计的功能。

6. 企业内部人力资源方面：以人为本，解决人力资源困境

（1）提升人力资源管理意识。由于鄂尔多斯市很多中小企业对人力资源的轻视，导致大量的人才流失。要解决这一问题，首先要改变管理观念，重视人在管理中的作用。同时，由于人力资源管理水平和决策是由中小企业管理者或所有者制定的，因而，企业管理者应当注重自身素质的提高，对人力资源管理不能停留在旧有观念上，应当保持与时俱进，建立人才是一个企业保有长久生命力的源泉观念。

（2）加强对知识型员工管理。知识型员工具有以下特点：学历高、学习能力强、对工作的忠诚度低、流动意愿强烈、激励方面看重精神奖励。由于鄂尔多斯市中小企业的人员素质普遍不高，所以中小企业中的知识型员工就显得更加重要。因此，针对这些特点和原因，鄂尔多斯市中小企业应当对知识型员工比例高的部门、中层以上领导的员工实行差别化管理。首先，要加强这些员工的工作忠诚度，企业需要应用组织文化来加强其归属感。其次，最重要的是对知识型员工的工作内容进行改善，各尽其能，要善于发现知识型员工的特点和长处，给他们最能够发挥其自身价值的工作岗位。

（3）人力资源管理体制的全面改善。改善人力资源管理体制需要采取以下几方面措施：

1）制定合理的招聘战略。首先，应当拓宽招聘渠道，对于不同性质的员工通过不同的招聘渠道进行招聘。其次，改善人才招聘程序。一方面，企业要做好招聘前的招聘职位需求分析，确定不同层次的员工招聘的条件；另一方面，不同层次和不同岗位的招聘，应当具有不同的招聘程序。

2）转变企业激励制度。首先，构建薪酬与绩效挂钩的管理体系。鄂尔多斯市中小企业人力资源管理的关键点就是建立有效的薪酬与绩效挂钩的管理体系。其次，注重根据不同的员工类型，分别实行不同的激励方式。

3）将员工培训与企业核心竞争力的提升进行关联。首先，应当注意改变其培训内容。由于知识型员工的增加，其一般的技术学习能力较强，而职业忠诚度相对较弱，因而企业应当对企业文化、团队合作能力、职业规划等培训予以加强，以帮助员工进行宏观工作思维的培训。其次，应当注重对员工的压力管理。应当注重聘请专门的专家对其进行压力管理的相关培训，有助于帮助员工创造最优良的工作环境，使其发挥最优秀的工作水平，提升工作效率。

7. 信息方面：紧跟潮流，加强企业内部信息化建设

首先，中小企业的信息化建设，不能仅考虑选择的计算机与网络设备是否是最先进的，而应根据同类型企业的具体需求、管理制度、组织结构、运作方式、行业背景等情况，将信息化建设与提高企业经济效益结合起来使用。其次，从以产品为核心转向以服务为中心，提供包括产品、系统、应用及客户支持的集成方案，切实以客户为导向。最后，简化难度。把从咨询到方案设计和实施服务全过程进行简化，使集成化的繁杂的信息化实施变得简单易用，便于操作。

参考文献

［1］Baysinger B. D. Barriers to Corporate Growth ［J］. D. C. · Health and Company，1981，7 - 8.

［2］Brian Heymans. Leading the Learn Enterprise ［J］. Economic Condition in Italy，2004，2：239 - 264.

［3］Frederick，A. Frost. The Use of Strategic Tools by Small and Medium - sized Enterprises：An Austrialian Study ［J］. Strategic Change，2003，1 - 2.

［4］homas W. Man，Theresa Lau，K. R. Chan. The Ness of Small and Medium Enterprises：A Conceptualization with Focus on Entrepreneurial Competencies ［J］. Journal of Business Venturing，2002，9 - 10.

［5］Innocenzo Cipolletta. Family - based Capitalism and Small Firms in Italy ［J］. Review of Economic condition in Italy，2004，2.

［6］Roz A. Boschma，Jan G. Lambooy. Knowledge，Market Structure，and Economic Coordination：Dynamics of Industrial Districts ［J］. Growth and Change，2002，33：291 - 311.

［7］蔡玮. 关于构建我国中小企业政策性金融机构的研究 ［D］. 成都：西南财经大学硕士学位论文，2006.

［8］曹建军. 美国政府中小企业政策支持考察 ［J］. 中国物价，2000，2.

［9］曾小丰. 湖北省科技型中小企业成长环境研究 ［D］. 武汉：武汉科技大学硕士学位论文，2005.

［10］陈乃醒. 中小企业经营与发展 ［M］. 北京：经济管理出版社，1999.

［11］迟宪良. 中小企业融资困境与对策研究 ［D］. 长春：吉林大学博士学位论文，2007.

［12］仇保兴. 小企业集群研究 ［M］. 上海：复旦大学出版社，1999.

［13］丁德章主编．中小企业经营管理（第1版）［M］．北京：经济管理出版社，1998．

［14］范建，倪晓丽．关于中国高技术中小企业发展问题的思考［J］．煤炭经济研究，1999，8．

［15］傅贤治．日美中小企业的政府管理及其启示［J］．外国经济与管理，1995，9．

［16］高马良．经济转轨期中小企业成长环境与中小企业政策的关系研究：以浙江省为例［D］．杭州：浙江大学硕士学位论文，2005．

［17］工业和信息化部．关于支持引导中小企业信用担保机构加大服务力度缓解中小企业生产经营困难的通知［Z］．北京：工信部正业，2008．

［18］关键，侯赞，土傅强．基于结构方程模型的我国中小企业外部生存环境评价体系研究［J］．科技进步与对策，2009，18．

［19］胡军．美国、德国、日本、中国台湾中小企业政策及其比较研究［J］．暨南学报，1999，5．

［20］黄小花．美日法三国金融支持中小企业的做法及其启示［J］．企业经济，1997，4．

［21］贾平．论我国中小企业的法律保护［J］．河北法学，2008，10：112－116．

［22］李逢春．中小企业社会化服务及评价体系研究［D］．南京：南京师范大学硕士学位论文，2006．

［23］李玉潭．日美欧中小企业理论与政策（第1版）［M］．长春：吉林大学出版社，1992．

［24］林汉川，汪前元．中国中小企业改制模式研究（第1版）［M］．北京：中国财政经济出版社，2001．

［25］林家彬．日本中小企业政策的理念转变及其启示［J］．中国经济快讯周刊，2002，5．

［26］刘勇．中外中小企业政策对比研究［J］．中国软科学，1999，7．

［27］陆立军，盛世豪．科技型中小企业环境与对策［M］．北京：中国经济出版社，2002．

［28］罗红波，戒殿新．欧盟中小企业与中欧合作［M］．北京：中国经济出版社，2001．

［29］迈克尔·波特著．竞争战略［M］．北京：华夏出版社，1997．

［30］彭洲．重庆产业集群的发展研究［D］．重庆：重庆师范大学硕士学位论文，2006．

［31］钱书法，吴松毅，卓岩等．中小企业制度创新与发展新论［M］．沈阳：辽宁人民出版社，2002.

［32］戎殿新，罗红波．中小企业王国——意大利［M］．北京：经济日报出版社，1996.

［33］桑亚龙．政府支持中小企业政策的国际比较［J］．经济，1998，9.

［34］宋志平．中小企业政府支持体系及评估指标研究［D］．南京：南京师范大学硕士学位论文，2006.

［35］万兴亚．中小企业技术创新与政府政策（第1版）［M］．北京：人民出版社，2001.

［36］王娜．积极扶持我国中小企业的发展［D］．大连：辽宁师范大学硕士学位论文，2004.

［37］王秋菊．完善我国中小企业服务体系若干问题的研究［D］．沈阳：辽宁工程技术大学硕士学位论文，2005.

［38］王晓敏．成长型中小企业的运行模式［M］．北京：中国经济出版社，2002.

［39］王豫锋．政府采购促进中小企业发展的现状及政策建议［J］．西部财会，2008，8.

［40］吴敬琏．关于中小企业发展问题［J］．首都经济贸易大学学报，1999，3.

［41］向静，陶然，蒲云．美国中小企业生存环境的八大要素［J］．世界科技研究与发展，2003，66.

［42］肖林霞．意大利扶持中小企业的措施及启示［J］．财会研究，2006，12.

［43］谢作渺，宗诚刚．中小企业生存和发展理论综述［J］．生产力研究，2009，21.

［44］徐彬．中国中小企业生存环境透视［J］．理论月刊，2000，8；55 – 56.

［45］杨稣．基于集群的中小企业外部支持体系研究［D］．西安：西北大学博士学位论文，2005.

［46］杨秀玉．中小企业融资新途径：美国的经验借鉴［J］．中小企业管理与科学，2009，10.

［47］姚利民．构建我国中小企业社会化服务体系的研究［D］．长沙：中南大学硕士学位论文，2001.

［48］叶大兵．论温州民俗对"温州模式"形成和发展的影响［J］．温州师范学院学报，2003，4.

［49］易过庆．中小企业政府管理与政策支持体系研究［M］．北京：企业管理出版社，2001.

［50］于宗先，王金利．台湾中小企业成长［R］．中国台北：台湾中国经济企业研究所，2000.

［51］张朝孝，蒲勇健．中国中小企业的生存环境［J］．商业研究，2002，5：27－29.

［52］张景青，冯进路，黄蕴华．中小企业的处境分析和政策建议［J］．经济问题探索，2003，64.

［53］张学斌．西方国家促进中小企业发展的财税政策及其借鉴［J］．涉外税务，1999，9.

［54］张玉利，任学锋．小企业成长的管理障碍［M］．天津：天津大学出版社，2001.

［55］中国社科院中小企业研究中心课题组．西方七国促进中小企业发展的政策措施［J］．中国工业经济，1998，11.

［56］中国法制出版社．中华人民共和国中小企业促进法［M］．北京：中国法制出版社，2002.

［57］周晖．中小企业发展战略研究（第1版）［M］．北京：中国财政经济出版社，2001.

［58］周直，孙月平，王平，黄南．南京市中小企业服务体系研究［J］．南京社会科学，2003，9.

［59］朱建荣．小企业集群营销原理初探［J］．北京工商大学学报（社会科学版），2003，4.

［60］朱亚男．企业成长研究的理论评述［J］．现代企业教育，2007，14.

［61］Ming－wen Hu．Mang Small Antelopes Make a Dragon［J］．Futures，2003，7－8.

乌海地区中小企业经营状况与经营环境调查

课题编号：ZD12007

主 持 人：于俊秋

参 与 人：何文娟　刘　婧　宣　磊　刘金鹏

朱往立　王　茜

一、乌海地区中小企业经营环境分析

1. 乌海地区中小企业发展的政治与政策环境分析

中小企业普遍具有数量多、规模小的特点，导致部分政府部门对中小企业在社会经济中的作用认识不够，致使很多资金、政策、项目等向大型企业特别是大型国有企业倾斜。甚至中小企业还要承担各式各样的合法的和不合法的税收、各类摊派、种类名目繁多的各种费用，直接影响着中小企业的生存和发展。在政策制定方面，国家的政策仍然偏向于大型公有制企业，中小企业获得的优惠政策较少，政策门槛相对较高。在调研过程中发现，很多企业不知道有关中小企业的各种政策，即使了解政策，也达不到享受政策优惠的资格。自2012年7月以来，乌海市政府相继出台了《乌海市中小微企业发展扶持优惠政策》和《乌海市中小微企业发展扶持具体配套措施》等优惠政策，助力中小企业快速发展。特别是在融资方面，中小企业在银行的贷款政策还不完善，使得中小企业没有充足的资金来源，融资渠道狭窄，只能借用非正规渠道，这直接导致了中小企业因为没有足够及时的周转资金而限制了其发展。

2. 乌海地区中小企业发展的经济环境分析

自2000年开始，乌海市经济整体呈现不断上升的趋势，人均生产总值（GDP）逐年增加。特别是近年来，乌海市坚持科学发展，加快转方式、调结构的步伐，深入实施"经济转型、城市转型、打造自治区西部区域中心城市"的发展战略，推进产业升级延伸，实施产业多元化发展战略，着力壮大产业集群，提升产业层次，全面推进城市转型，全力改善民生，逐步走出了一条资源型城市转型发展的新路。

乌海市工业经济已逐步由"一煤独大"向"多元支撑"转变，重点发展延伸两条产业链：煤焦化和氯碱化工。近几年来，乌海市引进和培育了内蒙古宜化化工、华油焦炉煤气制液化天然气、东药乌海化工、东源科技等一批带动力强、科技含量高的大企业、大项目，形成了"煤—焦—煤焦油—煤化工"、"煤—电—电石—聚氯乙烯—聚氯乙烯深加工产品"、"煤炭—洗选—煤矸石—电力—煤化工"等多个产业链条，工业产品由原煤、焦炭、电石等初级产品向煤焦油、医药中间体等多元深加工延伸。"十一五"以来，乌海市主动承接发达地区优质产业转移，积极培育发展装备制造业、新材料、新能源等产业作为接续替代产业，乌海市还大力发展能够为转型配套服务的生产性、生活性服务业，物流、金融、旅游等服务业发展迅速，第三产业发展取得历史性突破。"十一五"以来，财政用于民生支出年均增长40%以上。2011年，全市用于民生和社会事业的财政支出达到49亿元，占地方财政支出总额的比例高达70%，居民收入显著提高、建设的区绿化覆盖率、教育、医疗卫生等民生和社会事业取得长足发展。良好的经济环境，对乌海地区中小企业的发展产生了积极的影响。[①]

3. 乌海地区中小企业社会文化环境分析

乌海是一座典型的移民城市，是多民族聚居的城市，其社会文化是伴随着煤炭资源和城市的建立而发展起来的，因此，乌海的社会文化具有浓厚的企业文化、移民文化和新兴的城市文化相结合的色彩。经济中占绝对比重的工业、遍布全市的大中小型企业以及从业者一半以上都为企业职工，使得当地的文化构成中，企业文化占有重要的地位。围绕着企业生产、经营管理以及改革开放以来的企业承包、转制、兼并、破产、重组形成的企业文化，内容丰富，影响广泛，特色鲜明，并且逐渐形成不同类型的企业共有的精神：创业、争先、奉献。

4. 乌海中小企业发展的法律环境分析

完善的法律体系是中小企业良好快速发展的保证。一般来说中小企业法律主要包括两个方面：一是关于中小企业竞争方面的法律，包括中小企业的市场准入制度、中小企业的市场竞争制度等；二是关于促进中小企业发展方面的法律，如《中小企业金融支持法》、《中小企业技术促进法》、《中小企业信用担保法》等。

但是中小企业发展的法律环境仍然存在着很多问题：第一，中小企业发展的法律体系还不完备。例如，已经颁布的《中小企业促进法》没有较强的可操作性，没有一般的法律所具有的法律责任和处罚措施。第二，缺乏平等、透明的法律环境。目前，有对中小企业贷款、市场准入等方面的限制，而且对中小企业的法律保护不到位。中小企业在发展过程中，其财产、商业机密和知识产权等合法权益缺乏有效的法律保护。各种摊派、乱收费现象层出不穷。第三，融资法律环境不利于中小企业融资。缺乏有效的信用担保体系，同时对小额贷款公司和民间贷款等方面没有明确的法律保障和支持，这也是导致中小企业融资困难的重要因素。因此，完善金融、财政税收、技术和社会服务的法律环境才能从法律上保障中小企业的健康发展。

---

① 关于乌海地区中小企业数据来自于乌海市中小企业局官方文件《乌海中小企业发展情况》2012年度报告。

5. 乌海地区中小企业发展的地理环境分析

乌海市作为我国西北部地区重要的煤化工基地，同时也是国内硅铁、电石等高载能产品的重要产地。乌海市是连接我国华北和西北的重要枢纽城市，也是呼市—包头—鄂尔多斯金三角经济区的延伸地带，同时还是"宁陕蒙"沿黄经济带的中心城市。地理位置之重要可见一斑。

同时，乌海市蕴藏着丰富的矿产资源，且跨越黄河，拥有丰富的水资源，还分布着世界上少有的珍稀野生植物资源，具有属于国家二级保护的各种珍稀保护植物和30万亩的天然森林资源等。各式各样的独特资源优势，合理的配置条件，为乌海市的经济建设奠定了雄厚的物质基础，也为乌海地区的中小企业提供了强大的原材料市场和发展市场。

二、乌海地区中小企业经营状况调查分析

1. 乌海地区中小企业融资状况调查分析

（1）乌海地区中小企业资金结构来源状况。乌海地区企业融资的途径包括资本市场直接融资、风险投资基金、私募、商业信用及向银行贷款等多种方式。随着经济体制的改革和金融市场的完善，企业的融资渠道已从单一的银行间接融资逐步向多元化发展。但就目前对乌海中小企业而言，融资渠道仍然主要依赖自有资金和银行贷款，渠道单一。

问卷调查显示：①银行贷款在企业外部融资来源中所占的比重达到了58%，且企业规模越大，银行贷款占比越高。②约11%的企业有过内部集资，约8%的企业利用过民间借贷，其中资产规模低于500万元的小企业，职工集资与民间借贷资金占16%。③短期资金40%源于供应商或合资、合作伙伴的商业信用。④企业资本金的主要来源是非正规民间借贷或者内部集资，其中非正规民间借贷所占比例为14%，内部集资所占比例为25%，其他多来自于主要创业者及业主的内部自筹资金。

（2）乌海地区中小企业融资状况。乌海地区中小企业融资状况如下：

1）融资渠道狭窄。乌海市中小企业的发展主要依靠自身内部积累，即中小企业内源融资比重过高，外源融资比重过低。中小企业资金绝大部分来自于内部：主要是企业所有者（合伙人）自有资金和向亲友借贷资金。平均分别占企业资金结构的80.5%和4.20%。而银行、股权融资、商业融资等渠道所得资金分别占资金结构的7.85%、0.72%、2.65%，比重过低。

2）亲友借贷。职工内部集资以及民间借贷等非正规金融在中小企业融资中发挥了重要作用，特别是当企业处于起步阶段，外部融资需求低的情况下，内部非正规融资（包括亲友借贷、职工内部集资以及民间借贷）尤为重要。

3）中小企业普遍缺乏长期稳定的资金来源。中小企业不仅权益资金的来源极为有限，而且很难获得长期债务的支持。中小企业资金结构中流动负债平均占 51.1% ~52.5%，长期负债平均占资金结构的 11.4% ~16.1%，所有者权益平均占资金结构的 36.2% ~39.5%，资金来源有限，且没有稳定的资金，后备来源缺乏。

4）资产规模是决定企业获得银行借贷及长期债务资金的决定性因素。资产规模越大，银行贷款的比重也就越大。中小企业由于资金规模有限，银行贷款比重小。经营年限在 3~5 年的企业银行贷款仅占资金结构的 3.5%，而经营 6~10 年的企业获得银行贷款占资金结构的 6.3%，相当于前者的 2 倍。

5）获得信贷支持少。据统计，私营企业获得银行信贷支持的仅占 10% 左右。乡镇、个体私营、三资企业的短期贷款占银行全部短期贷款的比重仅为 14.4%。据调查，民间投资中银行贷款仅为 20.1%。由于道德风险和逆向选择的存在，银行及其他金融机构给予中小企业的信贷极为有限。

6）自有资金缺乏。非公有制企业从无到有、从小到大、从弱到强，企业发展主要依靠自身积累、内源融资，从而极大地制约了企业的快速发展和做强做大。中小企业的绝大部分资金来自于内部和亲友的借贷，资金来源有限，融资公司债券和外部股权融资不足 1%，极大地限制了中小企业的资金来源和融资的规模。

2. 乌海地区中小企业人力资源状况调查分析

（1）乌海地区中小企业人力资源现状。乌海的中小企业多为化工企业和餐饮住宿等服务业，而化工业主要集中在 3 个开发区内，以乌达园区为例，开发区内中小企业共有从业人员 6340 多人，其中经营管理人员 440 人，占从业人员总数的 7%；中级以上职称专业技术人员为 190 人，占从业人员总数的 3%（数据来源乌海政府报告）。

根据调研结果显示，11.7% 的企业存在招工难的现象，13.3% 的企业存在人才难留的情况，36.8% 的企业面临人才流失的情形，12.3% 的企业甚至存在招聘问题。其中招工难和流动性大现象以住宿、餐饮行业最为严重。在统计的调查问卷中，虽然有 87% 的企业偶尔或者经常进行企业培训，但是仍然有 56.9% 的企业认为其企业领导和管理人员需要培训。调研的企业管理人员中只有 15.4% 的管理人员拥有本科及本科以上学历；53% 的管理人员是大专学历，31.6% 的人员在高中水平以下，人力资源水平偏低成为中小企业普遍存在的现象。同时，部分中小企业在学历或者年龄上降低用工标准，从招聘来看，大多数员工为本地招聘，特别是在住宿、餐饮和物业服务行业内，新员工很多未经培训或者经过简单培训就直接上岗，这必然导致服务质量的下降。

（2）乌海地区中小企业人力资源问题分析。乌海地区中小企业人力资源存在如下问题：

1）人才引进困难。导致乌海市中小企业人才引进困难的主要原因如下：第一，经济落后，待遇偏低，工作生活条件差。第二，企业规模限制，无明确岗位设置。由于中小企业的规模一般不大，较难形成清晰的岗位分工，在各个岗位的工作职责分配上没有严格的工作规定。第三，缺乏合理的薪酬。中小企业对人才需求很高，然而由于缺少系统的薪酬设计规划，也造成人才引进困难。

2）人才的流动性大。乌海地区的中小企业普遍存在着人才流动性大的问题，以化工企业为主的工业园区为例，园区每年有1000多人的人员流动量，以流入流出比1：1.5的比例流动，且流入人才普遍比流出人才专业素质低。园区流出的人才除正常的劳动力流动，绝大部分为学历较高或是技术经验较为丰富的企业专业技术人员以及是在企业内锻炼了一段时间的技术工人。

导致中小企业人才流失的原因有很多，但主要体现在以下几个方面：第一，大企业的人才需求量增加。第二，家族化经营，排斥外来人员。第三，缺乏人力资源开发的观念。由于许多培训不可能在短期内有明显的成效，而在这期间如果受训员工离开企业，还会使企业的培训投资付诸东流。因此绝大部分中小企业从节省开支的角度考虑，都会从现实出发，以减少企业投入为宜。

3）人才亟待培训。调研结果显示，乌海地区中小企业人力资源整体水平一般，大量普通员工需要培训，在统计的调查问卷中，虽然有87%的企业偶尔或者经常进行企业培训，但是仍然有56.9%的企业认为其企业领导和管理人员需要培训。这就说明虽然有的企业进行了相关培训，但是培训的效果并不理想，其管理人员甚至企业负责人所拥有或实际的管理能力并不被员工所认同。

3. 乌海地区中小企业的信息化状况调查分析

（1）乌海地区中小企业信息化现状。乌海地区是工业和信息化部首批确定的8个试验区之一。试验区的中小企业主管部门和信息化主管部门把推动信息化、促进两化融合作为解决制约中小企业发展突出问题的重要途径。

在调研的110家中小企业中，信息化水平普遍偏低，有83.7%的企业无企业网站，59.4%的企业无内部网络，虽然乌海地区的企业信息化建设取得了阶段性成果，但是企业信息化的整体水平不高，发展不平衡，大中小企业信息化建设水平差异明显，中小企业自身的网络化程度较低，更不用说涉及管理信息系统以及在线电子商务活动等领域。

（2）制约乌海地区中小企业信息化建设的原因分析。制约乌海地区中小企业信息化的原因主要有：

1）对信息化的认识程度不够。中小企业大多是以家族式的管理为主，企业管理人员关系较为复杂，企业领导没有建立起信息管理的观念。多数企业仍然停留在原先的经营管理模式中，并且单纯地认为信息化就是计算机应用、网络等，没有充分认识到信息化对企业的促进作用。

2）资金受限，投入不足。在现阶段，中小企业规模较小，抵押资产少，融资渠道少，融资难度大，资金短缺导致中小企业必然要把资金投入到企业生产和经营上去。同时，目前市场上中小企业信息化解决方案太昂贵，超出中小企业承受能力，于是，企业更愿意用有限的资金去实现利益最大化。

3）信息化专业技术人才缺乏。乌海地区大部分中小企业都是劳动密集型企业，对员工的素质要求不高，用人方面往往是以裙带关系为主，就业人员素质低下，使得中小企业难以网罗到信息化专业人才。因此实力规模较小的中小企业更难以引进这类人才。

4. 乌海地区中小企业的管理状况调查分析

在问卷调查的内容中对企业是否有中长期发展规划、管理人员的学历水平、中小企业的职能部门设置状况、企业管理制度、企业管理层和员工的培训状况等方面进行调研。通过对乌海地区 110 家中小企业进行统计分析得到如下结论：

在中小企业管理人员的学历水平方面，管理层员工学历水平大部分是大专学历，约占 53%；其次是本科学历和高中学历相差不多，均为 13.7%；中专学历约占 9.4%、初中及初中以下约占 8.5%，研究生学历管理人员仅占 1.7%。

在对 110 家企业调研中，约占 84% 的企业高层领导对企业有着短期或者中长期的发展规划，但在实地调研中发现，几乎绝大部分员工并不了解本企业的未来发展计划，认为那是企业领导者所考虑的事情，与他们无关。

在管理培训方面，经常进行员工管理培训的中小企业约占 47.5%；偶尔进行管理培训的企业占 38.6%；但仍有 13.9% 的企业从无管理培训。而在对管理人员进行培训的企业中，经常培训的占 49%，偶尔培训的占 38%，从不培训的占 13%。由此可见，企业进行管理培训几乎是员工和管理人员保持同步，在调研中，有 17.3% 的问卷填写人员认为企业领导需要培训，39.6% 的认为管理层需要培训，其他的则是建议企业技术员工需要培训。

在对乌海地区中小企业进行调研的过程中发现，在企业管理中主要存在如下几方面的问题：

（1）家长式的管理成为中小企业管理的主要方式。在调研中我们发现，在乌海地区的中小企业与全国其他地区大部分中小企业出现类似的管理状况，即家长式管理成为中小企业管理的主要模式，中小企业的领导者和拥有者对企业有着绝对的掌控权，其人事、财务以及未来发展规划全部由企业领导者全权负责，这种管理模式无疑对中小企业的健康发展是极为不利的。

（2）员工的积极性普遍不高。在中小企业中，由于家长式的管理状况以及各种裙带关系和小圈子的存在，再加上自身晋升空间狭窄，员工的工作积极性普遍不高，对企业没有归属感，员工并不能团结起来为企业利益做出最大的努力。

（3）管理效率低下，运行成本较高。由于中小企业自身的局限性、管理模式的落后性、员工素质的参差不齐等原因，造成中小企业决策效率低下、任务执行力低下、目标完成度不够等各种低效率现象。管理效率的低下带来的是管理运行成本的提高，企业不能够保质保量地完成企业的产品计划等业务，大量的人力资源不能最大限度地利用。企业运行效率低下，自然造成了较大的企业运行成本，为中小企业发展带来了不利的影响。

三、改善乌海地区中小企业经营环境及经营状况的建议

1. 改善乌海地区中小企业经营环境的建议

（1）把发展中小企业摆在更加重要的位置。促进中小企业发展，必须进一步提高对发展中小企业重要意义的认识，将中小企业发展纳入地区经济社会发展的总体战略，制定科学规划。通过深入调查研究，及时发现和解决中小企业发展中的突出问题，总结和推广先进经验。完善政策体系，加大工作力度，把中央关于中小企业发展的各项政策措施真正落到实处。

（2）继续营造有利于中小企业发展的良好环境。创造出良好的市场环境是中小企业健康发展的基础，可以把转变政府职能作为着力点，逐步优化中小企业生存发展的市场环境。在这方面提出以下几点建议：

1）认真清理市场准入和前置审批的项目。取消由各部门自我处理、自行设置的市场准入和前置审批项目，组织专门力量，认真考察地区市场，结合地区特点，建立公平公正的市场准入制度，消除模糊和歧视条款，简化审批手续，取消不合理收费，加强市场监管。

2）建立有效的中小企业收费维权机制。在全面排查的基础上，按照能免则免、能减则减的原则，继续清理与行政许可相关的行政事业单位收费和中介服务

收费。在总结推广经验的基础上，建立多种涉及中小企业收费维权机制，依法维护业内中小企业的共同权益。

3）合理配置公共资源。按照经济社会综合效益的标准，统筹公共资源配置，在土地供给、城市规划、园区招商、政府采购等方面为中小企业提供公平发展机会。

4）以小型和微型企业为重点加强财税扶持力度。增加对中小企业的财税扶持力度，这不仅使社会效益显著，还可以降低失业，减轻社保负担，也有利于长期税源的培植，增加财政收入。

5）完善政策法律环境，建立专门的服务部门。从实际出发去制定有利于中小企业发展的规章制度和产业指导，建立健全相关法律政策；避免地方无视国家政策法规，制定地方措施，形成地方保护；可以借鉴学习国外发达国家的成功经验，全方位利用税收、财政等手段来鼓励中小企业进行科技创新；建立专门的服务性部门，引导中小企业发展，适当地对中小企业进行减税。自2012年7月以来，乌海市政府相继出台了《乌海市中小微企业发展扶持优惠政策》和《乌海市中小微企业发展扶持具体配套措施》优惠政策，助力中小企业快速发展。

（3）为中小企业创造更加宽松的融资环境。宽松的融资环境包括以下几方面：

1）构建支持中小企业发展的政策协同机制。乌海市实行两级政府支持中小企业的政策联动，统筹支持中小企业的产业政策、金融政策、税收政策、技术服务政策和就业培训政策，实现财政资金和金融资金联动，营造中小企业发展的良好环境。

受宏观经济形势影响，乌海市部分企业出现了经营困难、资金短缺现象，为此，市委、市政府出台了《关于支持企业应对当前工业经济面临困难的初步意见》，要求市商业银行和市盛达担保公司采取政府推荐、盛达担保公司担保、市商业银行贷款的模式，为中小企业解决资金困难问题。

针对乌海市部分企业产品滞销、资金周转困难、给企业发展带来困难这一情况，乌海市工商局积极运用动产抵押登记等行政指导职能，帮助企业破解难题。为了方便企业、个体工商户抵押登记，市工商局明确专人负责此项工作，公布联系电话，并提供预约服务和上门服务。工商人员按照《动产抵押登记办法》规定的范围、内容和程序，严格审查登记资料，对资料完整的及时登记、及时发证；对资料欠缺的，向其详细讲解办理动产抵押登记的流程和需要提供的材料，帮助企业和个体工商户做好办理工作。

由乌海市市政府出资，成立了中小企业信用担保服务中心。该公司专门为中小企业的发展提供融资服务。担保服务中心已与银行、税务、工商等部门签订合作协议，开始为全市各中小企业提供快捷、高效的贷款担保服务，并给予信息咨询、技术支持、人才培训等方面的扶持政策。

2）加快地方性商业银行发展。乌海市各金融部门在2013年以来对中小企业的信贷政策有所放松，具体表现在：针对不同的中小企业研究不同的信贷支持方式。对有市场、有效益、有信用的中小企业给予积极的信贷支持；对经贷款审查、评估后，确认资信良好、偿还贷款能力强的中小企业，尤其是对已经评定为优质客户的中小企业，发放信用贷款。合理确定中小企业贷款期限和额度，根据中小企业的不同生产周期、市场特征及资金需求，合理确定贷款期限。从中小企业的实际出发，适应中小企业贷款额度小、频率高的特点，尽量满足其合理流动资金的贷款需求。建立和完善中小企业担保体系，为扩大对中小企业贷款创造良好的外部环境，在已建立的中小企业担保基金的基础上，积极探索建立多种形式、多层次的中小企业担保体系。坚持市场化运作方向，发挥政府资金的引导作用，在进一步加大市、区两级担保专项资金投入的同时，采取多种形式吸纳社会资金，做大做强担保机构。对经担保机构承诺担保的中小企业贷款，金融机构适当简化审贷手续，贷款利率少上浮或不上浮。

在政府主导下，由人民银行推动、银行业金融机构在全市启动了A级中小信用企业培植工作。培植对象为满足一定条件但还未达到银行信贷准入标准或已获一定额度但信用等级相对偏低的中小企业。培植的目的旨在通过信用培植提升企业的信用程度，使之跨过信贷准入门槛或增加其银行授信额度，有效缓解中小企业融资的制度性困境。

3）加快发展小额贷款公司。内蒙古自治区是全国首批5个小额贷款公司试点省区之一。经内蒙古自治区及乌海市有关部门批准，乌海市桃源小额贷款公司正式成立并开始办理各项业务，这是乌海市工商联总商会第一家挂牌营业的民营小额贷款公司。小额贷款公司是为了解决当前存在的"三农"、中小企业以及个体工商户融资难应运而生的，具有抵押灵活、手续简便、放款时间短等特点。据了解，中小企业、个体工商户及农区居民由于无法提供抵押担保，不具备在国有银行取得贷款的条件，无法得到资金方面的扶持。小额贷款公司的成立有效填补了这一空白，成为当前中小企业应对金融危机影响、破解融资难题、化解发展风险的一条新途径，也是充分利用社会资本促进经济发展的一次有益尝试。

（4）大力建设中小企业服务体系。充分发挥市场机制和政府引导的双重作用，进一步明确如何完善中小企业服务体系。把专业化、市场化、社会化作为工作方向，把促进中小企业参与产业配套和集群式发展作为核心工作，把完善机制和培育主题作为工作重点，加快构建以中小企业服务机构为引导，努力拓展服务领域、创新服务模式、提高服务质量、优化服务格局，向以建成多样化、多元化、多层次的专业服务机构以及社会服务主体为支撑的中小企业服务体系看齐，目的是形成"中介服务企业、政府扶持中介"的优良的运行机制，从而更好地为中小企业提供高质量的服务，带动中小企业得到更好更快的发展。同时加大对中小企业的技术培训力度，为中小企业提供技术和管理培训以及技术咨询服务；发挥企业间组织和行业协会作用，鼓励企业联合创新，帮助中小企业加快技术改造步伐。

为促进中小企业的健康发展，在加大支持力度和搞好服务的同时，还需要加强对中小企业的规范、引导，需要中小企业努力提高自身素质，积极承担社会责任，加强和改善内部管理，依法开展经营，不断提高生存发展能力和市场竞争力。

2. 改善乌海地区中小企业经营状况的建议

（1）中小企业应积极改善自身的融资环境。中小企业应不断加强内部管理，提高自身经营管理和财务管理水平，加强金融知识的学习，才能充分利用现有金融工具，更好地使用现有资金，提高资金的使用效率，提供合理、全面、准确的企业财务报告和财务分析，合理评估项目。同时，提高中小企业自我生存发展的能力，使银行的信贷支持和金融服务在促进中小企业发展方面发挥更加积极的作用。

随着我国金融机构专业化程度的不断加深，专门服务于中小企业的金融机构必将应运而生。中小企业间也可建立互助金融组织，加强共同发展和风险共担的能力，并为建立专门的中小企业金融机构打下良好的基础。

建立区域性的中小企业贷款担保体系，改善社会信用环境。可以借鉴美国信用担保计划模式，中小企业贷款的 80% 由信用担保机构提供担保，剩下 20% 的风险由商业银行来承担，这样可以激励商业银行向中小企业贷款，在某种程度上可以规避道德风险。目前，特别重要的是应尽快在进一步鼓励银行开展中小企业信贷工作的基础上，建立和完善我国中小企业的信贷担保机制。

（2）实施人才战略，培养中小企业极其需要的人才。人才战略的实施包括以下几方面：

1）建立和完善"柔性"人才引进机制。建立和完善"户口不迁、关系不转、双向选择、合同约束、自由流动"的"柔性"人才引进机制，鼓励海内外人才通过开展项目合作、短期兼职、教授讲学、学术休假、顾问咨询、科研攻关等灵活多样的形式引进人才，既可正式调入长期工作，也可采取聘用或技术入股、技术承包，聘请专家进行讲学咨询、成果转让等多种形式短期合作。

2）建立完善的员工保障制度。对引进的高技能人才和一般熟练掌握专业技术的工人，应在户口安置、子女就学等方面给予一定待遇政策，同时加快建立并完善高技能人才的养老、医疗等各项社会保险，鼓励企业为高技能人才建立企业年金和补充医疗保险，提高技能人才和专业技术工人的社会保障水平。

3）树立正确的人才观。全面的人才观可以克服狭隘人才观的弊端，使企业全面分析人力资源方面所面临的问题和机遇，从制度上建立起完整的人才体系，有针对性地招揽切实需要的适用人才。

（3）创造和谐的企业内部环境。和谐的企业内部环境主要有：①树立"以人为本"的企业文化精神。②建立积极、和谐的人际关系。③建立有效的绩效考核机制和激励措施。④转变管理思想和观念。要重视"人力资本"的投资，人才资源不仅是企业需要的生产要素还是最稀缺的资源，企业不仅要注重人才要素投入的效率，同时还应该重视这一特殊资产的保值增值效应。企业对人员培训开发的重视程度已经成为企业吸引人才的重要因素之一，因此，企业应该改变以前只重视对物力资本投资的旧观念，建立合理的人力资源开发系统。重视对人才资本的追加投资和对人才的开发，建立一系列企业的培训开发系统，把开发关键人才和培养后备人才作为企业人力资源管理的重中之重。

（4）打造中小企业品牌，并适当进行投保和相应的专利申请。中小企业应当利用乌海这一良好的区位优势，抓住时机，注重产品的差异性、质量和技术含量，并且经过选择可以进行适当的投保，申请专利保护产品知识产权。要想在国内市场上取得一定地位，中小企业必须要实施一定的品牌战略，实施品牌战略的前提就是要有可靠的产品质量保证，就是要争取获得各种国内品质认证。为了使产品的质量得以保证，中小企业需要及时更换淘汰老化的生产设备；为了企业的品牌声誉，中小企业不仅需要加强管理本身的产品质量，还需要投保产品责任险；为了维护企业本身的利益，中小企业也应该重视自己的产品专利。中小企业需要积极开拓市场，进一步发现本国大型公司和发达国家跨国公司不屑一顾的市场缝隙，使得自有产品具有较高的独特性和专业性，确保避免产品结构雷同，重视产品差异化，从而满足市场的多样化需求。

（5）加快信息化建设，建立信息化服务平台。中小型企业要认识到在经营过程中合作的重要性，通过联合构建网络优势，互通信息，以降低交易成本，扩大市场份额并通过网络成员之间较为固定的关系减少环境的不确定性来降低国际化经营的风险。简言之，就是中小企业为谋求自身的发展，联合起来进行信息的资源共享。企业方面要不断加强内修。推进中小企业信息化建设的关键还在于企业本身。首先，企业应从思想和观点上充分认识到进行信息化建设的必要性，并根据企业自身的情况和特点进行信息化建设。其次，中小企业应更新管理理念，增强企业信息化认识。家族式的管理会导致很强的个人决策倾向，缺乏科学管理理念，随意性很大，因此，信息化建设必须要求企业管理规范化，强化企业的基础工作，同时培养自己的信息化人才，保证本企业信息化建设的顺利进行。并充分利用信息化带来的益处，建立信息化服务市场，利用信息化服务加强与供应商和销售商的联系，发挥信息化优势。

（6）积极引进和研发先进的技术设备，对产品进行优化升级。调查问卷显示，乌海地区中小企业依然以传统的高耗能、循环简单的资源粗加工型、劳动密集型产业为主，技术水平落后。因此，技术设备的引进是中小企业进行产业升级延伸，壮大产业集群，提升产业层次的必然选择。中小企业只有增加创新预算，引入新技术、新设备，才能提高生产效率，降低生产成本，对产品深加工、精加工，提高产品的质量和附加值。同时，技术设备的提高能够实现产品的多元化，完善企业后续产品的推出，以最快的速度满足市场需求、调整产品结构、拓展发展空间，从而使中小企业从"高成本、低价格、低利润"的竞争模式转变为"低成本，高价格、高利润"的模式来应对残酷的市场竞争。

（7）不断提高中小企业的管理水平。提高管理水平有如下几点：

1）根据流程运作的需要，优化组织结构。建立科学、高效的流程，建立适合流程运作的组织才能使组织的功能得到有效的发挥。家长式的管理并不利于企业的长远发展，并且常见的部门壁垒，相互扯皮等现象存在，一方面是观念和文化问题；另一方面是在组织设置、职能权限界定和界面管理方面采用了落后的模式。要解决这些普遍存在的问题，就须建立新的组织观念，建立新型的组织。扁平化组织、矩阵化组织等，都是与流程优化相匹配的组织形式。

2）整理并优化企业的运作流程。流程对企业的运作和管理将会产生根本性的影响，能够有效地提高企业管理效率，并能够同时减少企业运行成本。虽然每一个企业都在经营过程中自觉和不自觉地建立了一些流程，或者自然形成了一定的运作习惯，但是，由于未能系统地、深入地研究流程，致使低效流程、断口流程、部门流程等现象普遍存在，严重影响了企业的运作效率和效果。因此，系统地、深入地整合并优化流程，可使企业的运作基础得到较大的改善。

3）建立有效的绩效管理体系。"大锅饭"不仅在国营企业有，在一些中小型的民营企业也比较严重。一些中小企业过去采用家长式的管理手段，原始的激励方法在逐步失去作用。为此，中小企业在流程和组织优化的基础上，必须建立科学的绩效管理体系。进行岗位分析，确定绩效指标体系，建立绩效资讯反馈系统，进行科学的绩效考核，推动绩效改进管理等都是绩效管理必须认真做好的事项。

4）企业文化建设。多数中小企业都有不重视企业文化的情况，有些中小企业的管理者认为，企业文化是大企业的事。其实，企业文化是每个企业都不能回避的一个管理问题。依靠制度可解决一些管理问题，但不能解决全部问题。人们的观念、价值观往往决定着人们的行动。一个企业如果处在错误观念的笼罩下，将会使正确的行动寸步难行。所以，不重视企业文化的建设，可能会给企业带来长远的、根本性的伤害。

参考文献

［1］段军山．广东省典当业发展存在的问题及对策建议［J］．海南金融，2010，2.

［2］傅晓军．我国中小企业国际化经营中存在的问题及对策分析［J］．企业导报，2009，10.

［3］郭韬，史竹青．创新型企业研究综述［J］．科技进步与对策，2011，19.

［4］国务院发展研究中心课题组．促进中小企业发展的国际经验值得借鉴［J］．探索前沿，2012，1.

［5］黄大明．声誉激励，经营环境恶化与中小企业融资［J］．中国证券期货，2012，1.

［6］黄蕾．2012电工行业中小企业经营状况可望探底回升［J］．专家面对面，2012，34.

［7］黄微，李娟娟．关于中小企业融资问题研究综述［J］．商场现代化，2013，3.

［8］黄宇峰．我国中小型企业结构性困境及对策研究［M］．成都：西南财经大学出版社，2010.

［9］焦方太．日本中小企业支持政策及启示［J］．广东外语外贸大学学报，2009，1.

［10］金鑫．2012年春季南通家纺企业经营状况调查［J］．江苏纺织，2012，4.

［11］李善同，刘勇．德国中小企业基本情况及扶持政策［J］．科学决策，2006，9.

［12］李玮．日本中小企业政策法律支持体系的特点及借鉴［J］．亚太经济，2007，5.

［13］刘冲宇．当前我国中小企业经营战略管理问题浅谈［J］．内蒙古科技与经济，2012，5.

［14］马山水．对艰难环境下宁波民营企业经营状况透析［J］．宁波大学学

报（人文科学版），2012，3.

　　［15］平钟伟．蓬勃发展的德国中小企业［J］．科学与管理，2002，3.

　　［16］施继元，褚华．国外中小企业关系式贷款研究综述［J］．特区经济，2006，11.

　　［17］石建中，王娟．日本中小企业规模发展模式演变及启示［J］．中国海洋大学学报（社会科学版），2009，3.

　　［18］宋小萍．对中小企业融资难问题的探究［J］．财会研究，2010，3.

　　［19］王茜．乌海市中小企业融资状况研究［J］．现代营销，2013，8.

　　［20］魏彬．我国中小企业发展现状与战略转型［J］．中国市场，2013，10.

　　［21］徐策．中小企业脱困路在何方［J］．中国中小企业，2011，7.

　　［22］颜云云．企业战略性危机管理能力研究［D］．乌鲁木齐：新疆大学硕士学位论文，2007.

　　［23］杨爱民，谈心，邱学云．小企业的界定及其划分标准研究［J］．楚雄师范学院学报，2009，24.

　　［24］姚洁，杨淑艳，王来玉．美国中小企业发展的历史和现状分析［J］．商业时代，2010，2.

　　［25］姚茜，王维才．典当业国内研究综述［J］．中国管理信息化，2013，7.

　　［26］袁红林．小企业成长研究［M］．北京：中国财政经济出版社，2005.

　　［27］张合振，任瑞全．关于我国中小企业经营管理问题的探索［J］．企业导报，2012，22.

　　［28］张文斌，童迪．商业可持续的微型企业信贷实践——以台州银行的"小本贷款为例"［J］．中国市场，2011，3.

　　［29］张鑫．调结构对中小企业举足轻重［J］．现代审计与经济，2010，4.

　　［30］张玉华，杨志刚．阿克苏市中小企业发展现状研究［J］．中国—东盟博览，2013，2.

　　［31］周好文，李辉．中小企业的关系型融资：实证研究及理论释义［J］．南开管理评论，2005，1.

　　［32］朱往立．经营环境因素影响下的中小企业发展战略规划［J］．现代营销，2013，7.

内蒙古自治区微型企业的发展状况及扶持政策调查研究

课题编号：ZJD10007

主 持 人：王佳锐

参 与 人：孔春梅　齐永兴　乔永峰　王　晔

　　　　　杨艳艳　王景峰　原艳茹　王阳阳

一、内蒙古自治区微型企业的发展现状及存在的主要问题

1. 内蒙古自治区微型企业的发展现状

（1）内蒙古自治区微型企业的发展情况。截至目前政府官方的统计数据中还没有微型企业的统计数据，这对总体掌控内蒙古自治区微型企业的大体概况带来了一些难度。数据显示个体工商户属于微型企业，多数私营企业也属于微型企业，所以，本文尝试用私营企业和个体工商户的数据来分析微型企业在内蒙古自治区的发展状况。微型企业的数量用私营企业的数据来估计，也许会使其数量过大。这是由于部分私营企业已经形成了一定的规模，但毕竟是少数。

到 2010 年微型企业在内蒙古自治区有 86.77 万户，从业人员为 258.9 万人，其中，私营企业已发展到 11.34 万户，从业人员 121.5 万人，个体工商户发展到 75.43 万户，从业人员 137.4 万人。2010 年微型企业的户数和从业人员数量比 2004 年增加近两倍，特别是私营企业的个数比 2004 年增加近 3 倍。尤其是 2008～2010 年，微型企业的个数年增均超过 6 万多户，2009 年年增达 11 万多户；从业人员数量年增均超过 24 万人，2008 年从业人员数量年增达 31 万人，扩大的趋势明显。而且，到 2011 年 8 月，个体工商户在内蒙古自治区发展到 82.8 万户，从业人员达 149.4 万人；私营企业为 12.8 万多户，从业人员达 133.8 万多人，注册资本为 6570 多亿元，内蒙古自治区经济社会发展的重要推动力量已经被个体私营经济占有。这是由于各级政府对中小企业的积极扶持，使得微型企业得到迅速发展，从 2010 年以来，内蒙古自治区工商局实施了 42 条措施去扶持全区中小企业服务业、发展个体私营经济。并且，一些专业科技人员、下岗人员、外来劳动力等越来越多的社会劳动者更加积极投身于个人创业的潮流中去。

2011 年，内蒙古自治区 2.5 万户工业中小微企业完成了工业总产值 16171.58 亿元，而且就 4161 户规模以上中小工业企业完成的工业总产值就达 1370 亿元，占全部规模以上工业企业总产值的 76%，同比增长 39.5%。全区工商注册的 98.4 万户中小企业和个体工商户，创造了全区 60% 以上的生产总值（GDP）、50% 以上的税收，最重要的是，小微企业为内蒙古自治区提供了 75% 以上的就业岗位和 90% 以上的新增就业岗位。中国人民银行呼和浩特中心支行金融研究处处长师立强认为，中小微企业已成为内蒙古自治区富民强区的重要保障。

（2）内蒙古自治区微型企业的行业结构。微型企业分布在第一、第二、第三产业，其中第三产业分布最多。在 2010 年，批发零售业占微型企业的

64.49%，住宿和餐饮业、租赁、居民服务和其他服务业占微型企业的14.08%，微型企业中5.71%集中在制造业；集中在批发零售业、住宿和餐饮业、居民服务业等的个体工商户更多；而在批发零售业、餐饮业、居民服务业、制造业中私营企业分布较多。私营企业在行业分布上变化较大：2004年，在制造业中有19.58%是私营企业，随着第三产业中私营企业不断进入，到2010年，制造业企业的比重是12.70%，对比来看下降明显。

2. 内蒙古自治区微型企业存在的主要问题

2011～2013年，本课题组在内蒙古自治区范围内，分别对一些具有典型代表区域的微型企业进行问卷和访谈调查。共涉及全区中部、东部、西部125家微型企业，42名曾经创业但已经失败的微型企业主。从总体上看，内蒙古自治区微型企业发展过程中存在的主要问题包括如下几个方面：

（1）我国迄今仍未将微型企业正式纳入国民经济统计范畴。综观当今世界各国，许多国家都已经将微型企业纳入了国民经济的统计范畴来进行分析和研究，并采取了许多措施以支持和促进微型企业的发展。但在我国政府的正式统计口径中，至今还没有关于微型企业的统计数据。本文认为，应当改革我国现行的关于企业规模的统计标准和口径：其一，将个体工商户正式纳入企业的范畴来进行统计；其二，在关于企业规模的统计标准中增加微型企业的类别。

（2）内蒙古自治区微型企业存在较大的地区和城乡发展不平衡。发展不平衡主要表现在以下几方面：

1）内蒙古自治区微型企业存在金融服务的不平衡现象。由于内蒙古自治区区域经济发展不平衡，呼、包、鄂三市集中了全区大部分的金融机构与金融资源，其他盟市却很少。由于金融资源分布的不平衡，小微企业从外部寻求服务资源存在着明显差异，而这种差异又会放大区域经济发展的不平衡，在如此往复发展中，使得各盟市小微企业在获得金融服务的质量上存在不平衡。

2）内蒙古自治区微型企业存在城乡发展不平衡问题。从前面的分析可以看到，内蒙古自治区微型企业的发展不仅存在地区不平衡问题，同时，从城乡发展来看，也存在不平衡现象。如果从平均每千人口拥有的微型企业数看，内蒙古自治区城乡微型企业发展不平衡的问题表现更为明显，农村的小微企业发展明显处于劣势水平。

（3）内蒙古自治区微型企业"融资难"问题十分突出。当前，内蒙古自治区中小微企业体系中，小微企业占到了97%以上。这就决定了内蒙古自治区小微企业存在着规模微小、实力较弱的特性。

金融机构对于微型企业的贷款支持力度是相当低的。这表现为：第一，从微型企业创办时的资金来源看，通过银行贷款获得资金的仅占调查对象的4.44%，通过向信用社贷款获得资金的占10.56%，二者合计也仅占15%。由此可见，银行一般是不会给微型企业发放贷款的。第二，由于通过银行等金融机构获得贷款对于微型企业创业和维持正常经营的极端重要性，许多微型企业主都希望政府能在这方面给予他们大力的政策支持。

（4）内蒙古自治区尚未形成支持自主创业和促进微型企业发展的社会化支持与服务体系。所谓促进自主创业和促进微型企业发展的社会化支持与服务体系，是指向自主创业者以及微型企业发展提供包括教育培训、辅导、市场拓展、社团互助、中介服务以及网络信息交流与沟通等方面服务的社会化体系。

从总体上看，内蒙古自治区在支持自主创业和微型企业的发展所必需的社会化支持与服务体系建设方面，还存在着许多问题需要解决。

1）教育与辅导咨询方面。如前所述，成功的自主创业活动实际上是一项系统工程，通过系统的培训来获取创业所必需的各个方面的知识和技能，这仅是成功创业的基础性条件之一。内蒙古自治区在这方面存在的主要问题是：第一，从各级地方政府看。各级地方政府对自主创业往往是"管理"多而提供的有效"服务"少，基本上没有建立起为创业者和微型企业提供上述服务的机构。第二，从社会服务机构看，除少数地区的个别金融机构在向小企业提供小额贷款服务的同时附带提供部分创业方面的服务外，目前基本上不存在这种专门向创业者提供辅导和咨询的服务机构。

2）信息网络建设方面。从内蒙古自治区目前的情况来看，在信息网络建设方面存在的主要问题是：第一，营利性网站偏多，且消息偏少或者不准确。第二，创业者和微型企业所发布的各种信息中，主要是为进行市场拓展，有着十分浓厚的"行业"特征，弱化了信息的交流和沟通的功能。

所以，创建为支持创业和微型企业的发展所必需的、可以向微型企业和创业者及时提供各种有用信息的发布和获取，而且可以开展多向和双向交流与沟通的、权威并且可靠的信息网络平台是社会化服务体系建设的一个重要内容，并由各级政府有关部门出面。

（5）内蒙古自治区微型企业发展中自身存在的主要问题。微型企业发展中自身存在的问题主要有以下几方面：

1）内蒙古自治区微型企业创业项目缺乏可行性分析。微型企业在创立之初，创业项目的选择往往建立在自己偶然发现的一个创业机会或者参照身边创业成功实例等情况的基础上，经过简单的思考和少量的科学依据便确定下来，进而开始创办企业进入市场，基本上没有进行科学系统的可行性分析。据本文研究过程中统计的微型企业调查数据显示，导致内蒙古自治区微型企业创业失败的原因中，

"发现项目不对路"排在第二位，占11%。其具体调查数据如图2-2所示。

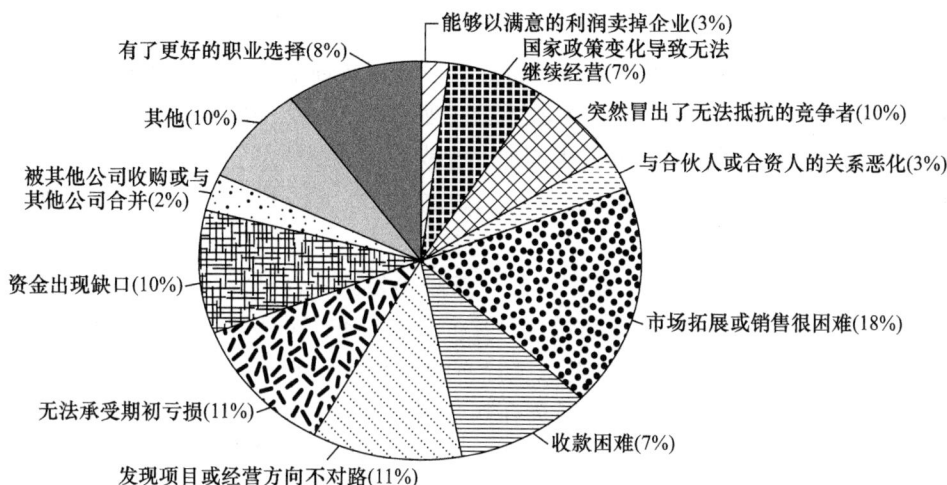

图2-2 不再经营自己企业的原因

2）内蒙古自治区员工及微型企业主文化素质普遍较低。内蒙古自治区微型企业自身存在的另一个重大问题是员工及微型企业主文化素质及教育水平普遍较低，这是阻碍微型企业发展的一个主要原因。据我国学者李新春调查，我国企业家在创业前从事的职业主要是微型企业生产经营，占36.9%，其中还没考虑农民企业家，这两个相加已然超过50%，其余的大部分是原来的企事业单位的管理人员和干部，在职学习中他们培养了管理才能。另外，根据抽样调查浙江省数十万户私营企业主显示，在这些私营企业主中，其中70%以上只有初中以下学历，近80%出生于农村，近1/3是土生土长的农民，而这类私营企业中绝大部分属于微型企业范畴。

3）管理不科学，人才欠缺。尽管内蒙古自治区微型企业规模小，内部结构设置简单，企业的大部分重要工作及重大决策基本上由企业创业者自己负责，但是伴随着微型企业开始成长之后，特别是一些计划要实现企业蜕变的微型企业，其企业主自身总有力所不能及之处，因此微型企业往往存在管理相对不够科学，人才普遍缺乏的问题。内蒙古自治区微型企业要成长，则必须要加强内部管理，吸引人才，特别是要培养人才。然而，对于内蒙古自治区大部分微型企业来说，由于其自身特点，很难依靠自身力量来开展员工培训及改善内部组织管理制度环境，因此微型企业在发展阶段必须充分依靠外界的支持来促使自身的成长，进而才有可能在未来蜕变为大中型企业。在研究过程中，根据内蒙古自治区微型企业调查数据显示，绝大多数微型企业主及员工的创业技能是在过去工作中积累掌握的，其比例达 79.84%，而通过培训获得创业技能的微型企业主及员工仅占 12.90%。

4）内蒙古自治区微型企业"产品"单一、设备简陋，技术水平低，产能有限。内蒙古自治区微型企业中高新技术型企业占的比例相对非常小，而其绝大部分属于生产技术水平相对较低的生产加工型或者服务型微型企业。对于生产加工型微型企业来说，普遍存在产品单一、设备简陋以及技术水平低、产能不足的问题。

5）内蒙古自治区微型企业"产品"市场销售困难，缺乏渠道。对内蒙古自治区微型企业而言，由于其产品特点以及企业内部条件的限制，很多时候只是单一的"守株待兔"销售模式，或是靠着一两人勤跑业务，开拓市场，营业规模难以突破，效果往往不是很好。然而在如今以渠道为主的销售模式时代，要使微型企业产品进入主流市场销售渠道，往往要付出不小的代价。

6）内蒙古自治区微型企业缺乏持续创新能力。创新是一个企业发展的永恒课题，是企业的动力之源。一个企业要想在强手如林的竞争中，保持持续、健康的发展态势，取决于企业是否建立了有效的创新机制。创新，主要体现在管理上、技术上、制度上和人才上。而内蒙古自治区微型创业中不乏深具创意与创新精神者，因为很多微型企业（特别是高新技术型微型企业）的创办就是建立在创新的基础之上，比如创新产品、创新科技、创新的服务方式、创新的经营模式，等等。

二、内蒙古自治区扶持微型企业发展的政策建议

1. 建立内蒙古自治区促进微型企业发展综合扶持体系的对策建议

鉴于对内蒙古自治区微型企业发展问题的阐述，促进微型企业发展最为关键的因素是改善其外部的发展环境，而在改善发展环境的过程中又必须注重系统性，因此在内蒙古自治区构建起一个促进微型企业发展的综合扶持体系至关重要。因此，在研究建立内蒙古自治区促进微型企业发展的综合扶持体系时，本文充分借鉴了国外部分国家和地区的宝贵经验，并结合内蒙古自治区经济社会发展的实际状况，给出了具体可行的建议。

（1）建立内蒙古自治区促进微型企业发展综合扶持体系的前提及其基本框架。前提与基本框架包含以下内容：

1）建立内蒙古自治区微型企业综合扶持体系的前提。从前面的分析可以看

出，支持和促进内蒙古自治区微型企业的健康发展是一项系统工程，涉及整个社会的方方面面。其前提包括如下两个方面：①我国政府应当在进行国民经济统计时，将微型企业正式纳入统计范畴。②各级政府应当设置对微型企业进行专门管理与服务的工作部门。

2）内蒙古自治区微型企业综合扶持体系的基本框架。据本文前面的分析，由于在社会经济活动中，微型企业相对而言是属于"弱势群体"。因此，构建一种良好的外部环境对于内蒙古自治区微型企业的发展是至关重要的。根据部分国家的经验，微型企业的发展涉及众多经济活动主体相互之间利益关系的协调以及对众多经济活动领域各种资源的动员、利用、组织与协调。在市场经济条件下，这一综合扶持体系的建立及运行，应当在充分尊重市场经济规律的前提下，将政府的调控和干预这只"看得见的手"与市场调节这只"看不见的手"有机结合起来。作为这一综合扶持体系中的"社会化支持与服务体系"和"'微型金融'支持与服务体系"两个子系统，在实际运作中应分别由"小额贷款公司"和"自主创业与微型企业育成中心"作为各自运作的平台、支柱和主要实施机构。

（2）"微型金融"服务与支持体系的建立。所谓"微型金融"服务与支持体系，是指以小额贷款公司作为支柱、平台和主要实施机构，在政府的主导下建立起来的，集民间性、合作互助性、商业性、政策性为一体的，向自主创业者和微型企业提供"微型贷款"支持和服务的金融体系。"合作互助性"包括如下两个方面的含义：其一是指在这个体系运行过程中，贷款方大部分是由社区之间相互合作的担保方式来获得"微型贷款"支持；其二是指作为该体系中的主体金融机构——小额贷款公司是通过个人和民营企业一起出资的合资方式进行组建。"民间性"是指这个系统贷款的资金来源是在政府的政策主导和支持下，通过汇集民间的闲置资金和调动民间积极性来获得。在内蒙古自治区"微型金融"服务与支持体系的建立和运行的过程中，主要涉及"微型贷款"担保体系和"微型金融"资金融通体系两个方面。对于这两个方面，我们的建议和基本思路如下：

1）关于"微型金融"的融通资金体系的建立问题。在"微型金融"体系运行及建立的过程中，通过什么组织方式和途径来获得想要的"微型贷款"资金来源开展资金的融通，是内蒙古自治区小微企业必须考虑而且去找寻相应办法予以解决的问题。我们的基本思路是拆除障碍、开辟通道，使民间金融从"地下"到"地上"，来达到使民间金融和民间资本在支持和促进微型企业发展中的作用得到充分发挥的目的。纵观我国的民间金融历史变迁过程就会发现，它几乎是同个体私营经济相互依存而出现的。通过仔细对江、浙一带的个体私营经济的发展史考察一下就会发现，在个体私营经济发展过程中民间金融发挥了不可替代的作用。由于我国的民间金融长期被排斥在正规金融体制之外，其"灰色"甚至是"非法"的处境也导致了许多问题和风险的存在。此外，为了支持和鼓励科技型创业企业，特别是高等院校和科研院所科技人员基于"机遇型创业动机"或"机会型创业动机"的创业项目和微型企业的发展，对有良好发展前景的、科技含量较高的，符合国家新兴产业和科学技术发展政策的创业项目的贷款申请，可在现有贷款利率水平上下浮一定的数额。

2）关于"微型贷款"的担保体系建立问题。在内蒙古自治区"微型金融"服务与支持体系建立及运行中，如何做到既要保证自主创业者和微型企业可以及时得到他们所需要的资金贷款支持，又要保证贷款资金的安全性（贷款偿还率），这是需要考虑而且需要找寻一定的办法去解决的重要问题。对此，本文建议借鉴穆罕默德·尤努斯教授（Muhammad Yunus）所创建的"农村银行"的经验和通行的国际做法，并结合内蒙古自治区的实际情况，建立起以"会员互助"为主并成立社区合作互助组织，以抵押贷款为辅助的微型贷款担保体制。在城市建立"微型贷款"信用担保体系；在农村建立"信用担保贷款"与"抵押贷款"相结合的"微型贷款"担保体系。从上述"微型贷款"信用担保体系的建议说明中可以看到，该建议方案的实施是有一定条件限制的。还可以建立"大学生自主创业专项支持基金"及信用担保体系。

3）发挥其他金融机构在内蒙古自治区"微型金融"支持与服务体系中的作用。需要指出的是，内蒙古自治区的"微型金融"支持与服务体系虽然是以小额贷款公司作为支柱和主要实施机构，但这并不意味着其他金融机构特别是各商业银行在其中无所作为，或者不承担相应的责任。因此，各商业银行应改变信贷活动中"抓大放小"、"喜大嫌小"的传统思路与做法，转变工作作风，提高为中小企业、微型企业以及自主创业者服务的态度与水平。在保证资金安全和尽量规避风险的前提下，增加对自主创业和微型企业提供"微型贷款"的数量。为此，本文建议：第一，国家应制定相关的政策，要求、支持和鼓励各商业银行增加对微型企业和自主创业项目的"微型贷款"数量。第二，为加强各商业银行增加"微型贷款"的可操作性，降低运作成本，可将各商业银行的"微型贷款"运作与小额贷款公司的"微型贷款"信用担保体系实行对接。第三，如前所述，可将中国人民银行组织全国商业银行已经建成的、初步包含了全国1300万家企业和近6亿自然人信用档案的、全国统一的"企业和个人征信系统"与全国性的"微型金融"合作与信息网络系统实行联网合作。

（3）"社会化支持与服务体系"的建立。为支持和促进内蒙古自治区微型企业的发展，在建立内蒙古自治区"微型金融"支持与服务体系的同时，还应建立起为自主创业者和微型企业经营者与管理者提供包括教育培训、咨询指导以及信息网络等方面在内的支持与服务的社会化支持与服务体系。关于这一体系的建立与运作。本文的建议有如下几点：

1）成立"自主创业与微型企业育成中心"。为了有效解决微型企业存在的问题，内蒙古自治区应借鉴部分国家的经验，建立起一种类似于"企业孵化器"或"微型企业培育器"的专门组织机构体系。本文建议这种专门的组织机构应由政府出面，在政府的主导下，由政府委托部分大专院校或具备条件的中等专业技术学校组建成立"自主创业与微型企业育成中心"。

2）以"自主创业与微型企业育成中心"为依托，建设信息交流与沟通的开放式平台——自主创业与微型企业的专门网站。在内蒙古自治区为促进和支持微型企业发展的社会化服务与支持体系的建设过程中，充分运用现代网络技术和计算机技术，适应现代科学技术发展的客观要求，构建起为微型企业和自主创业者提供信息交流与沟通的开放式平台——为微型企业和自主创业者提供专门的、服务的网站，以使由于缺少政府创建的、向创业者提供有关政策的介绍、咨询和其他各种有关信息服务的网站所造成的信息交流和沟通功能弱化等方面的问题得到有效解决。对此，本文建议：以各地所成立的"自主创业与微型企业育成中心"为依托，在建立类似日本的中小企业"地方情报中心"机构的基础上，由政府委托该中心负责该网站的建设、运行与维护。由于该网站是由政府委托"自主创业与微型企业育成中心"建设起来的，网站可以发布各地政府和国家的有关鼓励和支持、自主创业与发展的权威性信息和政策，且网站的运行不以营利为目的，具有社会服务性、权威性和政策性的特征。

3）充分发挥社会团体和中介组织在"微型企业社会化支持与服务体系"中的作用。在构建内蒙古自治区促进微型企业发展的社会化支持与服务体系过程中，应在"自主创业与微型企业育成中心"作为主要实施机构和支柱、平台的基础上，充分发挥中介组织和社会团体的作用。为此，本文建议：各级地方政府和国家应制定鼓励各类社会团体和中介组织积极参与促进和支持我国微型企业发展和自主创业的行动中来。关于各类中介组织和社会团体参与社会化服务与支持体系的具体途径和方式，本文的建议是：第一，各种社会团体应根据自己的具体情况和优势，适时举办一些有针对性的培训辅导活动，组织开展一些有关自主创业项目的选择、微型企业的经营与管理、产品的市场开拓等方面的咨询辅导活动。第二，以"微型企业育成中心与自主创业"作为平台和纽带，加强微型企业、自主创业者与社会团体、中介组织的联系，搭建中介组织和社会团体参与活动的"舞台"，即可由"微型企业育成中心与自主创业"聘请部分中介组织人员和社会团体作为专家或顾问，参与到"微型企业育成中心自主创业"的咨询辅导、教育培训、管理等活动中来。

（4）建立内蒙古自治区促进微型企业发展的政策支持与服务体系。在内蒙古自治区微型企业综合扶持体系建设中，建立起为支持和促进自主创业和微型企业发展的政策支持体系及建设一个服务型政府，是上述两个子系统建设及顺利运行的基础和必要条件。为此，本文有如下几点建议：

1）建设内蒙古自治区支持和促进微型企业发展的政策体系。作为该政策体系的前提是为微型企业和个体工商户"正名"。国家所制定的为支持和促进微型企业发展的政策，应当涵盖自主创业和微型企业发展所涉及的所有领域，即形成一个政策的完整体系。从总体上看，该政策体系主要应当包括：第一，有关支持和促进自主创业和微型企业发展的基本政策和法律法规（如自主创业和微型企业促进法；自主创业和微型企业发展的中长期发展纲要或规划等）。第二，有关支持和促进自主创业和微型企业发展的金融政策和法律法规。第三，建立有关支持和促进自主创业和微型企业发展的各项财政专项补助支持基金的政策。第四，有关支持和促进自主创业和微型企业发展的税收优惠政策。第五，有关支持和促进自主创业和微型企业发展的工商管理、市场管理的政策和法律法规。第六，涉及农村土地承包权有限抵押或转让的政策和法律法规。第七，有关支持和鼓励科技型自主创业和科技型微型企业发展的政策，等等。

2）建设支持促进自主创业和微型企业发展的服务型政府。内蒙古自治区在进一步完善社会主义市场经济体制，加快政府职能的改革，在实现由"管理型政府"向"服务型政府"的根本性转变过程中，借鉴世界上部分市场经济发达而规范的国家支持和促进自主创业和微型企业发展的经验，建设有利于自主创业和微型企业发展的服务型政府，是支持和促进微型企业发展必不可少的重要外部条件。针对内蒙古自治区目前在自主创业和微型企业的工商管理和市场管理方面存在的突出问题，本文建议：第一，借鉴部分国家的经验，建立政府各个相关部门联合办公的"自主创业和微型企业服务中心"，以增强对自主创业和微型企业的服务功能。第二，针对目前存在的突出问题，应采取有力措施予以解决。第三，应加快去除造成"乱收费"的根本原因，即内蒙古自治区现有工商管理体制和财政管理体制进行改革，以从源头上解决制约内蒙古自治区自主创业和微型企业发展的在管理体制方面所存在的深层次问题。

2. 构建微型企业发展联盟，对解决发展过程中自身问题的具体建议

通过上面的论述，可以看出，微型企业在发展过程中外部条件的影响最为重要，因此在研究过程中对改善外部条件所建立的微型企业综合扶持体系给出了详细的建议，但是微型企业自身的努力也不容忽视，尽管每一个微型企业自身的规模和力量是极其微小的，但是通过构建一种微型企业发展联盟的形式，比如"营销联盟"、"生产联盟"以及"技术创新联盟"等，则可以在有限资源的情况下聚集更多的力量，共同发展，以便更好地利用综合扶持体系所营造的良好的外部发展环境，使自身发展中存在的问题得以更好地解决，保持企业的可持续发展和实现企业的蜕变。

（1）构建微型企业发展的"生产加工联盟"。所谓"生产加工联盟"，从狭义上讲是指针对在同一区域内从事相同产品或者生产加工工艺相似进而可以实现资源共享的微型企业相互之间形成联盟，共同出资或者组成互助小组利用微型企业综合扶持体系中构建的金融扶持体系进行小额贷款，购买生产加工设备及原材料，以解决微型企业建立或者发展过程中存在的资金缺乏问题，而这种狭义的联盟则可以以契约的形式进行固定。而从广义上讲，实现"生产加工联盟"则表现更为具体详细，在相互支持和帮助的过程中，不仅限于新设备和新材料的购买和共享使用，还可以体现在人员的互助、技术的互助以及其他临时性的生产加工互助，因此广义的联盟则体现了临时性和非固定性的特点，也就是说有需要时则可随时进行相互的支持与协助。

（2）构建微型企业发展的"市场营销联盟"。由于其自身特点，单个微型企业生产或加工的产品数量相对较少，很难进行正规的市场营销行为，导致很多微型企业没有独立的销售部门，甚至没有专门的销售人员，而产品的销售经常是通过一些零散商贩的上门收购或者区域内就近销售，价格低的同时也不能保证市场销售的顺畅。联盟建立的形式可以有两种：第一，成立固定性的市场营销联盟，即针对非季节性产品，成立一个市场营销联盟，联盟属于常设型组织，专门负责联盟内微型企业产品销售渠道的建立、市场开发以及客户关系维护等环节工作，使得微型企业产品拥有固定的销售市场。这种联盟组织人员可以采取雇用的方式或者由各联盟企业选派，具体因联盟内微型企业的数量和规模而定。第二，成立临时性的市场营销联盟，即针对一些季节型产品，在销售季节设立营销联盟组织，由参与联盟的部分微型企业选派代表组成，主要在产品上市的期间开展市场销售活动，而在销售季节过后联盟组织则自然解散。

（3）构建微型企业发展的"技术（创新）联盟"。由于自身的特点，对于微型企业而言，大部分可能不会涉及技术开发与技术创新的问题，但是对于高新技术型的微型企业，技术创新则关系着企业的生存与发展。需要说明的是，这里所指的"技术（创新）联盟"包括两层意思：第一，是指针对高新技术型微型企业所构建的技术创新联盟。第二，指非高新技术型微型企业间为实现技术交流、共享与改进所构建的技术联盟。传统意义上的技术创新联盟可以使企业能够有效规避风险。技术创新涉及多种领域的技术和知识，我国科技力量多数在企业之外，剩余部分也主要分布在大型企业中，所以对于中小企业而言，由于其规模小，信用水平低，融资困难等原因，技术创新活动已经是偶然的、间歇性和非制度化的行为，很难依靠自身力量在关键技术和能力上获得进展，也很难将技术成果大规模推向市场以实现技术创新的投资回报，而对于规模更加细小的微型企业，就更难以去独立承担技术创新的行为。

参考文献

［1］Asif Dowla. In Credit We Trust：Building Social Capital by Grameen Bank in Bangladesh ［J］. The Journal of Socio – Economics，2006，35：102 – 122.

［2］C. M. Rogerson. In Search of the African Miracle：Debates on Successful Small Enterprise Development in Africa ［J］. Habitat International，2001，25：115 – 142.

［3］Donald C. Mead and Carl Liedholm. The Dynamics of Micro and Small Enterprises in Developing Countries ［J］. World Development，1998，1（26）：61 – 74.

［4］Jennifer Wilkins. Grameen：Banking for the Poor ［J］. Journal of Nutrition Education and Behavior，2007，11 – 12（39）：6.

［5］Jonathan Morduch. The Role of Subsidies in Microfinance：Evidence from the Grameen Bank ［J］. Journal of Development Economics，1999，60：229 – 248.

［6］Pankaj S. Jain. Managing Credit for the Rural Poor：Lessons from the Grameen Bank ［J］. World Development，1996，1（24）：79 – 89.

［7］Wanjau Wa Kabecha. Technological Capability of the Micro – enterprises in Kenya's Informal Sector. Technovation，1999，19：117 – 126.

［8］蔡翔，宋瑞敏，蒋志兵. 微型企业的内涵及其理论基础 ［J］. 当代财经，2005，12.

［9］陈剑林. 我国微型企业成长中的社会资本分析 ［J］. 经济理论与实践，2005，2.

［10］国娇. 非洲国家微型金融的发展 ［J］. 国际金融研究，2006，7.

［11］蒋志兵，蔡翔，宋瑞敏. 论微型企业 ［J］. 商场现代化，2007，2.

［12］刘姣华. 美国农村金融体系及其借鉴 ［J］. 科技创业月刊，2008，5.

［13］欧阳红兵，胡瑞丽. 微型金融及其在我国的发展 ［J］. 改革与战略，2007，10.

［14］王振. 上海微型企业的发展现状和扶持政策 ［J］. 上海经济研究，2002，1.

［15］魏福成. 发展微型企业促进再就业 ［J］. 上海纺织劳动，2000，3.

［16］徐凌云. 微型企业创业与和谐社会的建立 ［J］. 经济问题，

2005，12.

　　[17] 许贤明，陈剑林. 区域经济中微型企业创业和创业环境的研究 [J].
井冈山学院学报（哲学社会科学版），2006，4.

　　[18] 姚莉. 发展中国家开展微型金融的不同模式 [J]. 华北金融，
2007，11.

　　[19] 赵文衡. APEC 微型企业议题——兼论台湾微型企业之发展 [J]. 台
湾经济研究月刊，2002，25 - 12（23 - 27）：1341 - 1353.

内蒙古自治区中小物流企业与大企业协调配套发展状况调查研究

课题编号：Z11003

主 持 人：娜仁图雅

参 与 人：曹　刚　　柴国君　　斯琴塔娜　　汤晓丹

刘宇鑫　　张宏伟　　征　远　　　李文豪

魏晶国

一、内蒙古自治区物流业发展基本情况

1. 内蒙古自治区物流业发展基本状况

（1）物流产业的总体比较。当前对物流业核算的指标体系尚不健全，但可根据统计信息中的相关信息进行替代描述。一个地区的物流总量可由该地区的生产总值、社会商品零售总额、全社会货物周转量、对外贸易量等指标来整体反映（见表 2－1）。

表 2－1　2012 年西部大开发各省份物流业主要指标对比情况

西部省、市、区	地区生产总值（亿元）	排名	社会消费品零售总额（亿元）	排名	全社会货物周转量（亿吨公里）	对外贸易量（亿美元）	排名
重庆	11459.0	5	3961.19	5	110135.89 万吨（完成货物运输量）	532.04	2
四川	23849.8	1	9087.90	1	2130.3	591.30	1
贵州	6802.2	8	2005.25	7	1041.5	66.32	9
云南	10309.80	6	3541.60	6	1164.8	210.05	5
陕西	14451.18	3	4330.75	4	3209.0	147.99	6
甘肃	5650.2	9	1877.04	8	2401.15	89.05	8
青海	1884.54	11	469.90	11	—	11.60	11
西藏	507.46	12	180.84	12	983.37 万吨	8.36	12
宁夏	2326.64	10	548.83	10	1101.99	22.17	10
新疆	7530.32	7	1798.99	9	68797 万吨（完成货物运输量）	251.71	4
内蒙古	15988.34	2	4534.55	2	5582	112.57	7
广西	13031.04	4	4474.59	3	4110.64	294.74	3

资料来源：各省、市、区公布的国民经济和社会发展统计公报。

从表 2－1 的数据可知，内蒙古自治区的生产总值、社会消费品零售总额及对外贸易量在西部 12 省（市、区）中分别排名第 2、第 2、第 7 位。全社会货物周转量由于各地统计口径不一致，无法比较。地区经济的持续稳定增长，产业结构的不断优化都为物流业的发展奠定了良好的基础，持续上升的物流总量带动了旺盛的物流服务需求。

（2）基础设施建设渐趋完善。铁路、公路、航空场站和货物运输枢纽等设施明显改善，以现代物流理念建设的各类物流园区、物流中心、配送中心得到较快发展。截至2010年年底，全区铁路线路运营里程达9500公里，公路通车里程达15万公里，分别比2005年增加2500公里和7万公里；民航货运业务机场11个；已建成投资亿元以上的物流园区54个，年营业额为240亿元；在建投资亿元以上的物流园区90个（其中口岸物流园区9个），总投资规模为640亿元左右，有些物流园区已在全区乃至全国物流市场形成一定的知名度和辐射力。

（3）物流企业数量不断增加。通过改造、改制传统的国有运输和仓储企业，发展民营物流企业等途径，逐步形成了不同所有制、不同经营模式的物流企业共同发展的格局。培育了红山、松山、阿康等一批区域性物流园区和安快、中昊、巴运、通运、内蒙古物资储运等一批本土物流企业，初步形成了多种经济成分和各种服务模式的第三方物流市场主体。据盟市统计上报的数据汇总，截至2010年年底，全区注册登记的物流企业达到1600家，从业人员20万左右。其中，自治区备案的物流项目73个，盟市备案的物流项目110个；两级备案的物流园区和企业已建成投产的共85家，从业人员达8.7万人；3A级以上物流企业达到23家。

（4）物流体系渐具雏形。围绕工业化发展，以煤炭、化工、冶金建材、装备制造为重点，推动建设了一批物流枢纽、物流园区，初步形成了工业物流体系。围绕城乡居民消费，加强商业网络等新兴业态，推动实施"万村千乡"市场工程和家电、汽车下乡，培育形成了较为完善的商业物流体系。围绕煤炭、石油、木材、矿产品等产品的进口和食品、服装、机电等产品出口，加强口岸建设，积极承接国际物流外包业务，国际物流得到较快发展。

（5）物流技术应用水平有大幅提高。制造企业、商贸流通企业开始采用现代物流管理理念、方法和技术，实施流程再造和服务外包，在生产组织、原材料采购、产品销售、运输和仓储等方面实行一体化运作，有效降低了物流成本。重点物流园区、物流配送中心和物流企业注重采用信息管理技术、全球定位系统（GPS）、电子数据交换技术、条形码技术（BC）、无线射频管理技术（RFID）以及立体高层货架、托盘、集装箱等物流新技术、新装备，增加了金融、保险、通信、信息、法律服务等专业配套服务功能，物流现代化水平进一步提高。部分地区、物流企业积极整合信息资源，加强物流信息网络建设，初步形成了一批区域性物流公共信息平台。

2. 近年国家制定物流业政策概要[①]

"十一五"是我国物流业快速扩张发展时期，我国首次在经济社会发展五年

---

① 本部分内容来自中国物流与采购联合会等网站资讯，通过整理汇总而成。

规划中确立了物流产业的发展地位，提出要大力发展物流业，物流业的发展受到政府和企业的高度重视。在政府规划、政策引导和市场化推进的双重作用下，我国物流业逐步实现了从分散、自发发展向规范、有序的发展转变，发展的质量和水平有了显著的提高，物流业已经成为我国重要的服务产业。"十一五"期间的5年，是我国物流业政策出台密度最高的时期，无论从中央，还是从地方政府，都相继出台了大批的物流业的发展政策，形成了政策体系支持物流业发展的良好环境。

在2011年的两会上伴随着"国民经济和社会发展第十二个五年（2011~2015年）规划纲要"的正式发布，"十二五"期间的物流扶持政策也相应出台。对于物流产业层面，纲要以"大力发展现代物流业"为产业定位，提出"加快建立社会化、专业化、信息化的现代物流服务体系，大力发展第三方物流，优先整合和利用现有的物流资源，加强物流基础设施建设和衔接，提高物流效率，降低物流成本。推动农产品、大宗矿产品、重要工业品等重点领域物流发展"。

2011年6月，国务院常务会议研究部署促进物流业健康发展工作。会议主要提出8条促进物流行业健康发展的措施，如切实减轻物流企业税收负担、加大对物流业的土地政策支持力度、促进物流车辆便利通行、改进对物流企业的管理等8项措施。

2012年，为落实《"十二五"规划纲要》，物流业发展相关规划陆续出台。7月，国务院印发《"十二五"综合交通运输体系规划》（国发〔2012〕18号）。该规划提出，"十二五"时期，初步形成以"五纵五横"为主骨架的综合交通运输网络，总里程达490万公里。

2012年9月，国务院办公厅印发《国内贸易发展"十二五"规划》（国办发〔2012〕47号），提出重点支持城市物流配送体系示范工程等18项工程。12月，国务院印发《服务业发展"十二五"规划》（国发〔2012〕62号），要求重点发展包括现代物流业在内的12项生产性服务业。

2013年3月7日，国家发改委出台《促进综合交通枢纽发展的指导意见》（发改基础〔2013〕475号，以下简称《意见》），要求加快转变交通运输发展方式，以一体化为主线，促进各种运输方式有效衔接，提高枢纽运营效率，实现便捷换乘、高效换装，为构建综合交通运输体系奠定坚实的基础。《意见》提出4项主要任务，要求统筹货运枢纽与产业园区、物流园区等的空间布局。按照货运"无缝化衔接"的要求，强化货运枢纽的集疏运功能，提高货物换装的便捷性、兼容性和安全性。《意见》还提出，"十二五"期间全国要基本建成42个全国性综合交通枢纽。6月6日，交通运输部出台《关于交通运输推进物流业健康发展的指导意见》（交规划发〔2013〕349号，以下简称《指导意见》），提出到2020

年基本建成便捷高效、安全绿色的交通运输物流服务体系。《指导意见》是交通运输部推进物流业健康发展的系统性思路，基本覆盖了交通运输领域推进物流业发展的主要方面。重点是加强物流枢纽、运输通道、多式联运、物流信息化、运力结构调整、农村物流、城市配送、快递业务、零担快运、中小企业联盟等方面的政策研究和推动，鼓励先行先试、典型引领，加快培育龙头骨干企业。

2013年9月30日，国家发改委等12部门联合发布《关于印发全国物流园区发展规划的通知》（发改经贸〔2013〕1949号，以下简称《规划》）。这是我国物流园区方面的第一个专项规划，提出了物流园区发展方向。《规划》强调物流园区的公共性和基础性，提出了物流园区的服务对象和发展方向；确定了99个城市为物流园区布局城市，提出了八项主要任务和八项保障措施。特别提出要开展国家级物流园区示范工程，由国家发改委等有关部门和行业协会组织国家级示范物流园区评定工作。

根据党的十八大、十八届三中全会精神和《中华人民共和国国民经济和社会发展第十二个五年规划纲要》、《服务业发展"十二五"规划》等，制定了《物流业发展中长期规划（2014~2020年）》，规划期为2014~2020年。

由中国仓储协会组织起草的《低温仓储作业规范》国家标准（GB/T 31078 - 2014），经由国家质量监督检验检疫总局、国家标准化管理委员会批准并正式发布，于2015年7月1日起实施。

在国家下发的关于促进内蒙古自治区经济社会又好又快发展的若干意见中，也能看到支持物流业发展的影子，诸如把发展服务业作为产业结构优化升级的重点，推进生产性服务业和生活性服务业发展。加强区域性物流节点城市的物流基础设施建设，依托煤炭、化工、农畜产品等资源产品优势和口岸优势，建设一批地区性物流中心，把满洲里建成东北亚国际物流中心。合理布局商业网点，完善城乡流通网络，提升城市社区服务业功能和水平；实施"万村千乡市场工程"，开展农超对接，提高农牧区连锁经营、物流配送覆盖面；推进粮食储备设施和专业市场建设，加大对物流基础设施的投入力度等。

3. 内蒙古自治区物流业发展政策盘点

内蒙古自治区根据国家的方针政策和有关物流方面的利好政策，针对内蒙古自治区本地的经济发展情况，自治区第十一届人民代表大会第四次会议通过了"国民经济和社会发展第十二个五年规划纲要"。纲要中也明确体现了诸如培育壮大现代物流业，提高物流业组织化程度和社会化配置能力，促进专业化、规模化、集约化发展。围绕交通干线，推动呼和浩特、包头全国性物流节点城市建设，选择条件较好的中心城市、产业基地和交通枢纽，加快现有物流园区升级改造，新建一批大型物流园区和内陆港。加强农村牧区物资运输、仓储、配送、交易市场和信息发布等设施，建设和完善城市配送体系。发展国际物流，建设口岸物流带。大力发展第三方物流，支持国内外物流企业设立分支机构或地区总部，推动一大批区内物流企业通过参股控股、兼并联合、合资合作等多种形式扩大经营规模，培育一批在全国具有影响力的名牌物流企业。搭建物流资源共享信息平台，提升现代物流业发展水平等有关发展内蒙古自治区物流业的利好政策。

根据国家对物流业扶持与发展的相关政策，内蒙古自治区本地的各类金融机构开发和推广适应物流业发展需要的金融产品，探索逐步扩大收费权、股权质押贷款范围，加大对符合条件的重点物流企业的授信额度。对列入国家和自治区规划的重点物流业建设工程，支持通过银行贷款、股票上市、发行债券、增资扩股、企业兼并等途径筹集建设资金。对涉及全区性、区域性的大型物流建设工程，自治区服务业专项资金以贷款贴息等方式重点给予支持。各级政府的中小企业、科技、信息等专项资金，可以扶持物流企业开展技术改造、新技术开发和信息平台建设。原划拨土地建设的物流、仓储设施，政府收回进行招标拍卖的，所得收入除进行拆迁安置外，其余部分全部用于支持物流项目建设。自治区人民政府将安排奖励资金，用于对引进知名第三方物流企业的地区和创造知名物流服务品牌的企业的奖励。具体措施从以下几个方面来进行重点阐述：

（1）金融政策方面。对于中小物流企业发展资金问题，各个金融机构适时推出针对中小物流企业融资与发展的优惠政策和金融产品，提高对符合条件的重点中小物流企业的授信额度，建立自治区服务专项资金以贷款贴息等方式给予重点支持，政府安排物流企业发展的专项资金，用于对自治区中小物流品牌创造的企业进行重奖。

（2）税收政策方面。为了鼓励本土中小物流企业的发展，政府也出台了相关举措，针对当地的中小物流企业缴纳土地使用税确实有困难的，可以按规定程序审核后适当地对此税收进行减免。对纳入国家试点名单的物流企业及其所属企业，将承揽的运输业务、仓储业务分包给其他企业并由其统一收取价款的，以该企业取得的全部收入减去付给其他企业的费用后的余额为营业税的计税基数，实行差额纳税。物流企业进口的物流设备，可按国家有关规定免征关税、进口环节增值税。对物流企业购买符合规定的环境保护、节能节水、安全生产专用设备，设备投资额的10%在政策规定期限内可抵免应纳税额。物流企业并购重组，全额返还并购重组涉及税收的地方分享部分。

（3）土地政策方面。对列入自治区物流业发展规划的物流园区和物流配送中心项目，优先保证建设用地，土地出让金制度按照国家2009年规定的工业用地最低价标准执行。按照城市规划对旧仓库设施进行拆迁异地改造且新建物流配送中心和物流配送站的，在拆迁或收回企业土地使用权和建筑物时，应在城市规划用地中给予相应安排。

（4）市场准入政策方面。对于进入市场的中小物流企业，凡具备或租用必要的运输工具和仓储设施，至少具有从事运输（或运输代理）和仓储两种以上经营范围，能够提供运输、代理、仓储、装卸、加工、整理、配送等一体化服务，并具有与自身业务相适应的信息管理系统的企业，均可登记注册为物流企业。物流企业办理登记注册时，除国家法律、行政法规和国务院有规定外，其他前置性审批事项一律取消。

（5）其他政策方面。对于加工运输型的中小物流企业，必须针对其必要性与特殊性的现实，保证畅通鲜活农产品绿色通道，严禁乱收费、乱罚款。制定科学的城市货车通行管理办法，为重点物流企业的小型配送车辆在市区通行、停靠提供便利。简化通关手续，推行物流企业与口岸通关监管部门信息联网，鼓励海关、检验检疫、货运代理、报关报检、场站服务等部门实行"一站式"服务。

二、内蒙古自治区中小物流企业的基本状况调查

内蒙古自治区中小物流企业与大企业的配套发展状况调查的问卷，从物流企业基本经营情况、物流企业人力资源状况、物流企业经营环境、物流企业基础设施情况和物流企业的前景预测 5 个维度来对内蒙古自治区中小物流企业情况做调查研究。借内蒙古自治区物流协会主办内蒙古自治区物流论坛的机会，向参会物流企业发放问卷 47 份，收回 35 份，经过梳理有效问卷达到 30 份，符合统计学样本容量的基本要求。通过统计分析调查问卷，总结如下：

1. 中小物流企业亟须转变发展方式及服务能力

在企业的基本经营情况方面，我们主要了解了企业所有制性质、企业开展的业务类型、业务辐射的范围、企业业务网点选址考虑的因素、物流企业服务的客户情况、同客户的合作形式等方面的内容。

通过对调研结果的分析，我们发现内蒙古自治区中小物流企业以私营企业为主，在参与本次调查的企业中，私营企业 18 家，占比 60%，股份制企业 10 家，占比 33.33%，国营企业一家，占比 3.33%，中外合资企业一家，占比 3.33%，外商独资企业 0 家。

从物流公司主要从事的业务来看，主要集中在运输与装卸、仓储和配送 3 块物流基础业务。其中在被调查企业中选择运输与装卸业务的企业比例为 100%，选择配送业务的企业比例为 76.67%，选择仓储业务的企业比例为 63.33%。调

研的物流企业都把运输和装卸作为自己的主要业务之一。而开展相关物流咨询及物流系统设计业务的物流企业在被调查有效样本数量占比仅为10%，相对较低。

从中小物流企业的业务辐射范围来看，内蒙古自治区中小物流企业的业务范围集中在内蒙古自治区及周边地区，这一比例达到60%，同时在被调查有效样本企业中有33.3%的物流企业已经把业务范围扩展到全国，表明在内蒙古自治区经济快速发展的过程中，内蒙古自治区同外部的联系不断加强，企业间业务往来更趋频繁。在此过程中，也锤炼了中小物流企业不断走向成熟。另外，还有部分物流企业依托区位、资源等优势条件，积极开展同国际贸易有关的跨境物流业务，主要是跨国运输服务。

在中小物流企业进行业务网点扩展时，需要考虑的因素众多，较为突出的因素有当地物流发展政策、物流市场需求状况、基础设施建设情况以及所在区域的配套物流服务能力，表明大部分企业在业务网点选址问题上是理性的。

从中小物流企业的客户情况来看，私营为主，占比76.67%，其次是国有企业，占比23.33%，事业单位，占比16.67%，中外合资企业占比13.33%。这也说明当前私营经济在整个经济板块中比较活跃，同时，也有业务量及业务规模较小、选择合作企业的空间较大的企业，多为交易型关系，市场竞争激烈，稳定性较差。

从内蒙古自治区中小物流企业客户群的产业属性划分来看，内蒙古自治区中小物流企业的客户群主要集中在煤炭、农副土特产、食品、纺织服装、汽车及配件等领域。这一调查结果和内蒙古自治区的优势产业基本吻合，物流业是服务于产业发展的，是产业发展的推动力，产业发展和物流发展具有相辅相成的关系。

煤炭行业占比最高，达到66.67%，这一结果同内蒙古自治区的资源分布状况有关。在内蒙古自治区行政区划范围内，从东到西分布有各种煤炭产区，而大部分煤炭需要外运，对运输需求巨大。

除煤炭较为突出外，食品行业，占比40%，农副土特产方面，占比33.33%，表明城镇居民消费类行业是内蒙古自治区中小物流企业的主要客户。而对于钢铁、机械及矿建材料等领域，部分属于特种行业，对物流服务的资质及装备要求较高，中小物流企业涉足较少。

在物流企业与客户的合作形式方面，临时合同签订率为100%，这同物流业运作实际有关，在具体物流业务运作过程中，虽然企业间签订有长期合同，但对于每次具体业务同具体业务承运人之间三者还要签订临时合同，对当次业务责、权及出现事故后的赔偿及免责情况进行阐述。

具体到企业间的合作关系，内蒙古自治区中小物流企业与主要客户的合作合同大部分是年度合同。签订年度合同的优势是比较灵活，企业根据上一年度合作状况决定下一年度是否继续合作，而物流企业也有较大的自主性。

同时半年合同及长期合同（一年以上的）在调查中也占有一定比例，半年合同多具有试探性合作的意味，而长期合作说明企业间合作关系较为稳固。

综上分析，当前，内蒙古自治区大部分物流中小企业的业务模式较为单一，业务及影响力较小，市场竞争比较激烈。内蒙古自治区中小物流企业要想在现代物流市场走得更远，就必须转变发展方式，不断提高自身的服务能力。

2. 中小物流企业人力资源状况尚有大幅提升空间

通过对物流企业人力资源状况进行调查，可以反映出物流企业自身的管理水平、市场竞争能力以及企业发展潜力。在问卷设计方面，主要通过企业员工数量、管理者所占比重、吸引人才的主要因素、最缺乏的物流人才种类及本企业人员培训方式等问题进行反映。

通过调研我们发现，被调查企业 50 人以下的有 7 家，占总量的 23.33%；50~300 人的有 22 家，占总量的 73.33%；300 人以上的有一家，占比 3.33%。上述情况表明，内蒙古自治区中小物流企业人数多以 50~300 人为主，50 人以下的企业也有一定占比，规模整体上相对偏小。根据相关企业划型标准，前者属于小型物流企业，后者属于微型物流企业。在中小物流企业引进人才过程中，比较注重收入分配及职务晋升公平性、收入及福利水平、职业发展机会与空间 3 方面因素，同其他因素相比，考虑的倾向性较为明显。

中小物流企业中高层以上管理者平均月薪 3000~10000 元，基层员工平均月薪 1500~3500 元。整体薪酬水平与劳动强度、劳动环境等因素相比偏低，这也是物流业对高素质人才缺乏吸引力的主要因素。在当前中小物流企业最紧缺的人才中，综合性物流管理人才与运输管理人才比率最高，选择比例分别为 53.33% 和 50.00%，这同内蒙古自治区大部分中小物流企业从事道路运输等初级物流服务的业务实际相符。

在中小物流企业人才培训方式方面，表现还不尽如人意，大部分企业对此尚未给予足够重视，企业内定期组织培训的比例仅为 40%，比例较低。而本次参与调查的企业都是内蒙古自治区物流论坛的参会企业，在各地均具有一定的影响力和知名度，因此更说明内蒙古自治区大部分中小物流企业在人才培训方面情况不够理想。

综上分析，内蒙古自治区大部分中小物流企业的人力资源状况表明，内蒙古自治区中小物流企业在这方面仍有大幅提升空间。

3. 中小物流企业经营环境亟须改善

在本次调研中，我们在企业的经营环境中设计以下问题：物流企业希望当地政府强化哪些方面的职能、我国物流标准化工作哪些方面亟须改进、中小物流企业在发展中遇到了哪些问题、同行企业间是否合作等。以此来考察中小物流企业经营环境状况，查找制约企业发展的瓶颈问题。

内蒙古自治区中小物流企业普遍希望政府在提高政府服务效率、规范市场管理、完善公共信息平台、加强基础设施建设等方面有所作为，这也说明当前的区域经营环境与企业需求之间尚存在一定差距。

在物流行业标准化方面，数据采集标准化、编码标准化、物流信息交换标准化、设施与技术装备标准化方面亟须改进。其中，数据采集标准化选择比率达到73.33%，编码标准化选择比率达到60%，物流信息交换标准化和设施与技术装备标准化选择比率达到53.33%。说明当前此类问题在企业运作中已经造成比较大的困扰，严重影响了企业的作业效率以及业务开展。

当前中小物流企业普遍遇到服务内容单一、资金不足、业务运作网络化水平低、运作成本高的问题。选择比率分别达到：76.67%、66.67%、60%、53.33%，超过半数。其次在市场营销能力、信息化水平选择比率也比较高，说明大部分企业管理者对企业自身有比较清醒的认识，比较准确地了解企业的短板所在。

在客户响应速度、货损率方面选择比率较低。据了解这种情况同内蒙古自治区中小物流企业所承担的物流对象有比较大的关系，煤炭、农副产品等低附加值产品占物流公司业务量比重较高，这类货物对运输时限、安全性等方面要求较低。因此这些问题尚未给企业带来太大的困扰。

在员工素质方面选择比率仅为10%，说明当前企业经营管理者对企业的员工结构及能力是比较满意的，这一方面由于内蒙古自治区中小物流企业从事的物流业务比较传统，缺乏技术含量；另一方面，由于工作环境及待遇的因素，导致高学历、高层次员工流动性较大，企业在选择人才时较看重员工的基本素质。

在物流企业的经营管理人员看来，市场环境不规范是中小物流企业发展中遇到的最大问题，选择比率高达83.33%。当前物流市场进入门槛较低，物流企业间低价无序竞争现象比较严重，这也是造成市场不规范的主要因素；物流需求不足，选择比率为76.67%，说明当前物流市场资源利用率有比较大的提升空间，存在部分企业"吃不饱"的现象；物流基础设施有待完善，选择比率为70%；政策法规体系欠完善，选择比率为53.33%。这些数据都表明，中小物流企业对当前外部的软硬件环境都有比较大的心理落差。

相对而言，物流公共信息平台建设选择比率较低，说明当前市场上现有的信息服务基本能够满足企业自身业务需求。也从另一个方面反映了当前中小物流企业所从事的业务比较传统，大部分仍停留在配货、车源、货源的信息需求方面。

也提示内蒙古自治区中小物流企业要想在现代物流市场上做大做强，在企业信息化建设方面任重而道远。

通过调查，当前物流行业中小物流企业之间存在合作的占比 60%，表明内蒙古自治区中小物流企业间已经存在较为广泛的合作关系，同时验证了企业规模偏小，服务能力不高的现实。这种状况无疑会加剧物流供给市场低层次的价格竞争，市场亟须整合重组。

企业内部的组织管理及人力资源状况不尽如人意、外部市场环境的亟待改善的内忧外患表明，内蒙古自治区物流业整体经营环境亟须改善。

4. 物流企业基础设施建设仍需完善，企业信息化水平差距较大

调查主要想通过对物流企业自身拥有的资源及利用率情况的调查与分析，了解内蒙古自治区中小物流企业的规模、信息化水平与服务能力。因此，问卷围绕中小物流企业拥有车辆情况、车辆利用率、仓库的建设和使用情况、企业的信息系统使用情况、是否与客户企业共享企业数据、当前企业利用了哪些物流信息技术、推广无线射频管理技术存在的主要困难有哪些等问题进行调研。

由于问卷中对中小物流企业车辆及仓库建设使用状况问得比较细，提问方式也比较笼统，大部分被调查企业回答情况不尽理想，因此前 3 个问题未予统计。

目前内蒙古自治区中小物流企业信息系统模块主要体现在财务管理、运输管理、配送管理方面，企业的选择情况分别为 53.33%、36.67%、30%。说明大部分中小物流企业作业方式仍停留在手工操作阶段，物流信息系统的应用比例还有待提升，在物流信息化的道路上还有很远的路要走。

而在客户是否能够通过互联网访问企业网站方面，仅有 10% 的企业回答可以。结合本次调查企业的实际情况，表明内蒙古自治区中小物流企业在企业网站建设、网络营销方面表现较差。在新技术方面全球定位系统/地理信息系统（GPS/GIS）的使用率比较高，条码技术次之，参与调研企业的选择比例分别为 40% 和 23.33%，其他信息技术选择的比例都比较小，还有部分企业未予回答。

整体上看，内蒙古自治区中小物流企业现代物流技术的运用状况不尽理想，同发达地区相比有较大差距。一方面同内蒙古自治区物流企业自身的业务需求有关；另一方面也说明企业对信息化建设给予的重视不够。

5. 内蒙古自治区中小物流企业对自身及市场发展较为乐观

在本次调研中，我们在企业前景预测方面设计以下问题：外资物流企业进军中国物流市场带来的主要冲击、企业未来需加强的工作、企业将开展的增值服务的类型、企业未来的投资方向、对企业同重要客户结成战略合作关系的情景 5 个

问题。

关于外资物流企业对物流市场的冲击，大部分参与调查企业未予回答，在做出回应的问卷中，选择比例较高的是本土企业成收购对象、市场竞争手段发生变化及市场竞争格局发生变化等。其中，本土企业成收购对象选择比例最高，达到20％。这种情况表明，外资物流企业进入中国市场，对内蒙古自治区中小物流企业影响不大。

未来需要加强的工作方面，降低运作成本、增加服务项目、提高信息化水平、优化业务运作网络方面表现出较浓厚的兴趣，选择比例分别为63.33％、70％、46.67％、53.33％。但在降低货损率、提高客户响应速度、降低服务差错率、提高员工素质等方面选择比例较低。一方面说明内蒙古自治区中小物流企业由于区位资源特色等因素决定的所从事的物流业务比较粗放；另一方面也说明内蒙古自治区中小物流企业提供的物流服务比较传统。

在将要开展的增值服务项目上，参与调研企业主要选择：物流系统设计与优化，选择比例60％；咨询及信息服务，选择比例56.67％；物流一体化，选择比例23.33％。增值服务是现代物流企业获取差别优势的主要方向，也是现代物流企业的核心竞争力所在。当然，此类问题中选项对中小物流企业经营管理者而言，其认知程度及层次如何尚不得而知。因此，本题只作为企业未来发展意向的一种试探。

在未来投资意向方面，参与调研企业主要选择：运输车辆、扩张业务网络、仓储设施、物流信息技术等方面。最高的为运输车辆，选择比例为73.33％；其次是扩张业务网络，选择比例为56.67％；仓储设施，选择比例为53.33％，这些数据表明，内蒙古自治区大部分中小物流企业想未来在企业规模、资源能力方面进行扩张。在物流信息技术方面，选择比例为46.67％，表明部分企业已经看到了物流信息技术的重要性，在这方面表现出明显的意愿。但员工培训，选择比例仅为20％，表明大部分中小物流企业对该问题尚未进行考虑。具体原因包括：一方面，当前内蒙古自治区中小物流企业对企业自身的人力资源机构及人员素质是比较满意的；另一方面，说明企业管理者对未来尚缺乏明确的发展思路，对具体的业务拓展没有较为具体的计划，对人才需求的认识较为模糊。

综上分析，整体上看，中小物流企业对未来市场发展的判断是乐观的，对自身所从事的物流业务是有信心的。

三、内蒙古自治区中小物流企业与大企业协调配套发展情况调查

前文已对内蒙古自治区中小物流企业情况进行了较为详细的阐述，为准确了

解中小物流企业与大企业的协调配套发展情况，我们还需要对内蒙古自治区大企业的物流运作情况进行梳理。

1. 内蒙古自治区大企业物流运作情况

通过抽取内蒙古北方重工（以下简称北重集团）、包头钢铁（集团）有限责任公司（以下简称包钢）、鄂尔多斯投资控股集团有限公司（以下简称鄂尔多斯集团）以及蒙牛乳业（集团）股份有限公司（以下简称蒙牛集团）4 家公司作为样本，通过实地走访，与企业相关部门负责人进行座谈，深入了解企业的物流运作情况。通过调研我们发现，北方重工、包钢在部分领域的物流运作经历了由自营向市场化的转变，由自有车队改组成立二级公司，同时在改组过程中，充分考虑市场因素，积极利用社会外部资源。而对于蒙牛集团、鄂尔多斯集团而言则在比较早的时候就开展与第三方物流合作的尝试。上述情况表明以下几点：

（1）内蒙古自治区大型企业已认识到物流服务社会化的优势。通过调研，上述 4 家大型企业同第三方物流均联系密切，通过引入第三方物流，实现降低经营风险，减少运作成本，提高服务水平的经营目标。在部分关键物流环节，企业往往采用自建物流系统。如蒙牛集团的区域配送中心，包钢集团的包钢机械化、包钢鹿畅达，北重集团的北方风驰物流港等。

蒙牛集团的区域配送中心虽采用自建方式，但在运输方面，广泛采取与第三方物流企业合作的方式。包钢集团的原材料运输及下游产品销售则更是完全依靠第三方物流完成。包钢机械化负责厂内物流，鹿畅达负责钢材产品销售，主要运营钢材市场。北重集团的北方风驰物流港虽在资本构成上由北重持股 51%，但就其业务形式而言，则已完全成为真正意义上的第三方物流服务企业。

（2）内蒙古自治区大型企业对物流运作的服务能力要求较高。内蒙古自治区大型企业产品销售往往遍及全国，部分企业甚至有较大的出口需求，因此对物流服务企业的能力要求较高。通过调研了解到，上述 4 家企业虽广泛使用第三方物流企业，但对物流企业的服务水平及服务过程的控制能力要求较高。如内蒙古中邮同鄂尔多斯集团试合作数月后，才签订了正式合作协议。虽然物流企业规模与服务能力之间没有直接对应关系，但也在相当程度上表明企业资产状况、资源拥有情况、组织管理水平。部分企业由于物流对象的属性及特点，往往需要专业储运设施、设备，这种现实需求是大部分中小物流企业无法满足的。

（3）内蒙古自治区大型企业选择物流供应商较为理性。通过蒙牛集团选择物流服务供应商的考察因素可以发现企业在选择第三方物流供应商的过程中，思路清晰，原则明确。既有硬实力的要求，也有软环境的充分考量。关键取决于物流企业是否能够满足企业自身需求，对大型企业自身的业务发展要有贡献。内蒙古自治区中小物流企业要想在大型企业物流市场中分一杯羹，必须从自身能力建设做起，容不得半点马虎。

2. 内蒙古自治区中小物流企业同大企业协调配套发展情况

结合内蒙古自治区中小物流企业和大企业的调研情况，我们进行梳理分析后，得出以下结论：

（1）内蒙古自治区中小物流企业多、小、散，服务能力有限。在"物流热"推动下，内蒙古自治区中小物流企业如雨后春笋般不断涌现，数量上有了突破性发展，全区共有各类物流企业近1700家。整体上看，这些物流企业以私营企业为主，经营方式灵活多样，敢于创新，积极进取，能够深入了解客户需求。但同时也存在着规模较小，业务模式简单、服务项目单一等顽症。而且大部分私营物流企业多属家族式管理，在先天上存在管理不规范、机制不健全、资金短缺、信息化程度低和难以吸引高素质人才等问题。

同时，由于市场竞争激烈，低价无序竞争现象明显，部分企业为了拿到订单，往往恶意压价。从而导致拿到订单的业务无法正常开展，服务质量无法保证，物流行业的各种投诉及诉讼不断。当前，行业公共信息服务主要以配车、配货等初级形式存在，衍生出一大批物流信息部（配货站）。由于行业公共信息平台建设滞后，企业间信息无法共享，导致中小物流企业间难以抱团，无法对行业现有资源实施有效整合，这种状况无法满足大企业的物流外包需求。

（2）大型企业物流市场化运作趋势明显。包钢集团、北方重工等大型企业初期虽建有自己的储运公司（或车队），但均已完成市场化改造，组建自负盈亏的经营实体，除承担自身的物流任务以外，也承揽各类社会物流服务。不可否认，这种状况给其他中小物流企业承揽大企业物流业务造成了一定的障碍。

鄂尔多斯集团、蒙牛集团等由于自身商品、消费市场区域特点等因素较早开展第三方物流服务的运作，积累了丰富的市场经验，在选择物流服务供应商时制度完善、过程科学。

从整体上看，内蒙古自治区大型企业现阶段已经充分意识到第三方物流服务的优势。在自有资源的市场化改造或与第三方物流企业合作方面均已做出尝试。但由于大企业自身对物流服务供应商的要求较高，虽有外包物流服务的需求，但内蒙古自治区中小物流企业由于自身资源、能力限制尚无法切入。

（3）内蒙古自治区中小物流企业与大企业之间缺乏有效协调。一方面，虽然内蒙古自治区中小物流企业近年在数量和规模上都有了较大变化，但绝大多数中小物流企业运作模式、业务范围、管理水平方面距离大型企业的物流要求之间尚有不足。虽有同大企业之间合作的案例，但往往并非大企业的核心物流供应商，一般仅在其物流服务网络具有相对优势的区域为大型企业提供补充性物流服务。

另一方面，内蒙古自治区大型企业物流运作基本完成市场化转型。由于历史等诸多因素的影响，在"大而全"经营思想的主导下，许多大型企业都组建有自己的储运公司（或车队）。在当前的经济背景下，大型企业物流运作不断发展，充分意识到第三方物流服务的优势，对自有储运公司（或车队）进行重组，实现市场化转型。

此外，由于物流服务市场供给充分，各层次物流企业之间竞争激烈。部分企业虽没有自己的二级物流公司，但选择物流服务供应商也较为理想，综合考虑各种因素。签订协议后，对物流企业的考核也比较严格，对物流服务供应商实施动态管理。

上述因素都导致内蒙古自治区中小物流企业同大企业之间缺乏有效协调。

3. 内蒙古自治区中小物流企业同大企业之间缺乏协调的原因

（1）中小物流企业方面。在中小物流企业方面存在以下问题：

1）中小物流企业服务层次较低，尚未实现与制造业的协同发展。我国大部分物流企业正处于探索阶段，受资源规模、经验等方面的制约，大部分物流企业还停留在提供简单运输和仓储服务的阶段，然而制造企业真正需要的是信息服务、增值服务、策划服务等层次较高、创新能力较强的综合性物流服务。

2）中小物流企业利润率低，影响发展的积极性。据统计，美国以运输为主的物流企业年平均资产回报率达8.3%，以仓储为主的物流企业达7.1%，以综合服务为主的物流企业高达14.8%。而我国大部分物流企业受通货膨胀、工资上涨、油价飙升等因素影响，资产回报率还不到1%，如此低廉的资产回报率，严重制约了物流企业嵌入制造企业联动发展的欲望。

3）国内领先的物流企业与跨国企业相比，无论是规模、品牌、市场份额、盈利能力，还是物流服务能力、供应链管理能力等方面，均存在较大差距。大多数物流企业基础设施配套性和兼容性差，信息化水平低，多数是单纯的货运代理、运输或仓储企业，大部分物流企业还停留在提供简单运输和仓储服务的阶段，然而制造企业更多地需要是信息服务、增值服务、物流管理服务等高层次、较强创新能力的综合性物流服务。除此之外，面向广大制造企业的专业化物流企业，也存在着小、散、乱的情况。总体来看，物流业发展滞后于制造业的发展，不能为制造业发展和产业结构升级提供优势的服务和强劲的支持。

（2）大企业方面。通过调研，我们可以发现大型企业具备一定业务外包的比例，但其外包的物流业务仍以基础业务为主。如中转运输、市内配送、仓储保管等，而针对具有较大外包潜在效益的原材料供应、成品分销管理、流通加工、物资库存控制等方面外包的比例很小。造成这种状况的原因主要有以下几个方面：

1）认识不足，对物流企业的能力质疑。通常讲，企业对第三方物流公司能力的认识程度普遍偏低。第三方物流行业整体相对年轻，近年虽有大幅发展，但企业整体竞争力偏弱，尤其内蒙古自治区的中小物流企业，距离我国发达地区尚有较大差距。

物流行业内，部分领先的物流企业也不过10年左右的历史，积累的业务经验、自身的管理水平，提供服务的范围均有较大欠缺。当前在供应链管理的背景下，绝大部分物流公司由于缺乏对该领域的研究，不能提供针对特定企业的有效解决方案。市场上鱼龙混杂、服务水平参差不齐，企业选择难度较大、成本较高。

另外，部分大型企业在管理上也远未认识到供应链管理的重要性，外包的意识和动力不足。

2）企业自营物流退出成本较高。我们调研的两家大型制造企业都属于国有企业，受传统计划经济影响，经营方式"大而全"，物流业务外包比重较小。制造企业一般都有自己的物流基础设施和运营队伍，即便企业有意进行物流改革，其改革过程中必然涉及资产重组、人员安置、利益分配、税收等问题，制造企业的物流要素缺乏顺畅的退出机制，这也阻碍两业联动的发展。此外，由于受信用监督机制不健全、管理水平有限等因素影响，现阶段大部分制造企业无法对物流外包产生的风险进行有效控制。比如，物流企业受利益驱使，可能没有从制造企业最大利益出发，从而加大了物流外包的风险。

3）制造企业缺乏物流整体规划。制造企业在总体布局时没有考虑或没有能力考虑整体物流规划问题，导致物流效率低下。调查资料显示，制造企业从原材料到成品的转换过程中，95%为原料的停滞或等待时间，剩余的5%中有70%为工装及其前后时间，真正创造产品价值的时间仅占整个周期的1.5%。

4）管理的惰性导致抵制变化。许多公司，尤其是那些目前财务状况还令人满意的公司，不愿意通过物流外包的方式来改变现有的业务模式。此外，寻求外包物流的公司有时还会遇到来自企业内部某些部门的抵制，因为他们目前从事的工作很可能会被第三方物流所取代。尤其是一些国有企业，物流外包将意味着解雇大批员工，这对企业的领导人来说意味着一个非常大的风险。

5）害怕其客户资料泄露。企业引入第三方物流来经营其内部物流，其基本的运营情报不可避免地要向第三方物流企业公开，在日益激烈的市场竞争下，核心竞争力成为生存与发展的重要保障，而核心运营要素的泄露成为企业实施第三方物流外包的又一心腹之患。

6）担忧自身的业务流程失控。企业在将物流业务外包后，其生产运营便在一定程度上依赖于第三方物流企业的绩效，随着第三方物流介入程度的深入，其物流运营能力越强，对企业形成的潜在威胁越大，企业面临一个更大的难题是某些控制权将逐渐被削弱，企业对于第三方物流介入和介入程度的这种业务流程失控之忧成为限制第三方物流服务商与企业建立客户关系以及进行深入合作的"瓶颈"。

由以上几家企业的调研说明，内蒙古自治区多数大企业采取自营物流方式或正在转型。中小物流企业规模与大企业不协调，制造业与物流业的联动发展还处在起步阶段。

4. 加强中小物流企业与大企业协调发展的建议

（1）中小物流企业须强化自身能力建设，提高竞争力水平。首先，树立基于供应链的现代物流理念，提高物流服务能力。物流企业应深入了解制造企业供应链产销模式和物流模式，从采购、运输、仓储、配送等环节向供应链管理的各个环节渗透，为制造企业优化物流管理提供方案设计、组织运筹及实际操作等综合服务，以更好地满足制造企业的物流需求。其次，引导物流企业进行服务创新和技术创新，提升物流功能和服务能力，针对制造企业的不同层次的物流需求，有针对性地解决供需协同发展问题，从整体上提高制造业和物流业的竞争力。

（2）制造企业须优化业务流程，加速非核心业务外包进程。物流业务外包是制造业与物流业联动发展的一种重要形式。制造企业要改变"大而全、小而全"的经营方式，剥离一些非核心的物流业务，加快物流业务外包。制造企业通过把原来自营的物流业务外包给专业化的第三方物流企业，有利于发展自己的核心业务。制造企业可以与管理型的第三方物流公司实施战略联盟，建立长期合作关系。制造企业优化物流管理包括许多方面，其中最主要的是转变观念，树立与物流业"互利共赢"的观念以及基于供应链视角进行业务流程改造，实现物流整合与一体化。

（3）政府须统一规划，促进物流业与大企业协调发展。内蒙古自治区政府应建立物流业与制造业协调发展的推动机制，出台具体政策，在土地税收资金等方面支持现代物流业发展。首先，应通过采取减免税收、政府奖励、投资优惠等措施建立良好的物流业发展环境，引进更多、更具有竞争力的物流企业，促进物流企业的投资建设，规范物流服务市场，提高自治区物流企业服务供应能力。其次，必须大力整合中小型物流企业，加强物流基础设施建设，大力引入先进的物流技术，构建先进的物流管理体系。例如，大量采用准时生产制、电子数据交换、配送需求计划等先进物流技术，提高工作效率和物流服务质量。从而鼓励制造业主辅分离，变物流自营为联合经营或物流外包，扩大物流的社会化需求，为制造业与物流业联动发展提供保障。

发展中小物流企业是加快地区经济发展的客观要求。近年来，各个地区的众多学者为了进一步提升当地商贸流通产业水平，对各地区中小物流企业的发展状况做了详细的调查与研究，发现了中小物流企业在发展中存在的问题，并提出了相应的解决对策。但是，内蒙古自治区作为中国的一个西部大省，其优越的资源优势与区位优势都对当地的物流水平提出了更高的要求，但是物流企业的规模较小，物流业发展水平较低，明显不能满足内蒙古自治区经济发展的需求。我们希望，本课题的研究能够对内蒙古自治区中小物流企业的发展做出一份贡献。

参考文献

［1］陈传国．中小型第三方物流企业发展问题及对策研究［J］．中国市场，2007，28.

［2］程之中．企业物流外包优势［J］．中国物流与采购，2010，24.

［3］董伟，纪付荣．中小物流企业问题及对策研究［J］．知识经济，2009，1.

［4］工信部联企业〔2011〕300号，工业和信息化部，国家统计局，发展改革委，财政部．中小企业划型标准规定［S］．

［5］GB/T 19680—2005，物流企业分类与评估标准［S］．

［6］韩钧．物流外包原因与决策［J］．内蒙古公路与运输，2010，5.

［7］郝萍．企业信息化建设中的问题与对策［J］．北京市经济管理干部学院学报，2006，21.

［8］马骊．论物流企业的信息化建设［J］．特区经济，2007，4.

［9］荣凤英．浅谈发展现代物流业［J］．湖北财经高等专科学校学报，2001，4.

［10］师志燕．内蒙古农畜产品物流发展及对策研究［D］．呼和浩特：内蒙古农业大学硕士学位论文，2008.

［11］温建萍．中国中小物流企业发展探析［J］．物流工程与管理，2009，1.

［12］张建鲁，吴军．中小物流企业协同发展的思考［J］．企业经济，2004，9.

［13］张铜学，徐剑锋．西部中小企业物流运作现状及发展战略研究［J］．

中小企业科技，2007，8.

　　[14] 张欣. 西部物流业竞争力分析 [D]. 成都：四川大学硕士学位论文，2007.

　　[15] 张赟. 浅析产业振兴背景下我国中小物流企业的发展 [J]. 商业时代，2009，15.

　　[16] 张占军. 内蒙古自治区发展现代物流业的对策建议 [J]. 区域交通，2007，5.

呼和浩特乳制品产业集群中小企业发展状况调查研究

课题编号：ZA11008

主 持 人：孙晓光

参 与 人：赵红梅　康秀梅　李瑞峰　屈燕妮

呼和浩特的乳业产业集群是依托于其丰富的自然资源，由"伊利"和"蒙牛"两大企业作为核心龙头企业，带动相关中小企业逐步发展起来的。在乳制品生产销售链条中，负责乳牛饲养、乳品加工和乳品销售的众多中小企业，因为地理上的相近性，相互联系，相互补充，共同发展而形成的跨产业乳制品中小企业集合，由产生、发展到逐步壮大，已渐渐成为内蒙古乳品产业进一步繁荣强盛的基础。内蒙古自治区通过大力扶持中小乳制品企业产业集群发展，促进了产业结构优化升级，拓宽了城乡居民就业渠道，集聚效应逐步显现。呼和浩特乳品产业集群除拥有全国领先的大型企业，更多的是中小企业，据有关资料统计，中小企业的从业人员占整个乳业集群的比例很大。呼和浩特市积极响应自治区产业政策，采取抓大扶小的政策措施，取得了经济效益和社会发展双繁荣的良好效应。因此，对乳业集群的中小企业发展状况进行调查研究，探讨大、小企业相互促进协调发展的规律，总结中小企业发展中出现的问题和经验教训，对加速乳制品产业相关企业间的专业化和一体化进程、促进区域经济健康可持续发展，具有较大的理论意义和实践价值。

一、呼和浩特乳制品产业集群中小企业的特征

呼和浩特乳制品产业集群中小企业发展具有如下独特的区域优势：优越的自然环境和地理优势，适合牧草的生长和奶牛的生长；有食用牛奶及相关制品的饮食习惯，有乳业发展的原始雏形；有以回民乳品厂为代表的前期产业背景，有诸如"伊利"和"蒙牛"等龙头企业的示范带动；有政府产业政策的扶持和引导，有人民原生性的认可等地域特点。另外，由于整个呼和浩特市乳业产业的形成和扩张具有自发性、爆发性和逐利性，产业集群的发展体现出一些鲜明的特征，归纳起来，有如下几个方面：

1. 呼和浩特乳制品中小企业产业集群突出雁形模式结构

在呼和浩特市乳制品产业集群发展过程中，"伊利"和"蒙牛"两个龙头企业在生产中发挥横向支撑作用，在营销中以品牌效应发挥纵向纽带作用，在核心技术研发中发挥创新作用，起到了领头雁的突出作用；其他众多中小型企业和个体私营业主、奶户充分借助雁群效应，发挥灵活性和群体性的优势，编成网络结构，实现生产社会化、组织网络化和流通市场化，自己开拓市场的同时，充分依靠龙头企业和集群网络的力量共同发展，凸显出产业集群发展的雁形模式。

2. 为龙头企业提供配套加工服务的支持性企业集群已经形成

目前，区域内两大龙头企业——"伊利"和"蒙牛"总部，分别位于公司注册地——呼和浩特的两大工业园区——金川开发区和盛乐工业园区，园区内聚集了大量相关配套企业，如九强机械制造、大正牛业等，软硬件设施齐全；内蒙古自治区两所著名院校——内蒙古师范大学和内蒙古工业大学也将陆续迁往园区附近，逐步形成产、学、研相结合以及软件政策、硬件设施一体化的乳业龙头企业支持服务体系。

3. 呼和浩特乳品产业集群是内生依赖性的链条型集聚

呼和浩特乳业集群凭借内蒙古自治区独特的草原地貌和气候条件等区域比较优势，一批以乳制品加工为主的乳制品制造企业迅速成长壮大，形成了"伊利"、"蒙牛"两大全国知名品牌，推动了奶牛养殖、乳品加工以及相关产业的发展，催生了乳牛繁殖、乳牛交易、疾病防治、饲草饲料等多个相关产业。正是由于过于依赖区域环境和地理优势，乳品企业在不断扩大规模的同时，区域性自然资源不足的矛盾逐渐凸显出来，集群内企业对自然资源的争夺逐渐加剧，自由

竞争增多，相互合作减少。大型乳品企业利用中小企业的业务单一性和相对固定性，开始专注于自己的产品环节，在空间上集聚，逐渐游离于产业上下游运营环节和外部供应商和客商之外，形成内生依赖性的链条型集聚。集群内企业间的横向联系和合作关系减少，企业共担风险的意愿和能力减弱，企业的创新发展受到多重因素的掣肘，不利于产业集群的进一步发展。

4. 集群内中小企业管理还较落后

由于呼和浩特乳品产业集群内生依赖性链条型集聚的特点，乳品企业与奶户关系不紧密，奶农的组织形式还停留在初级水平，乳业产业链联动性不足，抵御风险能力不强；产品结构不够合理，附加价值较低，向外开拓能力不强；企业之间缺乏合作，没有形成地区的网络；缺乏高级经营管理人才和专业技术人才，饲养管理仍较粗放，鲜奶质量得不到保证，不能适应大企业对奶业的需求，奶牛单产水平不高，亟须在良种奶牛的繁育上取得突破，引进国外优质奶牛，提高单产，但又存在较大的资金缺口。

二、呼和浩特乳制品产业集群中小企业的优势与不足

1. 呼和浩特乳制品产业集群中小企业的优势

（1）乳制品产业集群中小企业具有吸纳高层次人才集聚和成长的"后发优势"。呼和浩特乳制品产业集群在经过 10 多年的高速发展后，进入产品升级换代、企业转型发展的新阶段，高层次的管理和技术人才队伍，成为推动企业创新发展的重要因素。在中小企业蓬勃发展形成规模的过程中，产业集群的龙头企业已经进入成熟发展期，经过龙头企业培养和锻炼的大批人才队伍，被中小企业的结构优势和发展潜力所吸引，通过各种途径流动到中小企业，使中小企业成为人才聚集和施展的"养鱼池"。据调查，许多从"蒙牛"、"伊利"出来的人都在相关行业和配套行业的中小企业有所建树，推动了整个产业的创新发展和技术进步。

（2）中小企业发展过程中得到政府产业政策的大力扶持和积极引导。首先，内蒙古自治区政府，呼和浩特市市委、市政府实施"奶业兴市"政策，出台了一系列扶持乳品产业集群发展尤其是鼓励中小企业发展的相关政策和措施，大大加快了乳业集群的发展。在乳品产业园区建立时，地方政府低价或零价格给予土地，强调园区的建设理念，突出园区建设的行业特点，如规定盛乐园区为乳制品企业园区。其次，乳品中小企业享受国家宏观的产业政策，如乳业为初级农产品

加工，享受农产品加工方面的税费减免和增值税减免等政策。在集群形成初期，政府扶持鼓励一大批企业家积极探索，勇于创新，为他们提供便利条件，解决后顾之忧。政府发挥舆论引导和政策引领作用，营造产业集群发展共识，改善招商引资环境，为集群的发展壮大营造良好氛围。

（3）技术服务体系配套相对完善。市政府为促进乳业行业发展，改善中小企业发展环境，注重行业服务体系和配套产业建设。在奶牛防疫方面，按照《呼和浩特市关于进一步加强动物防疫体系建设的实施意见》，相继建起了市、县、乡、村"三级政府、四级管理网络"的动物防疫体系，全市 77 个乡镇均设有畜牧业综合服务站，其中 33 个进行了配套完善，其余 44 个今后还要逐步提高完善；在物流贸易方面，加强公路等基础设施建设，建立市场管理和经营贸易等法律法规和行业规则；在饲料养殖方面，加强基础设施和配套产业建设，培育、引进饲料、养殖、包装等一批配套企业。

（4）龙头企业的牵动和产业集群的延展效应。呼和浩特乳制品产业集群中小企业都是依赖产业集群环境，围绕龙头企业而存在和发展的。如和林格尔盛乐经济园区就是以"蒙牛"为首的专门乳制品经济园区；金山开发区伊利集团新工艺园区是以"伊利"为首的乳业产业集群。作为集群之首的龙头企业和作为基础的中小企业，是相互依赖、互相促进的共生关系。对龙头企业来说，能够迅速获得原材料及相关服务，比如包装、运输等；对于中小企业来说，可以充分利用产业集群的技术、人才、市场和产业环境等优势，借机发展壮大自己。

2. 呼和浩特乳制品产业集群中小企业的不足

（1）政府的产业政策不能满足产业集群发展的需要。首先，政府对企业的支持政策也是在逐渐学习和渐进认识的过程中形成的，一些政策难免会有脱离实际甚至不正确之处，如"公司＋基地＋农户"的模式，因此政府在制定产业政策时，需要创新工作方法，真正了解和掌握企业的需求政策以及政策的效果。其次，政府的产业政策的形成滞后于企业的发展，政府对企业集群的发展大纲、纲要等都来自于企业、集群、科研课题等信息相关的笼统汇总，前瞻性和纲领性适应性不足，失去政策的权威性和指导性。政府的作用更多地体现在出现问题后的处理和弥补上。再次，政策的实施和监督不到位，效果不佳。如政府虽然对中小企业有相关的扶持政策，成立了融资担保或小额贷款公司，但由于执行中的种种问题，真正需要投资的公司没有从中受益，不能够真正解决企业的需求；政府政策执行部门设置太细，有些办理手续流程太复杂，影响政策的推广和实施效果。国家曾对某些扶持项目的事后资助效果、运行状况的评估显示，效果不是很好。最后，政府虽然实施了大量促进中小企业发展的优惠政策，但企业认为力度还远远不够，相应的服务体系以及设施也不够完备，应该提升。

（2）中小企业之间的过度竞争是阻碍产业集群发展的一个主要因素。呼和浩特市大型乳品加工企业大都以超高温灭菌奶为主打产品，产品结构类同，缺乏高科技含量、高附加值产品，造成企业之间为扩大市场份额大打价格战。以"伊利"和"蒙牛"为例，虽同为两个国内重量级企业，但拼价格的现象也极为严重。龙头企业带动的中小企业之间也存在同样的问题，这种过度的竞争，一方面降低了企业的利润率；另一方面也极大地伤害了彼此的感情，不利于合作创新的氛围，阻碍了乳制品产业集群的健康发展。

（3）基础设施参差不齐。呼和浩特市奶业在发展初期，奶牛饲养规模小，而且分布在千家万户饲养，导致生产水平低，严重影响着原奶质量。随着奶业的不断发展，呼和浩特市千家万户分散养殖奶牛的方式已不适应现代奶业发展的要求，其弊端也是显而易见的；牛的品种较杂，单产不高，饲养技术参差不齐，防疫工作十分繁难，牛奶质量容易掺假难以保证。除此之外，交通不够便利也是阻碍产业集群发展的一个重要因素，由于乳制品保质期短，制作成的产品需尽快运往全国各地的经销商处，天然的地理路途也是其中一个阻碍因素。

（4）中小企业间缺乏交流与合作。中小企业间缺乏交流与合作主要体现在以下几个方面：

1）企业间联系不紧密。由于从事乳品相关产业的企业集群规模发展不足，企业间又存在恶性竞争，导致企业间缺乏联系和合作，未形成一个专业化分工细致的地方生产系统。产业链上、下游的小企业以多层外包、分包体系构成一个具有柔性协作能力内生依赖性链型机构，但每个环节的企业仍处于单打独斗的状态，难以形成分工协作的完整产业链，乳制品产业链相关产品关联度较低，配套能力不足，难以形成集群效应。随着弹性专精生产时代的到来，面对市场快速变化的需求，单个企业已无法完成从原料到产品到市场再到顾客的所有经营环节，大家越来越认识到，只有通过供应商、生产商、分销商和客户的共同参与，进行交流与沟通，共享信息和知识，才能不断创新，更好更快地满足客户需求。

2）乳制品企业与上下游环节的合作关系不稳定。由于集群内企业间缺乏分工协作，只形成相互依赖的简单链型关系，大部分乳品加工业与奶牛饲养者的关系并未完全理顺，二者的关系仅仅是简单的买卖关系，有时这种买卖关系还是靠政府的行政命令来维持的，供求关系是相当不稳定的。关联的上下游企业在一定的地理范围内的集群和共生的规模经济和范围经济效果还不大，还是低层次的不完全的产业集聚。

3）企业与奶农之间的信息沟通不充分，制约着奶业的发展。呼和浩特乳制品龙头企业、奶农及其之间利益连接机制存在问题，奶源基地是奶业产业链的第一车间，只有奶农有收益，乳品行业不能收益，因此，必须形成企业与奶农之间的利益协调机制，进行利益共享、风险共担，充分调动奶农的积极性。随着精细化生产时代的到来，面对市场快速变化的需求，单个企业已经无法完成从原料到产品到市场再到顾客的所有经营环节。只有通过与供应商、生产商、分销商和客户的共同参与，共享知识和信息才能够更好地满足顾客需求。

（5）社会化服务体系建设滞后。社会化服务体系建设滞后主要体现在以下几方面：

1）中介机构发展滞后。在乳制品产业集群形成的过程中，金融机构、民间风险投资机构不足，导致不少围绕乳业产业集群的中小企业融资困难；一些高素质的乳业技术和销售人才市场发展滞后，[①] 难以适应企业对高素质人力资源的需求；乳制品企业没有与区域内高校、科研机构形成紧密的科研合作关系，尚未形成学习机制和知识溢出效应，阻碍了企业技术创新能力的提高。科技开发、质量检测等相关的服务也不到位，这样使企业获得足够、准确的信息的难度很大。由此可见，中介组织建设严重滞后的现状，成为制约乳制品产业集群发展和产业竞争力提升的"瓶颈"。

2）防疫任务艰巨，专业化服务水平低。随着奶产业发展，全区奶牛数量迅速增加，防疫工作已经摆在非常重要的位置。由于投入和机制的问题，缺少标准化的服务场所和服务设施，技术服务水平参差不齐，对兽医人员缺乏有效管理。"两病"普查和登记由于缺少经费和病畜淘汰补贴，无法及时普查和淘汰。

3）奶农的组织形式还停留在初级水平，乳业产业链联动性不强，还需要积极探索奶农合作社等组织形式，增强产业链的整体联动性和农户的抗风险能力，建立高效运转的社会化的服务体系。

4）现在的乳业协会是由内蒙古畜牧站变更而来，发挥的作用有限，组织形式不利于集群的发展。政府也没有与乳制品行业协会、企业家联合会等组织进行有效合作，引导企业合理发展。

（6）人力资本的短缺。区域发展的标志一方面在于是否能持续不断的繁衍企业，是否能培育下一代有竞争力的企业。归根结底，区域发展的动力是企业家。因此，有无足够的本地企业家是区域发展的根本问题。能够不断产生富有冒险精神、具有开拓创新意识、拥有宽容合作态度的企业家，这样的国家或地区是最具竞争力的；另一方面专业的生产技术人员也是企业生产环节的重要组成因素。呼和浩特缺乏一套完整的人员配置体系，缺乏生产领域专业的技术人员，整体的社会生长环境不利于自主创业和企业家生长；技术人员的集中也将受到制

---

① 乳业当中的民营技术创新机构缺乏，为了弥补技术要素市场的空缺，2005 年内蒙古自治区科技厅联合伊利集团成立了内蒙古乳业研究院。

约，这将限制产业集群发展的后劲。

三、促进呼和浩特乳制品产业集群中小企业健康发展的建议

1. 出台相关制度政策，营造良性竞争氛围

（1）应制定乳制品产业集群中小企业发展规划。调查研究内蒙古自治区乳品产业的发展现状，编写《乳产品产业发展规划》及《产业指导目录》，对政府制定乳业集群发展规划，出台相应的支持政策提供依据。奶牛养殖和与之相配套的饲料生产、加工业要逐步实现集约化，这样有利于提高生态的产出、保护和降低成本。这就需要有真正在保护农民利益基础上的制度创新，其内容应包括合理的土地流转，产权明晰的股份制机制，劳动力的转移和培训制度的建立，种植结构调整的激励措施，这些都需要政府和乳品企业的引导和支持，出台相应政策，提供一定的资金支持。做好制度设计，能够保证市场各方参与者处于一个公开、公平、公正的活泼竞争状态。这不仅是市场经济的应有之义，而且对产业和产业集群带来多项好处，促进企业创新能力的提高，促使竞争优势不断提升。

（2）营造乳制品产业集群中小企业发展环境。各级政府部门要积极营造乳制品中小企业发展的良好环境，做好相应产业政策的衔接工作，把完善乳业集群，推动乳制品产业集群中小企业发展列入考核目标责任制。要加快产业发展的基础设施建设，注重软环境的建设，在产业政策上做出调整，刺激新兴企业加入，为外来企业和资本进入搭建政策平台，在实践中摸索出一套生产要素的创造机制。

（3）培育信任、合作的产业集群中小企业文化。培育适合乳制品产业集群发展演化和竞争力提升的集群文化，是完善集群内部中小企业信用体制的重要措施。首先，要挖掘并吸收区域的优秀文化。产业集群的自我繁殖和分化组合，都会受到当地社会文化环境的控制和引导。这就要求在培育产业集群文化时必须充分利用、挖掘当地人文因素，以传统文化为基础，增强产业集群内部企业之间的认同感和信任程度，使产业集群中小企业的社会关系网络更具有稳定性。其次，要积极促进多种文化的融合。乳制品产业集群中小企业只有提高自身文化的包容性，积极融入多元文化当中，不断拓展集群内的信任和合作关系，才能突破有限的市场空间和社会网络，在更大范围内实现优势互补和资源重组，实现更高层次的双赢或多赢。产业集群在进行文化碰撞和融合的过程中，要妥善处理好各种文化之间的冲突，加强产业集群内企业之间的交流与接触，提高行为和策略的透明度，以消除彼此间的隔阂，使集群内的企业在相互交流、相互学习的过程中，逐渐形成一整套具有当地特色的原则和方法，并努力促使其成为产业集群中小企业

内所有成员都自觉遵守的行为准则。

（4）提高中小企业乳制品产业集群内分工合作水平。产业内部之间的分工合作是产业集聚形成的基础，产业分工的程度决定了产业集聚的发展程度，因此，应进一步培育和完善中小企业乳制品产业配套体系。区域内乳制品产业链相关企业通过产业分工形成网络，相互联结，长期合作，资讯共享，相互依存，优势互补，可以降低网络内各企业间的交易成本，增强各企业应对风险的能力。提高交易效率，交易效率的提高会进一步促进产业集聚水平的提高，从而形成呼和浩特乳制品产业集群中小企业产业集聚自我强化的内在机制。

2. 加强奶源基地建设

从源头做起，提高质量。奶牛场是乳品加工业的第一车间，只有提供充足的优质原奶，才能生产出质量上乘的乳品，今后原奶将是制约乳品加工业发展的主要因素。目前，内蒙古自治区奶源基地建设基础薄弱，奶牛单产低，原奶质量参差不齐，原奶质量将成为影响种牛改良工作的基础。首先，建立良种牛繁育基地，组织后裔测定，选择、推广优秀种公牛；制定相关的技术标准、规程、规范和管理办法。其次，应优先鼓励大规模、集约化牛场的发展，这是从根本上提高中国奶牛生产能力和水平的途径。对于中小奶牛农场和农户，应为其提供技术培训和产业指导，提供产业升级和基础设施建设低息贷款，发动群众协作养牛，科学养牛，并通过各级兽医站或协会组织为其提供技术咨询、卫生防疫等服务。加快基础设施的建设和城市化进程，美化本地环境，增强引资的吸引力；改善交通运输条件，应大力发展冷藏链运输，运用大型、快速的冷藏汽车或火车，从养牛优势地区向非优势地区供奶。使乳品企业对内蒙古自治区产生根植性，而不是成为"飞地"。

3. 加强信用体系建设

乳业当中的中小企业发展需要非常巨大的资金融通，但是当前的金融体系主要集中在为大企业提供金融服务上。而要扶持围绕大企业的中小企业发展，政府要在城市及农村信用体系建设方面尽快取得突破，在市场转型期，很好地解决企业的机制转换问题，理顺债权债务关系，运用司法、行政手段严厉打击逃废债、金融诈骗等违法犯罪行为，为产业发展营造良好的社会信用环境。特别是要加快中小企业信用担保体系建设，鼓励民间资本参与、组建非银行金融企业和金融服务中介机构，为资金融通创造条件。

4. 制定扶持人才政策

内蒙古自治区乳业转型，人才先行。高端人才极端缺乏，可以让大学开设奶业专业，或者是和国际一流的大学结合起来办奶业研究生院，并且设立奶业人才基金，鼓励杰出人才的培养和使用。同时也要注意基层的专业技术队伍和农民的培养，是否可以推行奶牛养殖的"白色证书"计划，强调执业资格。同时积极引入乳业专业化人才和高级管理人才，给予特别优惠政策。要加大职业化教育投入，采用政府、企业、高校三方联合投入的方式，为中小企业乳业发展储备智力资源。

5. 建设服务型政府，健全中小企业社会化服务体系

政府部门务必提高对建立健全中小企业社会化服务体系的重要性和紧迫性的认识，充分发挥积极性和创造性，围绕中小企业发展需求，积极探索和建立健全以政府主导、社会各方面广泛参与的中小企业社会化服务体系。以服务乳业集群中小企业为宗旨，以营造良好的经营发展环境为目的，强化政府服务意识，整合社会服务资源，加强社会服务机构建设，拓展服务领域，规范服务行为，促进服务市场形成，为中小企业创业、发展提供切实有效的各类服务。对公益性服务机构进行投资主体多元化改造，以技术支持、创业辅导、管理咨询、人才培训、法律维权等内容的服务全面展开；对社会中介机构的服务进行规范，形成对相关中介机构的引导、带动机制。

参考文献

[1] Harrison. B. Industrial Districts：Old Wine in New Bottles？[J]. Regional Studies，1992，26（1）：5.

[2] Porter. M. E. Clusters and the New Economics of Competition [J]. Harvard Business Review，1998，11 – 12.

[3] 澳大利亚乳业局. 澳大利亚乳业简介 [J]. 中国供销商情·乳业导刊，2006，1：28 – 30.

[4] 布拉格，张海疆. 基于集群资源的企业高成长因素分析——以内蒙古蒙牛集团为例 [J]. 集团经济研究，2007，7.

[5] 陈利昌. 乳品产业组织问题的实证研究 [D]. 沈阳：沈阳农业大学博士学位论文，2003.

[6] 陈雨军，徐强. 产业集聚的稳定性与演变机制研究 [J]. 东南学术，2003，5.

[7] 程国强. 执行 WTO 规则对中国乳业经济的影响 [M]. 北京：中国经济出版社，2001.

[8] 段成立. 我国原奶及乳制品质量安全管理研究 [D]. 北京：中国农业

科学院硕士学位论文，2005．

[9] 冯之浚等．论西部大开发［M］．杭州：浙江教育出版社，2000．

[10] 傅林通．呼和浩特市乳业集群现状分析及发展建议［J］．经济社会，2008，7．

[11] 盖方启．创新网络——区域经济发展新思维［M］．北京：北京大学出版社，2002．

[12] 郭晓鸣，廖祖君，付娆．龙头企业带动型、中介组织联动型和合作社一体化三种农业产业化模式的比较——基于制度经济学视角的分析［J］．中国农村经济，2007，4：40－47．

[13] 何玉成．中国乳品产业发展研究［D］．武汉：华中农业大学博士学位论文，2003．

[14] 黄曼慧．产业集聚的研究综述［J］．生产力研究，2002，6．

[15] 纪红丽．内蒙古地区乳业产业集聚问题研究［D］．呼和浩特：内蒙古大学硕士学位论文，2005．

[16] 李海洋．内蒙古中西部乳品产业集群研究［D］．呼和浩特：内蒙古大学硕士学位论文，2004．

[17] 林平凡，陈诗仁．企业聚群竞争力［M］．广州：中山大学出版社，2003．

[18] 那达木德．内蒙古奶业发展基本经验及总体思路［J］．乳业经济，2006，10：30－32．

[19] 王缉慈等．创新的空间：企业集群与区域发展［M］．北京：北京大学出版社，2001．

[20] 吴德进．产业集群的组织性质：属性与内涵［J］．中国工业经济，2004，7．

[21] 夏大慰．产业组织：竞争与规制［M］．上海：上海财经大学出版社，2002．

[22] 杨伟民．从竞争优势到构建竞争优势群——内蒙古乳业发展新战略探析［J］．北方经济，2004，1：46－49．

[23] 于见亮，李开雄．新疆与内蒙古乳业发展优劣势比较分析及对策［J］．农产品加工，2007，8．

[24] 张明之．产业融合与产业集聚新型工业化道路解读［J］．经济探讨，2003，4．

[25] 赵元凤．新时期呼市奶业发展分析［J］．北方经济，2004，8．

[26] 朱英明．产业集聚论［M］．北京：经济科学出版社，2003．

第三部分

内蒙古自治区中小企业
管理案例研究

包头市先德能源有限责任公司
内部控制案例研究

课题编号：ZA11017

主 持 人：张战勇

参 与 人：赵首军　王志强　白庆樑　孙志伟
　　　　　陈泽峰　李　莉

一、研究背景

中国自改革开放以来，已经走过了 30 多个年头。改革之初的种种优势，如低廉的劳动力成本等，正在逐渐消失。产业升级，以提高企业竞争力的呼声越来越响。2000 年以后，更有知名学者指出，中国缺乏具有国际竞争力水平的企业集团。在经济变化与技术革新日益加剧的今天，随着中国加入世界贸易组织（WTO），中国企业面临的世界市场竞争更加激烈。为了提高自身的适应、生存、创新和竞争能力，企业必须不断学习新知识，才能在知识社会中保持竞争优势。

从中国企业内部管理水平提升的角度看，国内企业保持持续提升的态势。2000 年以前，没有几家公司知道 SAP 系统为何物。但是现在的集团企业无不以使用 SAP 或 ORACLE ERP 系统作为 ERP 系统标准要求。六西格玛、精益管理等先进的管理理念也在逐步淘洗企业领导人的思想。为了落实战略执行，平衡计分卡等已经成为众多知名企业的绩效管理工具。

但是在建立完善的企业内控能力方面，我国起步较晚。2000 年以后，为了资本市场的运作越来越规范，也为了在国际竞争中中国企业能够保持良性发展的态势，这些内外因素都在逐步促进企业管理水平的提升。但是，仅拥有先进的管理理念和提升的诉求是不够的，只有通过切实可行的工具才能真正助力企业提升。中国企业领导人正在不遗余力地提升企业内控水平。同时，国家法规在企业内控方面也不断提出要求，2008 年 6 月五部委就发布了《企业内部控制基本规范》。

包头市先德能源有限责任公司（以下称先德公司）成立于 2005 年，运营时间 2008 年。位于内蒙古自治区包头市昆都仑区包头市稀土高新区创业园区。公司主营煤炭、铁矿粉、焦炭等产品的采购、运输。人员构成：总经理一人，副总经理一人，会计一人，出纳兼统计一人，采购兼销售国内 4 人，驻蒙古国 4 人。先德公司没有高学历人员，多数为专科（大专和中专）学历。随着公司业务范围和服务地区的扩展，人员增加到 50 人。2011 年销售产值为 2 亿元，是稀土高新区的纳税大户。先德公司随着规模不断扩大，企业面临的形势更加严峻，管理的难度日益增大，盈利下降难以持续高速成长等问题时时困扰着企业管理者。内部沟通不畅、效率低下、管理无章法等问题成为企业发展壮大的瓶颈。所以在内外部的双重压力下，完善治理、强化内控成为企业发展的最终诉求。

先德公司问题的提出是在与领导交谈过程中产生的，先德公司领导期望在采购原材料过程中解决与甲方产生的差价问题。甲方在收购先德公司提供的原材料时有严格的要求，诸如水分、灰分、铁（Fe）含量、二氧化硅（SiO_2）含量、目数，等等，但是先德公司采购人员对这些要求分析不够，或者不重视，从而导致企业获利低甚至亏损。基于上述情况，先德公司领导期望通过软件来解决购买原材料时与标准要求之间的差距问题，在问题的初始段遏制问题的发生。

但是在我们初期调研企业的过程中，发现软件使用问题是这个中小企业的一个小问题，大问题是在企业发展壮大过程中，由作坊式的企业发展为一定规模的公司时内部管理、内部控制出现了大问题，企业成立之初就没有建立企业内部规范制度，才会导致现在的问题。所以只解决软件使用问题如隔靴搔痒，根本解决不了问题。于是为企业认真制定了规范的企业制度，并通过培训让企业员工了解制度，学习制度，尊重制度，真正将企业推向正规、正轨的道路上。

二、理论意义

就先德公司而言，借助于外脑（来自企业之外的专家、学者）来治理企业内部、对企业进行内部控制的作用十分有效。对于加强企业经营管理，维护财产安全，提高经济效益，具有十分重要的现实意义，其主要体现在以下几方面：

一是保护企业资产的安全。如果先德公司具有完善的内部控制体系，就可以科学有效地监督和制约财产物资的采购、计量、验收等各个环节，从而保证公司和股东们财产物资的安全完整，可以有效地防止各种损失浪费现象的发生。

二是保证先德公司各项生产和经营活动有序高效地进行。科学的内部控制制度，能够合理地对企业内部的各个职能部门和人员进行分工控制、协调和考核，促使企业各部门及人员履行职责、明确目标，保证企业生产经营活动有序、高效地进行。

三是有利于公司提升管理效率。通过制定科学的内部控制制度，尽量压缩、控制成本费用，减少不必要的成本费用，以求企业获得更大的利润。

四是保证会计信息及其他各种管理信息的正确性和可靠性。正确可靠的信息是企业经营者了解过去、控制目前、预测未来、做出决策的必要条件。内部控制通过制定和执行业务处理程序，科学地进行职责分工，有效地防止信息泄露，处理错误和弊端，保证会计信息的正确性和可靠性。

五是保证国家的方针、政策和法规在企业的贯彻实施。贯彻执行国家的方针、政策和法规，是企业进行合法经营的先决条件。完善的内部控制，可以对企业内部的任何部门、任何环节进行有效的监督和控制，对所发生的各类问题能及时反映，及时纠正，从而保证国家的方针政策和法规得到有效的执行。

三、研究结论

1. 对先德公司存在的问题进行分析

从发展趋势来看，内部控制不应只是传统意义上的防护性工具，更应成为积极进取的建设性工具，为企业的战略实现和经营效率提供强力支持。内部控制的目标就是实现企业的目标，具体包括扬长与避短两个方面，但扬长是最主要的。提高经营效率、获取利润最大化是内部控制最基本的目标，避短也是为了保障企业目标的实现。内部控制的根本作用在于考量和纠正工作人员的活动，以保证事业的发展符合计划的要求。它要求按照企业的目标和计划，对组织成员的业绩进行评价，找出消极偏差之所在，采取措施加以改进，提高企业的经营效率和效益，防止损失，保证企业预定目标的实现。一个公司为实现内部控制，必须具备以下条件：首先，该公司是一个责任划分明确的组织。其次，公司应该有一个衡量管理绩效的制度。要求公司具备有效的激励机制。先德公司恰恰在这几个方面都表现出了不足。

（1）缺乏衡量管理绩效的制度，员工基本素质不高。绩效管理制度是企业人力资源管理的核心职能之一，绩效管理制度是为了实现科学、公正、务实的绩效管理的规范，使之成为有效地提高员工积极性和公司生产效率的手段。为提高公司竞争力，保证公司目标的顺利达成，在公司形成奖优罚劣、管理标准、公平人性的氛围。因此绩效管理制度是公司管理体系中重要的组成部分，也是人力资源管理的核心保障。然而制度不完善或者根本没有制度，是类似于先德公司这样的企业所具有的通病。因为在企业成立之初，是关系较好的几个朋友，加之各自家中赋闲的亲属一起创业的。他们之间的管理往往是伙伴式的，以血缘、亲缘和地缘关系为联结纽带，没有制度约束，是松散型的通过互相介绍形成的工作关系，约束员工行为的大多是非正式制度的口头约束或者是以亲属关系、朋友关系维系的工作关系，缺乏良好的行为标准及行为准则。企业的管理者通常也没有营造企业的文化氛围。

在调查中我们发现，在先德公司这样的中小民营企业中存在家族式经营管理方式和创始人独断专行的作风，对员工的要求主要是注重在原始劳动力的使用上，对知识和技术要求不高，员工受教育程度普遍较低，对质量管理的要求其胜任能力有限。管理者缺乏培训员工、提高员工素质的长远考虑，员工也多着眼于短期利益。

（2）组织机构不合理，岗位职责混乱。类似先德公司这样的民营中小企业普遍存在的另一个严重问题是组织结构不合理，岗位职责不明确。从而导致权责不清，管理混乱，内部管理机制不健全。在管理中人情味太浓，往往是人情大于制度，制度形同虚设。组织结构不合理，部门之间不通气、上下级之间缺少协调、缺乏有效的沟通渠道、信息反馈滞后、信息不对称问题严重。导致业务部门之间相互扯皮，办事拖拉，出了问题相互推卸责任，处理事情没有全局观。对于员工而言没有明确的岗位职责，做什么工作取决于领导心情，临时派遣的工作居多。一人多用现象严重。企业只有设计合理、科学的组织结构，才能清楚地划分好组织的治理层与管理层；只有设置、完善相应的管理岗位，根据岗位清晰地划分好责、权、利，岗位职责管理才会科学、合理，组织才能有效地管理好各个部门，每个岗位才能达到效益最大化。

（3）信息技术运用差，沟通不畅。在信息技术迅猛发展的今天，信息技术结合先进科学的管理理念和方法已被广泛运用于企业管理中。可靠的产品信息成为企业决策的重要资源。但是很多中小企业受制于资金、技术、人员素质等原因难以进行大规模的信息化建设，这也在一定程度上束缚了企业内部控制的建立和完善。对于先德公司这样的企业，原材料购买和产品销售分别处于不同地域，且价格参数变动较大，具体的原材料购买人员完全可以借助手机 3G 网络及时通过图片反馈信息。但是在我们调研时发现，虽然很多年轻业务员使用智能手机，但是并不在工作中使用此功能，负责销售的领导更是对智能手机闻所未闻。甚至很多领导不会用电子邮件，只会 QQ 聊天、打游戏等，不知道智能手机可以用于工作。

（4）缺乏规范的激励和约束机制。激励约束，即激励约束主体根据组织目标、人的行为规律，通过各种方式，去激发人的动力，使人有一股内在的动力和要求，迸发出积极性、主动性和创造性，同时规范人的行为，朝着激励主体所期望的目标前进的过程。[①] 对于民营中小企业而言另外一个比较严重的问题就是缺乏规范的激励和约束机制。规范的管理，必须有规范的激励和约束，即奖惩分明而且有度。我们在调研时发现，先德公司奖惩的随意性较大，出现工作失误导致企业损失这样的情况出现后，时罚时不罚，出现突出表现时，也是时奖时不奖。所以对很多员工来说，干好干坏没什么标准。

（5）对企业文化建设不够重视。越来越多的中小企业意识到发展企业文化的必要性，但在建设过程中仍不够重视、缺乏特色、流于形式、家族化，影响了企业文化的质量。对此，中小企业应认识到企业文化带来的"链条效应"，建设好企业文化，推动企业可持续发展。[②] 先德公司的创始人在课题组首次调研时就

---

① 杨申. 关于进一步完善干部激励约束机制的探讨［J］. 企业技术开发，2011，22.

② 廖祥云，康立芳. 试论中小企业文化建设存在的问题及对策［J］. 商业文化（上半月），2011，6.

一再强调，员工和他的思想不统一。经过调研我们发现是企业文化没有建设。企业文化往往是现存的一种无形的力量，影响中小企业成员的思维方法和行为方式。在企业成长过程中，文化对企业产生的许多影响都被埋入企业行为的原始部位，处于行为动机的意识之下，以至于文化的作用往往被人所忽视，导致中小企业重视企业文化的少之又少。由于文化本身所具有的特征，使企业文化始终以一种不可抵抗的方式影响着企业，它具有一种很强的凝聚力，不仅可以促进企业的发展，阻止企业的衰败，同时还可以导致企业陷入困境。企业文化在中小企业经营管理中的重要性，使其不可避免地影响着企业的内部控制。[①]

2. 民营中小企业内部控制的对策建议

（1）建立健全规章制度，提高员工素质。民营中小企业的员工整体素质偏低，然而科学的内控体系又与员工的素质密切相关。制度是否有效，人的素质与自律是关键因素。所以必须在建立健全规章制度的同时加强员工培训，我们课题组专门使用了近两周的时间对先德公司做培训，内容包括制度解读、企业文化宣传、业务流程说明、基本信息技术使用等。从正反两方面增强全员的自我约束能力，使其能够廉洁自律，同时全员参加自我控制评估。只有当企业中的每个员工信仰明确、思想鲜明，内部控制才能更有效。

（2）完善组织结构，明确岗位职责。建立有效的公司治理结构的目的是在股东大会、董事会、监事会和经理层之间合理配置权限、公平分配利益，明确各自职责，建立有效的激励、监督和制衡机制，实现所有者、管理者和其他利益相关者之间的制衡，其侧重点是实现各相关主体责权利的对等。

课题组针对先德公司组织机构不合理，岗位职责混乱的情况，制定了组织机构图，并和企业负责人做了深入沟通，对每个岗位进行职位说明，通过培训和岗位职责解读使每个员工清楚自己的职责。并要求管理层要经常对关键岗位的人员思想与行为进行分析，了解他们工作、学习、生活等方面的情况，捋顺了企业的基本架构。

（3）建立良好的信息沟通系统。一个良好的信息沟通系统可以使企业及时掌握营运状况，并在组织内部和员工之间进行有效的沟通。目前，许多企业内部控制的很大一部分实现了计算机化，这既节省时间提高了工作效率，又减少了人为因素对内部控制效果的影响。先德公司早在公司成立之初就购买了金蝶财务软件，但是随着原来掌握使用方法的员工离职，这套软件的功能只发挥了不足1/10的功能。而且对于甲方的原材料参数要求，没有人可以编制相应的计算公式来对

---

① 朱玲. 中小企业内部控制的问题及对策［J］. 现代商业，2009，8.

接甲方数据，基本上靠手工计算完成。课题组邀请相关技术人员为先德公司专门制定了"物流结算财务管理系统"软件，可以很好地和甲方进行信息沟通，极大地减少了企业的损失。

（4）建立规范的激励和约束机制。针对先德公司奖惩的随意性较强的现象，课题组制定了"绩效考核制度"，帮助企业彻底改变原来的用人制度，全面推行激励约束机制，通过考核是否完成每季度的生产任务来决定员工的绩效，充分发挥优胜劣汰、奖惩分明的市场竞争机制，避免领导干预代替公平竞争。不断营造良好的用人环境和机制。

（5）加强企业文化建设。企业文化是管理者的管理理念，是企业的灵魂所在，先德公司的创办者期望自己的公司有灵魂，有根。课题组通过和企业的深入沟通，为先德公司提炼出其管理理念，其提倡的价值观是：以德为先，诚誉天下。先德公司提倡的经营理念是：尊重他人做好小事，关注市场，努力拼搏。这是得到企业高度肯定的。同时，通过公司徽标的设计，逐渐把企业的文化建设送入正轨。所以我们认为民营中小企业的经营管理者应该注重对企业文化的培养，应避免短期的企业文化，保持一种向上、向前的文化氛围，使其与公司的战略目标趋于一致，使员工认同，促进企业的可持续发展。

3. 结论

民营中小企业内部控制不会出现"快刀斩乱麻"的效果。内部控制是系统工程，不可能一蹴而就和一劳永逸。相反，它应是渐变的和嵌入式的，具备充分的适应性和契合性。企业经营可以多元化，但必须统一规范管理，同样可以使其具有专业化的品牌优势；规模上可以是商业触角遍及全球的巨无霸，但必须做到组织精简，同样具有中小企业的灵活和效率；归宿可以是传统产业，但必须充分利用现代科学技术，也同样可以分享朝阳产业的市场机遇。这要求内部控制合理体现企业的经营规模、业务范围、业务特点、风险状况以及所处具体环境等，并随着企业外部环境的变化、经营业务的调整、管理要求的提高不断改进和完善。一个良好的内部控制方案往往在短时期内是看不出其有效性和优势的，所以很多规模比较小的企业往往认为没有必要投入精力和资金，简单制定几条制度就行了，不必花费人力物力在建立内部控制上。这种错误的观念和想法导致企业短视，不利于企业长期发展，更会导致企业无经营风险意识。这会使企业在处理问题时主观性、随意性强，无制度可依、无制度可执行或有制度也可不依，从而使管理制度形同虚设，错误累积，最后导致企业的灭亡。所以企业应从实现长远发展的角度来考虑建立内部控制机制。

参考文献

［1］朱玲．中小企业内部控制的问题及对策［J］．现代商业，2009，8.

［2］魏光强，李增刚．中小企业内部治理结构中的"类家族化"现象——以山东省诸城市中小企业为例［J］．山西财经大学学报，2005，4.

［3］舒曼，李景勃．贵州省中小企业内部治理现状分析——基于可持续发展视角［J］．经营管理者，2010，20.

［4］杨申．关于进一步完善干部激励约束机制的探讨［J］．企业技术开发，2011，22.

［5］廖祥云，康立芳．试论中小企业文化建设存在的问题及对策［J］．商业文化（上半月），2011，6.

中小企业成长案例研究

——H 集团公司成长的多元化战略

课题编号：ZA11016

主 持 人：李景东

参 与 人：李兴旺　韩庆玲　包迎春　刘媛媛

（2011.12~2012.12）

一、引言

多元化战略（Diversification）是 20 世纪 60 年代在欧美国家非常盛行的一种战略，主要是指企业寻求在不同产业中发展的产业组合战略。美国学者安索夫（H. I. Ansoff）于 1957 年在《哈佛商业评论》上发表的《多元化战略》一文中强调多元化战略是"用新的产品去开发新的市场"。鲁梅尔特（R. P. Rumelt，1974）指出，多元化战略是通过结合有限的多元化的实力、技能或目标，与原来活动相关联的新的活动方式表现出来的战略，其实质是拓展进入新的领域，强调培植新的竞争优势和现有领域的壮大。从管理实践的发展历史来看，20 世纪 60 年代企业运用多元化经营，主要动机是分散风险和谋求企业的稳步发展，是企业经营行为的自然需要。

进入 20 世纪 80 年代，国内众多民营企业也将多元化作为一种重要的发展战略。当时，普遍存在的高额利润使企业经营者对盈利率和增长率形成了很高的预期，并衍生出一种急于扩张的心态。受这种心态的推动，许多民营企业不愿意下苦功谋求在特定领域中的长期优势，而是热衷于寻找市场空白和新的消费热点。多元化战略几乎成为民营企业家的经营"法宝"，纷纷多元化，盲目多元化，认为"不搞多元化就上不了规模"、"不搞多元化就没有出路"。我们不禁反思：多元化战略真的是民营企业进行扩张、规避风险的有效手段吗？

现实中，国内许多民营企业家无长期占领市场的抱负，仅渴望快速致富。一旦在某一领域中出现了较多的供应者，开始面临激烈的竞争，需要企业更多地依赖内涵性的长期竞争力时，他们就迅速放弃原来的项目，而转向其他领域。可见，在一定程度上，多元化战略是多数企业应对竞争、谋求发展的本能反应。随着推行多元化发展战略的企业日益增多，多元化的弊端也越来越明显地暴露出来。因此，对民营企业来讲，多元化既是一个机会，也有可能成为陷阱。

二、案例企业介绍

1. H 公司概况

地处内蒙古自治区的 H 集团有限责任公司（以下简称 H 集团）创建于 1982 年，以建筑维修、工程安装起家，经过 30 多年的发展，现形成了以建筑施工、房地产开发、建材经营为基础产业，同时涉足药业、旅游业、矿业、金融业等新兴产业领域的多元化经营的中型企业集团。

H集团下设6个全资子公司，包括实业股份有限公司（主营建安施工）、房地产开发有限责任公司、建材商城、装饰装潢有限责任公司、物业管理有限责任公司、药业股份有限公司，另控股呼和浩特市诚信典当有限责任公司；近几年又在锡林郭勒盟投资建设矿业、酒店和国际赛马场项目。长期以来，集团公司以建筑安装、房地产开发和建材经营为主业，其中H实业公司、房地产开发公司现有从业人员182人，2011年完成产值6482万元；建材商城从业人员87人，营业收入624万元。从事新兴产业的药业公司现有从业人员325人，营业收入2730万元；酒店从业人员138人，营业收入近3000万元[①]。经过30多年的风雨洗礼，H人诚信的经营和良好的商业信誉赢得了社会各界的信任和好评，在民营企业中快速发展，成为内蒙古自治区民营经济中的明星企业。近十几年来，H集团被全国工商联先后评为"就业、质量、纳税先进会员企业"、"全国双爱双评先进企业"，同时获得内蒙古自治区两级党委、政府授予的"发展个体私营经济的重点保护单位"、"先进私营企业"、"纳税先进企业"等数十项荣誉。

在集团公司的发展过程中，H人始终坚持"以和为本、立足诚信、务实兴业、回报社会"的经营理念和"先做人、后做事"的价值观，不断内强素质、外塑形象，注重产业结构的创新，并凭借其自身体制机制灵活的优势，在进取中完善自我，形成企业的可持续发展。

2. H集团的多元化之路

本案中的H集团，自2000年以来逐步走上了产业多元化发展的道路，先后通过资本运营，兼并和收购了呼和浩特方圆建材商城、呼和浩特预制板厂、呼和浩特市第二制药厂等多家中小型国有集体企业，从而使集团公司资产迅速扩张。近几年来，为适应市场发展的需要，集团公司进行了整体发展战略规划，制定了"盘活资产、紧缩战线、发挥产业优势持续发展"的战略目标。集团公司围绕战略目标，进一步强化管理，增强市场意识，不断提升业务创新能力，在做好做稳建筑施工、房地产开发等传统业务的基础上，砍掉了装饰装潢、预制构件、供水等多个产业贡献率低的项目，逐步向发展前景看好的生物制药、旅游、矿业开采等新兴产业拓展。

2004年，H集团整体并购了呼和浩特市第二制药厂，改制重组为H药业股份有限公司，成为集团控股的子公司。药业公司位于呼和浩特市金川开发区，是集研发、生产、销售于一体的制药企业，2005年全面通过国家药品生产质量管理规范（GMP）认证。目前公司主要拥有片剂、胶囊、颗粒等固体剂型生产线，

---

① 2011年度《H集团经济活动分析报告》。

各类药品生产文号90余个，其中自主研发了多个具有独立知识产权的中蒙药、化学新药"安利博"等品种，产品营销网络遍布全国。近年来，药业公司不断加大科研投入，并于2009年收购了复旦蒙耀研究院，进一步开发技术含量高的创新蒙药"参竹精片"、"沙棘血脂康"等，增强了公司后续产品的开发力度。

为拓展公司业务，集团公司于2008年在锡林郭勒盟投资4000多万元，兴建占地500多亩的国际赛马场和一座五星级酒店，延伸了公司的房地产业务，进入了旅游地产行业。坐落在锡林浩特市的H建国饭店是与北京首旅建国酒店管理公司共同经营管理的一家酒店，已于2009年开始运营。酒店建筑面积3万平方米，房间总量241间，大小会议室7个，设有中餐厅、西餐厅、权金城烧烤等餐饮场所及康体娱乐中心。其中权金城洗浴是引进国内的专业洗浴品牌，总面积2000平方米，已成为锡林浩特市规模最大的专业洗浴场所。

同年，集团公司取得了锡林郭勒盟286平方公里的煤矿资源项目，开始涉足采矿业，目前仍处于开采施工的建设和相关手续的办理阶段。

总体来看，H集团的多元化产业布局目前形成传统产业和新兴产业两大板块，包含6个产业，即建筑施工、房地产开发、建材经营、药业、旅游业和矿业（见图3-1）。纵观H集团的发展历程，公司已从一个小型企业发展成为中型企业，这一成长过程显然是受益于集团公司多元化发展战略的推行。

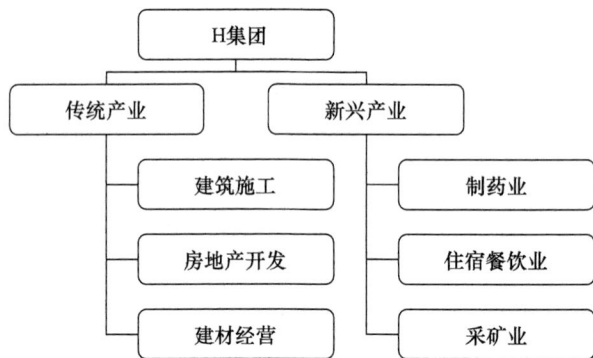

图3-1　H集团多元化产业构架

三、案例研究：H集团成长中的多元化战略

1. 多元化的战略动机和类型

多元化经营，就是通过借助内部条件扩展经营范围来寻找发展机会，以适应

外部环境的一种重要战略。从企业多元化战略角度来看，企业追求多元化的动机一般包括产业转移、分散风险、追求成长和范围经济等。其中产业转移通常是指企业将产品生产的部分或全部由原生产地转移到其他地区，影响产业转移的因素有很多，诸如国家政策调整、原生产地用地紧张、地价昂贵、环境污染等，其中最重要的是劳动力、内部交易成本和市场因素等。H集团目前在呼和浩特市的建筑、房地产、制药等还不具备产业转移的条件，在异地锡林浩特投资的矿业、酒店餐饮业也均属新项目。范围经济是指企业通过扩大经营范围，增加产品种类，生产两种或两种以上的产品而引起单位成本的降低。范围经济通常借助同一核心专长，进行各相关项活动的多样化，从而导致各项活动费用的降低和经济效益的提高。因此，范围经济在同心多元化、纵向一体化战略中体现的较为明显。而H集团从事的各业务项目基本属于不相关产业。从H集团7年来的多元化战略实施意图来看，公司的动机突出表现在分散风险和追求企业成长上。

随着本土房地产企业的壮大以及国内地产大腕的纷纷入驻，H集团的建筑、房地产、建材经营等传统产业，对今后公司的发展来说已不具备明显竞争优势。为保持业务的增长，必须投资经营一些集团公司传统行业以外的优势产业，以规避风险。根据多元化战略理论，企业实施多元化的类型主要包括同心多元化、横向多元化、纵向多元化和复合多元化。从H集团多元化战略实施类型来看，显然属于复合多元化，即通过收购、兼并其他不相关行业的企业，或者在其他行业投资，把业务扩展到这些行业中去的一种多元化战略，其特点是新产品、新业务与企业的现有产品、技术、市场毫不相干。一般而言，当企业原有的产品市场需求增长处于长期停滞甚至下降趋势时；或所处产业集中程度高，企业间相互依赖性强，竞争激烈时；或环境因素的多变性和不确定性迫使企业更加注重长期收益的稳定性时，适宜于推行复合多元化战略。

2. H集团实施多元化的外部环境

多元化经营与近代管理理论中的系统学说有密切关系。系统学说认为企业是一个以人为主体，由物资、机器和其他资源在一定目标下组成的开放系统，它与顾客、竞争对手、供应者、政府及各种机构都有一种动态的相互作用。一般来说，企业实行多元化既要考虑资金、技术、人才等企业内部条件，更要重视如产业机遇、行业壁垒、合作者等外部环境。

（1）产业机遇。进入21世纪，心脑血管疾病具有"发病率高、致残率高、死亡率高、复发率高，并发症多"即"四高一多"的特点。有关报道指出，目前我国心脑血管疾病患者已经超过2.7亿人。全世界每年死于心脑血管疾病的人数高达1500万，而我国每年死于心脑血管疾病的人数近300万，占我国每年因病死亡人数的51%。这为 H 药业专治心脑血管疾病的主打产品"安立博"（厄贝沙坦氢氯噻嗪）提供了巨大的市场空间。

近年来，内蒙古自治区旅游业发展迅速，2011 年全区旅游业共接待入境旅游人数达到 151 万人次，国内旅游人数达到 5177 万人次，旅游业总收入达到 889 亿元，同比增长 21.41%。其中锡林郭勒盟全年实现旅游总收入 122 亿元，比上年增长 32.7%，从而带动了住宿、餐饮、交通等第三产业的快速发展[①]。锡林郭勒盟广袤的草原资源、草原文化吸引着国内外众多的游客，这为地处锡林浩特市从事住宿、餐饮经营的 H 建国酒店带来诸多商机。

内蒙古自治区是资源富集地区，其中煤炭储藏量位居全国第一。现已探明锡林郭勒盟有近百个含煤盆地，储藏量为 1448 亿吨，居全区第二位。该地煤炭埋藏浅，煤层厚，赋存稳定，地质结构简单，开采条件好，开发成本低，适合于综合技术的应用和集约化大规模露天开采。此外，《国家能源科技"十二五"规划（2011～2015）》中又首次将煤炭加工和转化提到国家能源战略的高度。在 2012 年的全国两会上，内蒙古自治区人大代表团也向全国人大提交报告，建议在内蒙古自治区进行国家级煤炭深加工示范基地建设，并给予先行先试的政策。因此，对于内蒙古自治区具备开采、加工煤炭条件的企业，采矿及加工业仍将成为今后产业发展选择的方向之一。

（2）行业壁垒。一般意义上讲，行业壁垒是指厂商进入或退出不同的行业、市场和地域时遇到的障碍或不利因素，包括进入壁垒和退出壁垒。其表现在"新进入企业才须承担而在位企业无须承担的、额外的生产成本"（J. Stigler，1965）。行业壁垒的存在，可能对资源的合理流动和优化配置起到阻碍作用，使在位企业安享垄断利润，也有可能促进市场结构的集中以及规模经济的形成。

从 H 集团多元化战略新进入的行业来看，行业壁垒各有不同。制药业对 H 集团显然是陌生行业，且国内制药厂商众多，已达 4000 多家，内蒙古自治区制药企业就有 88 家，市场竞争激烈。H 集团也未曾涉足住宿餐饮业，特别是对星级酒店的经营管理。从国内发展现状来看，住宿餐饮业具有行业集中度低、综合实力弱、竞争力不强等特点。住宿餐饮业属于典型的垄断竞争市场，商家众多，互不依存，进入或退出的行业壁垒较低。

在 H 集团进入的新兴产业中，采矿业的行业壁垒是最高的，这主要受制于国家政策的影响，如煤炭、化工项目核准难度较大。同时，近几年自治区大力推进煤炭加工转化，积极构建煤、电、化一体化产业集群，引进了多家大型企业集团，开展了多项煤电、煤化工和褐煤干燥等煤炭综合利用项目，虽然这些项目大

---

① 内蒙古自治区旅游局政务网，www. nmgtour. gov. cn.

多正处在建设或开展前期工作阶段,但对H集团明显构成了进入障碍。

（3）合作者。由于H集团实施的多元化战略属于复合多元化,主要是通过收购、兼并其他行业的业务,或者在其他行业投资,把业务领域拓展到其他行业中去,而新产品、新业务与公司的现有业务、技术、市场毫无关系。H药业目前已具备了自身的研发和生产能力,在市场推广方面则借助医药代理商成功打开局面。地处锡林郭勒盟的酒店住宿业务在前两年通过与北京首旅建国酒店管理公司共同合作经营管理,也取得了良好的效益。

目前H集团公司复合多元化战略实施跨度最大的是采矿业,如果完全依靠自营显然不具备条件。为保证该产业项目的顺利运行,集团公司只有寻找新的合作伙伴,才能规避该项目带来的市场风险。

3. H集团实施多元化的内部条件

（1）资金状况。从资金状况来看,目前H集团资金来源主要是银行贷款,2005～2007年资产负债率平均达67.4%,对于一个多元化经营的企业而言,这一比率明显偏高。而集团下属公司经营活动的现金净流量也不是很充沛,能产生现金流的产业主要集中在制药业和餐饮住宿业,流入的现金主要用于维持两家公司的日常经营开支,基本消化了财务费用、本期折旧、无形资产、递延资产、摊销和待摊等费用,而用于上缴集团公司的比例仅在20%左右。此外,集团下属的建筑施工、房地产开发等传统产业,近两年均无大的工程开发项目;H家美建材商城的经营模式主要是摊位出租,近千万元的租金收入也基本用于维持商城的日常费用开支,对集团公司利润的贡献率微乎其微。H矿业现已投资3亿多元,但鉴于外部环境和自身条件的制约,至今尚未产生效益。总之,H集团下属公司目前的现金流对于支撑集团公司整体多元化产业的发展存在一定困难。

（2）专业人才。30多年前,H集团主要靠建筑施工起家,因此公司聚集了包括有关土建、水电工程的设计、预算、造价等方面的专业人才。自2004年实施多元化战略以来,才逐步吸收、引进了相关行业的管理人才。

H药业的前身是呼和浩特市第二制药厂,在2004年对药厂的整体并购过程中,集团吸收了一部分制药方面的专业技术人员和销售骨干。2009年收购了复旦蒙耀研究院,进一步充实了药品研发方面的专业人才;同年又高薪聘请了原西安杨森制药公司供职的营销总监,专门负责H药业的市场推广工作。集团公司虽然缺少住宿餐饮业方面的专业人才,但通过与外部合作,加强对饭店管理人员和一线员工的招聘、培训和考核,目前各级员工已具备住宿、餐饮方面的经营管理能力和服务水平。集团公司最为缺乏的显然是矿业开采方面的技术、管理人才。

（3）技术研发。经过30多年的发展，H集团主营的传统产业在土建、水电工程的设计、预算、造价以及房地产开发等方面的技术与同行相比已具有较高的水平。同时，集团公司新型产业技术研发在自治区也处于领先地位。特别是H药业拥有多个技术专利和药品质量体系规范，已于2005年顺利通过国家药品生产质量管理规范认证。公司还拥有自治区级具有独立法人资格的专门研发机构——H蒙药研究院和复旦蒙耀研究院。研究院建筑面积约为2000平方米，拥有安捷伦1100（Agilent1100）高效液相色谱仪、安捷伦8456（Agilent8456）紫外分光光度计等先进的仪器设备，配套设施齐全，主要以创新蒙药为主体的生物制药为研发方向。

而新进入的采矿业对H集团来说，是一个非常陌生的行业，公司明显不具备该行业专门的技术。尤其在国家针对煤炭加工转化产业政策要求的背景下，技术的引进和应用对依靠建筑、房地产业务起家和发展的H集团来讲，显然跨度很大。

基于上述分析，H集团实施多元化战略，从外部环境来看有着良好的发展机遇，而药业、酒店餐饮的内部条件也有助于公司多元化的发展。然而，由于行业壁垒的存在，特别是对于采矿业，除了宏观政策影响外，在资金、人才、技术和管理等诸多内部因素上也制约着该产业的发展。

4. 多元化战略对H集团的业绩贡献

H集团自2005年实施复合多元化战略以来，各项业务相继投入运营，新兴产业对集团公司的业绩贡献不尽相同。

药业公司2005年经过药品生产质量管理规范改造后投产，主要经营常规普药和1～2个蒙药品种，年销售额稳定在500万元左右，基本能够维持药厂的费用开支。但进入2010年以来，主打新药"安立博"上市，当年销售额就已完成1000余万元；2011年完成销售达2730万元，增长势头迅猛。"安立博"是治疗心脑血管的复方制剂，该药单品销售额就达2080万元，占总销售的76.2%，其他销售主要靠销售一些常规普药[1]。

随着锡林郭勒盟近年来旅游业的增长，带动了住宿、餐饮、交通等第三产业的快速发展。地处锡林浩特市的H酒店2010年投入运营，当年营业收入仅为1000多万元，2011年营业收入已达2800万元。进入2012年，受锡林郭勒盟各地举办各类节庆活动的影响，出现了前所未有的淡季旅游高潮，接待游客和旅游收入两项指标均创历史新高，从而带动锡林郭勒盟地区的住宿和餐饮业实现零售

---

[1] 2011年度《H集团经济活动分析报告》，下同。

额增长 19.4%。H 建国酒店更是客房爆满，预计 2012 年全年收入能接近 4000 万元。

在矿业开采方面，5 年来集团公司累计投入资金达 3 亿多元，基本来自银行贷款，每年负担着沉重的银行利息包袱。同时，鉴于煤炭开采、深加工转化需要严格的审批手续，H 采矿项目仍处于前期筹备和手续办理阶段，效益尚未体现，管理成本较重。

对于 H 集团多元化战略，可借助波士顿矩阵模型对其新型产业的市场贡献做一分析。从集团公司涉足各项业务的市场成长率来看，制药企业最具发展潜力，其独特的产品有着较强的竞争力。该项业务正处于成长期，在快速成长的同类市场中处于领先地位，是理所当然的明星业务，集团公司应重点发展。住宿餐饮虽然市场成长率较高，但市场相对占有率不高，给集团带来的资金回报率较低，应属于问题业务，该业务具有一定的发展潜力，但应明确企业的竞争优势。采矿业目前处于筹备建设阶段，尚不具备波士顿矩阵分析的条件。而在 H 集团多元化的传统产业项目中，尚未出现具有较高市场占有率，并能持续为集团带来稳定现金流的金牛业务。

5. 多元化战略对 H 集团核心能力的影响

核心能力概念的雏形应起源于传统的企业能力理论，具有代表性的是 20 世纪 20 年代马歇尔的企业内部成长论。该理论指出，企业内部各职能部门之间、企业之间、产业之间存在着"差异分工"，这种分工与其各自的知识与技能相关，这种知识与技能就可以看作是企业的核心能力。从传统产业向新兴产业转型成为 H 集团今后的战略举措，但多元化战略的实施必然对集团公司核心能力产生不同的影响。

（1）各项业务对集团公司核心竞争能力的影响。核心能力理论认为，并不是企业所有的资源、知识和能力都能形成持续的竞争优势，核心能力主要表现在价值性、异质性、不可模仿性、难以替代性和延展性 5 个方面。从公司总体来看，核心竞争能力必须是整个公司业务的基础，能够产生一系列其他产品和服务，能够在创新和多元化战略中实现范围经济。

从 H 集团目前的多元化项目来看，除了 H 药业外，建筑施工、房地产、酒店经营不具备上述特征。H 药业的主打产品"安立博"是专治心脑血管疾病的新特效药，目前已获得技术专利，并在市场上形成独有的销售。显然，H 药业将最有可能成为集团公司所独有的、稀缺的，不易为竞争对手所替代的产业。近两年来，药业公司销售增长迅速，市场潜力巨大。集团公司现已把 H 药业列为重点发展产业，并拟将在创业板或中小板上市，借助金融市场实现跨越式发展。但从公司总体来看，该产业短期很难成为集团公司的基础业务，以致不能在多元化实施战略中实现范围经济。

（2）复合多元化对集团公司技术、管理等因素的影响。核心能力理论要求企业在战略管理实践中从自身资源和能力出发，在自己拥有一定优势的产业及其相关产业开展经营活动，避免受产业吸引力诱导而盲目进入不相关多元化产业从事经营。

如前所述，H 集团 2004 年在对第二制药厂的并购过程中，吸收了大量制药方面的专业技术人才和销售骨干；同时高薪聘请了业内资深营销人士负责 H 药业的营销管理工作。从目前药厂经营现状来看，公司现金流充沛，财务运转良好，财务风险尚小。此外，H 饭店经过一年多时间的托管以及对管理层和一线员工的培训，现已在餐饮、住宿的经营管理方面具有一定的经验和水平。目前运行情况良好，具备五星级酒店的接待能力，并为集团公司带来持续的现金流。

然而，H 矿业对集团公司是一个非常陌生的行业，需要专业的技术、营销和管理人才以及配套的基础设施、交通条件和巨额的资金投入。因此，集团公司进入该行业风险极大，再加上近两年矿难事件频现以及国家对煤矿开采、节能环保和煤炭深加工方面的限制政策，H 集团若自主经营矿业必将面临较大的困境。

总体看来，H 集团推行多元化的初衷是期望增强集团公司核心竞争能力，但在实施过程中在一定程度上受到技术、营销、管理、财务等诸多因素的制约和影响。

四、案例启示

综上所述，H 集团 6 年来从传统产业向新兴产业转型过程中获得一定的企业效率。集团公司多元化战略规避了房地产政策调控给公司传统产业带来的风险，新进入的制药业、酒店业支撑着公司的经营业绩，为缓解集团公司的资金压力起到积极作用；同时，集团公司吸收了相关行业的技术和管理人才，壮大了员工队伍。然而，在 H 集团实施多元化战略取得效率的同时，也暴露出一些问题。例如，集团公司所从事的各项业务中，缺乏明显的主营业务优势，公司整体竞争能力较弱；公司的复合多元化分散了企业有限的资源，使得技术、营销跨度增大，加大了管理难度。

由此，通过对 H 集团案例的分析研究，可为国内民营企业实施多元化战略带来如下启示：

第一，多元化战略不是民营企业追求企业成长的唯一有效办法，除非能够进入一个竞争很小的新市场，或者公司在原有的主营业务里培养的核心优势，能够有效转移到新的业务中。

第二，做好主营业务是多元化战略的起点和基础。如果企业没有较强的资源与足够的能力以及稳定、可持续发展的主营业务，则多数企业并不能有效地受益于多元化战略。

第三，进入某个新的行业是一个长期的、动态的过程，需要不断地注入后续资源；同时，多元化战略必须要考虑行业退出的风险。

第四，实行多元化战略是影响企业总体发展的全局性决策，具有涉及范围广、影响因素多、关系复杂等特点，必须建立科学的决策系统，并制定切实可行的实施方案和步骤。

第五，多元化战略潜藏着多种风险，通常会分散企业资源，弱化主业。不同的行业有不同的业务流程、市场模式和管理机制，使得企业在这些方面很难融合。因此，当企业多元化战略陷入困境时，淡出实体产业经营，实现企业转型，不失为一条规避多元化风险的路子。

参考文献

［1］Vasudevan Ramanujam, P. Varadarajan . Research on Corporate Diversification：A Synthesis ［J］. Strategic Management Journal, 1989, 10：523 - 551.

［2］Li, Mingfang, Wong Yim - Yu. Diversification and Economic Performance：An Empirical Assessment of Chinese Firms ［J］. Asia Pocific Journal of Management, 2003, 20：243 - 265.

［3］安德鲁·坎贝尔，凯瑟琳，萨默斯·卢斯. 核心能力战略 ［M］. 大连：东北财经大学出版社，1999.

［4］杨锡怀，王江. 企业战略管理（第三版）［M］. 北京：高等教育出版社，2010.

［5］贾良定，张君君等. 企业多元化的动机、时机和产业选择 ［J］. 管理世界，2005，8.

［6］杨崴. 我国企业多元化发展战略的案例研究 ［J］. 理论界，2007，2.

［7］徐德全. 基于企业核心能力的并购战略研究 ［D］. 长春：长春理工大学硕士学位论文，2004.

［8］刘萍. 民营企业多元化经营战略利弊分析 ［J］. 学术交流，2005，7.

［9］李景东. 论民营企业成长与多元化战略选择——以内蒙古元和集团为例 ［J］. 现代营销，2013，3：4 - 5.

［10］葛定昆. 走出多元化战略的误区 ［J］. 中欧商业评论，2008，9.

"巨鼎"公司"区域发展战略规划与执行体系匹配"案例研究

课题编号：ZA11013

主 持 人：王景峰

参 与 人：齐永兴　李瑞峰　王佳锐　康秀梅

　　　　　王　刚　曹锦波

一、个案分析

1. 第一阶段：企业初创阶段（2009～2010 年）

鄂尔多斯市巨鼎天然气有限责任公司从 2007 年开始筹划，2009 年委托中国市政西北设计研究院实地考察并撰写了《鄂尔多斯市装备基地天然气工程可行性研究报告》，同年开始施工建设。

2010 年 6 月 30 日，鄂尔多斯市巨鼎天然气有限责任公司成立，注册资金 5000 万元，位于鄂尔多斯市装备制造基地。公司燃气工程是配合市政府建设的一项公益性项目，主要为装备制造基地入驻企业、居民小区、商业集中地区等提供天然气，预计园区天然气年用量可达 4 亿立方米。

鄂尔多斯市现已成为国家级能源化工基地和呼包鄂城市群区域经济的主要增长点，为继续提高其核心竞争力，解决迅猛发展中的"瓶颈"问题：污染严重和产业结构不合理等，市政府提出筹建装备制造基地。它是以装备制造业为主的重点经济开发区，建设总面积为 110 平方公里，城市基础相关配套设施一次性完成。在此背景下，天然气工程作为基地的重点基础设施，得到了政府的大力支持。天然气工程的实施建设，将会对鄂尔多斯市经济的可持续性发展产生积极而深远的影响。

公司是园区内唯一的供气企业，2009 年工程建设全面铺开，公司规划一期管网工程量约为 39.44 公里，二期管网工程量约为 68 公里。已建工程内容为：城市天然气门站一座，中压管网（中压 A 级）总长约 39.44 公里，天然气阀井 224 座。管道设计年输气量为 4 亿立方米。于 2010 年 10 月 15 日实现通气运行。公司门站作为燃气输配的重要组成，其占地面积为 14621.55 平方米，门站工程包括调压工艺装置区、门站办公区、门站辅助区工艺及土建、电气、给排水、消防、暖通、自控仪表等配套工程。近期门站供气规模为 6.8 万立方米/天，远期供气规模约为 184.9 万立方米/天。中压管网采用中压 A 级系统，设计压力 0.4 兆帕，运行压力为 0.2～0.4 兆帕。天然气运营将实行以计算机综合信息化管理系统为基础的现代化管理与操作，天然气公司也将本着"追求卓越，竭诚服务"的目标和宗旨，向客户提供安全满意的优质服务。

作为园区内唯一的天然气经营企业，巨鼎天然气有限责任公司已初步构建起规范、高效的城市管道燃气管理体制，拥有一支技术雄厚、作风过硬的专业人才队伍，凭借精湛的技艺以及在工程建设、生产运营等方面所具备的成熟经验，在公司有序运作的同时，也为园区各企业的安全用气提供了强有力的保障。

在鄂尔多斯蓬勃发展的良好形势下，鄂尔多斯市巨鼎天然气有限责任公司秉承集团公司"以市场为导向、实现企业价值，以服务为核心、创建专业品牌"的经营理念，奉行"团结、进取、自省、超越"的企业精神和"诚实守信、以人为本、开拓创新、和谐共赢"的企业核心价值观，深入贯彻落实党的方针政策和科学发展观，着力塑造"诚信巨鼎、创新巨鼎、集智巨鼎、和谐巨鼎"的企业新形象。使企业又好又快地实现跨越式发展，最终达到"打造巨鼎品牌，建设百年企业"的战略目标（见表 3 - 1）。

表 3 - 1　巨鼎天然气有限责任公司战略规划与战略实施内容

战略规划	战略实施
2007 年筹划建立天然气公司	2009 年《鄂尔多斯市装备基地天然气工程可行性研究报告》
2009 年《鄂尔多斯市装备基地天然气工程可行性研究报告》	2009 年工程建设全面铺开
2010 年《鄂尔多斯装备制造基地天然气项目试生产方案》 公司安全管理	2010 年 10 月公司实现通气运行 《公司安全管理制度和相关标准》、《天然气管道安全巡检管理制度》、《燃气重大事故应急救援抢险预案》、《天然气置换方案和应急预案》

2. 企业多元化阶段（2011～2012 年）

（1）多元化的背景。从 2003 年开始，我国进入了能源重化工时代，进行了大规模的经济建设、基础设施建设和固定资产投资，这些建设和投资都需要大量的能源和原材料，这样的背景下，煤炭的价格在 10 年间迅速被拉高。2005 年前后，全国煤炭等能源进入涨价周期，为坐拥巨量能源储藏的鄂尔多斯带来滚滚财富。中国煤炭价格从 2005 年开始不断上涨，到 2008 年其涨势更加迅猛。2008 年以后，很多南方人来到鄂尔多斯市，买走了不少煤矿，带来了先进的设备，一度让鄂尔多斯市的煤炭产能得到了大幅度提高，挖煤卖煤的速度都加快了。产能的提高，也带来过剩的危机，面对这样的危机，一些人选择了撤退，还有一些人孤注一掷，趁机抄底收购煤矿。然而从 2010 年以来，整个国内的建设，大的框架已经基本完成，建设的高速增长状态已经基本结束，对于能源、原材料的需求进入下行通道，在这样的情况下，煤炭开采的暴利时代已经结束。

但是，鄂尔多斯市的煤炭价格并没有下跌，其原因主要有以下几个方面：

首先，国家近几年一直在全国各地推行煤炭资源整合，从 2000 年以来国家许多部门三令五申地对资源整合进行强调，小型煤矿关停数量大幅提升，煤炭开采量日趋下降。尽管国家强调许多地区整合后煤炭整体产量得到了提升，但统计单位仅限于各大国有煤企，宏观来看，国内煤炭总体产量还是趋于下滑，供需矛盾客观存在。

其次，国内近几年来，宽松的货币政策导致的通胀压力客观存在，在美元不断贬值的压力下，煤炭作为不可再生资源，其价值需重新给予估算。同时，在能源战略可以影响到国家安危的今天，政府也开始重视自身的资源储备，国土部早在2009年启动了以煤炭和稀土为重点的矿产地战略储备试点方案的研究。长远看来，煤炭价格不论在经济层面还是在政策层面均得到有力支撑，上涨已是必然趋势。

再次，任何商品在其流通过程中都有其附加值，煤炭也不例外。在煤炭的流通过程中，从采掘到市场流通的各种税费，还有人力以及运费等都在无形中影响着市场上煤炭的最终价格。成品油价格多次上调，煤炭的铁路和公路运输成本也越来越高。如今"十二五"规划建议提出，将继续推进税费改革，全面改革资源税，煤炭资源税率将高达3%~5%，由从量计征改为从价计征，无形中对煤炭价格形成了进一步上涨预期。

最后，鄂尔多斯市随着新城改造所带来的拆迁款，当地民间财富迅速聚集，在当地主流金融机构远远不足的情形下，使民间借贷市场由此而生，并风生水起。民间资本众多，而投资渠道较少，导致资金主要流向煤炭行业和房地产行业，间接拉动了煤炭价格的上涨。

（2）进军煤炭行业。在这样的经济背景下，鄂尔多斯市巨鼎天然气有限责任公司的管理层对煤炭行业进行了分析和讨论。公司管理层认为进入煤炭行业的主要壁垒是煤炭资源的限制。我国煤炭资源由我国国土资源部门进行统一管理，企业进行煤炭生产和经营需要取得国家相关部门的采矿权证、生产许可证和煤炭经营许可证。另外，近几年国家正在对煤炭行业进行产业结构调整，对煤炭企业的规模、生产工艺、环保、安全等各项指标提出了行业政策，进一步提高了行业壁垒，增加了进入煤炭行业的障碍。但是在鄂尔多斯市进入煤炭行业的壁垒基本不存在，鄂尔多斯市的煤炭行业仍将持续走高。在天然气工程已经稳定的情况下，可以开展多元化经营，进军煤炭行业。此后，公司将企业获得的利润大部分投入到煤炭行业当中，减少甚至取消了企业职工的部分奖金，以加大对煤炭行业的投入。

3. 第三阶段：回归主业阶段（2013年至今）

2012年，煤炭行业出现重大转折。全国煤炭产量超过6亿吨，鄂尔多斯市毫无疑问仍是中国的煤都。不过，在遭遇了楼市停滞、煤炭价格下滑之后，昔日的发展奇迹被媒体和研究者置于聚光灯下重新审视。

煤炭市场的供需关系从 2012 年 6 月开始再一次发生了逆转，供大于求的局面一直持续至今。2012 年上半年煤炭企业库存数明显上升，经营成本不断增加也进一步拖累了企业。煤炭企业存货达到了 205.6 亿元，同比增长 44.6%；内蒙古自治区全区煤炭行业主营业务成本为 1293.7 亿元，同比增长 21.0%。与此同时，内蒙古自治区全区煤炭亏损企业数同比增长 50%；亏损企业亏损额达到 10 亿元，同比增长 172.4%。在这一期间，内蒙古自治区地方性法人商业银行煤炭行业贷款余额为 31.4 亿元，同比增长 107.1%；不良贷款余额为 0.2 亿元，同比增长 88.9%。

一直以来，由于鄂尔多斯缺乏可供投资的产业，当地的房地产业如同海绵一样吸纳了社会大部分闲置资金，导致房价不断被推高，房地产泡沫越吹越大，值得注意的是，部分煤炭企业也加入了"吹泡泡"的行列。涉煤企业亏损、关联产业风险高企，银行信贷风险也进一步暴露。中煤、神华两大巨头率先下调动力煤价格，马上引发大同煤业、伊泰集团跟风，同时带动了环渤海动力煤价格指数的"恐慌性"下挫。

2013 年第一季度，内蒙古自治区煤炭亏损企业数同比继续增加，规模以上煤炭企业有近 1/3 出现了不同程度的亏损，第一季度全区煤炭企业亏损总额达到了 11.08 亿元，同比增加 117.69%。与此同时，采矿业贷款余额却继续保持大幅上涨趋势。数据显示，第一季度全区采矿业贷款余额为 1146.66 亿元，较年初增加 52.15 亿元，同比增长 23.29%。

鄂尔多斯市巨鼎天然气有限责任公司投资煤炭行业仅仅一年的时间，就遭遇了煤炭行业的巨变，公司为此遭受了损失。2013 年 4 月，公司的领导层再次聚集，讨论公司的发展问题。领导层认为，2011 年对煤炭行业的预测有失误，其原因是未能在考虑煤炭行业高速发展的同时国家对煤炭行业的整合和限制问题，导致公司投资决策失误。

此次讨论，公司领导层认为，2012 年 9 月以来虽然整体宏观经济企稳回升，发电量和钢材产量两项数据均出现好转，但是 2013 年第一季度宏观经济增速只有 7.7%，低于预期以及 2012 年第四季度的 7.9%，市场悲观情绪再度覆盖。同时，2013 年国内煤炭市场将开始全面推行市场化，电企和煤企之间势必将互相博弈，由于之前煤炭价格低位运行，导致煤企在此市场化推行谈判中处于弱势地位。预计 2013 年新增电煤需求量将低于一亿吨原煤，今后 3 年新增电煤需求总量最多不超过 3 亿吨原煤，电煤需求年平均增速将从 11% 降至 5% 以下。煤炭市场受内外双重压力，外来煤炭的进口由于其自带的先进勘探和采集技术，首先在成本上就具有优势，取消关税之后更是对国内煤企形成了巨大的价格优势。而国内无论是市场化规范，还是供需结构调整都需要时间成本。总体上，今后一段时间内，煤炭需求疲软，供给则存在之前产能过剩导致的去库存压力。加之进口量的增加，预计 2013 年煤炭价格将继续维持低速增长。有鉴于此，公司决定逐步从煤炭行业撤资，将公司今后发展的战略重点放回到天然气行业上来。

二、研究结论

1. 资源型中小企业更应该注重战略的执行

在本案例中，鄂尔多斯市巨鼎天然气有限责任公司的领导层对战略制定工作高度重视，公司成立前和成立初期在各级战略的策划和设计方面，可谓不遗余力，制定了各种规划、规章制度等。与此形成鲜明对比的是，在战略执行方面的资源却往往投入过少。战略执行缺乏组织设计和组织文化保证、缺乏起码的计划性，量化管理手段严重不足。资源型中小企业由于组织结构简单，权力集中，企业大都不很重视战略执行力体系建设。老总或老板只就单个事项发布指令，没有依靠体系，没有合理的流程制度支撑，或者是老总或老板运营高于流程制度之上，或者有一些相关的机制为"执行"做支撑，但常常是策略、构想一箩筐，形成的决议不明确，导致执行层面困难重重，跟进也无法进行，不能有效地执行解决问题的方案。在本案例中管理层经简单决策就进入了煤炭行业，没有进行深入讨论，更没有经过专业机构的分析。

2. 资源型中小企业战略定位困难

没有清晰而专注的战略，今年换一个方向，明年换一种战略，这也是执行力大打折扣的重要原因。资源型中小企业一方面是资源型的企业，依靠资源生存；另一方面它们是中小企业，具备中小企业的特点，如资金少、技术力量薄弱、人才匮乏、现代化管理程度低等。所以中小企业在制定合适的战略时需要考虑以下问题，如公司的未来战略究竟是什么？商业模式如何变化？目前企业发展的主要障碍是什么？企业是否需要开发新产品，还是应该将现有的产品打入新的市场，推荐给新的客户？它是否需要收购其他公司？与竞争对手相比，它的成本结构如何？公司准备采取什么措施来改进自己的成本结构，等等。只有全面分析外部环境和自己企业的状况，才能为企业合理定位。

3. 环境没有分析到位导致战略规划未能很好执行

战略规划所考虑的环境因素不可能全面细致而又准确，战略规划人员不可能每次都"神机妙算"，但是我们在做战略规划时，依然要对影响战略规划与实施的主要环境因素进行分析与考量，依然要对主要的关键因素进行"神机妙算"，在分析的基础上，制定出战略及战略实施的关键环节，只有这样才不至于制定错误的战略。外部环境变化的趋势如何，决策者应该考虑到经济和人口趋势、政策变革、技术更新等各方面。大家所面对的环境都是相同的，而成功者和失败者之间的主要差别就在于他们感知外部环境变化以及根据情况变化及时进行政策调整的能力。

4. 多元化战略规划过于激进

绝大多数公司生存的目的是要做大、做强，而做大、做强的途径无非是多元化和专业化两种。几乎所有优秀的中国公司都或多或少地进行着多元化的努力，而几乎所有优秀公司的危机与衰亡都与公司的多元化扩张战略有关。而在理论界，随着多元化的研究日益深化，对不相关多元化的质疑也越来越多。鄂尔多斯市巨鼎天然气有限责任公司的案例便是一个典型。2010年开始的天然气行业由于事实上的垄断为企业带来了大量的收益，但是进入煤炭行业的多元化使其陷入危机，幸好公司及时调整战略，将战略重点重新调整到主业上来，使得公司能够继续发展。

企业在发展的历程中，要想获得持续的发展和进步，需要沿着单一化、相关多元化、非相关多元化的路径前进，但并非说企业一旦获得了成绩就要进行多元化的发展。是否要多元化，需要企业客观评估其多元化经营的必要性与能力，要坚持把主业做好之后再考虑多元化。所以资源型中小企业在发展情况渐渐明朗的时候，需要果断放弃，避免业务范围过大，交易成本过高，超出企业的控制能力，这也利于集中精力发展优势产业。

5. 组织结构适合了企业前期发展的规划并与执行匹配

企业的组织结构是为战略实施服务的，是实现企业目标和任务的手段，组织结构中人事部门、生产部门、财务部门等都是为保证实现企业目标而设立的，它是实施企业战略的基础和保障。在中小企业实际的经营管理中，企业战略与组织结构的不协调仍然是限制许多企业发展的重要因素。虽然很多中小企业很重视战略的制定和组织结构的设计，但由于企业规模、人员、资金等方面的限制，往往忽略战略与组织结构之间的协调配合，使经营陷入困境。本案例中，鄂尔多斯市巨鼎天然气有限责任公司建立了直线职能制的组织结构，在企业发展的初期，这种结构适合了企业的成长与发展，使企业能够完成前期的战略规划。

6. 提高资源型中小企业的员工福利是保证战略实施的重要条件

合理的执行公司的战略还要依靠员工的能动性，一是员工具有完全的能力与经验来执行战略规划所定下的目标；二是员工知道如何才能实现目标及具备实现目标所需的资源；三是员工的主动性与积极性很强，员工都以实现目标为导向。中小企业和大型企业不一样，一般来讲，员工进入大型企业工作更具有安全感，这种安全感使他们容易接受低一些的工资和福利水平。而进入中小企业的员工，本身面临着企业和环境的巨变，心理上没有安全感，他们更希望在职期间能够获得较高的工资和福利。在本案例中，鄂尔多斯市巨鼎天然气有限责任公司的管理层为了加大对煤炭的投资力度，减少甚至取消了部分奖金，使得员工的积极性受到打击，对公司的主业发展起到了一定的抑制作用。

参考文献

［1］Clarkson, Kenneth W., Miller, Roger L.. Industrial Organization: Theory, Evidence and Public Policy ［M］. New York: McGraw – Hill Book Company, 1982.

［2］James Bonbright. Principles of Public Utility Rates ［M］. New York: Columbia University Press, 1961.

［3］Anonymous. Egypt's Natural Gas Operations and Plans: New Discoveries, More Liquids Recovery Both Serve Natural Gas Strategy ［J］. Oil & Gas Journal, 2008, 106 (7): 39 – 60.

［4］Eleanor Stephenson, Karena Shaw. A Dilemma of Abundance: Governance Challenges of Reconciling Shale Gas Development and Climate Change Mitigation ［J］. Sustainability, 2014, 8.

［5］田志强. 在天然气快速发展中居民用户安全保障措施探讨 ［D］. 北京：北京建筑大学硕士学位论文, 2014.

［6］赵萌. 川渝地区天然气开发利用以及对环境的影响研究 ［D］. 成都：成都理工大学硕士学位论文, 2012.

［7］赵岩. 朝阳天然气公司发展战略研究 ［D］. 大连：大连理工大学硕士学位论文, 2011.

内蒙古塞宝燕麦食品有限公司营销管理案例研究

课题编号：ZA11014

主 持 人：苏日娜

参 与 人：包迎春　刘媛媛　宝斯琴塔娜　李长坤
　　　　　王志娟　林海英　狄继芳　吴宏宇

　　内蒙古塞宝燕麦食品有限公司（以下简称塞宝公司）自1996年就致力于燕麦食品的研究、开发、生产和销售，现已有17年的燕麦经营经验和历史。公司依托内蒙古自治区当地丰富的燕麦资源，经过十几年的不懈努力，使得"塞宝"品牌具有了很强的品牌效力。公司在全国50多个大中城市设有代理商，市场网络基本形成。"塞宝速食莜面"于1997年获得了全国首批绿色食品认证；燕麦片、莜面粉于1999年获得了绿色食品认证，2004年系列产品均升级为AA级绿色食品，并获得了有机食品认证，是中国目前同类产品中唯一获得此两项殊荣的产品。"塞宝"商标是内蒙古自治区的著名商标，塞宝系列产品连年获得内蒙古自治区消费者协会推荐产品，多次被评为"百姓最满意的保健食品品牌"。

一、燕麦产品消费者需求分析

1. 消费者的消费行为特征

（1）消费者对燕麦产品的认知程度较低。在针对消费者"是否了解燕麦产品"一项调查中，有63.64%的消费者选择了不了解，24.5的消费者选择了了解一点儿，只有5.39%的消费者选择了解，6.47%的消费者选择比较了解。从数据来看（见图3-2），消费者对于燕麦产品的了解程度普遍较低，绝大多数消费者对于燕麦相关产品的种类、营养价值、功效等没有明确的认知。从这一点看出，燕麦产品生产企业只有不断扩大宣传范围，使消费者对于燕麦产品的了解程度得到有效提高，才能促使更多的消费者产生购买欲望和需求。

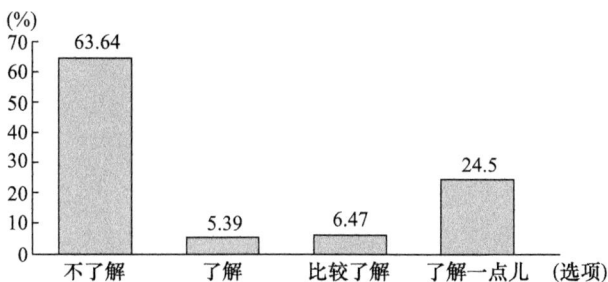

图 3-2　对燕麦产品的了解程度

（2）对燕麦产品口感、保健功能和是否是绿色产品要求较高。认为口感重要的占被调查人数的69.96%，认为保健功能重要的占68.21%，认为绿色产品重要的占79.51%。从数据来看，消费者对于燕麦产品口感的关注度略低于营养价值和保健功能，但作为食品消费，从整体上消费者对于口感的要求还是相对较高的。可见，在强调燕麦产品的保健功能和营养价值的同时，也不能忽略口感的优劣，口感较好的产品能够促使消费者产生大量需求。在选购燕麦产品的影响因素中，70%以上的消费者认为保健功能是重要甚至是非常重要的，85.98%的消费者在营养价值的影响程度中选择了重要甚至非常重要。因此，在燕麦产品的销售中，对于其保健功能、营养价值的宣传、推广就显得尤为重要，这能迎合绝大多数消费者对于保健功能的需求。

（3）营销因素影响方面，对品牌、价格和包装的关注程度不高。在"品牌的影响程度"一项中，12.94%的消费者选择非常重要，35.75%的消费者选择重要，36.06% 的消费者选择一般，14.17% 的消费者选择不重要，1.08% 的消费者选择非常不重要。从整体数据来看（见图 3 - 3），认为重要和一般、不重要的消费者比例大致相当，这可能源自于两方面的原因，首先，燕麦产品知名品牌相对较少。其次，消费者对于燕麦产品认知度低。可见，提高品牌知名度，以较高的品牌影响力争取到对品牌因素重视的消费者和认为"一般"的中间消费者，可以有效地提升企业产品的销量和扩大消费者数量。

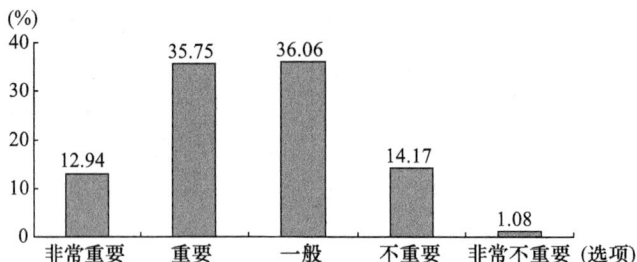

图 3 - 3 品牌的影响程度

在"价格的影响程度"一项中，12.48% 的消费者认为非常重要，31.9% 的消费者认为重要，46.53% 的消费者认为一般，8.63% 的消费者认为不重要，0.46% 的消费者认为非常不重要。对数据整体分析（见图 3 - 4），50% 左右的消费者对于价格因素的关注度不高，可见价格对于需求的影响不大，因此燕麦产品在强化营养价值、保健功能和品牌的同时，尽量以适当的价格塑造高品质的形象，满足消费者对于绿色、健康食品的要求，避免形成低价低质的印象。

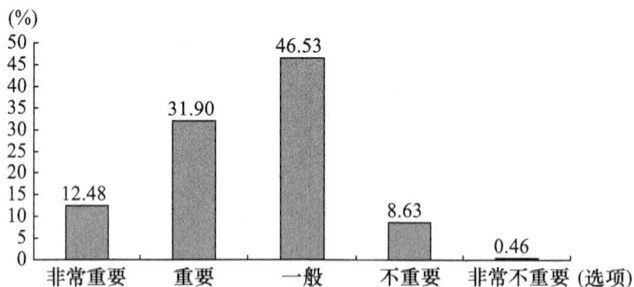

图 3 - 4 价格的影响程度

在"包装的影响程度"一项中，8.63% 的消费者认为非常重要，24.65% 的消费者认为重要，47.61% 的消费者认为一般，16.64% 的消费者认为不重要，

2.47%的消费者认为非常不重要。从整体数据来看（见图3-5），认为一般和不重要的消费者比例高于认为重要和非常重要的消费者，可见作为食品，多数消费者更注重于产品本身的质量和品质，对于燕麦产品生产企业而言，在不断提高产品品质的同时，依据产品组合，设计制作能够与品牌地位、形象相适应的产品包装，以良好的形象在激烈的市场竞争中争夺顾客也成为营销的重要手段。

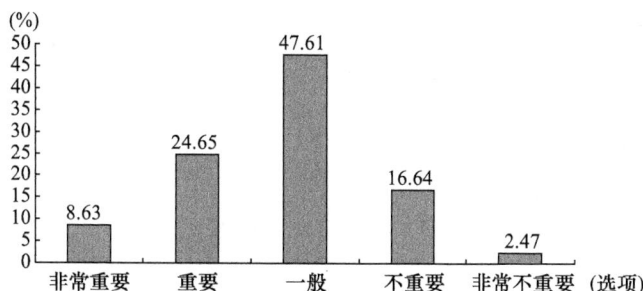

图3-5　包装的影响程度

（4）购买地点的方便性和促销活动对消费者影响较大。在"购买地点便利性的影响程度"一项中，21.73%的消费者选择非常重要，42.53%的消费者选择重要，24.81%的消费者选择一般，10.48%的消费者选择不重要，0.45%的消费者选择非常不重要。从数据来看（见图3-6），60%以上的消费者对于购买地点的便利性比较重视，可见，增加燕麦产品的销售渠道，使消费者购买便利性提高，也可以有效地刺激需求，提高产品销量。

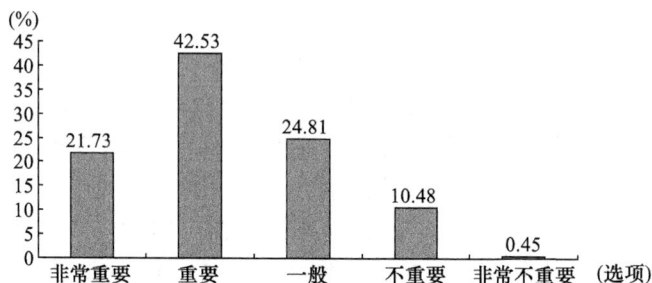

图3-6　购买地点便利性的影响程度

在"卖场促销活动的影响程度"一项中，14.33%的消费者选择非常重要，28.66%的消费者选择重要，38.21%的消费者选择一般，15.72%的消费者选择不重要，3.08%的消费者选择非常不重要。从数据来看（见图 3 - 7），一半以上的消费者对于卖场促销的关注度不高，单独卖场促销很难引起这部分消费者的购买欲望。因此，燕麦产品生产企业在不断增加卖场促销手段，提高卖场促销氛围的同时，还要与广告、公关等促销策略配合使用，才能有效提升促销效果。

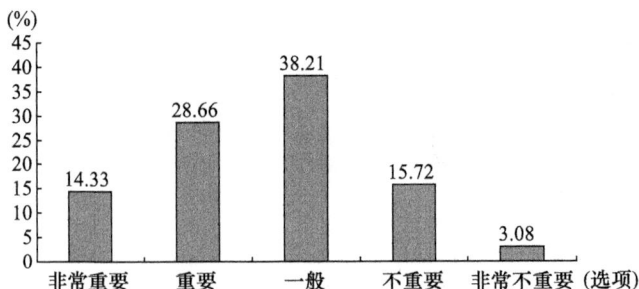

图 3 - 7　卖场促销活动的影响程度

2. 燕麦产品消费的影响因素

（1）消费者的个人特征方面。性别差异对消费者燕麦产品的消费有显著影响。女性消费者比男性消费者购买燕麦产品的概率高 20.41%。这说明女性在日常购物中占据重要地位，会有更多机会接触燕麦产品，产生购买行为。女性对健康的关注程度也较高，对产品的广告宣传、卖场促销、包装等方面较为敏感。因此，可以考虑以性别为市场细分变量，确定市场营销组合策略。

（2）消费者受教育程度与燕麦产品消费频率之间呈明显的正相关，消费者的受教育程度越高，其燕麦产品的消费频率就越高。受教育年限每增加一年，消费者愿意购买燕麦产品的概率增加 2.16%。受教育程度高的消费者其收入水平、对燕麦营养价值和保健功能的认同往往要高于低一层次的消费者。因此，受教育程度高的消费者更有实力和意愿消费健康保健食品。

（3）消费者的婚姻状况对其购买燕麦产品具有显著的影响，已婚的消费者比未婚的消费者愿意购买燕麦产品的概率高 9.88%。已婚者更愿意购买燕麦产品，表明已婚人群对燕麦产品的营养价值、保健功能的认知程度较高，将其纳入了家庭食品消费中。而未婚人群支出结构中，以方便快捷、新奇时尚的产品偏多，不太关注营养和保健，因此购买燕麦产品的意愿较低。要通过更新产品的种类，推出适合年轻人的燕麦休闲食品。并在包装、口感和宣传方面研究年轻消费者的特点，采取相应的营销组合策略。

（4）燕麦产品的营养价值对消费者购买燕麦产品具有显著影响。消费者对营养价值关注程度每增加一级，愿意购买燕麦产品的概率增加6.77%。应加强对燕麦营养价值的宣传，运用整合营销的传播策略提高消费者对燕麦产品营养价值的认知程度，从而促进购买。

（5）燕麦产品的口感对消费者购买燕麦产品具有显著影响。随着消费者对燕麦产品口感关注度的增加，愿意购买燕麦产品的概率增加5.88%，这说明消费者非常注重燕麦产品的口感。调查显示，消费者认为燕麦产品的口感欠佳，要通过技术手段改进，并且提供多种口味的产品。因此，市场销售的燕麦产品要调整各种口味，符合消费者需求，通过口味宣传和品尝等促销活动引导消费者购买。

（6）消费者对燕麦产品品牌的关注程度较低。按照消费者的理性消费行为，更愿意购买品牌影响力较大的产品，但燕麦产品市场中缺乏具有国内、国际影响力的主导品牌，品类市场仍未形成。因此，燕麦产品品牌没有对消费者的购买行为产生较大的影响。塞宝公司要在整合营销传播方面投入精力，运用传统媒体和新型媒介，多渠道、多方面宣传燕麦产品，提高塞宝燕麦的品牌知名度，同时运用公关活动增加品牌美誉度。

（7）年龄、家庭年收入、保健功能、绿色产品和价格这几个因素对消费者购买意愿的影响不显著。根据调查结果，对燕麦产品不了解的消费者占63.64%，了解的消费者占5.39%，比较了解的消费者占6.47%，了解一点儿的消费者占24.50%。这说明消费者对燕麦产品的了解程度较低，不同年龄的消费者出于体验新产品的目的购买燕麦产品，因此弱化了年龄因素。家庭年收入对消费者购买意愿影响不显著，表明消费者对燕麦产品的购买行为并未考虑到经济因素。这是由于消费者对燕麦产品仍处于认知阶段，对其营养价值、保健功能等了解甚少，购买时源于好奇、尝试的心理居多，未形成习惯性和连续性消费。调查结果显示，消费者认为保健功能重要程度以上的占68.21%，但是保健功能没有通过显著性检验，表明燕麦产品的广告宣传不够深入，消费者对其保健功能知之甚少，因而对购买意愿影响不显著。根据调查结果，消费者认为绿色产品重要程度以上的占79.51%，这与模型回归结果相悖，绿色产品没有通过显著性检验。这表明消费者非常关注自身的健康状况和食品安全，对绿色产品的消费意愿较强，但对燕麦产品的绿色特性认可程度较低，企业从媒体选择、广告量投放等方面应该加大宣传力度。调查结果显示，消费者认为价格重要程度以上的占34.38%，表明消费者对价格不敏感。市场上销售的燕麦产品价格在同类的健康保健食品中处于中低水平，大部分消费者都能接受，因此价格对消费者购买意愿的影响不显著。

二、塞宝公司的营销环境分析

1. 优势

（1）品质优势。燕麦作为谷物中最好的全价营养食品，能满足人们营养与保健两方面的需要。与其他谷物相比，燕麦具有独一无二的特色，含有抗血脂成分、高水溶性胶体、营养平衡的蛋白质，具有降低胆固醇、控制血糖、改善便秘、促进伤口愈合、预防更年期障碍、预防骨质疏松、预防贫血、控制体重等功用。燕麦的营养及医疗保健价值逐渐被大众接受，良好的宣传使得燕麦食品在中国的消费量日益增加。

（2）资源优势。内蒙古自治区燕麦主产区的农业生态环境适宜燕麦生产，温差大、日照足、雨量少，生产地远离城市、工业区，对于燕麦原料的供应具有得天独厚的优势：一是生产成本相对较低；二是符合生产绿色燕麦原料的要求。塞宝公司燕麦产品所用原料主要来自于租用 20 年土地建设的有机燕麦种植基地。基地分布在武川、和林、凉城县等地，地处内蒙古高原，海拔高、无霜期短、昼夜温差大、日照充足、远离工业污染源，有着独特的无污染生态环境，造就了燕麦原料的优良品质。

（3）市场优势。塞宝公司自 1996 年就致力于燕麦食品的研究、开发、生产和销售，现已有 17 年的燕麦经营经验和历史。公司依托内蒙古自治区当地丰富的燕麦资源，经过十几年的不懈努力，使得塞宝品牌已经具有了很强的品牌效力。公司在全国 50 多个大中城市设有代理商，市场网络基本形成。"塞宝速食莜面"于 1997 年就获得了全国首批绿色食品认证；燕麦片、莜面粉于 1999 年获得了绿色食品认证，2004 年系列产品均升级为 AA 级绿色食品，并获得了有机食品认证。是中国目前同类产品中唯一获得此两项殊荣的产品。"塞宝"商标是内蒙古自治区的著名商标，塞宝系列产品连年获得内蒙古自治区消费者协会推荐产品，多次被评为"百姓最满意的保健食品品牌"。

2. 劣势

（1）品种混杂退化严重。我国目前生产上种植的燕麦品种有三种类型，第一种是地方农家品种；第二种是 20 世纪 60~70 年代从国外引进的品种；第三种是 20 世纪 70 年代后通过皮、裸燕麦种间杂交和裸燕麦品种间杂交培育而成的品种。由于这些品种生产利用多年和良种繁育体系不健全，一直没有进行提纯复壮，造成品种间混杂严重，特别是通过皮、裸燕麦种间杂交育成的品种，皮燕麦率明显增加，商品率降低。

（2）产区农民缺乏商品意识。燕麦产区，农民科技文化素质差，缺乏商品意识，再加上分散经营，燕麦生产还处在自由种植、广种薄收、粗放管理的落后状态。许多实用技术得不到应用，优良品种得不到推广。单一优良品种及配套高产、优质栽培措施形不成大规模、集约化种植。燕麦生产只求产量，不求质量，不注意及时收获、晾晒和保存，影响了产量和产品质量的提高。

（3）产品附加值低，深加工水平不高。燕麦加工设备缺乏，基本停留在简单过筛去杂、人工挑选、表面抛光等初级加工水平上，加之产品转化程度低，科技含量差，造成附加值低，市场竞争力差。

（4）燕麦生产企业之间存在不良竞争。内蒙古自治区燕麦加工制造企业大量使用其他产地原料燕麦，与本地原料加工的产品不加区别、冒用产地名称，造成了燕麦食品市场流通秩序的混乱，严重损害了"武川莜面"这一区域品牌的形象，并大大降低了其市场价值。

3. 机遇

（1）人们营养健康意识增强，对燕麦产品需求增加。随着人们营养健康意识的增强，对燕麦这一天然营养保健食品的需求也日臻放大，燕麦产品有着极其广阔的市场前景。专家们预测全球燕麦年消耗量将达到 1100 万吨，占燕麦总产量的 25%，比目前的年消耗量增加 8%～9%。因此，专家预测裸燕麦是世界贸易的未来。目前国内市场的燕麦产品品种主要有燕麦片、燕麦方便面、燕麦茶等，另外还可从燕麦中提取 β－葡聚糖、燕麦淀粉、蛋白质、燕麦油等副产品。

（2）燕麦市场发展潜力尚未完全开发。我国市场除燕麦片外，其他的产品种类都没有形成规模，燕麦资源未得到很好的开发利用。燕麦食品未得到足够的重视，燕麦加工处于落后状态，无成熟的加工工艺和加工设备，与日益增长的市场需求极不相称。开发高附加值的以燕麦为原料的保健食品及医药产品，是我国人民饮食结构由温饱型向保健型转变的需要，也是社会经济发展的需要。

4. 挑战

（1）潜在进入者的威胁。燕麦生产进入壁垒不高，低端燕麦市场已明显过剩，普通燕麦生产工艺早已不是什么高科技。进入高端燕麦产品市场的设备技术要求较高，而且必须有优质燕麦原料优势，这使得本来就竞争激烈的燕麦行业面临更大的挑战。

（2）替代品较多。随着我国经济的高速发展和生产水平的提高，人们的生活水平有了极大提高，饮食结构明显改善，燕麦、五谷等小杂粮已经成为居民日常饮食的必需品。目前，改善营养结构而进行的少量配伍小杂粮是燕麦的主要替代品，小杂粮的营养价值高、种类多、搭配花样丰富，对燕麦产品市场提出挑战。

（3）燕麦产品市场竞争力有待加强。由于燕麦传统吃法单调、适口性差，工厂化和商业化程度也较低，具有新特点、新口味的新产品开发不够，多年来一直没有形成新的消费热点。目前塞宝燕麦产品的消费基本上仅局限于内蒙古自治区西部产区的中小城镇，而在东南沿海发达地区及大城市中对本品牌的认知度非常小，发展空间非常有限。在新的消费热点形成和新的市场尚未开发前，市场将严重制约燕麦产品的发展。

三、塞宝公司的营销模式分析

1. 塞宝公司营销模式的可取之处

（1）构建以品质为主线的产品策略。塞宝公司充分利用燕麦资源优势，积极投入燕麦种植基地的建设，从产品源头保证优良品质，掌握市场的主动权。塞宝公司的燕麦产品所用原料主要来自于租用20年土地建设的有机燕麦种植基地，有着独特的无污染生态环境，在种植过程中不使用任何化肥、农药、生长调节剂等物质，利用一系列可持续发展的农业技术，保持人与自然和谐的生态环境。公司于2008年起加大基地建设力度，探索多种种植模式，包括示范田、"企业＋农户"、"企业＋合作组织＋农户"的模式，目前公司在武川县与20多家合作社建立了合作关系。公司经常邀请内蒙古农牧业科学院、内蒙古农业大学的燕麦科研人员为合作农户进行燕麦种植技术的培训，提高了合作农户的种植积极性。为实现将燕麦由早餐食品向正餐食用转变的理念，加大燕麦的消费量。2008年，公司在内蒙古农牧业科学院、内蒙古农业大学和全国燕麦科学家的大力支持下，研发并试生产了"有机燕麦香米"。2009年，公司投资3000万元在燕麦主产区武川县投资建设了有机燕麦米加工基地。公司引进最先进的加工设备，运用现代化的科学技术建成了燕麦片、燕麦米、速食杂粮面条、莜面粉4条生产线，形成了规模化、规范化和自动化的生产流程。塞宝公司生产的燕麦产品以其优良的品质获得了消费者的认可，尤其是主打的燕麦片，具有较高的认知度。

（2）注重培育品牌文化。塞宝公司把中国的燕麦文化植入公司品牌文化中，积极宣传健康的消费理念。多年来公司致力于燕麦文化的挖掘和整理，包括燕麦种植历史和产业发展、燕麦饮食、燕麦健康、燕麦与文学艺术等方面的资料，对燕麦文化的传播做了大量的工作，撰写了《中国燕麦文化》、《神奇的燕麦》、

《燕麦的营养成分和食疗价值》、《燕麦传统食品的制作》等著作。2009 年，公司对莜面（燕麦面）的传统吃法进行了挖掘整理，向内蒙古自治区文化厅申报了《莜面传统吃法加工技艺》，并成功地进入第一批自治区非物质文化遗产保护项目。2010 年，在中国燕麦工作委员会等单位的支持下，在内蒙古自治区武川县建成了"中国燕麦博物馆"，这是民营企业投资建设博物馆的先例，为燕麦产业发展奠定了深厚的文化底蕴。公司在生产车间设置了参观通道，使消费者可以了解燕麦产品生产的全过程，对产品的安全、卫生产生信任。参观通道上布置的展品展板，讲述了燕麦的种植历史、品种、保健功能等，陈列了公司所生产的一系列燕麦产品，介绍了公司所取得的业绩及未来的发展战略，把参观与展览、生产与文化有机地结合起来。公司借助燕麦文化的传播活动丰富了"塞宝"品牌的文化内涵，树立了良好的品牌形象。

（3）积极进行公关传播。塞宝公司在市场营销中，运用公共关系策略与政府、科研机构建立了信任、合作的关系，营造了良好的发展环境。公司被内蒙古自治区消费者协会命名为"诚信单位"，多次连续被评为"呼和浩特市劳模集体"、"市级文明单位"、内蒙古自治区工商联系统的"先进基层党组织"、呼和浩特市人民政府"重点联系民营企业"。塞宝公司是中国燕麦产业工作委员会副会长单位，积极参与委员会的各种工作，并给予大力支持。2008 年发起成立了内蒙古自治区燕麦产业协会，为燕麦产业发展建立了企业与企业、企业与教学科研、企业与政府之间沟通信息和密切合作的平台。这些公关传播活动极大地提高了塞宝公司的企业形象，在燕麦行业中具备了较高的品牌知名度和美誉度。

（4）以代理商销售渠道模式为主。根据目标市场产品需求的特点，塞宝公司在全国大中城市进行招商，与经营冲调类产品有实力的代理商合作，各代理商再进入超市或寻找分销商、零售商进行产品销售。根据代理商的经济实力、人脉、信誉度等因素，将代理商划分为三个级别，重点扶持一级代理商，兼顾二级代理商，公司现有一级代理商 10 多个。一级代理商从企业代理产品后再送到二级代理商，二级代理商再分配到三级代理商。塞宝公司的燕麦产品在全国 50 多个大中城市均设有代理商，市场网络基本形成。

2. 塞宝公司营销模式存在的问题

（1）产品同质化程度较高。塞宝公司对燕麦产品的开发还比较传统，产品的种类比较单一，以燕麦片为主打产品，没有涉及燕麦饮品、深加工产品。在产品层次方面，只注重产品核心价值的开发，忽视其外延价值，不重视改进产品品种和增加新品种，导致产品同质化严重。此外，公司的燕麦产品没有准确的市场定位及进行目标市场细分，不能够适应不同层次消费者的需求。

（2）缺乏成熟的品牌运作方式。随着消费观念的不断变化，消费者更加注重产品的品牌。品牌具有导购作用，能有效帮助消费者识别挑选产品，提高消费者的生活水平，更是一种消费观念和时尚。同时，品牌增强了生产者促销、竞争、扩张和获利的能力。塞宝公司作为农产品的生产经营者由于受传统农业生产经营方式的影响，市场意识、品牌意识淡薄，同时也缺乏成熟的品牌运作方式，忽视对优质品牌产品的策划和宣传。此外，由于品牌建设投入费用较大，品牌效益短期内难以显现，导致消费者对公司品牌认知度较低，制约了公司品牌的快速成长。

（3）缺乏系统科学的广告战略。广告作为信息传播最有力的工具之一，在产品信息的传递、品牌的树立以及与消费者的沟通方面，发挥着重要的作用。塞宝公司虽然意识到了广告宣传的重要性，但却缺乏系统、科学的广告战略。表现为：一是广告缺乏可持续性，难以形成持续的促销效果；二是广告形式与定位不符，降低了产品形象，抑制了消费者的购买积极性，如墙体广告；三是缺乏媒体整合，重视硬性广告，忽视软性广告；四是广告内容大多停留在最基本的信息告示水平，广告诉求多为功能诉求，核心主题不突出。这些问题导致了公司燕麦产品广告的传播效果较差，产品信息的传递迟缓，难以建立鲜明的品牌形象及激发消费者的购买欲望。

（4）忽略产品的包装设计。消费者借助于包装形象、文字说明、生动展示才能感觉到产品品质。好的产品包装不仅有助于生产者储存和运输，更有助于促进消费者购买，并用作识别商品的标志。塞宝公司燕麦产品的包装存在着简陋、缺乏美感，没有视觉冲击力，设计水平低等问题。从而降低了对消费者的吸引力，使消费者很难从产品包装上识别产品的特性及质量。此外，公司燕麦产品的包装设计忽略了消费者的消费习惯及文化品位，没有注明选购的理由和独特的卖点，使产品的附加价值较低。

（5）没有树立整合营销传播观念。塞宝公司没有将整合营销传播作为企业品牌塑造的重要手段，公司的传播实践还处于单向被动的较为简单的层次，关注的是如何利用已经出现的或可预知的事件来进行营销传播，比如，通过与相关媒体合作，发表宣传产品或服务的文章或广告，或者利用社会上有价值、影响面广的新闻，将其与公司品牌联系在一起，借此扩大传播效果。塞宝公司由于自身经济实力所限，很难借助影响范围广的主流媒体进行营销传播。同时，在营销推广中较多关注短期效益，将营销传播仅局限于终端促销和产品展示，而回避能够有效扩大企业形象传播的大众传播媒体。最终造成塞宝品牌在行业内具有较高知名度，但消费者对其知之甚少的尴尬局面。

（6）渠道结构缺乏有效性。目前塞宝公司的渠道结构为：企业先从各地区寻找一级代理商，一级代理商再寻找二级代理商或直接进入超市、批发市场、粮油店等最终将产品分销出去。公司只是将产品代理出去，而不再关心代理商会选择什么样的渠道进行分销，导致产品的分销权集中在代理商手中。同时，由于一般代理商代理的产品种类多、品牌杂，其下级分销渠道繁杂，无法集中力量去做好某个品牌或某个渠道。因此，塞宝公司的很多代理商仅做到了产品的销售，其他售后服务、品牌推广、调查研究等工作开展不力，使塞宝公司无法及时掌握销售市场信息，对渠道成员企业的管理难度加大。

四、改善塞宝公司营销的建议

1. 实现产品差异化

（1）产品线长度决策。一是产品线的双向扩展。受高端市场较快的增长率和较高的利润吸引，公司应该进入高端产品市场。塞宝公司目前产品主要是中低档产品，面向普通老百姓，因此应开发高端产品从而获得较高利润。同时为适应二三级市场发展的需要，抓住要求低价的广大顾客，不让他们流向竞争对手，公司还应不断推出低端新产品。二是产品线的填补。要使新产品的每一项目具有显著的差别，避免新旧产品互相替代。三是产品线的现代化，使其既能满足老顾客的需要又能不断吸引新的消费者，比如，更新与统一包装设计，产品卖点的提炼或者在产品线中增加具有代表性的产品，对产品线具有提振作用。及时淘汰产品线中既无销量又无利润而且无法形成规模生产的产品，提高整个产品线的效率。

（2）改进产品包装。一是要利用色彩和图案的合理搭配突出燕麦产品的特点，并结合自然环境和文化背景，在包装上再现产品品质及功用，充分地传达产品自身信息，给消费者真实可信的直观印象，以燕麦产品独特的魅力吸引消费者，缩短其选择的过程。如包装容器、色彩、图案个性化。二是采用绿色包装。对包装物的设计制造应该体现环保理念，使用后不对环境造成污染，承担企业的社会责任。三是提升产品包装的档次，利用精美包装使商品增加价值。四是改进包装规格。针对不同消费群体购买的频次、数量，采取不同的包装规格，如针对作为礼品或家庭消费，可采取大容量包装；针对工作间隙、休闲消费，采取小巧包装，满足消费者一次性食用的需求。

（3）明确产品定位。根据现代营销学市场细分的理论，消费者的产品选择是千差万别的，任何一种产品都不可能满足所有人的需要，它只能满足某一部分人的特殊需要。因此，每个产品都必须根据满足消费者的需要情况而进行合适的市场定位。特别是在消费者需求差异的日益分化，市场竞争越来越激烈的环境下，通过适合的细分标准进行准确的市场定位显得尤为重要。塞宝公司可以通过燕麦产品的特色功能进行定位，突出产品营养保健功效。也可以以消费者的社会层次、性别、收入、年龄等多因素组合定位。不论从哪个方面定位，一定要突出特色，体现和同类产品定位的差异性，从而使消费者在众多产品中进行有效的产品识别。

2. 实施区域品牌战略

所谓"区域品牌"，是在一个地域内的某个行业或某种产品在较大范围内所形成的具有较高影响力的一种整体形象。区域品牌是众多经营者集体行为的共同结果，所代表的是该地区某行业或产品的特色及其在消费者心目中的地位，如吐鲁番葡萄、烟台苹果、库尔勒香梨。区域品牌与其特定产地有着十分密切的联系，具有地理特征、资源优势和悠久的人文历史内涵。在燕麦生产中，独特的自然条件如气候、土壤以及生产与栽培方式，使其具有某一方面的优良品质，这为燕麦产品建立区域品牌奠定了基础。

塞宝公司作为中小企业，面临着生产经营的小规模化以及资金不足的现实，使其难以独立地进行品牌化经营。公司应借助内蒙古自治区燕麦产业协会，积极倡导政府通过统一规划，由行业协会、合作经济组织以及龙头企业为主体来创建区域品牌，促进燕麦生产的规模化，降低燕麦产品品牌经营成本。由政府主管部门、农民专业合作组织和燕麦行业协会对区域品牌进行建设和管理：一是对区域品牌进行商标注册；二是建立区域品牌的使用许可制度；三是加强区域品牌的广告宣传与市场推广。

3. 销售渠道的逆向重构策略

逆向重构策略是从渠道金字塔的底部开始向零售商或消费者推销产品，当产品销售量达到一定数量后，一些二级经销商或代理商们会被调动起来，主动要求经销或代理该产品。接着是总代理商或经销商因为产品销售量的扩大和价格稳定，使经营产品变得有利可图，经营规模较大的代理商或经销商纷纷加入到制造商的渠道体系。

一是销售渠道长度建设，从最终消费者开始，让每个人了解"塞宝"，产生消费欲望。开展塞宝燕麦文化产业论坛，邀请专家学者及相关企业参与，借此宣传燕麦文化。通过免费赠送产品或免费品尝等活动，推广"塞宝"的产品和品牌文化，引导消费者认识"塞宝"的产品，了解"塞宝"品牌，以产品的品质优势吸引消费者，以价格优势和安全性来打动消费者的心，让"绿色、有营养的塞宝燕麦"深入人心，激发消费者的购买欲望。同时在当地零售商（社区小超市）限量赊销燕麦产品，一定时期内未销售完的可以回收退货，以保证消费者第一时间买到"塞宝"燕麦产品。若零售商再进货时，此时零售商的进货需求是被市场驱动的主动需求，则必须向塞宝公司指定代理商或经销商以现款现货的形式购买。视当地市场状况和代理商或经销商的覆盖能力和资金实力决定是否增加二级批发商。

二是销售渠道宽度建设。结合塞宝公司实际情况，应采取选择性分销的渠道宽度决策。因为燕麦属于日常食品，消费者对产品购买的便利性更感兴趣。因此，公司在人流量大的社区超市提高铺货率，方便消费者，提高其认知度。同时只选择超市作为主要销售渠道，可以有效控制市场销售情况，防止价格混乱和假冒伪劣产品扰乱市场。

4. 进行整合营销传播

企业要成功塑造和提升品牌，除了在产品、质量、价格、服务等传统领域进行提升外，有必要进行营销传播活动的整合并以此创造价值，这样可以达到事半功倍的效果。整合营销传播是市场发育高度成熟之后出现的产物，所要确立的是企业品牌的"长治久安"。整合营销传播强调综合运用广告、公关、促销和人员推销等一系列传播沟通手段，对消费者传递一致的、协调的产品信息。塞宝公司要打破传统的传播模式，综合各种传播手段进行信息的传递。

一是利用政府力量获得宣传支持，由政府组织举办各种形式的展销会、信息发布会等，广泛宣传燕麦产品信息，引导人们消费，扩大有效需求。

二是除了报纸、杂志、电台、电视等传统媒介以外，燕麦产品传播应该注重运用网络信息平台、会议、零售终端等新型传播渠道，普及燕麦产品知识，介绍燕麦产品的特色，展示品牌形象，培育燕麦产品品牌知名度和美誉度，增加人们对燕麦产品的信任和好感，营造出公众消费燕麦产品的时尚。内蒙古塞宝燕麦食品有限公司目前已经建立了自己的网站，但无论从站内信息到产品介绍都相对简单，无法为消费者了解燕麦和"塞宝"品牌提供有力的保证，因此，在网站建设中应投入更多的精力，在展示品牌、产品的同时，可以通过设置专栏、开设论坛、企业微博等形式，强化与消费者的沟通交流，传播企业信息、塑造品牌形象。

三是积极参与社会公益活动，改善与社会各界的关系，树立良好的形象，获得社会各界的关心和支持，运用公共关系为燕麦产品营销创造有利的外部环境。

四是加大广告的投入力度。目前塞宝公司的广告媒体选择范围有限，主要以POP和超市促销为主，很难让众多的消费者了解塞宝品牌。公司可以选择地方性影响相对较大的媒体，例如内蒙古日报、北方新报等主流媒体，扩大广告投放，辅助终端的促销行为，以较低的营销成本实现快速的品牌形象传播。可以通过与行业协会、当地政府部门联合投资，精心策划、制作和实施广告活动，提高燕麦产品品牌知名度。特别要加大在销售终端的广告力度，以激发消费者的购买行为。

参考文献

［1］Ahasanul Haque，Javad Sadeghzadeh，Ali Khatibi．Identifying Potentiality Online Sales in Malaysia：A Study on Customer Rela－tionships Online Shopping［J］．Journal of Applied Business Re－search，2006，4.

［2］柴岩，万富世．中国小杂粮产业发展报告［M］．北京：中国农业科学技术出版社，2007.

［3］陈乃醒，白林．中小企业管理概论［M］．合肥：合肥工业大学出版社，2007.

［4］陈志颖．无公害农产品购买意愿及购买行为的影响因素分析——以北京地区为例［J］．农业技术经济，2006，1.

［5］董彦红．高寒地区的优质饲草——燕麦［J］．草业与畜牧，2010，6.

［6］菲利普，科特勒著．营销管理［M］．梅清豪译．上海：上海人民出版社，2006.

［7］付晓峰．燕麦产业的发展对策［J］．农产品加工，2008，3.

［8］何杰，吴继忠．中小企业竞争策略选择的实证分析［J］．首都经济贸易大学学报，2010，1.

［9］胡新中，魏益民，任长忠．燕麦品质与加工［M］．北京：科学出版社，2009.

［10］李崇光．农产品营销学［M］．北京：高等教育出版社，2004.

［11］李芳．燕麦的综合开发与利用［J］．武汉工业学院学报，2007，1.

［12］李曦辉．民族地区产业经济学［M］．北京：中央民族大学出版社，2004.

［13］林汝法等．中国小杂粮［M］．北京：中国农业科学技术出版社，2002.

［14］刘龙龙．山西省燕麦产业现状及技术发展需求［J］．山西农业科学，2010，8.

［15］刘文新．中小企业品牌战略之痛：品牌加减法错位［J］．机电信息，2009，10.

［16］刘彦明．西部地区发展燕麦产业的思考与建议［J］．杂粮作物，2008，5.

［17］刘振恒．发展以燕麦为支柱产业的可持续高寒草地畜牧业［J］．草业科学，2007，9.

［18］迈克尔·波特．竞争战略［M］．北京：华夏出版社，2005.

［19］宁昌会．论中小企业的基本竞争战略［J］．财贸经济，2010，8.

［20］任长忠等．国内外燕麦产业技术发展情况报告［J］．世界农业，2009，9.

［21］王阳．市场经济体制下的农产品营销策略［J］．商务营销，2008，3.

［22］吴林海，徐玲玲，王晓莉．影响消费者对可追溯食品额外价格支付意愿与支付水平的主要因素———基于 Logistic、Interval Censored 的回归分析［J］．中国农村经济，2010，4.

［23］务真．品牌战略的案例分析［J］．管理科学文摘，2010，6.

［24］肖劲松．中小企业发展的差异化战略［J］．集团经济研究，2011，3.

［25］杨海鹏等．中国燕麦［M］．北京：农业出版社，1989.

［26］杨克理等．燕麦优质高产栽培技术与综合开发利用问答［M］．北京：中国农业科技出版社，2000.

［27］张辉，曲文祥，李书田．内蒙古特色作物［M］．北京：中国农业科学技术出版社，2010.

［28］章长生，周永生，赵德森．基于 SWOT 分析模型的中小企业发展战略［J］．中国集体经济，2009，6.

［29］赵世锋．我国燕麦生产和科研现状及未来发展方向［J］．杂粮作物，2007，6.

［30］祝海波，邓德胜．市场营销战略与管理［M］．北京：中国经济出版社，2006，1.

基于产业集群的中小企业创业要素和创业模式研究

——以包头 XB 公司为例

课题编号：Y12021

主 持 人：康秀梅

参 与 人：赵红梅　齐永兴　李瑞峰　丰佳栋
　　　　　孙晓光

一、引言

随着市场经济的发展，中小企业已成为我国成长最快的主要的企业形态，成为满足我国市场需求、扩大民众就业的重要基石。特别是在各行各业全民创业、竞相发展的背景下，由于具有"小、灵、快"、"小而专、小而精"和"小批量、多样化"等特点，中小企业的创业和发展已成为推动我国经济繁荣发展的重要动力和源泉。当然，中小企业在具有自身优势的同时，在其创业发展过程中也面临相关法律系统不完善，资金、技术、人才和信息资源匮乏等诸多问题。因此，中小企业的创业和发展需要依托大企业、大公司或"中小企业群体"，以取得外部规模经济，通过"小而专"、"小而配"或"小而特"的差异化、协作化的经营战略不断增强自身的核心竞争力。实践也表明，创业企业在创业机会集中、创业资源丰富以及创业氛围浓厚的环境中往往更容易获得自身竞争力的提高，从而促使其创业绩效显著。

近年来，集群化发展已成为中小企业发展的必经之路。目前，产业集群在国内外已成为主导经济发展的重要形式，在培育企业创立，推动集群内企业发展的同时，对促进地区经济发展的作用越来越大。进入 21 世纪以来，我国各地的产业集群也蓬勃发展，已成为中小企业创业和发展的天然孵化器和重要推动力，成为提升区域核心竞争力和实现快速城镇化的重要途径，并不断被纳入到地方经济发展的整体战略之中。因此，在产业集群中，如何挖掘和整合好优质创业要素，如何选择恰当的创业模式，对于创业者和中小企业发展具有重要的参考意义。

二、案例简介

1. 产业集群概况：包头稀土高新区

步入 21 世纪后，全球迎来了新一轮的科技革命，"材料是基础、设计是灵魂、工艺是关键、应用是保障"是其明显的特征（师昌绪，2012）。稀土作为新材料之母，被广泛应用于国民经济生产的各个领域，是涉及国家安全的战略资源和高科技材料。

包头市是世界"稀土之都"，是全国最大的稀土科研、生产基地，已形成了"采矿→冶炼分离（冶炼结果是稀土金属加氧化物）→功能性材料（包括永磁、发光、催化、抛光、储氢）→稀土元器件→终端应用产品"的产业链条。

1992 年，包头国家稀土高新技术产业开发区被国务院批准为国家级高新区，是全国 114 个国家级高新区中唯一以稀土资源命名的高新区，也是内蒙古自治区唯一的国家级高新区。

但是，由于技术水平落后、应用研究开发能力滞后等因素的影响，尤其是在稀土应用方面的落后，导致包头稀土资源优势并没有转化成产业优势和经济优势。

2007 年，包头稀土高新区按照新的稀土产业政策制定规划，建设"稀土新材料及应用产业园区"，以打造稀土新材料及应用产业集群、延伸稀土中下游产业链为目标，集中各类优势，强化"洼地"效应，加大包头稀土资源就地转化力度，提升产业层次。众多稀土产业科技型中小企业在这一背景下诞生。

目前，包头稀土高新区注册企业有 3600 多家，其中稀土企业 75 家，上市公司投资企业 22 家；世界 500 强企业 7 家，外资企业 39 家；高新技术企业 53 家，占内蒙古自治区的 40%。"创业海归"累计达到 309 名，海归博士 95 名，海归硕士 105 名；"千人计划"人才 5 人，内蒙古"草原英才"工程人才 20 人；高新区研发中心达 49 家，全年研发项目 170 余项；新增专利 360 项，专利总数达到 2000 多项。

2013 年，稀土高新区地区生产总值实现 345 亿元，同比增长 10%；规模以上工业企业实现工业增加值 191.4 亿元，同比增长 12.1%；固定资产投资完成 489 亿元，同比增长 18.4%；已成为内蒙古自治区近年来经济增长最强劲、产业集群发展最重要、科技创新最活跃的区域之一。

2. 创业企业概况：包头 XB 公司

包头 XB 医疗公司成立于 2010 年 4 月 29 日，注册资本为 5 亿元，厂址位于高新区稀土工业园区，占地面积为 186.5 亩。公司定位于生产高端医疗影像诊断设备——医用磁共振成像仪（MRI）的研发与制造[①]。

该公司于 2010 年开工建设，2011 年 8 月建成全球最大的一体化永磁磁共振成像仪器生产基地，2012 年正式生产，目前有 3 条生产线，年设计生产能力为 300 台医用磁共振成像仪。产品从研发到质量控制，都具有自主知识产权。

公司设立以来，其创业团队充分利用包头稀土产业集群的优势，将资源、政策、技术、资金等优势转化为企业发展的动力和条件，逐步建立起了自身的核心竞争优势。目前，公司现已具备生产多款世界先进水平的永磁核磁共振设备的能力，正进入持续、快速、国际化的发展阶段。特别是在市场开拓方面，一方面与

---

① 永磁 MRI 是单台磁性材料用量最大的稀土下游高科技应用产品，磁性材料占系统成本约 60%，具有临床功能实用、使用维护成本低廉、适于普及的特点。在广大基层医院推广永磁 MRI，对加强基层医疗机构力量、缓解基层民众"看病难、看病贵"有重要作用。

美国 GE 集团开展合作，为 GE 量身定做产品，贴牌销售；另一方面，借助集团的销售渠道，在全球市场销售公司产品。目前，该公司产品已经在超过 50 个国家和地区完成注册，销往欧洲、美洲、非洲和东南亚等地区的 20 多个国家，自主销售的国家有 5 个，提升了公司品牌知名度和发展速度。

3. 稀土高新区对 XB 公司创业的影响

任何创业活动总是在一个创业者不能直接控制的环境中开展的，在创业要素和创业模式的研究中必然要考虑外部资源环境因素。

包头稀土高新区产业作为园区内稀土企业的具体外部环境，已成为稀土相关企业创业的天然孵化器。稀土高新区所形成的外部市场优势和整体创新能力，具有一般企业创业所需要的创业文化和外部产业文化氛围等外部性的公共产品，有利于中小企业创业活动的产生。因此，中小企业创业在稀土高新区中发生的比率要远远高于其他地区的稀土企业创业产生比率。

（1）产业集群的聚集效应为创业活动提供资源支持。产业集群形成以后，会具备一定的特色产业资源和要素优势，并通过其优势，不断将与其相关产业甚至不同产业的物资、人力、技术和各种配套服务体系和机构聚集在一起，形成资源循环积累的路径依赖，从而为创业企业获取所需资源，提供快捷丰富的服务。同时，由于产业集群中的分工协作，集群内企业的资源素质以及配置效率不断提高，既为创业企业提供市场机会的同时，也降低了市场交易费用。

目前，包头市稀土高新区内"创业海归"累计达到 309 名，海归博士 95 名、海归硕士 105 名；"千人计划"人才 5 人，内蒙古"草原英才"工程人才 20 人；研发中心达 49 家，专利总数达到 2000 多项，占包头市专利数近 55%。高新区先后被国家有关部委认定为：国家新型工业化产业示范稀土新材料基地、国家稀土新材料高新技术产业化基地、全国稀土新材料产业知名品牌创建示范区、国家海外高层次人才创新创业基地、国家创新型特色园区等 18 个国家级基地（中心）。为园区内中小企业创业提供了强大的人力、技术和配套服务等方面的资源支撑。

（2）产业集群的创新机制对创业活动带来市场机会。产业集群是众多企业的集聚和各方资源的共享。在技术、管理等领域的创新方面，产业集群能有效克服单个企业创新缺乏资源支撑的难题，不断产生"化学反应"，助力企业不断创新。在这种情况下，产业集群不断提供大量诸如新技术、新产品、新应用开发等此类市场机会。

近年来，稀土高新区相继出台了《稀土产业推进计划》、《稀土新材料产业基地建设规划》等一系列加快稀土产业发展和鼓励延伸产品链条的政策措施，对形成具有地区特色和市场竞争优势的产业链条产生了积极的推动作用。在现已初步形成的以氧化钕、混合稀土金属、铈的化合物、稀土化合物为基础原料的六大产业链条中，园区内的重点稀土企业几乎全部被纳入其中，原材料—新材料—元器件—终端产品的产业链条使得原有的传统稀土工业得以升级，并为产业集群化发展奠定了重要基础，既可吸引更多新企业加入到集群中来，又可促进已有企业内部二次创业。

目前，包头稀土高新区内注册企业已达3600多家，其中稀土企业为75家，上市公司投资企业为22家；世界500强企业为7家，外资企业为39家；高新技术企业为53家，占内蒙古自治区的40%。

（3）产业集群有助于提高创业企业市场效率。在产业集群中，相关企业在中间产品生产、资源价格谈判等方面能实现规模经济。同时，在柔性生产方式下，集群内的企业一方面能根据市场需求，及时调整产品产量、创新产品形态，实现内部范围经济；另一方面，整个产业集群相互协同的企业，通过合作网络联合，共同参与价值链的增值活动，进而形成该集群内的行业范围经济。另外，在产业集群的空间集聚特征和文化相似特征中，创业企业能通过集群的信任机制和信息特征来进一步降低交易风险和费用。

作为国家级高新区，稀土高新区不断优化发展环境，建立了全过程、全方位、全天候的高效服务体系，全面推行首问负责制、礼貌接待制、全程跟踪制和限时办结制，进一步完善服务体系，优化工作流程，开通"绿色通道"，强化"全覆盖、个性化、零失误"的服务理念，树立了"全新机制、高效服务、诚实守信、最优惠政策"的品牌形象。市场机会和创业企业的市场效率日益增多。

（4）产业集群能够推动创业企业不断创新。大批产业相关的企业聚集在一个地区，一方面加强了彼此的竞争，促使企业加快技术创新，提升产品质量与产业层次，改善服务，不断创新；另一方面，企业间的学习借鉴，又可以使基于资源禀赋的比较优势发展为创新创业优势，促进新业务与新企业的衍生。最终形成集群特有的创新文化氛围和人际环境。正是这种不断进取、勇于冒险的创新精神，才是使创业不断发生，创业企业不断创新的推动力。

近年来，包头市稀土高新区坚持"实现与企业合作共赢"的理念，以建设"全国一流创新型特色稀土高新区"为中心，全力打造"稀土应用产业、有色金属深加工产业、高端装备制造产业、高新技术产业、现代服务业"五大基地，优化发展环境，企业创新能力不断提升。

目前，包头稀土高新区以包头稀土研究院和国家稀土冶金及功能材料研究中心为依托，相继建立了稀土永磁电机研发中心、稀土分析检测中心、稀土永磁材料研发中心、稀土储氢材料研发中心等49家稀土工程研究开发中心，加强了对园区内稀土企业的技术服务和技术创新，许多研究成果已直接发挥了效益。目前稀土高新区已与内蒙古科技大学联合设立了稀土学院,直接为稀土产业的长期发展提供了人才保障。同时,稀土高新区还与中国工程院、中科院长春应化所、清华大学等科研院所和高等院校建立长期合作关系。

包头稀土高新区 2013 年全年研发项目为 170 余项;新增专利 360 项,专利总数达到 2000 多项,占包头市近 55%。园区内创业企业的创新能力不断增强。越来越多的初创科技公司在稀土应用领域加强研发,在稀土应用的方方面面掌握核心技术,不断推陈出新,获得更多的国际专利,在稀土价值链、供应链、产业链上不断抢占高端位置,推动稀土产业在开发、应用等方面,实现全方位多领域"开花结果",为创业企业不断创新提供条件。

(5)产业集群为创业企业进一步扩展提供条件。产业集群中的创业企业凭借集群各方面优势,可以在短时间内通过外部方式形成较大规模,实现进一步扩张。首先,集群内部企业间的"标杆学习"能为创业企业聚集其他企业在产品技术知识、管理以及市场知识等方面的重要资源。其次,可以借助行业协会或商会、营销协会、采购协作等合作化组织,为企业成长创造重要的营销、生产和质量控制等资源。最后,可从集群中的地方政府获取人力资源、税收等方面的制度化优惠资源,推动创业企业扩张。

近年来,稀土高新区引进了东方希铝、北方股份、宁波韵升、金风科技等一大批国内外有影响的大企业,为园区内其他创业企业的发展树立了"标杆"。同时,稀土高新区利用举办"中国包头稀土产业论坛"的机会,推介园区内企业,吸引和优化了企业创业方面,诸如营销、生产、研发和质量控制等资源和手段。

此外,为帮助创业企业扭亏,包头市稀土高新区还专门成立由分管领导担任组长的"企业扭亏增盈及恢复生产"工作小组,经信委、财政局、统计局、企业服务管理局等主要负责人作为成员,亲自走访企业,专门研究扭亏工作,及时解决实际问题,帮助企业扭亏增盈。

另据统计,2014 年以来,稀土高新区已累计争取各类资金 9862.44 万元,先后为金蒙汇磁争取电力补贴资金 14.17 万元,为 XB 公司争取稀土产业调整资金 1500 万元,为阿特拉斯争取贷款贴息资金 100 万元,为希望环保建材争取粉煤灰综合利用资金 2.68 万元。共计为亏损企业争取各类经信政策资金 1616.85 万元,占全部申请资金的 16.3%。

三、案例分析

1. 产业集群内的中小企业关键创业要素

创业要素是中小企业创业活动必须具备的要素,与企业能否创业直接相关。

创业要素的具备或丰富程度决定了中小企业创业的成败。目前，关于创业关键要素构成的观点主要强调创业机会、创业资源和创业者（创业人员或团队）及创业环境等方面。实践证明，从无到有，除了创业者的个人因素外，初创企业无一不面临着创业环境敏感、创业机会和创业资源稀缺、创业项目风险大等难题和困难。

由于拥有市场优势、创新能力和制度文化氛围等公共产品和社会网络等环境优势，产业集群中的中小企业创业具有更加稳定有利的创业环境，更为丰富的创业要素条件，能有效克服初创企业面临的难题。具体来讲，产业集群的外部公共产品、关系网络和较为专业化的分工易于产生企业创业机会；外部公共产品、关系网络和区位优势还易于产生企业的创业资源；而集群所具有的良好的软环境、丰富的创业机会、较为集中的资源支持等因素又容易不断催生创业者。因此，产业集群便成了中小企业创业所需要的创业要素的供给区域，为中小企业创业提供了更为充沛的创业要素。

（1）产业集群的创业资源。创业资源是创业者实施创业活动所必须利用的资源要素。按获取难易程度划分，主要包含基础性的创业资源（包含地理区位、土地供给、自然资源、劳动力、一定的资金和资本支持等）、一般性的创业资源（包含科学技术资源、管理者及机构、技术研发人员、市场信息和风险投资等）和较为高级的创业资源（包含可共享性的资源、社会资本和网络资源等）。

以硬性资源和软性资源来划分产业集群中的创业资源，能基本涵盖各类创业资源，特别是软性资源中具有的共享性资源、网络资源及社会资本资源等高级创业资源。具体来讲，硬性资源包含产业集群中的区位优势、交通条件、劳动力资源、通信设施、土地等自然资源禀赋等；软性资源包含丰厚的创业文化底蕴和产业氛围、政府的政策优惠与支持、社会网络、信息和知识等资源共享、专业化的劳动分工等（见表3-2）。

表3-2　产业集群中的创业资源

创业资源类别	含义说明
硬性创业资源	产业集群中的区位优势、交通条件、劳动力资源、通信设施、土地等自然资源禀赋
软性创业资源	丰厚的创业文化底蕴和产业氛围、政府的政策优惠与支持、社会网络、知识信息共享、专业化的劳动分工、外部性

资料来源：根据文献资料整理。

（2）产业集群中的创业机会。创业机会是企业创业所具有的有利条件或有利时机,是创业者能否把内外部的资源创造性地整合起来,满足一定市场需要,进而创造出价值的一种可能性。从根本上讲,创业机会是一种亟须得到满足的市场机会或市场需求。一般意义上讲,创业机会源于管理、技术和市场的创新,源于政治体制和市场管制的变革以及产业结构的调整,是企业外部的环境变化、市场力量的对比变化以及各方信息不对称所产生的结果。

产业集群中的创业机会得益于集群地理位置、发展程度、政府政策等环境因素带来的环境创业机会;也得益于集群主导产业内外市场变化所带来的市场创业机会;还得益于集群学习、创新效应作用下的技术变化和创新带来的技术创业机会。因此,依据创业机会的本质,集群中的创业机会主要有环境创业机会、市场创业机会和技术创业机会 3 类(见表 3-3)。

表 3-3 产业集群中的创业机会

创业机会类别	含义说明
环境创业机会	利用地理位置、经济发展程度、政府的扶持、政治与管制变革带来的创业机会
市场创业机会	社会分工变化、行业竞争态势、市场需求变化所带来的创业机会
技术创业机会	技术进步和创新所带来的创业机会

资料来源:根据文献资料整理。

(3)产业集群中的创业者。创业者(或称为创业团队)是创业活动的核心要素,是抓住市场潜在机会以后,通过最大限度的获取和合理配置资源创造价值,实现创业绩效的人或团队。根据创业机会的来源不同,创业者一般分为市场型创业者、技术型创业者和政策型创业者 3 类。其中,市场型创业者是利用市场变化而创业的创业者;技术型创业者是利用技术创新机会而创业的创业者;而政策型创业者则是利用政治体制和市场管制变革机会而创业的创业者,一般在转型或过渡型的经济中存在较多(见表 3-4)。

表 3-4 产业集群中的创业者

创业者类别	含义说明
市场型创业者	利用市场的变化(包含社会、人口、产业以及社会分工变化等)机会而创业的创业者
技术型创业者	利用技术创新等机会而创业的创业者
政策型创业者	利用政治体制和市场管制的变革机会而创业的创业者

资料来源:根据文献资料整理。

在产业集群中，集群的创业机会与软性资源、硬性资源支持孕育了更多的潜在创业者。在产业集群中，他们除了具备一般创业者的自信和执着的信念以外，还能够获取信息的及时性，率先认识到机会的商业价值，并且能够充分利用创业者的社会网络，抓住创业机会，充分整合创业资源。

2. XB 公司的创业关键要素分析

XB 公司在创业之初，由归国科学家团队发起，充分利用了内蒙古包钢稀土（集团）高科技股份有限公司（以下简称包钢稀土）和河北新奥集团的资金优势、区位优势以及包头稀土高新区稀土资源优势等硬性创业资源；同时利用产业优惠政策、稀土技术开发和信息交流平台等软性创业资源，争取和形成了优质的创业资源。

目前，XB 公司占地面积近 200 亩，总体建设规划分为三期。其中一期（2010～2011 年）将形成年生产 300 台稀土永磁核磁共振设备的能力，达产后年产值可达 7.5 亿元，利润为 1.7 亿元，利税总额为 2.3 亿元。三期（2016 年左右）建设完成后，累计总投资将达 20 亿元，形成年产 3000 台永磁核磁共振设备的生产能力，年产值将超过 40 亿元。

XB 公司定位于高端医疗影像诊断设备——医用磁共振成像仪的研发与制造，以普及磁共振诊断服务、惠及广大民众为企业目标。企业的独特优势在于以下几方面：

（1）在各核心技术环节掌握完善的自主知识产权。企业已拥有国内外专利及专利申请共 13 项，具有多项未公开的技术专利，完整覆盖了磁体、梯度线圈、电子、机械、应用等全部医用磁共振成像仪子系统。

（2）拥有规模最大、最完整的研发和生产能力。企业的研发团队超过 40 人，是同行业中规模最大、专业配置最全的；生产环节则包括机械加工、电子系统制造、磁体组装、系统集成与调试的全部主要部件和整机生产，生产能力已达到年产 100 台，预计 2013 年生产能力即可达到 300 台，进入世界前 3 名。

（3）背靠坚实的世界级稀土资源。磁性材料约占医用磁共振成像仪系统总成本的 2/3，企业的控股股东——包钢稀土是世界最大的稀土产业集团和磁性材料生产基地。公司作为包钢稀土延伸稀土下游产业链、提高稀土产品科技含量和经济附加值的战略举措之一，在磁性材料的来源方面具有得天独厚的优势。

（4）与行业巨擘合作、共享全球销售渠道。公司已和美国 GE 医疗集团开展合作，以原始设计制造商（ODM）形式为其提供新一代永磁磁共振产品。合作中公司将借助美国 GE 集团的销售渠道，在全球市场销售公司产品，迅速提升公司的产品质量、服务水平和品牌知名度。

在产品和技术方面，XB 公司的产品与技术按照"生产一代、成熟一代、储备一代"的整体规划进行研发。目前公司正在生产的产品有两个系列：MPF - 3000 和 MPF - 4500。其中，MPF - 3000 的场强为 0.3T（特斯拉），该系列产品的特点是成熟稳定、功能实用、高性价比。其中的一款 Brivo MR - 235 被美国 GE 医疗集团选中，作为其新一代唯一一款永磁医用磁共振成像仪在全球销售。目前该产品在超过 50 个国家和地区注册，已销至欧洲、非洲、南亚、东南亚等多个国家。

MPF - 4500 的场强为 0.45T，该系列产品的特点是成像速度更快、质量更高，临床应用功能更丰富。该产品成功研制于 2006 年，当年一举打破了由日立公司保持的永磁医用磁共振成像仪场强为 0.4T 的业内最高纪录，并于 2007 年荣获第十七届全国发明展览会金奖。

公司即将推出的主要产品有新一代 G5 0.45T 产品和 G5 0.7T 产品。新一代产品应用了公司独有的 G5 代磁体技术，其体积和磁体重量较原有产品减少约 40%，使得生产成本、运输安装费用都显著降低，并最终降低产品价格和诊断价格，有利于医用磁共振成像仪的普及。其中的 0.7T 产品在研制成功后，将成为世界永磁医用磁共振成像仪领域场强最高的上市产品。

表 3 - 5 详细列举了 XB 医疗系统公司的关键创业要素。

表 3 - 5　包头 XB 医疗系统公司关键创业要素

创业要素		具体内容
创业资源	硬性创业资源	包头稀土高新区地处呼包银榆经济带，是"稀土之都"，磁性材料来源稳定丰富；劳动力资源、通信设施、土地等自然资源优良
	软性创业资源	稀土高新区具备一定的创业文化底蕴和产业氛围，政府政策优惠，初步形成了基于稀土产业的社会网络、知识共享的公共平台
创业机会	环境创业机会	稀土高新区经济发展快速、政府扶持力度大，政府职能转变和内蒙古自治区独特的文化为企业创业创造了良好的环境
	市场创业机会	中国 2.1 万家医院中，拥有 500 张以下床位的二级医院有 1.9 万家，核磁共振成像仪需求量大（目前市场短缺近 6 万台），但传统核磁共振仪价格昂贵
	技术创业机会	永磁性材料制造的核磁共振成像仪技术可行，传统核磁共振成像仪制造材料（氦气资源）紧张
创业者	市场型创业者	包钢稀土集团和河北新奥集团具有敏锐的市场洞察力、雄厚的资金实力、创业经历以及企业孵化经验
	技术型创业者	企业的海归创业团队在各核心技术环节掌握完善的自主知识产权

3. 产业集群中的创业模式类型

创业不是无系统的凭空设想，而是一个需要一种模式去引导的过程。创业模式就是使创业要素相互作用，让组织模式和经营模式相结合，以推动企业创新与发展。

（1）创业模式的内涵。目前，对创业模式的研究，主要从创业的组织类型、创业者的角色、营利性质、创意来源等维度进行，体现了不同角度下的创业模式特点。但此类研究偏宏观、群体和一般性分析，缺乏更多产业集群层次和企业微观层次上的研究成果。因此，在进行具体研究企业创业模式时，须结合研究的侧重点和对象来加以吸收和整合利用。只有综合考虑外部环境因素对创业过程的影响，通过选择适宜的创业模式来合理搭配组织创业要素，才能促成中小企业成功创业。因此，基于产业集群这一外部环境的视角来研究中小企业创业要素和创业模式具有较强的实践意义。

在具体概念内涵方面，无论是"新的创业模式往往意味着新的经营管理模式"（张玉利，2004）的定义，还是"优秀的创业模式是创业者对各种创业要素的合理搭配"（刘源远，2004）的定位以及"企业孵化器和风险投资创业模式"（卢俊卿、张永谦，2001）等具体模式的探讨，创业模式无不包含在特定环境中创业者如何利用资源进行创业的内容，是创业者对各种创业因素所进行配置的较为典型的方式。当然，创业模式在一定时期内是相对稳定的，但也具有明显的时代特征，具有动态性，会随着环境的变化而不断成熟、稳定、改造、更新，甚至被淘汰。

（2）创业模式的分类。综合目前国内外的相关研究，创业模式大致可以分为静态和动态两条主线。静态主要基于创业的复杂性；动态主要基于创业的持续性、变化性，利于归纳创业过程演进的内在逻辑（见表3–6）。

表3–6 创业模式分类

基于静态角度的研究	基于动态角度的研究
全球创业观察（GEM）项目观点： 机会拉动型创业：创业活动是一种个体的偏好，并将其作为实现某种目标（如自我价值、追求理想等）的手段 生存推动型创业：创业活动是一种相对的被迫选择，而不是个人的自愿行为	蒂蒙斯（Timmons）的创业过程理论模型： 创业过程是创业机会、创业团队和创业资源之间适当配置、高度动态平衡的过程，其中，创业机会是整个创业过程中的核心要素

续表

基于静态角度的研究	基于动态角度的研究
按照创业主体： 个人独立创业 公司附属创业	
按照创业的创意来源： 复制型创业 模仿型创业 演进型创业 创新型创业	克里斯坦（Christian）的创业过程理论模型： 创业者与新企业是创业过程的关键构成要素， 创业过程的实质是在外部环境的作用下，创业 者与新创企业的密切互动的过程
按照创业中生产要素： 技术创新为主的创业 非技术创新为主的创业	

资料来源：根据文献资料整理。

　　基于静态和动态的两种研究都表明，创业活动与创业的外部环境之间存在一种自然的互动关系。其中，产业集群环境是企业孵化的重要条件，对企业创业活动产生重大影响。因此，中小企业创业模式的选择也具有明显的产业特征（见表 3 - 7）。

表 3 - 7　全球创业观察项目创业模式的产业选择特征　　单位:%

创业时的 产业选择	农、林、牧、 渔等第一产业	制造、通信、建筑 等第二产业	金融、保险、咨询等 商业服务业	零售、酒店等消费者 服务产业
机会拉动型创业	4	30	21	45
生存推动型创业	4	37	5	54

资料来源：薛红志，张玉利，杨俊. 机会拉动与贫穷推动型企业家精神比较研究［J］. 外国经济与管理，2003，6.

　　研究表明，机会拉动型的创业行为在以农、林、牧、渔等为主的第一产业比例最低，在第二产业及以商业服务及消费者服务等为主的第三产业差别不大；生存推动型的创业行为则集中分布在以制造、通信、建筑等行业为主的第二产业与消费者服务产业，在第一产业与商业服务产业发生的比例不高。这在一定程度上说明，创业者的不同创业动机直接影响其在进行创业活动时的产业选择。而不同的产业及产业结构也对不同创业动机的创业者产生不同的影响。

为更好地挖掘和探究产业集群内中小企业创业过程的内在逻辑，揭示其创业的复杂性，我们主要基于创业过程对创业模式的选择加以分析。

4. 创业过程视角下的产业集群创业模式选择

创业是动态、复杂的，相应地，创业模式也是动态、复杂的演变过程。创业者正是在这种复杂、动态的内外部环境中，结合自身能力和资源，识别与评估市场机会，整合并获取创业资源，结合各类交互影响的因素，选择适宜的经营战略，形成自身的创业模式，创造企业价值。

（1）产业集群中创业模式选择的影响因素。创业是一个由创业者或创业团队发现和抓住创业机会，并借此创造新的产品和服务，从而实现其潜在价值的过程。创业的成功与否主要取决于两方面因素：一是企业创办者个人自主创业的意愿和能力，包括个人背景、价值观取向、创业机会敏感度、创新意识、风险承担能力、市场营销能力、融资能力等；二是市场及政府提供的创业外部环境，包括市场竞争程度、社会对创业者的评价、政府扶持政策、企业榜样示范等。因此，除外部环境外，创业模式的选择更加依赖于创业者自身的动机和能力，其主要包含以下几个方面：

首先是创业动机，即创业者或创业团队是否进行创业是基于其满足自身需求而做出的决定。因此，创业动机是创业过程中驱动创业者创业活动的内在主观因素。研究表明，创业者或创业团队的内在需求受到5方面因素的影响：创业者或创业团队的资源禀赋、自身在创业方面的知识积累、创业成功的可能性、自身创业面临的风险、对创业与否的期望值。

其次是创业者或创业团队所具备的机会识别与开发能力。创业者对创业机会的识别过程就是相关信息的收集和处理过程，它是源于创业者或创业团队对现实市场或工作的思考和反应。多数创业活动都是创业者在从事的产业或生产生活中，发现并捕获创业机会，进而实施创业活动的。目前，创业者或创业团队的知识、能力和技术水平以及创业者自身积累的经验是影响创业机会识别的重要因素。

再次是创业者或创业团队的资源整合能力。创业活动的内涵就是在资源相对稀缺的条件下，由创业者开发新的产品或服务满足市场需求创造价值的过程。因此，创业活动的成功需要创业者或创业团队有较强的资源整合能力，能够在资源稀缺的条件下，充分利用有限的内外部资源，把握住创业机会。

最后是创业者或创业团队的经营能力。创业需要创业者或创业团队有经营战略的制定和实施相关能力、经营管理上的开拓创新能力和永续经营的相关承诺能力。具体来讲，在企业经营战略方面，创业者或创业团队必须为企业的创立和发展建立发展愿景，指明方向，制定战略规划。这就要求创业者要比其他人有更全面、更长远的思考，要有总揽全局的战略视野，能根据发展愿景制定具体而明确的行动目标，并为其实现而积极行动落实，有效地实施企业的发展战略和经营计划。在企业管理和市场开拓方面，新创企业需要有一定的市场和管理创新能力，只有具备不断的技术革新、产品开发、管理制度创新，才能保障企业有持续的竞争力和活力。在经营理念方面，成功的创业者还需要有永续经营的能力。创业者需要具有责任担当、勇于奉献的企业家精神和经营信念，而且在面对急剧变化的市场时，具备一定的前瞻性，能事先采取一定的行动，来保障企业平稳度过创业的不同生命周期，实现企业的持续健康发展。

（2）产业集群中的创业模式选择过程。任何创业活动总是在一个创业者不能直接控制的环境中开展的，创业模式的选择必然要考虑内部资源环境和外部资源环境因素（见图 3-8）。因此，为了在创业中抓住商业机会，提升企业价值，创

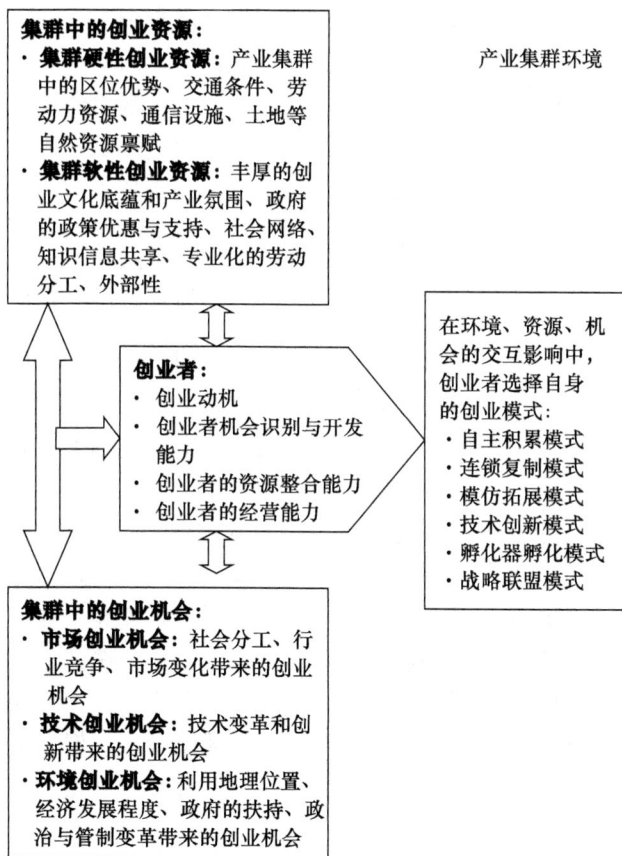

图 3-8 产业集群中的创业模式选择过程

业者需要把握 4 个关键要素：人、机会、外部环境、创业者行为。因此，我们基于创业过程 PCDO（People，Context，Deal，Opportunity）的框架，即创业是由人、环境、机会以及经营模式共同决定的分析范式，来研究在产业集群作用下中小企业创业模式的选择。

具体来讲，产业集群中的创业模式选择主要是由创业者基于集群中的创业资源、创业机会等创业要素，结合创业者的自身条件选择或差异化，或低成本，或相关多元化的市场经营战略，形成自身的创业模式。即创业者在创业过程中，基于自身的创业动机和集群创业要素等外部资源环境条件，识别与评估市场机会，拟定创业计划和竞争战略，通过整合并获取创业资源，在各类因素的交互影响下，选择各自的创业模式，创造企业价值。

其中，自主积累型的创业模式指创业者或创业团队利用自身积累的资本和经验，独立自主地创业。研究表明，此种创业模式多集中在餐饮零售、服装、化妆品、眼镜、家具等相关行业的经营上。该模式呈现出资金需求较小、创业者能力要求较低和成功率较高的特点。同时，在产业集群中，该模式也对集群的资源外部性要求较低，适应性较广，多为集群中的日常生产生活提供服务。

连锁复制型的创业模式是指创业者或创业团队通过区域代理、加盟直营、特许经营等连锁经营的方式来经营某种商品或提供某类服务为主的创业活动。该类创业模式中，创业企业的管理和运营方面由总店或总部进行指导和服务。创业者既可以借鉴现有经营模式，又可以充分发挥连锁的品牌效应，进而减少经营风险。

模仿拓展型的创业模式主要是指创业者或创业团队以当前服务的机构为平台，充分利用平台内部产生的创业机会来进行创业。创业者或创业团队依靠其知识、经验、资本和人力资源网络等资源积累建立企业，完成创业者的自身创业需求。该创业模式一般建立在原有平台的经营模式基础之上，并依托原有的客户关系网络进行市场开拓和经营，因此创业风险相对较小，成功率也比较高。

以技术创新为主导的创业模式是指创业者或创业团队依托自主研发的科研成果和技术专利等创新成果，通过吸引并利用风险投资来创建企业的创业活动。这种创业模式多集中在新能源、新材料、电子信息、环保、医药、生物技术等技术含量高、知识密集的高新技术产业。由于产品研发和市场开拓方面存在诸多不确定性，因此，以技术创新为主导的创业模式经营风险较大。但该模式在产业集群中较常见，也是提升产业集群水平和技术创新的重要推动力量，具有重大战略意义，需倾斜支持。

孵化器孵化型的创业模式主要是指创业者或创业团队将其掌握的科研成果或技术发明专利等创新成果，向科技园区或创业园区等孵化器单位提出申请资助，并在孵化器的催化和辅助下而进行创业的活动。在该创业模式下，初创企业可得到相关扶持政策和创业园区等孵化器的各种帮助，能克服创业初期在资金、创业程序、管理经验等方面的制约。整体创业风险不大，且成功率较高。该模式的弊端是孵化器对于资助项目的评估和选择非常苛刻，且行业多集中在高新技术产业。目前，我国的以科技园或创业园为基础的产业集群中多存在此种创业模式，对产业集群初期发展起到了重要的推动作用。

战略联盟型的创业模式是指创业者或创业团队在不具备自主创业的条件下，通过与相关领域的企业结盟而进行创业，进而实现初创企业生存发展的创业活动。在该种创业模式中，创业者需要拥有一定吸引力的科研成果或专利，能为所在领域的其他企业带来价值。这种创业模式下，由于与成熟企业联盟，能有效克服初创企业的资源瓶颈，规避市场风险，做到优势互补，实现共赢。但初创企业是否拥有能吸引其他企业与之建立联盟的核心竞争力成为该模式是否可行的关键。

当然，产业集群中的中小企业在创业模式选择上并非仅限于以上几种模式，也并非只能选择其中一种模式，一成不变。

5. XB 公司的创业模式选择

根据以上分析和 XB 公司的实际创业情况，包头市 XB 医疗系统有限公司的创业模式是创业团队基于包头稀土高新区这一产业集群所具备的创业要素、机会和创业者自身的条件而进行的动态选择，是技术创新、创业资金和创业经验 3 者战略结合的结果。其中，归国科学家团队提供了极具吸引力的永磁性材料制造核磁共振成像仪的技术专利；包钢稀土（集团）高科技股份有限公司与河北新奥集团共同出资 5 亿元作为企业创业资本。双方的战略合作，有效克服初创企业的资金、技术等资源瓶颈，做到了优势互补，实现了共赢。

具体创业过程及创业模式如图 3 - 9 所示。

四、研究结论与建议

1. 研究结论

集群化发展是我国中小企业创业发展的必经之路。作为创业的天然孵化器，产业集群已成为中小企业创业和发展的重要推动力。因此，在产业集群中，如何挖掘和整合好优质创业要素，如何选择创业模式，对于中小企业创业具有重要参考意义。本文以包头 XB 医疗系统有限责任公司为例，在分析了包头稀土高新区

包头稀土高新区环境

包头稀土高新区的创业资源：
· **集群硬性创业资源：**区位、交通条件好，劳动力富足，通信设施、土地等自然资源优良
· **集群软性创业资源：**园区有一定丰厚的创业文化底蕴和产业氛围、政府政策优惠，初步形成了基于稀土产业的社会网络、知识共享的公共平台

创业者：
· 创业动机：稀土产业强国梦
· 创业者机会识别与开发能力强
· 创业者的资源整合能力强
· 创业者的经营能力较强

XB公司的创业模式：
技术创新与战略联盟相结合的创业模式

集群中的创业机会：
· **市场创业机会：**核磁共振成像仪需求量大，但价格昂贵
· **技术创业机会：**永磁性材料制造的核磁共振成像仪技术可行
· **环境创业机会：**稀土高新区经济发展快速、政府扶持力度大，政府职能转变和内蒙古自治区独特的文化

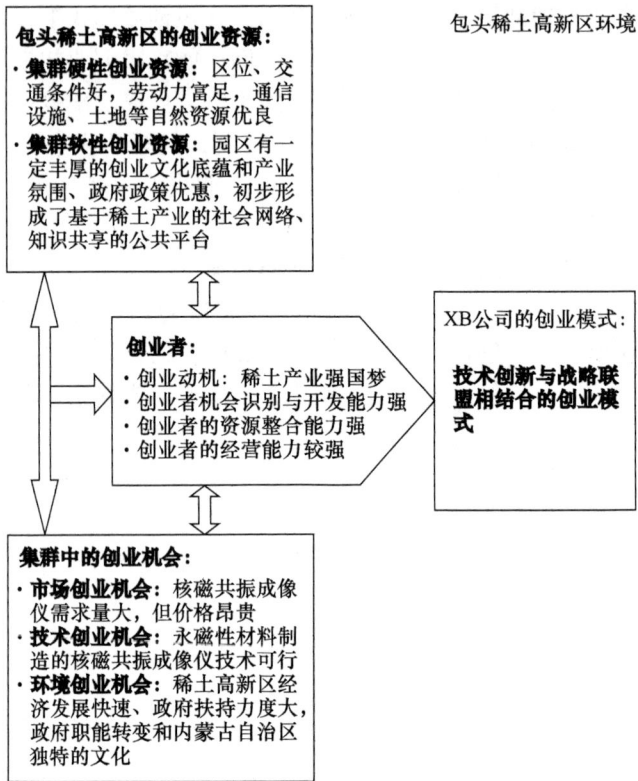

图3-9 XB公司创业模式选择过程

这一产业集群对创业活动的积极影响基础之上，归纳出了中小企业的关键创业要素，并基于创业过程的分析框架，研究了产业集群作用下中小企业创业模式的影响因素和选择路径。

（1）产业集群有利于中小企业创业活动的产生。产业集群的产业、资金、人才和知识等资源的聚集效应为创业活动提供了资源支持；高效的服务体系、知识共享、产业链条延伸政策等创新机制能为创业活动带来市场机会和市场效率；而集群内的龙头企业、合作化组织以及税收、救助等制度化优惠资源等能发挥带动、支持和推动作用，有助于创业企业扩张。

（2）产业集群为中小企业创业提供了创业要素。创业要素具体包括硬性和软性的创业资源，包含环境、市场和技术方面的创业机会以及具有市场优势、技术优势或政策优势的创业者。其中，技术创业机会在科技型产业集群中起关键作用，而创业者则是创业活动的核心要素。

（3）创业过程视角下的产业集群创业模式是创业者基于产业集群所具备的

创业要素、机会和创业者自身的条件而进行的动态选择。创业模式选择上并非一成不变，也并非只有一种模式，可能是多种模式的结合。

2. 对包头稀土高新区和 XB 公司的建议

（1）包头稀土高新区需进一步增强稀土产业集群的集聚效应。包头稀土产业在近几年来发展较快，稀土永磁材料、稀土储氢材料以及稀土铈系列化合物抛光粉三大材料产业基地已具有一定的规模，形成了集采矿、选矿、冶炼、加工和应用等一套完整的优势产业，为产业集群的发展奠定了良好的基础。但是同时还存在多方面的不足，主要表现在：一是龙头企业少，经济总量还不够大；二是产业集中度低，规模效益小；三是稀土应用研发滞后，产业链尚未形成；四是稀土环保问题严重，制约稀土产业发展；五是研发资金不足，科技创新能力较弱；六是稀土科技人才短缺，稀土科研优势削减。这些不足制约着包头稀土产业集群持续快速的发展。为此，必须采取一些有力措施，克服目前稀土产业发展中的主要制约因素，进一步走产业集群化发展之路。

（2）XB 公司宜开始实施品牌战略，形成以技术、品牌、质量、服务型的出口优势。企业目前与美国通用电气战略合作，以通用品牌来全球销售，无形中它把质量、品质转嫁到 XB 的产品身上。这一方面能迫使企业生产出高品质的产品，实现快速盈利；另一方面不利于自主品牌打造和品牌溢价。因此，XB 公司在下一步发展中，可适当结合自主积累型创业模式，在技术、产品、质量 3 个层面下功夫，形成"以客户为中心的客户满意度服务"，塑造以技术、品牌、质量、服务为主的出口优势。

参考文献

［1］Shane S. , S. Venkataraman. The Promise of Entrepreneurship as a Field of Research［J］. Academy of Management Review, 2000, 25：217 – 226.

［2］Timmons J. A. New Venture Creation［M］. Singapore：McGraw – Hill, 1999.

［3］Sahlman W. A. Some Thoughts on Business Plan［A］. The Entrepreneurial Venture［C］. Byerly Hall：HBS publication, 1999.

［4］Schiavone F. Division of Labor, Social Network and In – tangible Resources：The Italian Case of Network Business Creation, Presented at the Conference/High Technology Small Firm［M］. The Netherland：University of Twente, 2004.

［5］Boschm R. A. , Lambooy J. G. Knowledge, Market Structure and Economic

Coordination：Dynamic of Industrial Districts ［J］. Growth and Change，2002，33：68 –76.

　　［6］金祥荣，朱希伟. 专业化产业区的起源与演化［J］. 经济研究，2002，8.

　　［7］王朝云. 产业集群内中小企业创业的要素供给及其实施路径研究［D］. 镇江：江苏大学博士学位论文，2011.

　　［8］王朝云，梅强. 产业集群中的创业要素与创业活动分析［J］. 科技进步与对策，2010，1：45 –51.

　　［9］胡绩建，陈海滨. 促进产业集群企业衍生的关键软因素分析［J］. 中国工业经济，2005，3.

　　［10］张玉利，陈寒松. 创业管理［M］. 北京：机械工业出版社，2008.

内蒙古呼运（集团）公司股利政策及其财务效应研究

课题编号：Y12023

主 持 人：高志辉

参 与 人：王桂英　梁　勇　邱鹏云　孙婷婷
　　　　　范云霞　黄晓琳　闫桂梅

一、绪论

1. 研究背景和意义

公司股利政策作为企业财务管理的重要研究课题，是企业财务管理的三大核心内容之一。在成熟的资本市场上，稳定的股利政策是评价公司价值的重要依据。通常情况下，投资者更倾向于那些具有稳定盈利能力且具有稳定现金股利政策的公司。而我国资本市场尚未成熟，一般投资者很难从股票交易中获得投资回报，通过获取股利的投资回报方式就显得尤为重要。合理的股利分配政策，不仅可以树立起良好的公司形象，还能激发投资者的投资积极性，使公司获得长期、稳定的发展空间。

中小企业作为国民经济的重要组成部分，近年来日益受到关注。目前国内学者对股利政策的研究主要是以主板上市公司为主，并且已经取得了较全面的研究成果。中小企业板包含上市公司数量少，对其股利政策的研究还相对较少，而针对非上市中小企业股利政策研究几乎为空白。在这种背景下通过对内蒙古呼运（集团）公司（以下简称呼运公司）股利政策及其财务效应进行案例研究，结合其近年来的营运状况和相关数据，探寻其股利政策的影响因素，便于我们比较分析中小板市场"高送转、高派现"的动因，可以为中小公司制定合理的股利政策提供参考，为解决中小企业治理问题和投资者及其他利益相关者保护提供借鉴，为已有股利政策的理论提供新的视角，促使中小企业健康发展。

2. 中小企业股利政策的基本内容

（1）股利。股利指股份公司按发行的股份分配给股东的利润。企业通常在年终结算后，将盈利的一部分作为股利分配给股东。股利包括股息和红利两种，其中股息是指公司根据股东出资比例或持有的股份，按照事先确定的固定比例向股东分配的公司盈余；而红利是公司除股息之外根据公司盈利的多少向股东分配的公司盈余。二者的区别在于股息率是固定的、股息用于发放给优先股股东；而红利是不固定的，由股东大会根据股息以外盈利的多少而做出决议，红利用于发放给普通股股东。由于我国公司发放优先股并不普遍，因此本研究对股息和红利并不做严格区分，统称为股利。

（2）股利政策。股利政策是指公司股东大会或董事会对一切与股利有关的事项，所采取的较具原则性的做法，具体包括公司是否发放股利、发放多少股利以及何时发放股利等方面的内容，实质上是公司对其收益进行对外分配还是对内留存以用于再投资的问题。股利政策主要包括 5 个方面的内容：股利支付率的高低、股利支付形式的选择、股利支付率增长政策、选择什么样的股利发放策略、股利发放程序的策划。

（3）中小企业的股利政策。2011 年 7 月 4 日，工信部发布了《中小企业划型标准规定》，明确规定农业企业营业收入 20000 万元以下的为中小微型企业；工业企业从业人员 1000 人以下或营业收入 40000 万元以下的为中小微型企业；交通运输企业（不包括铁路运输）从业人员 1000 人以下或营业收入 30000 万元以下的为中小微型企业。按照该标准我国有超过 90% 的企业为中小微型企业，中小企业对稳定我国经济增长具有重要作用，但同时也是对经济波动最敏感的企业，我国中小企业在股利分配方面具有如下特点：

第一，高分配与不分配现象并存。即使是盈利能力很强的中小企业，股利分配政策的选择也存在较大的差异。有的企业大量持续发放股利，股利发放率一直处于较高的水平，甚至个别企业出现超出能力发放现金股利的现象，而有的中小企业却一直不发放股利或股利发放很少。

第二，以现金股利为主，形式过于单一。股利分配形式包括现金股利、财产股利、股票股利和以公司的应付票据支付给股东或发行公司债抵付股利等。我国的上市公司的股利发放形式主要包括纯现金股利、纯股票股利、纯转增股本、派现送股、派现转增、派现送股转增。而大部分的非上市中小企业在股利分配时以现金股利为主，送股、配股和转增股本等较少，形式过于单一。

第三，股利政策随意性较大，缺乏连续性和系统性。中小企业在股利政策的制定方面随意性较大，很少考虑到连续性。中小企业大多是民营企业、家族式企业，所有权与经营权不分离，大股东往往是自然人，不需要连续系统的股利分配政策迎合投资者。

3. 研究的主要内容

本研究首先阐述研究背景和选题意义，中小企业股利政策的基本内容和研究内容框架，进而对呼运公司的股利政策进行评述；其次重点对呼运公司股利政策的影响因素和现金股利派发的财务效应进行了分析；最后得出了研究结论，并指出呼运公司在执行现有股利政策过程中所应重点关注的问题及改进建议。

二、呼运公司股利政策评述

1. 呼运公司的基本概况

内蒙古呼运（集团）有限责任公司始建于 1950 年，是以经营公路运输为主的专业交通运输企业，前身是呼和浩特运输公司，1982 年与内蒙古战备汽车团合并，改为内蒙古呼和浩特运输公司。1997 年按照国家关于企业改革政策转制为内蒙古呼运（集团）有限责任公司。2001 年，通过第二阶段的公司改组将原有的全民所有制企业彻底转变为由全体职工共同出资持股的民营企业。改制后，公司主要从事旅客运输、货物运输、货物仓储、驾驶员培训、旅游等经营活动。企业现有客运分公司、高客分公司、地方铁路分公司、驾驶员培训学校、呼和浩特长途汽车站、武川汽车站、清运公司、华程公司等 10 余家二级单位。截至2013 年年末，呼运公司年营业收入达到 9000 余万元，职工 700 余人，符合工业和信息化部 2011 年颁布的交通运输业中小企业标准。

2. 呼运公司的股利政策的制定和执行状况

呼运公司自 1998 年改制后，经营状况逐步好转，集团由转制前的连年亏损到每年净利润数百万，分析其原因主要有两方面：一方面从外部环境的角度分析，近 10 年来内蒙古自治区的经济和道路运输行业迅速蓬勃发展，公路客运企业准入门槛相对较高，新增企业不多，原有交通运输企业就成为经济高速发展的主要受益者；另一方面从内部治理的角度分析，转制后的呼运公司管理层结构合理，内部管理效率明显提高。2009 年，经股东大会决定首次给股东发放现金股利，每股现金股利为 0.0438 元，未来的 4 年间，公司持续支付股利，具体股利支付情况如表 3-8 所示。

表 3-8　呼运公司股利支付情况

年份	股利支付形式	每股收益（元）	每股现金股利（元）	股利发放率（%）
2009	现金股利	0.0730	0.0438	60
2010	现金股利	0.1969	0.1181	60
2011	现金股利	0.2415	0.1691	70
2012	现金股利	0.1429	0.1286	90
2013	现金股利	0.2271	0.1560	70

公司一般于每年 3 月召开股东大会，提交的股利预分配方案得到股东大会通过后，次月即开始执行。为了避免一次性支付大量现金股利对公司现金流的影响，现金股利发放过程中采用按月支付的方式，即按照每年末当年净利润和股东大会通过的现金股利支付率确定的应付股利总额，再除以 12 按月发放给股东的股利支付形式。

3. 呼运公司的股利政策的理论分析

（1）基于股权结构理论的分析。中小企业大多是民营企业或家族企业，股权集中度相对较高，同时中小企业普遍股本规模不大，控股股东一般偏爱用转增股本的行为实现扩大中小企业股本规模的目的。转增股本成为股利支付主要形式是我国中小板企业的一大特点。

呼运公司的实际情况却与大多数中小企业不同，2001 年呼运公司成立转制为民营企业时在工商部门注册登记时股东共 23 人，全部为自然人，其中持股比例最高的股份占 17%，最低的股份占 1%。通常情况下认为股权结构分散的企业，信息不对称程度较高，对股利传递信息的要求程度也较高，这类公司倾向于采取高股利支付政策，而股权结构集中的公司则更倾向于低股利支付政策。股权结构理论在一定程度上解释了呼运公司选择分配高现金股利的原因。

（2）基于代理成本理论的分析。根据代理成本理论，发放现金股利可以降低代理成本。一方面支付现金股利减少了管理者可支配的现金流，减少了过度投资的可能，从而降低了代理成本；另一方面大量现金股利的发放导致自有资金无法满足公司的融资需求，需要外部融资。新的投资者和外部债权人会对公司管理层形成监管压力，迫使其更好地经营企业，进而降低了代理成本。

呼运公司大部分股东虽然是公司职工，但他们不直接参与企业的日常经营和管理，股东们委托管理层来经营企业，所以委托代理关系依然存在。发放现金股利可以降低代理成本，代理成本理论也能够在一定程度上解释呼运公司选择分配现金股利的原因。

（3）基于股利迎合理论的分析。股利迎合理论认为管理者在制定股利政策时，倾向于迎合投资者的需要。当投资者偏好股利并且愿意为这些股利支付更高的现金股利时，管理者就会选择支付股利；当投资者不偏好股利时，管理者就会选择不支付股利。股利迎合理论产生于股权相对集中并且对于中小投资者保护相对较好的美国，我国证券市场"一股独大"现象严重，法律对中小投资者的保护较弱，所以股利迎合理论并不适合我国，学者相对研究较少。

呼运公司股权相对分散，本研究认为股利迎合理论能很好地解释呼运公司的股利政策。公司主要从事公路旅客运输，客运企业是安全生产责任事故发生率最高的行业，甚至高于煤炭开采企业，公司于 2012 年 8 月 26 日在包茂高速公路陕西省延安市境内发生特大交通事故，造成客车内 36 人死亡、3 人受伤，事故费用支出 2825 万元。虽然在安全管理方面做了大量工作，但交通事故时有发生，这种行业特点影响了公司的股东在许多重大投资决策中都保持了谨慎性，近几年，许多重大投资项目都被股东大会否决，如建设呼和浩特客运东站项目、建立和林格尔公交运输系统项目，相比"花钱"股东更喜欢"发钱"，每年的股利分配方案都得到股东大会的高票通过，所以管理层为了迎合股东的需求，每年都制定高现金股利分配方案，股利迎合理论是呼运公司高股利政策的主要理论依据。

三、呼运公司股利政策的影响因素

股利政策的影响因素既包括宏观经济环境、行业发展和投资者意愿等外部因素，也包括盈利能力、现金流量和股权结构等内部因素。本研究重点从以下3方面分析呼运公司股利政策的影响因素：

1. 宏观经济环境和行业因素分析

（1）宏观经济环境。"十二五"时期，内蒙古自治区进入全面建设小康社会的新阶段，区域经济一体化进程进一步加快，经济社会快速发展，经济结构加速调整，城乡人民的消费水平大幅度提升。只有不断提高交通运输能力，提升交通运输服务水平，才能更好地服务于自治区经济社会的快速发展。2008～2012年，尽管经历了金融危机，但我国生产总值（GDP）仍从314045.4亿元增加到518942.1亿元，增幅高达70%左右，而内蒙古自治区生产总值占我国生产总值的比率在不断地提高，从2.71%增加到3.08%，可见内蒙古自治区生产总值正在以高于全国平均水平的速度增长，后发优势明显。内蒙古自治区的大发展和大建设也为交通运输业的建设提供了较大的发展空间和机遇。

（2）行业因素。近年来，内蒙古自治区同周边国家及邻省市（区）经济往来更加密切，进出自治区的物资大幅增长，跨国、跨区运输及客货集散需求持续扩张，为内蒙古自治区交通运输带来了发展时机，但是对于交通运输业的公路客运板块而言，形势与前景却不容乐观，2009～2014年内蒙古自治区营业性公路客运量以及累计旅客周转量状况具体如表3-9、图3-10和图3-11所示。

表3-9　内蒙古自治区营业性公路客运量以及累计旅客周转量状况

项目 ＼ 年份	2008	2009	2010	2011	2012	2013	2014
累计全区营业性公路客运量（万人）	16207	17998	19830	21807	23310	16184	13495
累计旅客周转量（亿人/公里）	179.66	198.38	218.2	241.17	264.04	173.44	161.39

资料来源：《内蒙古统计年鉴》。

（万人）

（亿人/公里）

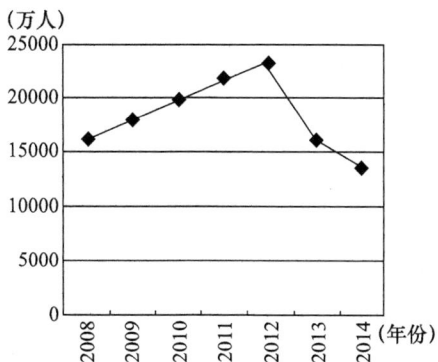

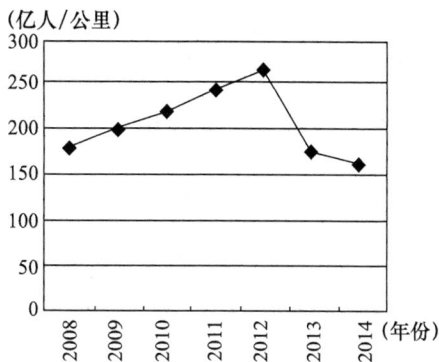

图 3 - 10　内蒙古自治区累计营业性公路客运量　　图 3 - 11　内蒙古自治区累计旅客周转量

如表 3 - 9 所示，2008～2012 年内蒙古自治区营业性公路客运量和旅客周转量持续增长并在 2012 年达到峰值，随后呈现明显的下降趋势，未来或许会保持持续下降趋势。对于这种下降趋势，分析原因如下：第一，公路运输的安全性不容乐观。在交通运输行业中，公路运输较铁路运输的安全性偏低，尤其公路长途运输，基于安全性的考虑，交通部已经取消超过 500 公里的长途路线的审批，这无疑会使得公路长途运输量直线下降。第二，公路运输的快捷性受到挑战。我国近几年高铁高速发展，2014 年年末内蒙古自治区引进了动车，路线横跨集宁、呼和浩特市和包头，快捷的高铁使得公路运输原有的快捷优势丧失；同时部分公路客运短途即将公交化，譬如呼和浩特至和林短途路线即将公交化，这将致使公路运输又失去很大的市场。

2. 投资者因素分析

（1）客观原因。呼运公司成立转制为民营企业时在注册登记时股东共 23 人，但实际股东人数众多，达到数百人。2001 年转制时的注册资本金中 60% 是由当时留下来的老员工用国有资产置换身份方式获取的，企业的老员工基本上全是公司的股东。按照《公司法》的要求，股东人数不能超过 50 人，因而在公司章程中规定选举出 23 名股东代表，代表全体股东的权益，每位股东代表实际上代表着数十名股东的股份额，这种变通操作衍生出了另一种委托代理关系。双重代理关系使得代理成本更高，高现金股利的支付使管理者可支配的自由现金流量减少，从而降低了代理成本。因此，多数股东更倾向于发放大量现金股利。

（2）主观原因。风险偏好程度在一定程度上受投资者年龄层次的影响，一般两者之间呈现负相关，即年龄越大，越厌恶风险。呼运公司的大部分股东是 2001 年已经入职的老员工，年龄现在一般都在 40～50 岁，个别职工已经退休，这一年龄层级的投资者属于风险厌恶型，这种年龄结构特点决定了股东更偏爱发放现金股利，而不是进行再投资提高公司未来潜在收益。

3. 企业自身因素分析

企业自身因素包括财务因素和非财务因素，本研究主要对财务因素进行分析，具体如下：

（1）盈利状况。盈利能力是衡量管理者的实际经营效果、归还债权人的本息的资金来源和支付给投资者股利的前提和基础。呼运公司 2009～2013 年每股收益和净资产报酬率的具体情况如表 3 - 10、图 3 - 12、图 3 - 13 所示，每股收益的均值为 0.1763 元，净资产报酬率均值达到 10.27%。

表 3 - 10　呼运公司每股收益和净资产报酬率情况

年份 项目	2009	2010	2011	2012	2013	均值
每股收益（元）	0.0730	0.1969	0.2415	0.1429	0.2271	0.1763
净资产报酬率（%）	8.35	12.16	12.93	7.06	10.85	10.27

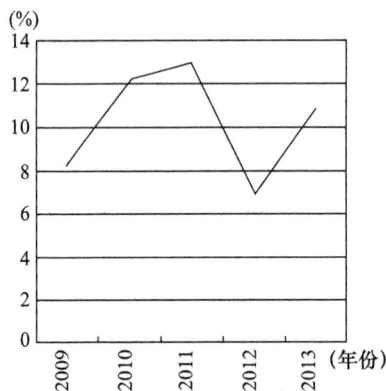

图 3 - 12　呼运公司净资产报酬率

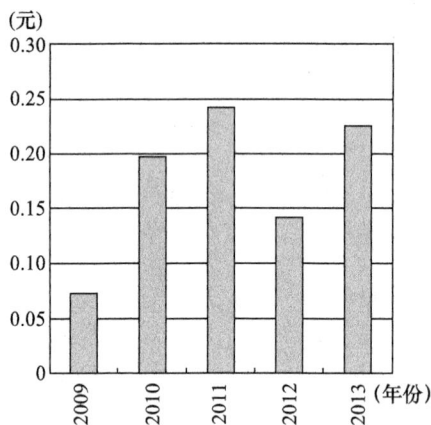

图 3 - 13　呼运公司每股收益

究其原因，除了该公司自身管理层的经营之外，所处的行业以及区域比较优势明显，行业准入门槛比较高，并具有一定的垄断性，即使有特大突发状况，也不会长期影响该公司的盈利。

（2）投资状况。在企业的财务活动中，包括投资、筹资、营运以及利润分配4项财务活动，而投资活动是其首，可见其重要性。投资活动一般分为对外投资和对内投资，呼运公司的对外投资相对较少，本研究主要针对内部投资分析如下：首先，为了节能减排、改善旅客乘车环境，呼运公司不断更新客运车辆。以2012年为例，呼运公司全年更新了77台客运车量，投入资金达5050万元。其次，加大了客运车站等硬件投入。近几年公司先后新建了托电工业园区汽车站和百灵庙汽车站，每个汽车站投资近3000万元。呼运公司2009~2013年固定资产投资均值为每年9895万元，在2012年固定资产投资达到近年来的峰值12555万元，大量的内部投资有利于未来盈利能力的持续性和稳定性。

（3）融资状况。在财务活动中，企业在决定要进行投资时，需要考虑如何为其进行融资。呼运公司的外部融资没有股权融资，全部都是债务融资，但债务融资的金额也不高，内部融资依然是呼运公司融资的主要形式。呼运公司2009~2013年短期借款和长期借款的具体情况如表3-11和图3-14所示。

表3-11　呼运公司短期借款和长期借款情况

项目 ＼ 年份	2009	2010	2011	2012	2013
短期借款（万元）	244	244	44	44	44
长期借款（万元）	226	226	226	226	226
资产负债率（%）	50.69	42.39	37.59	44.04	38.05

大量的投资活动致使资产流动性下降，由于资产与负债的匹配性法则，这也使得呼运公司的短期借款保持在低位，外部融资的力度不大，借款的限制性条款就较少，这就为发放高现金股利排除了约束性障碍，使高现金股利成为可能。资产负债率的相对较低，长期借款的金额也不高，说明公司利用杠杆融资的能力较弱。

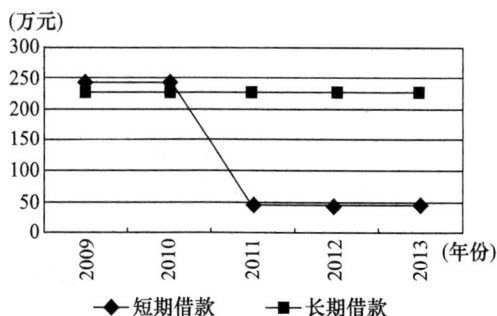

图3-14　呼运公司短期借款和长期借款趋势对比

四、呼运公司现金股利派发的财务效应

通常认为现金股利派发的财务效应是指派发现金股利对于公司盈利能力、偿债能力、发展能力和资产管理能力的影响。具体分析如下：

1. 对未来盈利能力的影响

盈利能力是企业最重要也是各利益相关主体最关心的能力。大量实证研究表明，股利支付水平与后续盈利能力之间存在正相关关系。原因主要是派发现金股利减少了管理者可支配的自由现金流，避免了过度投资行为，企业未来发展环境良好，盈利能力得以提升。但是，大量的派发现金股利也可能使得企业可用于再投资的资金减少，从而不利于未来盈利能力的增长。

（1）主营业务利润率、营业利润率和税前利润率。主营业务利润率反映主营业务的获利能力，营业利润是营业活动所获取利润能力的体现，税前利润率表示每实现百元销售收入的最终获利水平。呼运公司2009~2013年的主营业务利润率、营业利润率和税前利润率情况如表3-12所示。

表3-12　呼运公司主营业务利润率、营业利润率和税前利润率情况

单位:%

指标＼年份	2009	2010	2011	2012	2013
主营业务利润率	73.89	75.71	80.09	85.94	87.00
营业利润率	11.09	23.88	16.98	11.06	6.35
税前利润率	11.68	13.90	17.60	10.82	14.33

自2009年大量发放现金股利以来，营业利润率出现持续下降，但主营业务利润率却持续小幅上升，公司主营业务本身的获利能力稳步增长，营业利润率下降只是其他业务利润不稳定、期间费用特别是管理费用持续增加的结果。税前利润率在2010~2013年有增有减，主要是由于2010年营业外支出和2013年营业外收入出现异常增加。综上所述，没有证据表明派发大量现金股利对呼运公司未来的盈利能力有明显提高或降低。

（2）净资产收益率和总资产收益率。净资产收益率反映了投资与报酬的关系。总资产收益率用于衡量公司运用全部资产获利的能力。呼运公司2009~2013年的净资产收益率和总资产收益率情况如表3-13所示。

2009～2011 年呼运公司净资产收益率和总资产收益率持续增长，大量派发现金股利未对其产生不利影响。而 2012 年由于发生特大交通事故，净资产收益率和总资产收益率都明显降低，但突发事件对公司的影响不存在持续性，2013年又恢复了增长的趋势。在不发生重大突发事件的情况下，呼运公司的净资产收益率和总资产收益率可能会随着大量现金股利的发放而持续增长。

表 3-13　呼运公司净资产收益率和总资产收益率情况　　　　单位:%

指标 \ 年份	2009	2010	2011	2012	2013
净资产收益率	8.35	12.16	12.93	7.06	10.85
总资产收益率	5.26	8.61	10.14	6.12	9.30

2. 对偿债能力的影响

企业的偿债能力是企业偿还到期债务的能力，能否及时偿还到期债务，对一个企业来说至关重要。公司支付现金股利后现金资产会减少，从而直接降低偿债能力，但同时现金股利会减少企业的过度或无效投资，可能会产生更多的现金流。派发现金股利对偿债能力的影响具有不确定性。

（1）短期偿债能力。分析短期偿债能力时通常使用流动比率、速动比率和现金比率 3 个比率。这 3 个比率越高，说明企业的短期偿债能力越强，但也不是越高越好。通常认为流动比率和速动比率分别为 2 和 1 较为恰当。呼运公司2009～2013年的短期偿债能力情况如表 3-14 所示。

表 3-14　呼运公司短期偿债能力情况

指标 \ 年份	2009	2010	2011	2012	2013
流动比率	0.67	1.06	1.09	0.63	1.11
速动比率	0.54	1.05	1.08	0.62	1.10
现金比率	0.14	0.82	0.58	0.32	0.53

虽然大量发放现金股利，除 2012 年由于特殊原因数据异常以外，呼运公司在 2010 年、2011 年和 2013 年流动比率和速动比率基本保持在 1～1.1，流动比率偏低，主要是服务行业存货在总资产中所占比重较小的原因，并不说明其短期偿债能力差，速动比率能够更好地衡量该公司的短期偿债能力。呼运公司的短期

偿债能力较强，派发现金股利没有对其短期偿债能力产生影响。现金比率的波动缺乏规律性，但总体来说连续发放现金股利导致现金比率出现下降的趋势。

（2）长期偿债能力。分析长期偿债能力时通常使用资产负债率和产权比率等。资产负债率越小，表明企业的长期偿债能力越强；产权比率越高，说明企业偿还长期债务的能力越弱。呼运公司 2009～2013 年的长期偿债能力情况如表 3 – 15 所示。

表 3 – 15　呼运公司长期偿债能力情况

指标＼年份	2009	2010	2011	2012	2013
资产负债率（%）	50.69	42.39	37.59	44.04	38.05
产权比率	1.03	0.74	0.60	0.79	0.61

呼运公司 2010～2013 年资产负债率在 40% 左右，产权比率也不高，长期偿债能力较强，派发现金股利也没有对其长期偿债能力产生影响。但同时研究也发现资产负债率低于 50%，说明公司没有充分利用财务杠杆作用，可以适当多举债用于再投资项目，提高企业的盈利水平。

3. 对营运能力的影响

企业的营运能力体现了企业营运资产的效率与效益。公司支付现金股利后可以减少企业的过度投资，提高投资效率，减少不必要的资产耗费，从而提高资产管理能力。通常认为派发现金股利会提高企业的营运能力。

本研究主要选取应收账款周转率、固定资产周转率和总资产周转率来衡量派发现金股利对呼运公司的营运能力的影响。呼运公司 2009～2013 年的营运能力情况如表 3 – 16 所示。

表 3 – 16　呼运公司营运能力情况

指标＼年份	2009	2010	2011	2012	2013
应收账款周转率	2.72	3.07	3.76	2.99	3.20
固定资产周转率	0.66	0.66	0.90	0.89	0.86
总资产周转率	0.43	0.46	0.53	0.46	0.54

除 2012 年特殊情况以外，每年应收账款周转率和总资产周转率都比上一年

度有所增加，派发现金股利导致大部分股东和管理者工作积极性提高，应收账款的管理水平和全部资产的使用效率越来越高，公司资产管理能力逐渐提高。固定资产周转率近3年明显提高，表明2011年开始固定资产投资更加合理，固定资产的利用效率显著提高。

4. 对发展能力的影响

企业的发展能力越来越被更多的企业重视，因为发展能力可以更直接地反映企业财务目标，是其他财务指标的综合体现。通常认为公司支付现金股利后有利于其盈利能力的提高，为公司未来发展奠定良好的基础。

本研究主要选取资本保值增值率和资本积累率来衡量派发现金股利对呼运公司的发展能力的影响。呼运公司2009～2013年的发展能力情况如表3-17所示。

表3-17　呼运公司发展能力情况　　　　单位:%

指标 ＼ 年份	2009	2010	2011	2012	2013
资本保值增值率	108.61	109.84	120.47	97.97	109.22
资本积累率	8.61	9.84	20.47	-2.03	9.22

除2012年外，呼运公司的主营业务增长率持续增长，主营业务市场前景很好；资本保值增值率和资本积累率也处于增长的趋势，但前两年增长幅度明显高于后两年。派发现金股利的前期呼运公司的资本积累更快，但随着派发股利的持续，其增长速度明显低于前期。总之持续派发现金股利会提高企业的发展能力。

五、主要结论和建议

1. 主要结论

（1）呼运公司大量持续发放现金股利的影响因素可概括为外部因素和内部因素。外部因素包括当前宏观经济环境、行业发展和投资者意愿等，就宏观经济与行业状况而言，对于公路客运既是机遇又是挑战；就投资者意愿而言，该公司股东大多为中老年投资者，比较厌恶风险，偏好于"一鸟在手"理论。内部因素包括该公司盈利能力、资本结构等。盈利能力方面，该公司较高的每股收益、净资产报酬率为发放高现金股利提供了资金前提；资本结构方面，考虑到匹配性原则和借款约束性条款等因素，该公司的债务比例相对较低，这就为发放高现金股利排除了一定的障碍。

（2）呼运公司大量持续派发现金股利的财务效应，在对未来盈利能力的影响方面，没有证据表明派发大量现金股利对该公司未来的盈利能力有明显提高或降低；在对偿债能力的影响方面，高现金股利没有对该公司的偿债能力产生影响，无论短期还是长期偿债能力都很强；在对营运能力的影响方面，派发现金股利提高了企业整体的管理水平；在对发展能力的影响方面，持续派发现金股利提高了企业的发展能力，并且在前期发展能力的提高比后期更为显著。

2. 呼运公司在执行现有股利政策过程中所应重点关注的问题及改进建议

目前呼运公司股利支付率从60%～90%不等，股利支付率较高但缺乏稳定性；盈利能力是公司股利政策和未来发展的基础和保障，盈利能力不稳定是目前该公司管理中存在的最大问题；同时公司资产负债率比较低，没有充分利用财务杠杆作用，可以适当多举债，特别是长期借款，从而进一步提高公司的盈利能力。基于以上存在的问题，提出如下改进建议：

（1）保持股利政策持续稳定，增强投资者对公司未来发展的信心。近5年呼运公司一直持续发放现金股利但缺乏稳定性，股利支付率最低为2009年和2010年的60%，最高为2012年的90%。2012年由于事故给企业经营带来较大影响，负面信息和报道也比较多，为传递公司依然在正常发展的信息，股东大会通过了把每股收益的90%作为股利发放给投资者的股利政策，具有一定的特殊性。在正常经营状态下，企业应该将股利支付率稳定在60%～70%的水平，这样既满足了投资者获得收益的需求，又留存了一定数量的收益维持企业未来的发展。但是在盈利状况异常波动的年度，应放弃60%～70%的股利支付率的股利政策，采用金额稳定的固定股利政策，以维持股利政策的持续性和稳定性。

目前公司的股利支付形式比较单一，只发放现金股利，可以参照我国上市公司的股利政策，适当增加送股和转增股本等其他形式，这样既减少大量现金流流出企业，又增强了投资者对公司未来发展的信心。同时也应注意到送股和转增股本等股票股利形式与现金股利相比，操作更为复杂，发放的效果也需要在实际实施过程中予以检验。

（2）不断提高盈利水平，为稳定的股利政策提供保障。虽然近几年公司盈利状况良好，但未来客运市场不景气的端倪已经出现，为了保证公司的盈利能力稳中有升，管理中应做到：第一，加强安全生产责任管理，避免重大损失的发生。2012年发生的"8·26事故"给企业带来了重大的损失和影响，甚至对2013年的经营也产生了部分影响，公司的盈利增长速度放缓。呼运公司应该把安全工作作为生产经营的重中之重，实现安全监管责任的有效实施，确保不发生因管理不到位而导致的重特大事故。实现安全生产全方位、全过程的管理，避免重大损失的发生。第二，提升客运服务水平，推进主营业务稳定发展。公路客运是呼运公司的主营业务，各客运分公司和汽车站要提高服务水平和服务质量，给消费者营造良好的环境，提高顾客对呼运公司客运服务的认可度，保持主营业务稳定发展。第三，重视小件快运和驾驶培训业务，实现其他业务创新增长。在内蒙古自治区客运行业整体萎缩的情况下，主营业务收入要想保持稳定增长可能无法实现，必须大力发展其他业务，寻找新的利润增长点。小件快运依托客运主业，利用现有的资源，成本更低，速度更快。呼运公司的小件快运收入近几年发展速度惊人，未来应继续提高服务质量，形成与客运协调发展的产业链。随着私家车的普及，驾驶培训业务市场巨大，呼运公司应该扩大招生和办学规模，提高培训水平，实现其他业务的创新增长。

（3）优化资本结构，寻求更多的企业发展机遇。目前呼运公司的资产负债率偏低，股东对公司的重大投融资项目态度谨慎，很多未来前景好的项目由于投资数额巨大而被股东大会否决，公司的管理层应该向投资人提供更多的未来客运市场不景气的信息，让股东转变现有的投融资理念，积极争取客运东站的筹建项目，保持呼运公司在呼和浩特客运市场份额最高的地位。投资需要大量的资金，不能仅仅依靠内部融资，应积极寻求外部融资的支持，适当提高公司的资产负债率，使得公司的资本结构更加合理。

3. 本研究的局限性与未来研究方向

本研究仅对近 5 年的财务数据进行了分析，数据的有限性导致了缺乏实证研究。研究中关于财务数据的分析由于 2012 年数据的异常带来一些发展趋势不明显，需要未来对该公司的经营持续关注，进一步证实或改进本研究的主要观点和结论。

合理的股利分配政策不仅可以为管理者树立良好的形象，还能激发投资者的投资积极性，使中小企业获得长期、稳定的发展。在本研究的基础上，可以对内蒙古自治区其他 10 余家中型客运企业的股利政策进行分析研究，为内蒙古自治区交通运输企业制定合理的股利政策提供参考，为解决中小企业治理问题和投资者及其他利益相关者保护提供借鉴，从而促使内蒙古自治区众多中小交通运输企业健康发展。

参考文献

［1］ Ahmed A. S. , C. Takeda. Stock Market Valuation of Gains and Losses on

Commercial Banks' Investment Securities: An Empirical Analysis [J]. Journal of Accounting and Economics, 1995, 20: 207 - 225.

[2] Luciana, M., O. Aydin. Ownership Structure and Dividend Policy: Evidence from Italian Firms [J]. European Journal of Finance, 2006, 12: 265 - 282.

[3] Malcolm Baker, Jeffrey Wurgler. A Catering Theory of Dividends [J]. Journal of Finance, 2004, 6: 1125 - 1162.

[4] 丁楠. 上市公司高派现股利政策动因分析——基于贵州茅台的案例研究 [J]. 案例分析, 2013, 5: 21 - 23.

[5] 符安平. 生命周期理论视角下企业现金股利分配决策实证研究 [J]. 财会月刊, 2011, 3: 88 - 89.

[6] 李军. 上市公司现金股利政策影响因素的实证分析 [J]. 世界经济情况, 2008, 6: 96 - 100.

[7] 吕长江, 王克敏. 上市公司股利政策的实证分析 [J]. 经济研究, 1999, 12: 23 - 31.

[8] 彭锋, 李常青. 现金股利研究的新视角: 基于企业生命周期理论[J]. 财经理论与实践, 2009, 9: 67 - 73.

[9] 沈艺峰, 肖眠, 黄娟娟. 中小投资者法律保护与公司权益资本成本 [J]. 经济研究, 2005, 6: 10 - 25.

[10] 宋福铁, 梁新颖. 企业生命周期理论与上市公司现金股利分配实证研究 [J]. 财经研究, 2010, 9: 123 - 133.

[11] 唐国琼, 邹虹. 上市公司现金股利政策影响因素的实证研究 [J]. 财经科学, 2005, 2: 147 - 153.

[12] 王化成, 李春玲, 卢闯. 控股股东对上市公司现金股利政策影响的实证研究 [J]. 管理世界, 2007, 1: 122 - 172.

[13] 韦祎. 方正科技现金分红对公司成长性的影响研究 [D]. 西安: 西北大学硕士学位论文, 2013.

[14] 吴楠. 民营企业生命周期不同阶段的财务战略选择 [D]. 北京: 对外经济贸易大学硕士学位论文, 2004.

[15] 谢军. 现金股利政策、大股东掏空和资源配置: 基于公司成长性的分析 [J]. 经济评论, 2008, 6: 62 - 70.

[16] 徐飞. 中小板上市公司股利政策及其影响因素研究 [D]. 合肥: 安徽大学硕士学位论文, 2014.

[17] 许静, 张延良. 股权结构对上市公司股利政策的影响分析 [J]. 宏观经济研究, 2013, 4: 53 - 58, 108.

［18］杨汉明．寿命周期、股利支付与企业价值［J］．管理世界，2008，4：181－182.

［19］杨淑娥等．我国股利分配政策影响因素的实证分析［J］．经济研究，2000，2：31－34.

［20］杨颖．市场化进程与现金股利行为关系的实证研究［J］．经济与管理研究，2009，11：83－90.

［21］原红旗．中国上市公司股利政策分析［M］．北京：中国财政经济出版社，2004.

［22］钟田丽，郭亚军，王丽春．现金股利与上市公司未来收益的实证分析［J］．东北大学学报，2003，10：1006－1009.

［23］周军．我国上市公司股利政策研究［D］．成都：西南财经大学博士学位论文，2007.

第四部分

内蒙古自治区中小
企业融资研究

内蒙古自治区扶持中小企业发展的金融政策及其效果评价研究

课题编号：ZJD090009

主 持 人：徐慧贤

参 与 人：金 桩 范淑芳 冯丽娜 王桂贤
刘春艳 双 龙

近几年来，内蒙古自治区经济发展迅速，中小企业已经成为自治区经济不可或缺的组成部分。在繁荣城乡经济、增加财政收入、吸纳就业、维护社会稳定等方面，中小企业发挥着越来越重要的作用，为推动内蒙古自治区又好又快发展做出了巨大贡献。但是，融资约束仍然是制约内蒙古自治区中小企业发展的一个关键问题，尤其是初创型、成长型的中小企业，融资困境已经成为限制其成长的主要瓶颈。

一、内蒙古自治区中小企业融资现状分析

概括来讲，内蒙古自治区中小企业的融资具有如下特征：

1. 大多数中小企业的融资主要依赖于债务融资

调查发现，当中小企业需要资金时，有72%的企业首先想到向银行等金融机构贷款（见图4-1）。可以看出，内蒙古自治区中小企业在取得外部融资时，过分依赖债务融资，尤其是银行贷款，这与我国金融机构体系的不完善有一定的关系。由于我国的证券市场起步较晚，而且在成立之初就把目标锁定为国有大中型企业，缺乏符合中小企业融资需求的资本市场，中小企业很难通过资本市场公开筹集资金，这就导致中小企业对银行信贷融资的过分依赖。

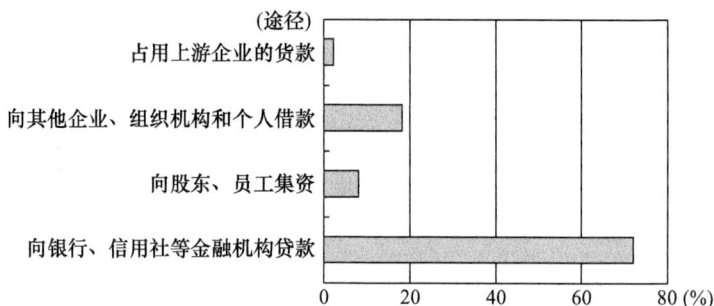

图4-1 中小企业融资途径

2. 中小企业的融资额度具有明显的行业特征

首先，内蒙古自治区中小企业融资数量最大的是采矿业，实际融资额为740万元；其次是制造业，融资额为683.89万元；建筑、房地产业融资额为395.95万元；批发零售业和住宿餐饮业融资额分别为320.17万元和247.08万元；农林牧渔业融资最少，只有48.3万元。融资量和所处的行业是一致的，一般工业（包括采矿业和制造业）所需的资金比较多，而第三产业（批发零售、交通运输、餐饮住宿）一般规模比较小，所以融资金额还是比较少的，如图4-2所示。

3. 中小企业融资主要是用于维持正常经营和解决固定资产投资需要

中小企业融资的主要用途如图4-3所示。可以看出，55%的中小企业融资

的目的仅是维持正常的生产需要，这说明中小企业在正常生产运营过程中对资金需求的迫切性。同时，也反映出中小企业在更新技术方面投入得太少。

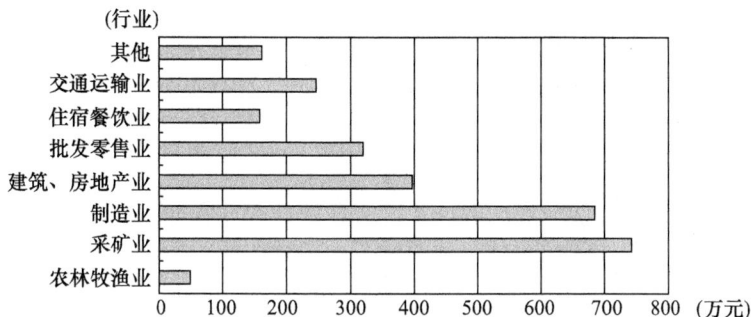

图 4 - 2　不同行业实际贷款数额

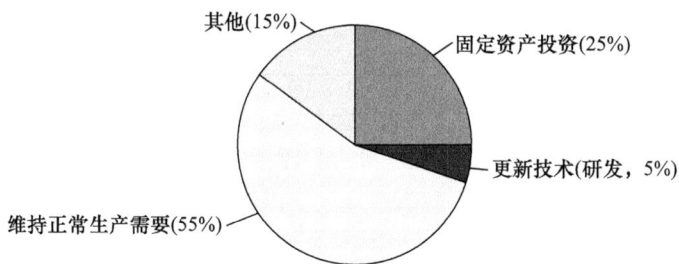

图 4 - 3　中小企业融资用途

4. 便利性、灵活性和融资成本是中小企业融资的关键因素

通过调查发现，50% 的企业认为地方性银行（城市商业银行）贷款最灵活，如图 4 - 4 所示。这是因为这些地方性银行的服务对象很明确，就是为本地的企业服务，而且在与大型银行竞争时，首先挖掘中小企业的优良客户。而贷款灵活性最小的是国有银行，一方面因为国有银行没有将主要的服务对象界定为中小企业；另一方面地方的分支机构的运营受到总行的严格管理，所以本身经营的灵活度不高导致贷款审批的灵活度不足。

中小企业在进行外部融资时，融资成本一般包括很多方面，不仅包括融资利率，还有等待时间的成本等。38% 的企业认为融资成本最高的是城市商业银行，从图 4 - 4 和图 4 - 5 可以看出，城市商业银行的融资最灵活，那么势必会使得融资成本，尤其是利率方面比较高。31% 的企业认为融资成本最高的是国有银行，这与国有银行的审批程序有一定的关系。35%的企业认为融资成本最高的是向亲朋好友借款，由于向亲朋好友借款非常便利，所以往往会承诺比较高的利率。

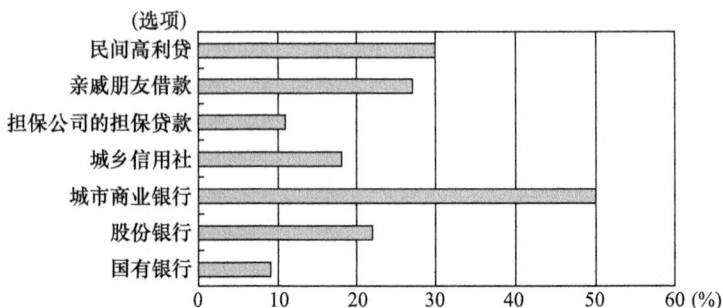

(选项)

| 民间高利贷 |
| 亲戚朋友借款 |
| 担保公司的担保贷款 |
| 城乡信用社 |
| 城市商业银行 |
| 股份银行 |
| 国有银行 |

图 4 - 4　金融机构贷款灵活度

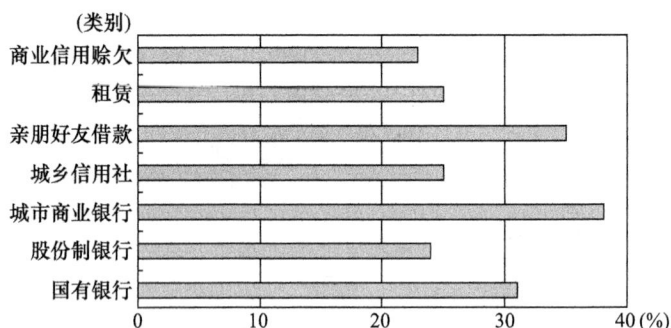

(类别)

| 商业信用赊欠 |
| 租赁 |
| 亲朋好友借款 |
| 城乡信用社 |
| 城市商业银行 |
| 股份制银行 |
| 国有银行 |

图 4 - 5　金融机构融资成本比较

在能够承受的贷款利率水平方面，36%的企业所能接受的利率水平是年利率为 5% ~ 10%，28.5%的企业只能接受年利率 10% ~ 15%，如图 4 - 6 所示。在缓解中小企业融资问题时，一方面，银行在风险可控的范围内，可以加快贷款的审批；另一方面，银行最主要的成本还是利息支付，这样可以考虑由政府补贴，适当地降低利率。

在申请贷款的企业中，有 57%的企业所申请的贷款数额与最终银行获批的数额是一致的，43%的企业没有全额获得贷款或者没有获得银行贷款。那么，为什么近一半的企业没有获得全额的银行贷款呢？在企业未获得贷款的原因方面，34%的企业认为其主要原因是企业信用等级不够；50%的企业认为缺乏金融机构支持；26%的企业认为金融体系不顺；20%的企业认为缺少信用担保机构的担保；41%的企业认为缺少适宜的融资方式；16%的企业认为是由于信息不通畅；

35%的企业认为是贷款利率偏高的缘故。如图4-7所示。

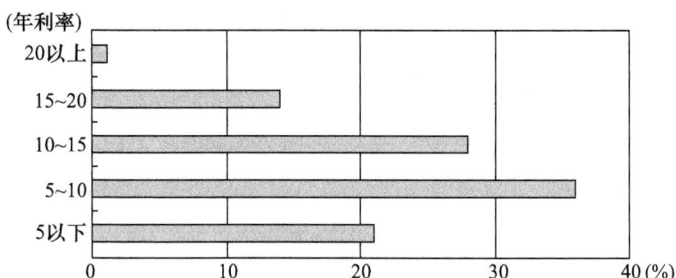

图4-6　中小企业愿意接受的利率水平

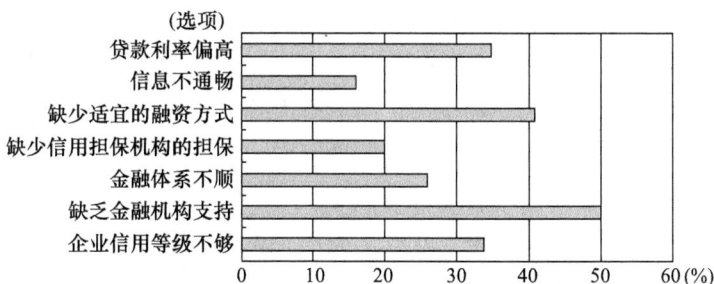

图4-7　企业未获贷款的原因

中小企业在进行外部融资时还可以通过担保机构贷款，但是近3年来，仅有22%的企业尝试过通过这种途径进行贷款。78%的企业没有通过这种途径或者不清楚有这种贷款途径。由此可见，内蒙古自治区中小企业通过融资担保的途径获得贷款的比例非常低，说明内蒙古自治区中小企业融资的途径非常少。可以看出，企业对组建担保机构的主体的态度，91%的企业认为担保机构应该由政府独资组建或者必须有政府参与（见图4-8）。

二、内蒙古自治区中小企业融资困境的原因分析

以下从内蒙古自治区中小企业融资难的内部原因、外部原因进行分析：

1. 内蒙古自治区中小企业融资困境的内部原因

内蒙古自治区中小企业融资难的内部原因主要有：

（选项）

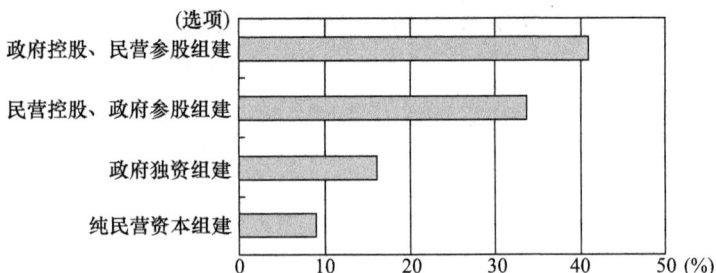

图4-8　担保机构的构成主体

（1）中小企业缺乏现代企业制度，生产经营方式落后。目前，内蒙古自治区中小企业规模普遍偏小，而且小企业又占绝大多数。据调查，企业规模在50人以下的中小企业所占比例为17%，企业规模在50～500人的中小企业比例为35%，而企业规模在500～2000人的企业为48%。企业规模小，科技含量低，生产的产品中特色产品、知名产品少，产品竞争力差。相当一部分中小企业存在着经营粗放、技术和设备落后、内部控制制度滞后，在激烈的市场竞争中淘汰率明显高于大型企业。单打独斗、分散经营的多，"扎堆打捆"集群化发展的少。目前，内蒙古自治区中小企业集群化发展虽然开始显现，但仍处于培育发展的初级阶段。90%以上的中小企业属于分散化经营，由于分布比较分散加上粗放式经营没有形成产业集群，各中小企业的上下游延伸链条较短，只能靠个体自身来发展，在资金、生产、市场、技术研发等方面难以形成合力和规模优势，彼此间缺乏合理有效分工，集约化、专业化水平不高，产品结构雷同，低水平重复建设和市场恶性竞争现象较为严重。

（2）中小企业信用水平低，财务状况缺乏透明度。企业自身信用能力直接影响到其获得银行贷款能力。目前，内蒙古自治区中小企业信用等级普遍不高。据调查，50%以上的中小企业财务管理不健全。60%以上信用等级都是3B或3B以下，而银行放款对象80%集中在3A和2A类企业。信用不高是内蒙古自治区中小企业贷款难的最大障碍，而且中小企业以家族企业居多，公司经营管理水平较低，会计制度不健全，财务状况缺少透明度，这使得银行在向他们贷款时，存在诸多顾虑。更有甚者，很多的中小企业存在逃、废银行债务情况，严重影响了中小企业的整体信用，给中小企业融资带来极为不利的影响。

（3）抵押物不足。大部分中小企业难以提供符合抵押条件的抵押物。贷款抵押率偏低，使贷款的风险较大，信贷三查、监管都很难执行。在信用缺失的情况下，为了减少银行的坏账率，从1998年起，我国商业银行普遍推行了抵押、担保制度，纯粹的信用贷款已很少，这也加大了中小企业间接融资的难度。

此外，中小企业接受和享受国家相关融资政策的条件和能力非常有限，缺乏有效融资知识和技巧，融资方法和融资手段简单单一，融资能力较差。

2. 内蒙古自治区中小企业融资困境的外部原因

（1）融资渠道狭窄。目前，内蒙古自治区中小企业外部融资渠道主要是银行贷款和民间借贷，与发达地区中小企业多渠道的融资方式相比，融资渠道狭窄。在流动资金结构上，银行贷款占比仍旧最高。在融资渠道狭窄、银行贷款条件较高的情况下，内蒙古自治区中小企业更倾向于民间借贷补充流动资金，大多数中小企业靠民间借贷生存，多一半的中小企业在资金困难时首选民间借贷渠道进行融资。此外，内蒙古自治区票据市场、应收账款融资以及融资租赁等主要面向中小企业客户的融资工具及其市场较为落后，对中小企业而言，作用有限；资本市场包括中小企业板块，门槛太高，审批太严，形同虚设；由于认识上的障碍及金融监管力量的薄弱，内蒙古自治区非正规金融发展的环境极为严峻，大量中小企业无法获得应有的融资支持。

（2）政策法规保障力度不够，社会中介服务机构不健全。目前，内蒙古自治区尚未建立或完善与市场经济相适应的社会化中介服务机构和服务体系，如社会监督和信用评级制度、权威公正的信用评估机构、融资信用担保体系、中小企业信息网络等，缺少为中小企业融资提供资信评定、信用担保等中介机构，信息不对称明显，容易引发"道德风险"，严重影响中小企业融资。目前，除自治区级和1/3的盟市有一些中介服务组织外，很多盟市尚缺乏能够提供多种服务职能规范的中介组织。现有的社会化服务机构也由于受资金、观念、认识、素质等因素影响，还不能系统提供信息、融资、技术、培训、人才等方面的服务，特别是针对中小企业的科技服务，致使中小企业发展受阻。在内蒙古自治区中小企业中能够体现企业核心竞争力的科技水平普遍较低。在内蒙古自治区中小企业中，科技型企业仅占2.1%；在列入统计的337家大中型工业企业中，仅有28.8%的企业从事科技创新活动，中小企业所占比例更少，中小企业亟须能够为它们提供科技服务的服务机构。在担保服务方面，截至目前，内蒙古自治区营业的中小企业担保机构有82个，信用担保机构的数量和全区中小企业的数量极不平衡，82个担保机构要为全区50万个中小企业提供担保明显力不从心。

（3）信息化建设滞后，整体发展水平处于初级阶段。中小企业对信息化建设的认识程度与企业自身发展需要相比还存在巨大差距，中小企业发展面临的融资难、管理水平低、信息渠道不畅等诸多问题都与内蒙古自治区中小企业信息化建设严重滞后有着直接关系。另外，中小企业统计报表制度不健全，既影响了统计分析的准确性，也对企业诚信建设、融资有很大影响。2007年，《电脑商情报中小企业 IT 采购》与中国中小企业信息网合作，对内蒙古自治区中小企业信息化情况进行调查，在本次调查的 20 个中小企业中，20% 的企业在企业的组织结构中有相关信息化工作的部门，专门负责企业信息化建设和应用工作；37% 的企业没有相关职能部门，但是有兼职负责信息化建设的部门或人员；43% 的企业还没有负责信息化相关工作的部门或人员。在所调查的企业中，拥有服务器并建成企业局域网的占 17%，租赁运营商服务器空间构建企业网络环境的占 20%，挂靠在网站平台下建立企业电子名片的占 50%，还有 13% 的企业没有建设企业的网络环境。

（4）金融机构对中小企业"惜贷"现象依然严重。造成金融机构对中小企业"惜贷"的主要原因是：

1）与大企业相比，商业银行对中小企业贷款涉及的经营成本过高。据调查，中小企业贷款的频率是大企业的 5 倍，而平均贷款数量仅仅是大企业的 0.5%，银行对中小企业贷款的信息成本和管理成本是大企业的 5 ~ 8 倍。由于单位贷款处理成本随贷款规模加大而降低，大型金融机构一般更愿意把款项带给贷款规模较大的大型企业，容易忽视中小企业的贷款要求，这使得商业银行与中小企业之间缺乏长期稳定的合作关系从而导致信息不对称。目前，内蒙古自治区担保机构和资信调查机构不完善，导致商业银行在贷款的各环节成本增高。

2）贷款权上收。按照金融体制改革总方案，国有商业银行机构网点向大中城市收缩，服务对象向大中城市转移，信贷管理权限向上级行政特别是总行、省级分行集中，而中小企业主要分布在县市级城市，导致国有商业银行管理权限、机构设置与中小企业的信贷要求严重错位，使中小企业资金不足的困难进一步加剧。当前商业银行的基层机构从某种意义上讲，只是一个大的"储蓄所"，主要任务是吸储收贷收息，放贷要层层审批，从而不能及时满足本地中小企业贷款需求。

3）在转型过程中，由于传统体制的惯性作用和政策制定者固定思维模式的影响，许多政策的制定是以所有制模式为基础的，国有商业银行与国有企业同属"国有"，产权上的"同源性"使国有企业对国有商业银行信贷支持有刚性依赖，国有企业享有政府的"破产担保"，这使银行对国有企业贷款的风险较之民营中小企业小得多，尽管贷款可能难以收回，但收不回来的贷款最终可能通过财政核销、债转股等政策对国有企业的债务进行"大赦"，而民营中小企业无法享受这一待遇。

（5）贷款准入门槛过高，借贷手续烦琐。目前，银行提出的贷款申报要件，相对中小企业而言要求太严。一是抵押贷款要求高。银行不仅要求贷款抵押物充足，而且要求变现能力强。而中小企业大多数不能提供足额的抵押物。二是担保实力要求强。银行要求担保企业要有很强的担保实力，而内蒙古自治区担保机构发展不健全，担保机构少，资金缺乏，普遍缺乏较强的担保能力，无法为数量庞大的中小企业提供担保。三是信用贷款要求严。内蒙古自治区中小企业85%以上未进行信用评级，已经评级的等级又太低，无法达到银行的有关要求，致使信用贷款无法发放。

（6）缺乏高效的中小企业的信用担保机构。在中小企业发展进程中，中小企业在获得银行贷款方面普遍存在着一定的困难，为了顺利解决该问题，内蒙古自治区逐步建立了中小企业信用担保体系。但是，内蒙古自治区中小信用担保机构仍存在着许多不足：

1）规模较小，出资分散，风险增大，且资金来源单一。地方政府按县区设立担保基金，决定了担保机构的小规模和大数量，有的基金只有几百万元，大部分企业互助基金规模较小，很难得到银行的信任。目前内蒙古自治区大部分中小企业信用担保公司以政府财政资金为主，只有少数地区设有民营担保公司。由于中小企业量大面广，而且需求是多种多样的，政府出资的政策性担保远远满足不了中小企业担保的需要。地方财政担保基金大多是一次投入，规模又小，缺乏资金补偿机制，现在许多地区银行不愿意为中小企业提供贷款，其中一个很重要的原因就是担保规模较小，没有补偿机制。

2）政府的不适当干预。目前，中小企业信用担保机构多数是在各级政府直接支持下建立的，如果政府行为得不到制约，一方面，政府可能以出资人的身份不适当干预担保活动，信用担保就会重蹈政府干预贷款的覆辙，出现各种形式的指令性担保，造成呆账、坏账的现象依然普遍存在；另一方面，信用担保机构离不开政府支持，尤其是资金上的支持。如果政府对中小企业的政策发生调整，或者减少对担保机构的资金注入，担保机构将难以生存。

3）银行和中小企业信用担保机构的权利与义务不对等。在担保风险分担上，协作银行往往只享受权利而不愿意承担义务或减少义务的承担。在保证方式选择上，协作银行则要求中小企业信用担保机构承担连带责任，中小企业信用担保机构处于被动地位，这也不利于中小企业信用担保机构工作积极性和创造性的发挥。据调查，目前有64.2%的中小企业没有渠道获得信用担保，只有35.8%的中小企业能获得信用担保，即使在盈利能力较好的中小企业中也只有65.6%的企业可以获得信用担保，担保难可见一斑。

三、内蒙古自治区推进中小企业融资的措施及其效果评价

目前，为了促进中小企业融资，内蒙古自治区政府采取了很多政策措施。

1. 内蒙古自治区推进中小企业融资的具体措施

（1）完善中小企业引导调控体系，加快推进中小企业结构调整。充分发挥政府的引导和调控作用，每年用一定量的中小企业技术进步专项资金及相关配套政策，按照围绕优势特色产业搞延伸、围绕重点项目搞协作、围绕重点化工基地建设搞配套的要求，全面推进"一个产业带动百户中小企业工程"。引导中小企业做好"3篇文章"，即在参与企业间和产业链条间的分工与协作上做文章、在优势特色产业和骨干企业延伸加工上做文章、在大型基地和特色园区的配套生产上做文章，促进产业延伸、升级，提高产品层次，逐步形成产业集聚规模大、专业化协作水平高、功能配套完善、循环经济特色突出的产业集群，推动中小企业在更高层次上实现集群化发展，提高中小企业的自主创新能力和核心竞争力，使内蒙古自治区大型骨干企业的产业链得以完善、延伸，中小企业发展得到强有力的依托。

（2）多措并举缓解中小企业融资难。为了解决内蒙古自治区中小企业融资困境，内蒙古自治区政府应采取以下措施：一是强力推动国家及自治区加大中小企业金融支持力度政策、措施的贯彻执行，及时宣传推广各金融机构开展中小企业贷款业务的典型经验做法。二是拟组建自治区工业中小企业融资服务协调领导小组，负责协调各部门共同为中小企业融资服务。三是积极搭建融资平台，召开项目推荐会，向金融机构推荐诚信中小企业，促进银企合作。四是加强中小企业信用担保体系建设。内蒙古自治区从1999年开始着手在全区范围内构建中小企业信用担保体系，经过"十五"期间的积极探索和实践，基本建立了自上而下的自治区、盟市、旗县3级信用担保体系，初步形成了"一个核心、三级层次、网状结构"的全区中小企业信用担保体系。目前，内蒙古自治区注册资本金一亿元以上的担保公司已增至6家，已备案的各类中小企业信用担保机构已达82家，注册资金为25亿元，为中小企业累计实施担保99.7亿元。五是加大中小企业直接融资比重，积极培育中小企业上市，支持中小企业通过创业投资、发行中小企业集合债券等进行融资。六是加快小额贷款公司建设步伐。全自治区批准开业、筹建的小额贷款公司已达到186家，注册资金总额为140亿元，已覆盖内蒙古90%的旗县，其中，已开业的小额贷款公司为121家。七是逐步开展信用等级的评估，组织实施了"千户成长型中小企业培育工程"，制定了千户成长型中小工业企业培育方案。第一批600家成长型中小企业在征求盟市和部分银行的意见基础上通过了确认，今后将按照"优胜劣汰、动态管理"的办法，按年度调整和完善1000家成长型中小企业名单，加大对成长型中小工业企业信用担保资金扶持力度，并调动金融和社会各方面力量给予大力支持。通过安排专项贴息资金来拉动银行贷款向中小企业倾斜。八是加快中小企业金融意识的培育。一方面加大对中小企业信贷业务指导力度；另一方面加大对中小企业的综合培训力度，提高其诚信意识、金融意识和资信度。

（3）完善政策法规体系，加快推进中小企业政策法规环境建设。近几年，内蒙古自治区围绕贯彻《中小企业促进法》，出台了《关于促进工业中小企业发展的意见》、《内蒙古自治区人民政府关于贯彻国务院鼓励支持和引导个体和私营等非公有制经济发展若干意见的实施意见》、《关于进一步推进建筑业、服务业、非公有制经济、中小企业发展和提高城乡居民收入的意见》、《内蒙古自治区人民政府关于进一步促进中小企业发展的意见》等一系列政策，尤其是2009年7月14日出台的《内蒙古自治区人民政府关于进一步促进中小企业发展的意见》（内政发［2009］66号，以下简称《意见》），强化了对中小企业的服务力度。《意见》围绕解决中小企业融资难题，提出了建立金融服务中小企业的考评体系、强化金融服务、创新融资模式、推动直接融资、完善信用担保体系和加强中小企业信用体系建设6方面的措施；围绕加大财税支持力度，提出自治区本级预算继续安排中小企业技术进步贴息资金、开发区（园区）基础设施建设补贴资金、节能专项资金、农牧业产业化专项资金，增设中小企业信用担保风险补偿资金，要求各盟市和有条件的旗县（市、区）、开发区（园区）根据实际情况安排相应配套资金。同时，要求各地区认真落实国家和自治区促进中小企业发展的税收优惠政策和切实减轻中小企业负担的具体措施；围绕推动中小企业创业和发展，提出了降低工商准入门槛、简化项目审批备案手续、对新的中小企业实施土地倾斜政策3方面的具体措施；围绕中小企业自主创新，提出要在用好国家和自治区科技型中小企业创新基金、自治区自主知名品牌建设引导资金的基础上，开展技术攻关，推动自主创新，加强品牌建设；围绕服务中小企业，提出强化开发区（园区）配套功能和服务功能的具体要求。《意见》的出台将为内蒙古自治区中小企业发展创造更加有利的外部环境。

（4）完善社会化服务体系，加快推进社会服务机构职能发挥。首先，强化和规范了中介服务组织。组建了内蒙古自治区中小工业企业协会，筹办了内蒙古自治区中小工业企业网站，成立了中小工业企业信息化推进联盟，初步建立了自治区级中小企业社会化服务平台和信息平台，各盟市、旗县级中小企业服务体系也随之逐渐建立和完善。

其次，积极搭建技术服务平台，对中小企业提供技术开发、技术咨询、技术培训、产品检测等开放式服务。选择了自治区特色产业稀土、乳品、中蒙药、畜牧机械等6个行业开展了中小企业技术服务支持平台的试点建设，取得了良好效果。

再次，积极争取国家中小企业服务平台和中小企业创业基地建设项目，组织制定了全区60余家中小企业服务平台和中小企业创业基地建设方案，上报国家评审26个。初步形成了多主体、多层次、全方位地为中小工业企业提供技术支持、市场开拓、创业指导、管理咨询等多方面服务的社会化服务体系。

最后，构建中小企业培训体系，把中小企业培训工作当作推动中小企业发展的一个突破口，按照自治区中小企业银河培训方案和国家银河培训工程的总体安排，在包头市、呼和浩特市、赤峰市、通辽市、呼伦贝尔市设立了培训基地，并针对中小企业量多面广的实际情况和不同的培训群体，制定了不同的培训内容和不同的培训方式，初步形成了政府推动、中介机构服务、企业自主培训的良性循环机制，提高了内蒙古自治区中小企业管理人员的素质，推进了中小企业的健康发展。

2. 内蒙古自治区推进中小企业融资的政策效果评价

为了解决中小企业融资难的问题，不少地区正在探索建立或已经建立了中小企业贷款担保、贷款贴息、政府直接优惠贷款、政府投资的风险投资资金、贷款风险补偿基金等，特别是浙江省、江苏省等，开创了公共财政补偿银行对中小企业贷款的先例，有效地缓解了当地中小企业资金紧张的状况。

在政策选择方面，针对目前中小企业融资难的现状，各地政府采取了信用担保、贷款贴息、风险补偿、资金补助、表彰奖励、发展中小金融组织与小额贷款公司、融资租赁、中小企业集合债、集合信托、企业上市、私募融资、创业投资等方式和渠道，努力缓解中小企业融资难问题，获得了一定的成效。可以说上述方法各有千秋，从不同的渠道和方式，解决或缓解了中小企业融资难问题。但上述不同的方式在解决中小企业融资中发挥出不同的效果，且其效果的发挥与当地经济发展水平、中小企业的成熟程度、金融环境和政府财力有关。因此，必须根据内蒙古自治区经济发展的现状和政府财力，来选择符合内蒙古自治区中小企业特点的政策措施。

根据内蒙古自治区中小企业发展现状和融资环境建设情况，内蒙古自治区推出的政策要满足以下几点要求：一是针对内蒙古自治区中小企业普遍面临融资困难的情况，所要推出的政策应当能够解决较多的中小企业的融资问题；二是把有限的财政资金用在刀刃上，不能"撒胡椒面"，最好是产生杠杆效应；三是可操作性较强，政策推行顺利，落实有效；四是符合当前的政策框架，不会与当前的体制和制度产生冲突，自治区政府能够有权限和能力来推动此项政策。下面根据上述要求，对内蒙古自治区正在推行或能够推行的中小企业融资政策措施，进行全面评价，以利于选择效果较好的政策措施，并加以推广（见表4-1）。

表 4 - 1　政府推动中小企业融资的主要政策措施及其比较

主要方式	具体措施	优点	缺点	效果评价
财政贴息	补贴贷款企业，降低贷款企业的利息负担	减轻企业负担；需要的资金量不大	不会调动银行的积极性	效果并不显著
政府优惠贷款	政府把支持高科技企业的资金直接贷款给企业	不符合从银行贷款的企业能够获得资金	操作难度大，能够得到贷款的企业数量很少	只有解决少数企业的贷款问题
信用担保	对中小企业贷款进行担保	增加银行贷款的积极性	担保公司要求较高，提高企业的成本和延长贷款时间	能够解决较多企业的贷款问题
风险（创业）投资	对高科技企业或项目进行股权投资	高科技企业可获得长期资金	只能少数企业得到机会，需要有发达的资本市场的支持	只能解决非常有限的企业融资问题
风险补偿	对银行进行风险补贴	可以提高银行贷款的积极性，杠杆性较大	资金没有直接回报	能够解决较多企业的贷款问题
发展中小金融组织	培育当地中小金融机构，引进外地中小金融机构	中小金融组织的市场定位，符合中小企业的融资需求	由于商业银行的风险规避行为，使得只有优质企业能够得到融资	能够解决较多企业的贷款问题
发展小额贷款公司	加快批准符合条件的小额贷款公司，为小额贷款公司提供批发贷款	小额贷款公司的市场定位，满足中小企业的融资需求	由于贷款公司的风险规避行为，使得只有优质企业能够得到融资	能够解决较多企业的贷款问题
发行中小企业集合债券	以捆绑发行的方式，使某地区中小企业作为一个集体，共同发行债券	资金量大，能够满足区域内较多企业的融资需求	审批过程较长，操作较复杂	只能解决部分企业的融资问题，且审批的不确定性较大
发行中小企业集合信托产品	由信托公司发起募集资金，由社会资本认购，投向区域内筛选出的优质中小企业	资金量大，能够满足区域内较多企业的融资需求	审批过程较长，操作较复杂	只能解决部分企业的融资问题，且审批的不确定性较大

续表

主要方式	具体措施	优点	缺点	效果评价
创业板上市	培育当地中小企业到创业板上市融资	满足企业融资需求，改善企业公司治理，提高企业的知名度	只能解决非常有限的优质企业的融资问题	能够上市融资的企业非常少
发展再担保	发展再担保公司，对担保公司给予担保	降低担保公司风险，提高担保公司的担保积极性	一般要求由政府出资	能够解决较多企业的贷款问题
发展民间借贷	对民间借贷提供宽松的政策环境，允许在风险可控的范围内正常发展	拥有信息优势，能够控制成本	风险积聚；商业银行资金搬家	能够解决较多企业的贷款问题
私募融资	对优质拟上市中小企业，通过私募融资引进本行业或投行界具有高信誉质量的战略和机构投资者	为上市铺平道路	推出路径有限	只有少数优质企业才能得到机会
资金补助	对优质企业提供财政补贴	对融资而言，无显著优点可言	浪费有限的财力	效果不明显
表彰奖励	对发放中小企业贷款较多的银行进行奖励	能够提高银行的积极性	力度有限	政策效果不明显

根据上述分析可以看出，发展信用担保与再担保、推出风险补偿基金方案、发展中小金融组织和小额贷款公司、发展民间借贷等是目前效果较好的推动中小企业融资的政策措施。

四、内蒙古自治区促进中小企业融资的政策选择

为进一步促进内蒙古自治区中小企业持续、快速、健康发展，充分发挥中小企业在经济和社会发展中的重要作用，根据《中华人民共和国中小企业促进法》和《内蒙古自治区人民政府关于促进工业中小企业发展意见》（内政字〔2006〕3 号文件）以及 2009 年《内蒙古自治区人民政府关于进一步促进中小企业发展的意见》（内政字〔2009〕66 号文件）的精神，结合内蒙古自治区中小企业发展的实际情况，提出如下建议：

1. 继续发展信用担保与再担保体系

发展内蒙古自治区信用担保业，当前和今后一个时期，要重点抓好以下几方面的工作：

（1）建立和完善信用担保体系。要按照《中小企业促进法》的要求，认真贯彻自治区政府《关于进一步促进中小企业发展的意见》精神，坚持"政府主导，社会参与，市场运作，规范管理"的原则，充分发挥政府资金的引导作用，开辟多元化担保资金的筹措渠道，在全区逐步建立起多种模式并存的中小企业信用担保体系。目前尚未建立担保机构的盟市、旗县（市、区）、开发区（园区）要积极努力，必须在2010年年底前建立起自己的中小企业信用担保机构。努力构建起自治区、盟市、旗县以政府出资为主建立的中小企业信用担保机构和商业性担保机构以及民间互助担保机构网络。

（2）切实增强信用担保机构能力。以政府出资为主的担保机构，要积极引导社会资本进入担保业；以民间出资为主设立的担保机构，应结合自身实际适时补充资本金，扩大担保资金规模。各地要大力营造社会参与、多元投入的担保业发展环境，吸引各类资本入股或新建担保机构，有条件的地方要建立规模较大的担保机构，整合和优化现有担保资源，做大做强担保平台。继续扩大担保公司数量，2010年之前组建6家注册资本金在一亿元以上的中小企业担保公司，以进一步增强中小企业信用担保体系实力。自治区和各盟市财政要进一步加大对担保机构的投入力度，力争担保资金和机构规模能够适应中小企业贷款需求。

（3）建立再担保体系。再担保的主要功能是分散担保机构的风险，增强担保机构的担保能力，防范担保行业的系统风险。再担保可以将众多分散的、各自为政的担保机构连成一体。纳入再担保体系内的担保机构，银行评估其担保能力时，将会考虑再担保为其带来的信用增加部分，对担保机构的增信作用将实现倍数效应。因此，再担保是增强担保行业整体信用能力的重要措施，是加强中小企业信用担保体系建设的重要内容。尽快完成东北再担保公司内蒙古自治区分公司组建工作，为全区各家中小企业担保机构提供再担保支持，同时，再设立一家内蒙古自治区中小企业信用再担保公司，提高担保能力，满足担保公司的再担保需求。

（4）推动担保公司，不断拓展业务领域。各担保机构要抓住当前国家实施宽松的货币政策的机遇，不断扩大担保规模和拓展担保业务，在操作规程、治理结构、管理制度和风险控制等方面不断完善自身建设；在业务品种、业务组合、业务操作等方面建立自主创新激励机制，不断实现担保理念、功能和产品的创新，与金融机构合作方式的创新，拓宽业务领域。同时，鼓励担保机构实施联合担保，积极发挥大型担保机构的信用输出功能，以地方担保机构为主要服务对象开展分保、联保和再担保，分散和降低担保机构的风险，提升地方担保机构的信用水平，提高全区担保行业整体素质和融资担保能力。盟市、旗县担保机构可本着自愿互利的原则，与自治区级担保机构建立业务关系，申请业务支持。自治区级担保机构可根据各地经济发展水平、担保机构运作状况、当地信用基础等情况，给予地方担保机构一定的信用额度，放大地方担保机构的信用比例。担保业的健康发展得益于各担保机构的稳步发展。

（5）积极推进银保合作。金融机构与担保公司应是相互支持，密切配合，共求发展的友好合作关系。担保公司是银行与企业的桥梁和纽带，要本着共同的目标，既帮助企业解决贷款担保困难，也帮助银行减少风险，提高效益。目前多数担保公司只与少数金融机构有协作关系，与企业面广量大、分散在各家银行开户的情况很不适应。在现行体制下，担保公司要积极争取金融机构的支持，加强沟通，积极主动地建立友好协作关系，明确各方责任、义务，形成合作共赢格局。建议各银行业金融机构要根据担保公司资信等情况，给予"授信"，简化手续，提高效率。担保公司要提高自身的资信度，要对银行"授信"额度充分负责，不断扩大担保能力。

2. 建立贷款风险补偿基金

在2009年自治区两会上，巴特尔主席在政府工作报告中首次提出"通过风险补偿等方式，引导商业银行加大对中小企业的信贷支持"，同时通过对浙江、江苏等兄弟省市风险补偿方案的考察和论证，发现风险补偿方案是目前解决中小企业融资的有力措施。内蒙古自治区应尽快推出风险补偿基金，引导和推动商业银行对中小企业的信贷支持，为中小企业的发展提供融资支持。贷款风险补偿基金有如下主要特点：

（1）贷款风险补偿基金的主要优点。一是操作过程相对简便，能够加快贷款速度，减轻企业负担；二是做法比较成熟，目前在国内浙江省、江苏省和其他省区的部分地级市已开展了贷款风险补偿基金的试点，因此，有成熟的做法可以借鉴；三是放大倍数较大，在贷款担保下，一笔原始资金的放大倍数只能做到5～8倍的放大，但在贷款风险补偿基金的情况下可以放大到50倍以上。银行发放一笔1000万元贷款的情况下，只需政府给银行补贴10万～20万元，反之，一笔政府的一亿元资金，可以为50亿元以上贷款进行补贴，带动50亿元规模的贷款。因此，贷款风险补偿基金具有较强的杠杆效应。

贷款风险补偿基金与目前的其他做法相比也具有较明显的优势。与财政贴息相比，财政贴息不能有效降低银行的风险，因此，银行在财政贴息的情况下仍然不愿意为中小企业提供贷款，同时，财政贴息的放大倍数远低于贷款风险补偿基金；与政府优惠贷款相比，政府优惠贷款受制于资金的规模，能够得到贷款的企业数量较少，而且政府部门没有足够的能力筛选企业，并进行贷款管理；与贷款担保公司相比，由于贷款担保公司的要求较高，程序繁杂，贷款企业的筛选要经过政府科技部门、担保公司和银行的3次考核，无形当中延长了贷款时间，而在风险补偿基金的方式下，贷款企业由银行筛选，能够缩短企业筛选环节的时间，减少不必要的工作量。同时，不需设立专门机构负责贷款事宜，对发放贷款的银行由政府中小企业部门或财政部门直接给予补贴即可。

（2）贷款风险补偿基金的设立和运作。根据浙江、江苏等地区的试点经验，目前贷款风险补偿基金的补偿方法主要有以下3种方式：

1）对银行进行利息补贴。只要银行给高新技术中小企业发放一笔贷款，政府将给银行支付1%～2%的额外利息，这部分利息并不是政府替企业支付，而是银行已经从企业拿到利息之外的额外奖励，因此，实际提高银行的利息收入，在较高的利息收益下，银行在同等情况下愿意为高新技术中小企业提供贷款。

2）对银行给中小高新技术企业发放贷款之后形成的不良贷款进行补偿。银行如果给中小企业发放贷款形成不良资产，政府科技部门应承担不良贷款的20%～40%，来减轻银行的风险。但大部分风险在由银行自己承担的情况下，银行仍然较好地进行贷后管理来降低贷款风险，控制不良贷款的形成。

3）对担保公司进行补偿。如果担保公司愿意为中小企业进行担保，政府给予担保公司1%的风险奖励。

经过对以上3种方式进行比较分析后发现，前两种方式的效果更明显，而且对前两种方式进行组合之后，能够有效提高政策效果。

内蒙古自治区在具体运作上，首先，政府出台贷款风险补偿基金管理办法，在中小企业局设立中小企业风险补偿基金，公布符合"中小企业"的具体条件（申请贷款企业的筛选由银行完成）。其次，银行给符合条件的企业发放贷款之后，给政府部门（建议由中小企业局负责）报送材料，政府部门按比例给予风险补偿（对银行进行利息补贴，建议内蒙古自治区以2%来进行补贴），不良贷款的补偿由银行确认形成了不良贷款之后，政府部门（中小企业局）给予补偿（建议内蒙古自治区以30%来补偿不良贷款）。

此外，各级政府部门要继续为中小企业融资创新营造良好的外部环境，加强担保体系建设，完善贷款风险补偿机制；金融机构要建立中小企业融资专营化商业模式，整合资源，从风险定价、成本利润核算、业务流程、激励约束、人才队伍建设等多个方面完善机制，通过制度安排和体制设计从根本上建立中小企业融资创新的长效机制。

3. 加大政策引导和扶持力度

（1）优化中小企业发展环境。优化中小企业发展环境主要有以下几方面内容：

1）加大公共财政支持力度，扶持中小企业，特别是科技型中小企业的资金需求。2009年国家出台了一系列政策措施帮助中小企业，中央财政进一步加大了对中小企业支持力度，安排中小企业专项资金共51.1亿元。希望自治区政府也能加大扶持中小企业专项资金的投入，解决具有良好的市场前景的科技型中小企业的支持力度。

2）尽可能地发挥中小企业发展专项基金的带动作用。在当前情况下，急需进一步强化继续用好中小企业发展基金，带动更多的资金支持中小企业，提高中小企业信用担保机构的服务功能和整体水平，把有限的资金用好，增加中小企业融资能力，解决中小企业经营困境，促进其发展。

3）建立中小企业信息服务网。加强中小企业信息基础建设，整合利用现有资源和互联网技术，组建中小企业信息服务网站，形成中小企业统一的信息网络体系。定期发布涉及中小企业的创建、发展、权利、义务等国家有关政策和市场信息，积极开展电子商务，实现资源共享。

4）认真落实国家各项税收优惠政策。对涉及中小企业的税收，如法律、法规没有明文规定且权限在地方的税收，可由税务部门结合内蒙古自治区实际制定相应优惠政策。

5）增强中小企业技术创新能力。积极引导利用高等院校、科研机构和大企业的相关技术资源，建立中小企业公共技术服务支持平台，促进中小企业提高技术创新能力。有能力的学校可以形成"订单式"培养人才模式，解决企业发展中急需的人才，同时政府应设立人才培养专项资金，鼓励大学设立适合企业的专业，实现高校科研力量与市场的有机结合。

6）建立在保项目风险预警系统。主要是以贷款银行建立的贷款风险预警系统为基础，与贷款方一道通过对在保项目的跟踪监测，及时发现风险和处理风险，将风险消灭在萌芽状态。要建立企业财务状况的预警信号，反映企业财务活动运行是否正常，收支是否平衡，正常支出是否困难；建立企业管理状况预警信号，从行业风险方面、企业经营风险方面、企业管理风险方面、银行信贷管理方面，对企业经营管理的状态进行透析，如果发现端倪，及时加以控制、防范和消除。要通过和信息咨询、会计事务、律师事务等中介组织建立相对稳定的密切合作，可以及时、充分地了解和掌握被担保人和担保项目的资信状况、市场定位，利用专家预测分析更加科学地论证担保对象的可行性与风险度，以减少决策失误。可以借助注册会计师监督被担保人的会计账务、财务活动的真实性合法性和风险披露充分性；通过律师依法保护公司和被担保人的合法权益。

7）帮助企业树立诚实守信的良好品质。要努力帮助企业树立诚实守信的良好品质，提高企业信用等级。帮助企业建立公平竞争、分配机制，创建和谐共处的工作环境，从而带动企业建立良好的声誉，减少企业违约欺骗等非正当行为。担保机构应参与企业长期规划，鼓励中小企业树立信心，积极进取，不断创新，帮助企业树立长久发展的思想，引导企业按照企业伦理规则经营。只有企业树立长久发展的思想，才能杜绝企业违约失信的短期行为，有利于树立企业的长期信誉，获得所有利益相关者的支持。

8）政府在提高部分产品出口退税率、政府采购中向中小企业倾斜。要求有关部门保证中央政策落到实处、转变职能、优化服务、减少办事程序、提高办事效率等。

（2）引导商业银行加大对中小企业贷款力度。金融机构作为资金汇集与配置的枢纽，通常具有金融业务相对集中、金融业务品种相对丰富、金融基础设施相对发达、资金流动相对便捷等特点，其聚集资金的渠道若能更为通畅，并能够更有效地实现金融资本的流动和配置将会更有力地支持中小企业发展。当前，在金融机构信贷资金仍将是中小企业融资的主要渠道的情况下，自治区政府应当通过引导和鼓励性的政策措施，使各家银行加大对中小企业的信贷扶持，扩大主流融资机构对中小企业融资的支持力度，优化面向中小企业的金融信贷供给格局。

1）政府通过出台政策，要求有关金融部门加大对中小企业的金融支持力度，探索突破中小企业融资难的瓶颈，开展金融创新，积极促进地区经济的发展。建议自治区政府提出各家银行年度中小企业贷款累放额和新增额目标，按季统计各家银行对中小企业贷款累放额和新增额，对各家银行全年中小企业贷款进行评比。对于贷款增加额较多、增幅较大的银行给予奖励。对于中小企业贷款增速低于自治区平均水平的银行，暂缓返还个人所得税地方留成40%部分的税收优惠。

2）政府出台鼓励性的政策措施，使各类金融机构注重加快金融业务创新和流程再造，在力所能及的范围内推进中小企业授信决策。同时，政府鼓励商业银行开发适应中小企业的信贷品种，积极推出新的中间业务，扩大抵押和质押贷款范围，探索适应中小企业的新抵押办法等，并以此促进金融资源向中小企业的流动和聚集，提高区域金融资源的利用效率。

3）着力优化融资外部环境，降低商业银行的信贷风险。通过不断改进信用环境、企业信用等级的评定和管理办法，建立有效的约束和动态管理机制；完善诚信系统建设，健全对失信企业的联合惩处机制等，以此培育良好的信用环境，并努力建立健全中小企业融资服务体系。通过组建中小企业服务中心，依法设立商会、行业组织及社会中介服务组织，积极发展中小企业综合性辅助体系，形成一个汇集信息、人力、设施、技术、财务的体系，全面帮助提高中小企业的融资能力。

（3）继续发展中小金融机构。近年来，内蒙古自治区引进的中小股份制商业银行，在承担中小企业业务上发挥了重要的作用。因此，发展中小金融组织和小额贷款公司是解决中小企业融资的最直接和有效的一项措施。

1）加快发展地方性银行业金融机构。积极组建金融控股公司，以资本为纽带整合现有金融资源，增强地方金融机构实力，提高地方金融机构的整体竞争力、资金配置效率和风险防范能力。继续支持包商银行在区内其他盟市设立分支机构，扩大覆盖面，大力支持新组建的内蒙古银行增资扩股和上市工作。加快推进鄂尔多斯、乌海城市商业银行和东胜区农村商业银行增资扩股，进一步提高对当地中小企业的信贷支持力度。进一步深化农村信用社改革，帮助其减轻历史包袱，壮大资金实力。

2）加大引进中小金融机构的力度。近年来，内蒙古自治区在联系和引进中小股份制银行方面，做了卓有成效的工作。从2004年以来，连续引进了华夏银行、民生银行、中信银行、交通银行、浦发银行、招商银行、渣打银行等中外资股份制银行，为地方经济的发展注入了活力。因此，下一步总结经验，加大力度，进一步引进中小型金融组织，特别是城市银行等相对规模小的金融组织的引进力度，为中小企业的发展提供融资保障。

3）探索组建面向中小企业的小额贷款公司。目前全区已经组建小额贷款公司113家，注册资金合计81亿元。按照我们和建设银行的合作协议，建设银行将以小额贷款公司为融资平台，提供小额贷款公司注册资本金50%的贷款额度，由此全区小额贷款公司的可融通贷款额度将被放大至120亿元以上。今后在审慎、稳妥、安全的前提下，大胆探索，用好用足试点政策，探索组建面向中小企业的小额贷款公司，特别是优先在开发区和工业园区组建面向中小企业的小额贷款公司，成为中小企业融资的新型金融服务机构。积极推动建设银行等国有商业银行向小额贷款公司提供批发贷款，有关担保机构为银行提供担保，小额贷款公司再贷给中小企业，把大银行的资金优势和小额贷款公司的灵活优势有机结合起来。

4）建立多层次的区域性资本市场。为了拓宽直接融资渠道，应积极创造条件培育多层次的、专门化的地方中小资本市场体系，继续推进发展直接融资渠道。可尝试从培育地方资本市场入手，建立多层次的、专门为中小企业融资服务的地方中小资本市场体系；整合现有产权交易所并改造成为各类所有制中小企业股权流通服务的产权交易所，积极鼓励和推动中小企业通过产权交易所股权抵押融资等途径，解决融资困难；加大金融创新力度，对符合条件的企业，在严格监管约束的条件下，可允许其面向社会筹集发展资金，推动地方债券市场的发展，引导区域内中小企业以股权融资、项目融资等多种形式面向市场直接筹集资金。政府在推进资本市场发育、私募股金设立的同时，应积极规范引导企业运用民间资本，拓宽中小企业直接融资渠道。

4. 引导和规范民间金融

规范、有序地发展民间金融，有利于打破我国长期以来由商业银行等正规金融机构垄断市场的格局，促进多层次信贷市场的形成和发展。但是，民间金融游离于正规金融之外，存在着交易隐蔽、监管缺位、法律地位不确定、风险不易监控以及容易滋生非法融资、洗钱犯罪等问题，需要制定相应的法规予以引导和规范。

（1）为民间金融的阳光化提供更加宽松的政策环境。目前，从政策上给予民间金融浮出水面提供了诸多的制度性安排。比如，通过设立小额贷款公司等方式，可以进入正规金融体系。但目前相当一部分资金不愿进入小额信贷公司，其原因在于进入正规金融之后，受到的管制比较多，束缚其自由发展，同时，各种税费会提高其经营成本。针对这样的忧虑可以考虑适当放宽小型金融组织的各项管制措施，同时，可以考虑减免小额贷款公司、村镇银行和资金互助社等小型金融组织的各项税费，减轻小型金融组织的经办费用。

（2）建立民间金融的登记备案制度。要求民间金融双方把借贷合同文本报送到政府制定的监管部门，对报送合同文本，并符合国家最高利息上限之内的放款人给予法律保护，从而调动其积极性，得到更多的民间放款人报送和备案放款数据，从而达到掌控民间金融流向的目标。

（3）落实《放贷人条例》。中央银行有关负责人 2015 年 11 月 1 日表示，正在制定《放贷人条例》，将允许个人和企业注册成立"只贷不存"的放贷机构。此举将有助于规范民间金融，可盘活数万亿民间资金，为中小企业提供更多融资渠道。在期盼之余，最为关心的问题是《放贷人条例》将如何规范民间信贷行为。比如，放贷机构的注册门槛、贷款规模、贷款对象、借贷利率、抵押物件、催贷方式等，都是公众关心的问题。同时，条例中的风险预警条款、惩戒条款、信息披露条款、激励条款以及退出条款等，由于关系到社会公平和条例实施效果，也让人格外关注。

（4）建立民间金融的跟踪监测体系。通过建立民间金融登记备案制度，真实、全面地了解和掌握民间金融情况；要加强对融资总量、变化趋势及风险的监测和评估，及时掌握民间资金流向和利率走势；要建立健全民间金融监测通报系统，做好预警和预案，适时向社会进行信息披露和风险提示。

5. 进一步提升内蒙古自治区中小企业自身素质

目前，虽然中小企业融资较难，但是并非所有中小企业都融资困难，企业信用、盈利能力、抵押担保等对融资的影响至关重要。中小企业要获得外源融资支持，必须苦练内功，找准市场定位，增强自身能力，提高竞争力。

（1）树立良好的企业信用形象。必须有良好的信用观念，遵循诚实守信、公平竞争的原则，依法开展生产经营和融资活动，按期偿还贷款本息，树立守信用、重履约的良好形象。

（2）提高财务管理水平。依法建立健全企业财务制度，保证会计信息真实、完整和合法，增加企业财务信息的透明度，便于银行的监督管理和降低贷款风险。同时，企业应构建资金的筹集和运作、资金周转等管理体系，建立良好的财务约束机制，强化内部财务管理，提高资金的使用效率。

（3）推进企业集群式发展。在不完全竞争的市场中，大型企业往往拥有技术、资金、规模和品牌优势，而单个中小企业由于规模小、实力弱，难以与大企业抗衡。为了提升中小企业的竞争力，各级地方政府可以在统筹规划的前提下，积极引导中小企业在一定地理范围内，根据当地产业特征及产业结构调整的要求结成群体，以园区或某某城的形式，形成一个个企业群落。企业群落式发展模式可以降低整个市场的交易成本，提高市场经济效率。同时，群落内的中小企业之间通过分工协作，可以发挥集群优势。中小企业以企业集群这种特殊的产业组织形式为依托，共享信息，在企业的供、产、销、人才以及技术创新等方面产生协同作用，根据多层次的市场需求和产品差异，分工更细，市场进一步细分，从而不断提升产品整体的市场竞争力。

（4）提高企业经营管理水平。内蒙古自治区中小企业大多很"年轻"，尤其是一些家族式民营企业，应逐步完善企业的法人治理结构，建立起适应市场经济需要的经营管理模式，提高经营者素质，培养和吸引专业管理人员和技术人才，并注重自有资本的积累，不断增强新产品的能力和抗风险能力。

（5）接受新的融资理念。由于内蒙古自治区中小企业融资渠道单一且集中依赖于银行贷款，近年来的适度从紧的信贷政策，使得中小企业获得资金的难度增加。因此，中小企业应积极通过多种途径学习和了解新的融资方式，如创业投资、融资租赁等，敢于探索新的融资模式，在缓解宏观调控对企业带来的冲击的同时，促进企业健康、快速发展。

参考文献

[1] Avery, R., Samolyk, K.. Bank Consolidation and the Provision of Banking Services: The Case of Small Commercial Loans [R]. Federal Deposit Insurance Corporation Working Paper, 2000.

[2] Beck, Thorsten, Demirguc – Kunt, Asli. Small and Medium – size Enterprises: Access to Finance as a Growth Constraint [J]. Journal of Banking & Finance, 2006, 30: 2931 – 2943.

[3] Beck, Thorsten, Demirgü – Kunt Asli, Levine Ross. A New Database on Financial Development and Structure [R]. World Bank Policy Research Working Paper, No. 2146, 1999.

[4] Benston, George J., Gerald Hanweck, David Humphrey. Scale Economies in Banking [J]. Journal of Money, Credit and Banking, 1982, 14 (1): 435 –456.

[5] Berger, Allen N. The Profit – Structure Relationship in Banking: Tests of Market Power and Efficient – Structure Hypotheses [J]. Journal of Money, Credit and Banking, 1995, 27 (2): 404 – 432.

[6] Berger, Allen N., Anil K. Kashyap, Joseph M. Scalise. The Transformation of U. S. Banking Industry: What a Long, Strange Trip It's Been [J]. Brookings Papers on Economic Activity, 1995, 2: 55 – 218.

[7] Berger, Allen N., Udell, Gregory F. A More Complete Conceptual Framework for SME Finance [J]. Journal of Banking & Finance, 2006, 30 (11): 2945 – 2966.

[8] Berlin, Mitchell, Mester Loretta J. On the Profitability and Cost of Relationship Lending [J]. Journal of Banking & Finance, 1998, 22: 873 – 897.

[9] Bharath, Sreedhar T., Pasquariello, Paolo, Wu, Guojun. Does Asymmetric Information Drive Capital Structure Decisions? [R]. Working Paper, 2006.

[10] Boot, A. W. A. Relationship Banking: What do We Know? [J]. Journal of Financial Intermediation, 2000, 9: 7 – 25.

[11] Boot, Arnoud W. A., Thakor V., Anjan. Can relationship Banking Survive Competition? [J]. The Journal of Finance, 2000, 55 (2): 679 – 713.

[12] Boyd, John H., Stanley L. Graham. Investigating the Banking Consolidation Trend Federal Reserve Bank of Minnesota [J]. Quarterly Review Spring, 1991, 2: 3 – 15.

[13] Chakraborty, Atreya, Hu, Charles X. Lending Relationships in Line – of –

credit and Nonline – of – credit Loans：Evidence from Collateral use in Small Business [J]．Journal of Financial Intermediation，2006，15：86 – 107.

［14］Chongwoo Choe. The Political Economy of SME Financing and Japan's Regional Bank Problems［J］．Pacific – Basin Finance Journal，2007，15：353 – 367.

［15］Cull，R.，Davis，L. E.，Lamoreaux，N. R.，Rosenthal，J. – L. Historical Financing of Small – and Medium – size enterprises［J］．Journal of Banking and Finance，2006，30：3017 – 3042.

［16］Denis，D. J.，Mihov，V. T. The Choice Among Bank Debt，Non – bank Private Debt and Public Debt：Evidence from New Corporate Borrowings［J］．Journal of Financial Economics，2003，70：3 – 28.

［17］Diamond，D. W. Monitoring and Reputation：The Choice between Bank Loans and Directly Placed Debt［J］．Journal of Political Economy，1991，99：688 – 721.

［18］爱德华·肖．经济发展中的金融深化［M］．上海：上海三联书店，1998.

［19］蔡根女．中小企业发展与政府扶持［M］．北京：中国农业出版社，2005.

［20］曹凤岐，贾春．新金融市场与金融机构［M］．北京：北京大学出版社，2002.

［21］陈佳贵，郭朝先．构筑我国中小企业金融支持体系的思考［J］．财贸经济，1999，5.

［22］陈乃醒．中小企业经营与发展［M］．北京：经济管理出版社，1999.

［23］陈文汉．我国中小企业融资难的经济学解释及其对策［J］．华东经济管理，2006，11.

［24］程惠霞．中小银行对中小企业发展作用的计量分析［J］．清华大学学报，2004，6：39 – 47.

［25］程惠霞．中小银行生存与发展研究［D］．北京：清华大学博士学位论文，2003.

［26］迟迅．什么样的定位适合中小商业银行［J］．国际融资，2005，5：33 – 34.

［27］董竹．中小企业与中小金融机构的发展：吉林省对策研究［M］．长春：吉林人民出版社，2008.

［28］杜彪．浅谈厦门中小金融机构的发展策略［J］．财经纵横，2007，8：578 – 579.

［29］樊纲．金融发展与企业改革［M］．北京：经济科学出版社，2000.

［30］傅汉清．美国小企业研究［M］．北京：中国财政经济出版社，2000.

［31］郭斌，刘曼路．民间金融与中小企业发展：对温州的实证分析［J］．经济研究，2002，10：40-46.

［32］韩廷春．金融发展与经济增长理论、实证与政策［M］．北京：清华大学出版社，2002.

［33］李丹．解决我国中小企业融资问题的对策建议［J］．经济纵横，2006，11.

［34］李晶．我国中小企业融资问题初探［J］．经济研究参考，2002，4.

［35］李静．我国中小商业银行退出机制与《存款保险法》的制定［J］．企业经济，2003，1：161-162.

［36］林汉川．中国中小企业发展机制研究［M］．北京：商务印书馆，2003.

［37］林捷．欧盟促进中小企业创业之举措［J］．全球科技经济瞭望，2003，212（8）：26-28.

［38］林毅夫．发展中小银行服务中小企业［J］．瞭望，2000，16：32-33.

［39］林毅夫，姜烨．经济结构、银行业结构与经济发展——基于分省面板数据的实证分析［J］．金融研究，2006，1：7-22.

［40］林毅夫，李永军．中小金融机构融资发展与中小企业融资［J］．经济研究，2001，1：10-18.

［41］刘红忠，马晓青．中小民营银行的公司治理与金融风险管理［J］．国际金融研究，2003，4：59-63.

［42］刘仁伍．区域金融结构和金融发展：理论与实证研究［M］．北京：经济管理出版社，2003.

［43］刘喜平．促进甘肃省中小金融机构发展的政策建议［J］．观察与思考，2006，9：32-34.

［44］刘秀丽，郭彦卿．民营企业投融资难的化解途径探寻［J］．现代财经，2006，8.

［45］柳俊涛．我国中小企业融资模式选择与建议［J］．统计与决策，2004，11.

［46］栾天虹，唐勇．金融深化与民营企业融资［J］．武汉金融，2001，2.

［47］麻彦春，刘艺欣．吉林省中小企业发展中的金融支持问题研究——结合日本模式的实证分析［J］．现代日本经济，2006，2：47-51.

［48］钱凯．改善我国中小企业融资现状的政策建议［J］．经济研究参考，2003，39.

［49］孙焕民，颜世廉．中小银行的生存：以美国为例［J］．国际金融研究，2005，898：9－16．

［50］谈儒勇．金融发展理论与中国金融发展［M］．北京：中国经济出版社，2000．

［51］唐平．完善信用担保体系：解决中小企业融资难的路径［J］．财经科学，2006，9．

［52］王柏楠，覃睿敏．构建中小金融机构体系，促进中小企业发展［J］．西北工业大学学报，2005，3：48－56．

［53］王振山．银行规模与中国商业银行的运行效率研究［J］．财贸经济，2000，5：19－22．

［54］王志军．美国中型银行发展分析［J］．国际金融研究，2005，3：23－28．

［55］吴昌盛．中小商业银行改革模式比较研究：广东案例［J］．南方金融，2007，12：34－36．

［56］武胜利．关于银行业对西北地区经济增长拉动与贡献问题的研究报告［J］．西安金融，2004，3：18－21．

［57］徐滇庆．金融改革路在何方：民营银行［M］．北京：北京大学出版社，2002．

［58］杨丰来，黄永航．企业治理结构、信息不对称与中小企业融资［J］．金融研究，2006，5．

［59］叶谦，张子刚．违约风险霍奇曼模型的拓展与信贷配给下的中小企业融资［J］．财经论丛，2003，4．

［60］于淑艳．发展中小商业银行促进区域经济发展［J］．商业研究，2004，304：8－9．

［61］张杰．何种金融制度安排更有利于转轨中的储蓄动员与金融支持［J］．金融研究，1998，12．

［62］张杰．民营经济的金融困境与融资次序［J］．经济研究，2000，4．

［63］张青庚，费洁春．对担保项下中小企业信贷业务的风险管理［J］．金融论坛，2006，2．

［64］张秀娥，孙建军．发展中小企业面临的问题与对策［J］．国有资产管理，2006，11．

［65］张跃进．浅谈我国民营经济发展中的金融支持［J］．财经问题研究，2001，2：25－29．

［66］张长征．中国城市商业银行引进外资入股对银行绩效的影响——基于

上海银行的一个实证分析 [J]．江西金融职工大学学报，2007，4：7-9.

[67] 者贵昌，朱斌，杨永生．论我国中小金融机构的生存模式 [J]．经济问题探索，2002，12：90-94.

[68] 震宇．温州模式下的金融发展研究 [M]．北京：中国金融出版社，2004.

[69] 中国人民银行上海分行课题组．构建符合中小企业融资需求特点的融资体系 [J]．上海金融，2001，8.

[70] 周志芬．从宁波近十年的经济发展看金融对经济增长的促进作用 [J]．金融论坛，2004，5：46-52.

[71] 朱建武，李华晶．我国中小银行成长分析（1999~2003）——机遇、挑战与对策 [J]．当代经济科学，2004，5：24-30.

内蒙古自治区地方金融机构服务中小企业状况调查研究

课题编号：YJD090006

主 持 人：石全虎

参 与 人：石英剑　张启智　李中山　王桂贤

　　　　　苗　静　陈　柱

一、内蒙古自治区地方金融机构服务中小企业现状研究

1. 内蒙古自治区金融业发展现状

（1）金融组织体系逐步健全，金融改革有序推进。伴随着经济的起飞，内蒙古自治区金融业不断发展壮大[①]。一是金融组织体系日趋完善。近年来，全区累计引进金融机构30多家，地方性金融企业发展势头良好，包商银行在区内外设立了10家分支机构，呼和浩特商业银行经自治区人民政府增资扩股后更名为内蒙古银行，成为省区级区域性银行。2009年年末46家全国性和区外金融机构在内蒙古自治区设立了分支机构，全区共有地方金融机构110家。二是金融业务发展较快。2009年年末，全区金融机构本外币各项存款余额为8413.96亿元，各项贷款余额为6385.46亿元，实现利润（税后）149.52亿元，证券账户开户数达到58.7万户，证券业实现利润7.6亿元，保险业保费收入158.5亿元，保险密度比上年提高121.7元/人。三是金融改革有序推进，新型农村金融机构试点工作进展顺利。2009年年末，全区已经组建6家村镇银行，一家贷款公司和两家资金互助社，已批准设立249家小额贷款公司，注册资本达152.2亿元，覆盖了全区90%以上的旗县区。

（2）金融业发展相对经济发展滞后，信贷结构不尽合理。一是地方性金融机构发展滞后。目前内蒙古自治区银行业的主体仍然是国有银行、全国性股份制商业银行的分支机构，地方商业银行发育滞后，地方保险公司、投资基金均属空白，信托公司业务发展缓慢。二是金融业的发展与经济的快速增长不相适应。从存贷款情况看，2009年，全区人民币存款余额占全国比重为1.4%，居全国第23位；人民币贷款余额占全国比重为1.57%，居全国第22位，人均存贷款分别为全国人均额的75%和80%。从证券业看，全区上市公司总市值占全国的比重偏低，直接融资工具尚未充分利用，融资产品创新有限，2001年以来，全区间接融资占比90%左右，直接融资占比仅为10%左右。从保险业看，全区保险密度和保险深度偏低，其中保险深度仅为1.5%，远远低于全国平均水平。从金融相关率看（贷款余额与GDP之比），2000~2009年全区呈逐年下降趋势，且均低于1，而全国金融相关率基本维持在1的水平，说明全区金融资产增长低于国民财富增长，同时也低于全国平均水平。三是县域金融服务功能弱化。县域金融机构网点规模呈缩小趋势，部分旗县提供金融服务的主要是农村信用社，县域金融

[①] 王景武. 金融支持内蒙古自治区经济结构调整的思考［J］. 内蒙古金融研究，2010，5.

市场竞争不充分，导致县域信贷产品单一，难以满足农牧区多样化、多层次的金融需求。同时，县域资金外流严重，加剧了信贷资金供求矛盾。2009 年，全区县域金融机构存贷比为 67.38%，低于全区存贷比 7.77%；县域金融机构贷款占全区的比重由 1996 年的 37.97% 下降至 24.24%。四是信贷结构不平衡。表现为"四多四少"，即中长期贷款多，短期贷款少；基础设施行业贷款多，其他行业贷款少；大中型企业贷款多，小企业贷款少；呼包鄂贷款多，东部 5 盟市贷款少。而且，部分产能过剩行业贷款风险问题不容忽视。目前，钢铁、水泥、平板玻璃、煤化工、多晶硅、风电设备等部分产能过剩行业贷款增长较快，国家产业政策的调整以及行业发展的波动可能对银行贷款的安全性产生一定影响[①]。

2. 内蒙古自治区中小企业发展现状

根据内蒙古自治区经济社会调查年鉴统计，2009 年年末内蒙古自治区共有中小企业 149171 户，其中规模以上企业单位数为 4220 户，占比 2.8%；规模以下工业企业和个体经营单位为 144951 户，占比 97.2%。从地域分布上看，拥有中小企业数目最多的依次是赤峰市、包头市、呼伦贝尔市、呼和浩特市、鄂尔多斯市、通辽市，数目分别是 23537 户、19885 户、17809 户、17473 户、14503 户、14434 户，分别达到全区中小企业数的 15.8%、13.3%、11.9%、11.7%、9.7%、9.6%。中小企业数目超过 7000 户的有乌兰察布市为 10016 户、巴彦淖尔市为 9712 户、锡林郭勒盟为 7926 户、兴安盟为 7204 户。乌海市和阿拉善盟中小企业数目最少，分别只有 3768 户和 2902 户。从行业分布上看，从事第一产业农牧业产业化的中小企业有 2052 多户，占比约 1.4%；从事采矿、制造业等第一产业的中小企业约有 23434 户，占比 15.7%；从事服务业的中小企业最多，占中小企业数目的 80% 以上。2009 年全区中小企业实现工业增加值 2681.49 亿元，其中规模以上中小企业实现工业增加值 1842.41 亿元，占比 68.7%；规模以下工业企业和个体经营单位实现工业总产值 839.08 亿元，占比达 31.3%。中小企业解决了内蒙古自治区 150 多万人的就业问题，2009 年对国内生产总值（GDP）的贡献超过 60%，对税收的贡献超过 65%[②]。中小企业的发展也有力地推动了人口、资金等要素的流动和集聚，促进了城市第二产业的发展和城市基础设施建设，加快了全区城市化进程。值得关注的是中小企业发展已经趋向集聚，向集约化、集群化、园区化发展。截至 2009 年年底，全区按盟市地域划分的具有一定基础的中小企业产业集群有 36 个，比如赤峰市有色金属加工业、包头市机械装备制造业、呼和浩特生物制药产业、鄂尔多斯市羊绒加工业、巴彦淖尔市和锡林

---

①　王景武. 金融支持内蒙古自治区经济结构调整的思考 [J]. 内蒙古金融研究，2010，5.

②　田玉玲. 浅谈内蒙古中小企业融资问题 [J]. 内蒙古金融研究，2010，2.

郭勒盟农畜产品加工业、通辽市玉米深加工等产业。

内蒙古自治区人民政府于 2009 年 7 月 14 日出台了《关于进一步促进中小企业发展的意见》，提出了坚持以科学发展观统领中小企业发展，深入贯彻落实科学发展观，以实施"双百工程"为抓手，鼓励和引导中小企业围绕优势特色产业搞延伸，围绕重点项目搞协作，围绕大型基地搞配套，促进中小企业进园区集群化发展；承接优势产业延伸配套项目、劳动和资本密集型项目、高新技术项目和现代生产型服务业项目。力争到 2012 年，中小企业生产总值年均递增 20% 以上，中小企业产值占全部企业产值的比重超过 75%，累计新增就业 60 万人以上，全面提升中小企业整体发展水平。自治区人民政府将与工业和信息化部共同建设"全国中小企业融资服务交易中心"，并将其列入自治区重大专项，实现银行贷款和中小企业融资的自动对接，积极支持中小企业无抵押、无担保融资方式的方法创新和机制创新，努力破解中小企业融资难题。

3. 内蒙古自治区地方金融机构服务中小企业现状

2010 年 4 月 1～2 日，全国城市商业银行发展论坛在重庆举行，银监会刘明康主席强调，城市商业银行要把加快经济发展方式的转变作为落实科学发展观的重要目标和战略举措，进一步明确发展方向，转变发展方式，走差异化、特色化发展道路。近年来，城市商业银行在监管部门的政策引领和地方政府的支持下，通过自身努力，经受住了金融危机的冲击，逐渐成长为我国金融领域中一支充满活力、具有竞争力的生力军，为助推我国地区经济发展、扶持小微企业成长壮大做出了重要贡献。截至 2009 年年末，全国城市商业银行资产规模达 5.68 万亿元，存款规模达 4.65 万亿元，贷款规模达 2.89 万亿元，对中小企业贷款余额超过 1.38 万亿元，其中，小微企业贷款余额达到 7155 亿元，较年初增长了 42%。同时，城市商业银行坚守风险底线，各项监管指标持续向好。截至 2009 年年末，城市商业银行不良贷款为 376.9 亿元，比年初减少 108.8 亿元，不良贷款率为 1.30%，比年初下降 1.03%，拨备覆盖率达到了 182.23%；平均资本充足率达到 12.96%，流动性指标普遍较好，标杆率处于安全可控范围内，各项监管指标达到历史同期最好水平，整体保持了良好稳健的发展态势。根据国家关于扶持中小企业发展的各项政策要求，内蒙古自治区近年来也逐步加大了对中小企业的金融支持力度，但由于各种条件限制，内蒙古自治区中小企业的融资状况还存在诸多问题。地方性金融机构虽然逐步重视中小企业的融资需求，但由于总体力量薄弱，还不能从根本上解决问题。

（1）内蒙古自治区的金融服务仍以国有商业银行为主，地方性金融机构数量偏少，信贷总量不足。以城市商业银行法人机构为例，2009 年年末，内蒙古自治区仅有包商银行、内蒙古银行、鄂尔多斯银行、乌海市商业银行4家法人机构，而全国城市商业银行有140多家，低于全国平均水平，更低于河南、山东、辽宁等地的水平（见表4－2）。由于作为服务中小企业主力的地方性商业银行数量偏少，因此中小企业的金融需求不能很好满足。包商银行、内蒙古银行、鄂尔多斯银行、乌海市商业银行4家城市商业银行的资产总额为1344亿元，仅相当于内蒙古自治区国有商业银行资产总额的1/4，因此难以和国有银行形成有力竞争（见表4－3）。2006～2009年，内蒙古自治区4大国有商业银行的贷款总额占全部金融机构的贷款总额均超过了50%，但呈现逐年下降趋势，说明国有银行虽处于垄断地位，但其他金融机构的发展正在逐步加强（见表4－4）。

表4－2　全国部分省市城市商业银行法人机构数量　　　　单位：家

省份	河南	山东	辽宁	四川	河北	浙江	湖北	山西	新疆	内蒙古	云南
数量	16	14	13	13	12	11	6	6	4	4	3

资料来源：中国金融网，www.zgjrw.com.

表4－3　2009年内蒙古银行业金融机构情况

单位：个、人、亿元

序号	机构类别	法人机构	营业网点		
			机构个数	从业人数	资产总额
1	国有商业银行	0	1564	38095	5157
2	政策性银行	0	85	2042	1386
3	股份制商业银行	0	36	1397	711
4	城市商业银行	4	199	4712	1344
5	农村合作机构	107	2244	24551	1571
6	邮政储蓄	0	401	3435	384
7	财务公司	0	1	11	16
8	农村新型机构	253	263	2532	163
9	信托投资公司	2	2	196	22
	合　计	366	4795	76971	10752

资料来源：内蒙古银监局，内蒙古金融办。

表4-4 内蒙古自治区国有银行及全部金融机构贷款变化情况

单位：亿元、%

年份 项目	2006	2007	2008	2009
国有商业银行人民币贷款总额	1904.44	2128.95	2379.84	3304.59
全部金融机构人民币存款总额	4036.56	4953.70	6341.03	8373.7
全部金融机构人民币存款增速	22.4	22.7	28	32.1
全部金融机构人民币贷款总额	3205.19	3767.74	4527.86	6292.52
全部金融机构人民币贷款增速	22.9	17.6	23.3	39
国有商业银行贷款占全部金融机构贷款的比重	59.4	56.5	52.6	52.5

资料来源：根据2006~2009年内蒙古经济社会发展统计公报及人民银行统计资料整理所得。

（2）地方金融机构由于市场定位的逐步转变，加强了对中小企业的信贷支持力度，成为支持地方经济建设的重要力量。2009年包商银行、内蒙古银行和鄂尔多斯银行对中小企业的贷款占其贷款总额的比重平均达到52.86%，相比2008年上升3.54%。但4大国有商业银行对中小企业的贷款占其贷款总额的比重只有18.8%，说明4大国有商业银行对中小企业信贷没有应有的重视，加强对中小企业的扶持力度只停留在口头上，而未落实到行动中（见表4-5）。因此，地方商业银行对于解决中小企业融资难任重而道远。

表4-5 内蒙古自治区主要城商行、国有银行中小企业信贷状况

单位：万元

信贷状况 银行	2008年			2009年		
	信贷总量	中小企业 信贷总量	占比（%）	信贷总量	中小企业 信贷总量	占比（%）
包商银行	2105506	839597	39.88	2341644	1241154	53.00
内蒙古银行	832747	560531	67.31	1092412	468144	42.85
鄂尔多斯商业银行	469518	280570	59.76	755978	505664	66.89
以上3家银行合计	3407771	1680698	49.32	4190034	2214962	52.86
4大国有商业银行	23798392	4974885	20.90	33045877	6213113	18.80

资料来源：根据中国人民银行呼和浩特中心支行统计资料整理，2008年以前无资料。

（3）银行信贷是中小企业外源融资的首选途径，但中小企业的信贷需求不能得到有效满足。相对于大中型企业而言，中小企业的银行信贷融资更加困难。

据中国人民银行呼和浩特中心支行课题组 2009 年抽样调查统计（500 户样本），有 85% 以上的中小企业在成立和发展过程会遇到资金困难，并且会向银行提出贷款申请，但仅 197 户有抵押担保物、信用条件好的中小企业得到银行贷款，得到贷款的中小企业只占到申请企业数目的 39.4%；相比较，得到银行贷款的大企业却占申请银行贷款的大企业数目的 60% 还多（见表 4-6），说明自治区中小企业融资困难问题严重。

表 4-6　抽样调查 500 户中小企业和 50 户大企业融资情况

单位：亿元、户、%

企业类别　融资渠道	中小企业				大企业			
	户数	占比	金额	占比	户数	占比	金额	占比
银行贷款	197	39.4	1221.25	60.2	30	60	2493.3	50.1
自有资金	226	45.2	710.4	34.5	28	56	2162.3	43.4
民间融资	70	14	126.7	6.1	0	—	—	—
资本市场	—	—	—	—	2	4	320	6.5
合计	500	100	2058.35	100	50	100	4975.6	100

资料来源：中国人民银行呼和浩特中心支行课题组 2009 年抽样调查统计结果。

银行贷款的支持力度跟不上中小企业的发展速度，以鄂尔多斯市为例，2009 年年末中小企业贷款余额为 322.85 亿元，同比增加 132.81 亿元，增长 69.89%，增幅比全市企业贷款及各项贷款分别低 31.26% 和 15.72%，中小企业贷款余额占全市企业贷款的 35.44%、占各项贷款的 26.78%，同比分别下降 6.53% 和 2.49%，而同时期中小企业创造的增加值增长 35.74%，上缴税金增长 50.89%[①]。可以说，银行信贷资金对中小企业的支持力度有所提高，但远远不能满足快速成长的中小企业资金需要。

（4）自治区财政加大对中小企业的投入力度。2008 年，自治区在工业重点项目专项资金中安排 8000 万元，以贷款贴息的方式启动了"一个产业带动百户中小企业工程"，即按照"企业聚集"和"三个配套"的思路，选择企业相对集中，围绕做大一个产业，加大配套中小企业培育和扶持，支持中小工业企业发展。对汽车配套加工行业、PVC 配套延伸行业、铝配套加工配套产业、玉米深加工、大豆加工、农畜产品深加工、机械制造、化工、医药、建材等 13 个行业的 135 家中小企业给予贷款贴息支持，带动银行贷款 23.7 亿元。2008 年财政部拨

---

① 中国人民银行鄂尔多斯市中心支行课题组. 基于鄂尔多斯市中小企业融资状况的调查与思考 [J]. 内蒙古金融研究，2010，4.

付内蒙古自治区中小企业发展专项资金1340万元，用于扶持中小企业转变生产方式，鼓励引导企业进行科技创新，调整经济结构；自治区本级财政安排中小企业发展专项资金2000万元，重点用于企业科技创新、产业升级、结构调整、品牌建设、市场开拓、专业化发展等方面①。

二、内蒙古自治区地方金融机构服务中小企业存在的问题与成因研究

1. 内蒙古自治区地方金融机构中小企业融资服务中存在的问题

在市场经济条件下，企业的市场定位是否合理，关系到企业的生存和发展。随着我国金融改革的不断深化以及金融市场对外开放步伐的不断加快，银行业的竞争越来越激烈。在日趋激烈的市场竞争中，金融组织的市场定位准确与否是关系到自身生存与发展的大事。中小规模的银行如果能够找准自己在金融市场中的位置，集中优势，发展特色服务，同样能够获得消费者的青睐和丰厚的回报。准确的市场定位对于资本金规模比较小，抵御风险能力比较弱，经营区域比较狭窄的地方商业银行而言更加重要。但是，内蒙古自治区地方商业银行虽然名义上是服务中小企业的，却没有相应的措施与对策，具体表现在如下几方面：

（1）盲目服务大企业、大项目。在竞争日趋激烈的银行业中，准确的市场定位越发重要。银行的市场定位是指银行对其核心业务、主客户群以及主要竞争地的认定和确定，通常用"C—A—P"模型表述。"C—A—P"模型中客户（Client）、竞争地（Arena）和产品（Product），形象地描述了银行所具有的潜在市场细分和市场定位决策。一般说来，资本实力和规模越小的银行，拥有的专有行业技术资源就越少，市场细分的作用就越明显，应该在差异化市场上选择、确定"C—A—P"的最佳组合。

而现实的情况是地方商业银行同4大国有商业银行一样，以大企业、大项目为自己的主要服务目标。地方商业银行没有对所处的金融环境和自身实力进行细致、科学、准确的分析，更没有严密的市场细分，不是充分发挥人缘、地缘优势，发挥与中小企业的信息优势进行特色定位战略，而是无视其与国有大商业银行在制度结构、信用保障、资金规模、网络覆盖范围、技术实力等方面的极大差异，自不量力地挑战大银行，普遍偏离了自己的战略宗旨和方向，最终造成自身经营的困难。

内蒙古自治区地方商业银行大部分存在着目标市场模糊的问题。有的即使有

---

① 引自《中国财经报》，2009年2月5日第2版。

确定的目标市场，却未能通过特色的服务在特定的细分市场中树立鲜明的并为广大客户所认知的市场形象和声望，而是采取了极端相似的市场定位。忽视了各自在组建时间长短、经营规模大小、人员素质高低、地方经济的发达状况和当地金融竞争程度等方面的个体差异，缺乏自己的经营特色，往往只注意到经营性质、职能、业务范围等方面的相同特点，盲目跟随或效仿。金融机构市场定位策略有两类：跟随性市场定位和差异性市场定位。中小银行由于资源的有限性和专门技术的稀缺性，以及理论上存在的"C—A—P"组合的无限多样性，不适合采取跟随型市场定位战略。而内蒙古自治区地方商业银行却恰恰相反，主要在未做细分的批发业务市场上展开，并集中体现在传统银行业务上（包括存贷款和结算等），特别是以国有大中型企业和实力较强的进出口企业为主要竞争目标。这使得银行客户的选择面十分狭小，同一区域内各家银行的客户基本相同。银行对市场上现有的好客户竞相提供资金，造成资金供过于求的状况，形成买方市场，加大了成本。而其他一些客户，特别是一些潜在的中小企业客户，又得不到及时的贷款支持。这显然不利于金融资源的优化配置，降低了经济增长中的金融贡献度。

贷款对象偏重于大型国有企业，偏重于地方基础设施建设项目。根据国务院发展研究中心金融研究所的一份调查报告，2004年，对中国东部、中部、西部地区3个有代表性省份的20个城市商业银行的运营情况进行了一次实地调查，各城市商业银行的最大客户贷款额占净资产的比重（单一客户率）和前10位客户贷款额占净资产的比重都远远超过风险集中管理度的要求。如果按贷款对象进行划分，城市商业银行向国有企业、500人以上大型私企、100~500人中型私企以及地方政府的贷款占总贷款的比例平均分别为17%、14.5%、18.6%和6.7%，对100人以下的小型私企平均为17.8%。此外，各地商业银行均为地方政府预留很大份额的授信额度，用于支持地方基础设施建设。2006年，内蒙古自治区新增贷款的70%主要投向电力、煤气及水的生产和供应业，批发和零售业，制造业，交通运输、仓储和邮政储蓄4个行业。商业银行新增贷款的51.73%投向包钢、伊利、鄂尔多斯、蒙牛、鹿王、一机、二机等效益较好的大中型企业及公路电力、煤炭化工等基础设施建设，全区中小企业贷款占各项贷款比重仅为0.12%，消费信贷占比仅为3.99%[①]。从金融服务水平看，一方面，由于各金融机构在管理体制、市场定位、重点客户、业务品种等方面基本雷同，导致经营目标集中，金融创新产品少，竞争力低下，对第二产业增加值和地区生产总值贡献少；另一方面，由于缺乏服务创新，服务领域、服务层次、服务范围过

---

① 洪东青．关于内蒙古金融服务业有关情况的调研［J］．内蒙古统计，2007，2：47-49.

窄。随着政策导向及产业结构的调整和市场供需变化，地方金融机构将存在潜在风险和引发不良贷款的可能性。

（2）金融产品雷同、机构设置重复现象严重。各类商业银行的客户选择和市场提供的金融产品雷同，几乎没有差异，服务也毫无特色可言。经营的金融产品目前仍集中在传统的存贷款业务领域，而贷款的对象主要为大型企业和大型项目，新兴业务的收入比重很小。这说明地方商业银行业务集中于存贷款业务，其他业务如中间业务比重很小。与国有商业银行和外资银行相比，地方商业银行无论在资本实力和规模上，还是在金融信息技术和服务网络上，都处于劣势。而传统的存贷款业务具有典型的规模经济特征，国有商业银行以其多年形成的强大网点优势，雄厚的资本实力和技术优势占据了很大部分的市场份额，地方商业银行在拓展传统业务方面与其抗衡只会造成无谓的牺牲。尽管地方商业银行也在发挥其机制灵活的优势，不断试图设计新颖独特的业务品种以吸引客户，但由于监管政策和监管环境的原因，自主经营创新活动的空间比较狭小，再加上金融创新品种审批手续复杂，持续时间长，因此新的业务品种不能及时推向市场，从而制约了为中小企业服务的能力。此外，地方商业银行由于在金融技术方面的瓶颈，金融创新过程中往往过分强调在传统业务领域开发零星传统产品的新金融产品，"拿来主义"比较普遍，从而忽视了对现有金融产品进行深加工、精加工，以提高金融产品的功能与价值，即提高产品的附加价值。

地方商业银行机构设置还存在同构现象。所谓同构，是指我国国有商业银行、股份制银行和地方商业银行在机构设置上的低水平重复建设。4大国有商业银行的机构设置方式是基本相同的，即以行政区划为单位设置总行及其分支机构。股份制商业银行是按经济区域来设置分支机构，但由于在机构布局上国有大银行和股份制银行下伸力度较大，地方商业银行机构的网点设置受到极强的挤压。地方商业银行在机构设置方面没有形成应有的互补效应，没有走进社区，走进中小企业中间，而是低水平重复建设。这显然不利于地方商业银行对中小企业进行融资服务，不利于资源的优化配置和金融效率的提高。

（3）缺乏战略规划。银行的零售业务，通常是指所涉及的金额相对较小、以中小企业和个人客户为主要服务对象的银行业务。银行为这类客户提供存取款、小额贷款、代客理财投资、信息咨询及其他各类中介业务。目前，零售业务已在世界范围内全面展开，有着稳定的市场资源和丰厚的回报率。而地方商业银行却没有以零售银行为自己的市场定位，错误的或者模糊不清的市场定位所引致的重要后果就是，地方商业银行在同业竞争和发展深化过程中缺乏整体规划和战略指导，其结果必然导致经营行为的扭曲和竞争的盲目无序。一方面，和国有大银行盲目竞争，导致运营成本增高，盈利下降，不利于可持续发展；另一方面，还可能导致地方商业银行信用下降。

地方商业银行一般是在城市信用社基础上，由地方财政、企业及投资人入股组成的地方性股份制商业银行，由于自身条件的原因，例如，内控制度薄弱，制度建设落后，历史包袱重，它们的资金实力普遍不足。这些先天性的缺陷尤其需要后天营运过程中科学、明晰的市场定位战略予以弥补。长期市场定位不清，使城市商业银行业务种类单调，资产质量不高，缺乏核心竞争力。内蒙古自治区地方商业银行的业务仍以传统存贷款业务为主，仅依靠存贷利差创造利润。根据调查发现，利息收入是地方商业银行的主要收入来源，占营业收入的53%左右。目前，以价格战为主要竞争手段的商业银行经营理念已被淘汰，应运而生的是以细分市场、细分客户，提高服务质量为主的发展战略。目前我国中小企业在市场经济环境激励机制作用下蓬勃发展，社会经济活动中最基本、最成熟、数量最多也最有活力的主体是中小企业。而地方商业银行却没有结合自身优势和特点，将为中小企业进行融资服务提升到战略的高度来对待，并没有寻求"人无我有、人有我新、人新我特"的差异化市场定位战略。

（4）金融产品创新存在不足。金融产品创新不仅是地方商业银行业务发展的有益补充，甚至影响其生存和发展。很长时间以来，大多数地方商业银行的产品品种一直停留在信用社时期的水平上，可以说是竞争层次低、产品初级化，缺少知识和技术含量，与股份制商业银行和4大国有商业银行相比存在很大差距，竞争主要是靠拼人力、拼关系、拼费用，经营主要是以粗放式为主，成本消耗较大。缺少金融产品创新战略以及中、长期规划和年度计划。由于中小企业大多没有作抵押的房地产，为解决中小企业短期融资问题，国外银行通常普遍将中小企业最常见的资产——存货和应收账款作为可接受的抵押品，包括存货抵押贷款、应收账款抵押贷款和应收账款买断或应收账款代理融资，而地方商业银行在这些方面并没有大胆进行金融创新。众所周知，金融产品因其复杂性，从开发到应用需要相应的计划，需要一定的时间和高素质的人才，也需要客户需求调查分析。而现阶段金融产品创新处于自发、无序状态，同时缺乏集中、统一的客户信息收集部门和有效渠道，所在地域市场的客户需求信息分散、分割甚至相互封锁；对现有客户数据和潜在客户数据缺乏量化分析，定性分析简单、粗略；产品创新与营销相脱节，不能做到"以销定产"，存在盲目创新倾向。由于盲目服务于大企业、大项目，对中小企业融资的金融产品少之又少，金融创新更是无从谈起。

2. 内蒙古自治区地方金融机构中小企业融资服务中存在问题的原因分析

（1）地方政府"一股独大"。金融当局在城市商业银行组建之初，出于化解地方金融风险的考虑规定，地方财政对其持股比例在30%左右，单个法人股东持股的比例不得超过10%，单个自然人的持股比例不能超过总股本的2%。这就客观上造成了地方政府"一股独大"的局面，而真正关心银行生存和发展的私有企业、自然人和外资股东所持的股份比重并不大。于是，地方政府对其进行过度干预，甚至有不少地方政府将其当作自己的小金库，大力发展当地基础设施建设，使得地方商业银行偏离了应有的市场定位，难以形成有效的制约机制，降低了组织和运行效率。具体表现在地方商业银行依附于地方政府，变成地方政府的准财政部门。地方商业银行的董事长、行长均为当地政府任命或由政府官员兼任，经营者注重与政府关系的协调，而不是集中精力于银行的管理与发展，这使得银行的运行机制仍为行政式，而非市场化。这种行政控制，可能会使地方商业银行逐步演化为地方政府背离当地实际和比较优势，进行盲目投资的工具，大大加大了操作风险，极有可能形成不良贷款。经营目标偏离了其应有的市场定位，弱化了对中小企业的融资服务。

（2）经营管理水平较低。内蒙古自治区地方商业银行由于发展时间短，历史包袱重，整体经营管理水平比较低，市场竞争力较弱。仍然停留在粗放型、外延性的经营模式，忽视自身的比较优势，竞争主要是靠拼人力、拼关系、拼费用，片面追求数量、规模和速度，人均利润、人均存款较低，与全国性的股份制银行有较大差距。同时，科技水平落后又使得其在产品创新、服务手段和服务效率等方面难以吸引广大的客户群。地方商业银行一方面存在着盲目抢占地盘的冲动；另一方面在金融创新的过程中不计成本，盲目引进并不适宜当地环境的金融产品；因此在经营方式和思路以及机构设置方面照搬国有商业银行的一些做法，照葫芦画瓢，没有按照市场经济的要求建立适合其发展的现代管理方式和内控制度，部门与部门之间缺乏沟通，协调性差，权、责、利不统一，大大提高了交易成本。

（3）员工整体素质不高。人力资源是现代金融业的第一资源。银行业作为提供金融服务的特殊企业，人力资源的水平将直接影响到银行的竞争能力和竞争优势。内蒙古自治区地方商业银行的员工主要来自城市信用社，因此普遍存在着数量偏多、整体素质不高、一般操作人员偏多、高素质优秀人才十分匮乏的现象。同时，作为地方性金融企业，规模不大，品牌知名度低，整体薪酬水平不高，难以引进高端人才，可以说人才的供给跟不上业务发展的需要。"专家治行"理念下的高级管理人才匮乏，懂经营、会管理的支行行长队伍建设相对落后。对现有员工以及未来需要人才的培训还需加强，学习型组织尚未建立。对现有员工的筛选不到位，对其激励不够，无论是精神激励，还是物质激励，使得员工在工作中往往抱着不求有功但求无过的心态，缺乏归属感和认同感，缺乏工作热情和创新精神，无法激发员工的内部潜力。以上这些不足最终导致了对中小企业融资的金融产品和服务方式创新不够。

三、内蒙古自治区地方金融机构加强中小企业金融服务的对策建议

信贷渠道是解决中小企业融资问题的重要渠道，而地方性商业银行与中小企业之间存在着严重的信贷矛盾，双方矛盾的焦点是——风险。商业银行无法有效甄别中小企业的经营风险、信用风险等，因而要求中小企业提供抵押物以对风险进行补偿，而更高的抵押物会导致中小企业更高的违约概率。因此商业银行如何有效地对中小企业客户进行甄别是其开展信贷业务的关键，如何拓展中小企业信贷市场是其发展的根本。对此，政府与中小企业自身也应该积极配合，共同解决中小企业融资约束问题。

1. 中小企业层面的建议

唯物辩证法认为内因是对事物变化起着决定性作用的关键因素，而外因是事物变化的条件。中小企业的信贷困境不是孤立存在的，而是与企业自身条件密切相关的，因此要解决中小企业共同面临的信贷难问题，首先应从企业自身出发，加强经营管理、提高盈利水平，改善信用状况。

（1）提高中小企业自身信用水平。中小企业要提高自身信用，应首先从提高经营管理水平，降低企业经营风险入手。要从观念创新、技术创新、组织创新、制度创新、市场创新方面下功夫，全方位提高企业的盈利水平，以此提高企业的偿还能力和资信程度。中小企业要完善内部财务制度，提高公司财务的规范性、科学性、可信度及透明度，达到财务数据翔实、可靠的目标，真正成为反映企业真实情况的"晴雨表"。企业主应完善自身素质，提高信用观念，做到"有借有还，再借不难"，逐步树立良好的企业信用形象。

（2）积极建立良好的银企关系。中小企业应及时主动地将近期经营状况、资金状况等相关信息真实地向银行反映，从自身出发降低银行对其的信贷成本，以此形成双赢。在条件允许的情况下，企业还应尽量与银行保持长期业务关系，如果中小企业在一个银行保有支票账户或储蓄账户，或是曾办理过相关业务，银行信贷员就能以更便捷的方式从账户上直接获取客户的信息，从而对借款者有一个更全面的了解。

（3）积极寻求有效担保。中小企业互助担保基金这一担保形式不但可以解决中小企业担保难的问题，对于银行来说也可解除其放款的后顾之忧。因此，中小企业只要有条件就应把握机遇，积极参与地方中小企业互助担保基金，以取得有效担保来提高自身的银行信贷融资能力。

2. 地方商业银行层面的建议

（1）改进商业银行体系内部信息不对称。改进商业银行内部信息不对称主要有以下方式：

1）采取灵活机动的权限下放准则，调整总、分行之间的权责关系。由于中小民营企业大多集中于二级城市或乡镇。因此应确保授信权限可达到地级分行，对于部分经济发展程度较高、信贷管理水平完备的地区，适当下放到旗县级支行。

2）规范分支行内部的协调监督机制。依据相互牵制、程序定位和系统协调原则，建立既约束制衡又协调高效的信贷管理组织架构，例如，设立信贷资产组合管理部门，专门负责资产多元化组合研究和相关信息分析，在信贷经营和信贷审批之间架起桥梁，并将风险审查部门与信贷业务部门在行政上的管理主线区别开来等，以更好地发挥部门制衡作用。

3）改革对商业银行职能部门和客户经理的激励与风险考核机制。职能部门和客户经理作为银行与中小企业信贷关系的桥梁，对于信息生产与传递的作用是至关重要的。一方面，他们本身的信息将同时影响银行管理者对他们的使用抉择与企业的贷款申请抉择；另一方面，他们对所获中小企业信息的理解与传递将影响到银行与中小企业之间的博弈矩阵。在信贷经营管理中，应充分发挥他们的这一作用。一是要树立以人为本、激励与约束并重的信贷经营管理思想，从人与制度上筑起防范信贷风险的双重闸门；二是要建立以经济增加值为核心的信贷经营绩效考评体系，如绩效工资法、"奖金池"制度、目标区间法等，有利于克服当前对中小企业信贷考核机制的缺陷。

（2）重构地方商业银行与中小企业的信贷关系。重构地方商业银行与中小企业的信贷关系主要有以下几种方式：

1）采取针对中小企业特点的差别化信贷准入政策。第一，适当降低信贷准入政策中对信用等级、企业规模的要求，将对具体信贷风险的考量集中在信贷调查、信贷审批环节，在贷前调查时，应采用新的风险控制技术有针对性地对中小企业进行测评，以更客观、更科学的方式避免优质的中小企业客户流失。第二，对不同信贷额度及不同信贷条件的企业实行差别化授权，如额度较小、风险度相对不高的贷款，审批决策权应适当分散到基层机构和信贷人员。第三，改革现有中小企业信贷准入标准体系。对于符合国家产业政策、技术水平先进、产品竞争力强、经营者素质良好的中小企业，应当降低信贷准入门槛，而不是与大企业公司实行统一标准或片面考量企业规模。

2）以客户需求为出发点，进行业务流程的再造。以客户需求为基点，客户特征为导向，在有效防范风险的前提下，改进信贷业务流程，为信贷需求频率高的中小企业带来"一站式"的优质服务。如可以借鉴美国通过中小企业信贷业务处理中心的建立，对中小企业的信贷业务进行集中化处理。即从信贷资料的输入直至贷后服务与客户财务状况的监控实行"一条龙"或"一揽子"的集约式处置方式，从而达到商业银行提高审贷质量与效率、降低监管成本、减少操作误差的目的。此外，德国的"信贷工厂"模式也在我国具有广泛的可行性空间。这种模式像工厂标准化制造产品一样对信贷进行批量处理。具体而言，"就是银行对中小企业贷款的设计、申报、审批、发放、风控等业务按照'流水线'作业方式进行批量操作"。在信贷工厂模式下，信贷审批发放首先要做到标准化；其次，在贷款过程中，客户经理、审批人员和贷后监督人员进行专业化分工；最后，为了监控风险采用产业链调查方法，从不同角度对借贷企业进行交叉印证。①

3. 社会和政府政策层面的建议

（1）行政干预向经济干预的转变。政府引导商业银行增加对中小企业的信贷投入应该以经济手段调控为主。中国政府在金融机构，尤其是国有商业银行中具有巨大的影响力，一旦政府动用行政力量支持中小企业信贷发展，必将形成一种运动，其严重后果我们过去已经看到。因此，政府应尽量避免利用行政命令的方式干预银行贷款资金投向，代之以经济手段来加以科学的引导。如可通过对商业银行的窗口指导、道义劝说、直接补贴和风险补偿的扶持方式，鼓励、推动商业银行加大对中小企业信贷投入，这更符合市场经济规律。在大力发展中小企业信贷业务的过程中，政府的主要职责不是创造财富，更非以所有者、管理者的身份直接指挥商业银行的行为，而是集中稀缺的公共资源，积极为商业银行创造有利的金融生态环境、严厉打击逃废债行为、扩大商业银行风险补偿来源、保证商业银行的正当权益。政府只有放手让商业银行在市场力量、经济利益的引导下逐步增加对中小企业的信贷投入，中小企业信贷业务才能够健康地发展起来。

（2）完善社会征信服务系统。目前，中国的信用服务机构针对性较弱、功能结构单一，且各机构之间独立性很强，缺乏统一协作性。事实上，随着中小企业的迅速发展，其信用信息量也随之大幅度增加，因此，应尽快设立有别于大中企业的中小企业信贷登记咨询机构及中介机构，由这些专门的机构从事中小企业信用信息的收集、管理和出售。如在美国已被广泛运用于中小企业信贷的信用评分技术，其前期的企业信用信息均由这种专门的机构所获得。这不但大大减小了银行收集信息的成本，同时也使整个信贷环节更加规范流畅。在形式上，可让公

---

① 引自信贷工厂——中小企业贷款新模式［N］．财经日报，2009－02－16（A14）．

共机构和私营机构形成互补，私营登记机构的网络化很可能在该领域形成比较优势，因此政府在政策上应鼓励民间信用登记机构的发展，形成有效的商业运作模式。

（3）建立统一高效的信用信息系统。随着信息生产、储存和传递成本的降低，商业银行信息生产和信息管理会在企业信贷过程中起到越来越难以替代的作用。信息技术的进步，不但可以缩小信息成本，还能有效降低银行和企业之间的信息不对称程度，而且可以降低中小企业和大企业在信息传递方面的差距；不但推动了银行对中小企业贷款模式和技术的演进，还促使银行规模结构的变化，进而降低了其信贷的信息成本和贷款费用；另外，还能降低建立中小企业信用制度的成本，推动信息中介组织的发展，从外部性上使银行获取中小企业信息更加方便。在美国关于中小企业信用的最大的数据库已拥有 6000 万条信用数据，这为中小企业贷款提供了极大的方便。因此在我国建立统一、高效、共享的企业信用信息系统势在必行。

（4）建立中小企业社会化服务体系。中小企业自身特点决定了其难以建立自己的人才培训及技术研究与开发机构，也很难拥有自己的信息网络。没有社会化服务体系的支持，中小企业的健康成长是不可能的。而社会化服务网络的建立及其功能健全与否又离不开政府一贯有力的支持。因此，要在政府统一管理机构的指导下，利用多种形式和不同渠道形成从上到下、从政府到民间的中小企业服务体系，且应做好以下几个方面的工作：

1）以政府、金融机构和科研机构为主力，形成中小企业科技开发、科技成果共享机制。包括促进"产、学、研"结合，推动中小企业、科研机构和大专院校成立共同研究和技术开发机构，提高科研成果转化率和市场成功率；鼓励和促进中小企业间及其与大企业间在技术方面的合作；成立科技投资中介机构，如设立高新技术风险投资基金，建立多元化科技投资机制。

2）建立中小企业市场信息网络。组织、调查行业内中小企业之间经营现状并提供相应的决策分析；在有关行业协会设立科技情报中心和经济信息中心，为中小企业提供技术与市场信息。

3）为中小企业建立起一个完善的专家咨询服务系统。集中各方面专家的专业知识和实践经验来帮助中小企业解决它们在不同的发展阶段所遇到的资金、技术、信息及经营管理等方面的问题。

4）帮助中小企业制定科学的人力资源开发计划。通过设立适合中小企业需要的各种培训课程及引进先进的培训手段，帮助它们进行管理人员的技能开发及相应的雇员职业技术培训。

（5）实行互保公司制度。互保公司实质上采取的是由政府资助下的民间互助组织统一向银行办理集体融资业务的形式。这样的运转机制具有以下优点：一是互保公司的资本越多，可供贷款的资金规模就越大，越有利于互保公司降低营运成本，对民营中小企业的支持力度也就越大，将企业的目标和国家的目标很好地结合起来；二是国家可通过调整配套资金比例和优惠利率推行国家的货币政策；三是由于互保公司的股东由当地的优秀民营企业组成，对借款企业的信息比银行了解得多，所以有助于支持当地优秀中小企业发展；四是由于互保公司不可以吸收民间存款，也不向会员外的企业、居民提供贷款，不会扰乱正常的金融秩序；五是企业经营得越好，表明当地的优秀企业扶植得越好，企业贡献的税收也就越大，相应的该金融组织从财政部门得到的无偿风险补充资金就越多，越有利于互保公司的发展；六是由于企业可以根据当地经济发展的实际状况制定企业章程，所以在贷款发放条件，如贷款的抵押、互保等方面更加符合当地的实际情况，既有利于控制风险，也有利于降低成本。

互保公司的资金来源由 3 部分组成：当地优秀民营企业投入的股本金、政府无偿提供的补充资金和银行按互保公司股本金的一定倍率提供的按优惠利率配套的信贷资金。由于中小企业规模小、抗风险能力弱、贷款风险大，为使这样的组织有向中小企业贷款的积极性，就必须在财政上给予资金支持。国外的实践证明，由政府组织的机构直接向企业进行补贴、担保容易出现寻租、效率低等诸多问题。因此政府提供的无偿补充资金应该由税务部门按参与互保公司的企业成员缴纳的税额某一比例确定，并按互保公司会员纳税的增长幅度确定增长额度，每年由财政部门拨付。由于银行直接向互保公司提供大额配套贷款减少了工作量，降低了经营成本和贷款风险，所以给予互保公司优惠利率贷款是合理的。

（6）完善中小企业融资法规。我国在 2003 年 1 月 1 日起实施了《中华人民共和国中小企业促进法》，该法律的颁布使中小企业融资有了法律支持，但这部法律只做出了原则性的规定，其操作性不强、实施效果不明显。2005 年 7 月银监会出台了《银行业开展中小企业贷款业务指导意见》，着力引导和督促银行业金融机构按照市场原则和商业化运作模式提供贷款。但是与中小企业发展的融资需求相比，中小企业贷款工作仍然存在较大差距。因此，构建完备的中小企业法律体系，除了原则性、纲领性的文件外，还需出台配套措施，制定更为具体的法律。比如《中小企业融资机构法》、《技术创新开发法》、《公平市场竞争法》等法律，在中小银行和民间金融机构的建立、企业的技术创新、公平竞争等方面给予支持，形成以《促进法》为核心，相关法律为补充的完备法律体系。

参考文献

［1］Arragari. Small and Medium Enterprises across the Globe：A New Database

[R]．World Bank Policy Research Working Paper No. 3127，2003.

［2］Modigliani F.，Miller M. The Cost of Capital，Corporate Finance and the Theory of Investment［J］．American Economic Review，1958，48：261－297.

［3］曹永华．中小企业发展与金融支持［J］．中南财经政法大学学报，2006，4.

［4］杨丰来，黄永航．企业治理结构、信息不对称与中小企业融资［J］．金融研究，2006，5.

［5］杨娟．中小企业融资结构：理论与中国经验［M］．北京：中国经济出版社，2008.

［6］金丽红，辛殉．我国中小企业融资难的特殊性分析与制度创新［J］．上海金融，2006，4.

［7］唐平．完善信用担保体系：解决中小企业融资难的路径［J］．财经科学，2006，9.

［8］李丹．解决我国中小企业融资问题的对策建议［J］．经济纵横，2006，11.

［9］刘峰涛．中小企业融资困境与孵化器制度［J］．研究与发展管理，2006，4.

［10］子毅．完善我国的中小企业金融支持体系［J］．中国中小企业，2007，3.

［11］包商银行课题组．内蒙古中小企业发展制约因素及对策研究［J］．内蒙古金融研究，2010，2.

［12］田玉玲．浅谈内蒙古中小企业融资问题［J］．内蒙古金融研究，2010，2.

［13］杨凤娟．发达国家解决中小企业融资难的举措及借鉴［J］．经济问题，2004，3.

［14］内蒙古中小工业企业发展情况调研报告［EB/OL］．内蒙古工业园区信息网，2007－05－24.

［15］洪东青．关于内蒙古金融服务业有关情况的调研［J］．内蒙古统计，2007，2：47－49.

［16］人民银行呼和浩特中心支行课题组．关于内蒙古自治区金融生态环境的调查报告［J］．华北金融，2007，2.

［17］陈乃醒主编．中国中小企业发展与预测（2002～2003）［M］．北京：经济管理出版社，2002.

［18］白钦先，薛誉华．各国中小企业政策性金融体系比较［M］．北京：

中国金融出版社，2001.

[19] 杨宏，罗秀妹. 中小企业 "融资难" 面临的新问题及对策 [J]. 金融与保险，2004，3.

[20] 祝孔海. 我国中小企业融资问题实证研究 [J]. 金融理论与实践，2005，3.

[21] 李小菊. 美国、日本、德国中小企业融资经验及借鉴 [J]. 北京工业大学学报 （社会科学版），2005，9.

[22] 陈乃醒等. 中国中小企业发展报告 （2006～2007）[M]. 北京：中国经济出版社，2008.

呼和浩特地区旅游行业中小企业融资能力调查

课题编号：Y11019

主 持 人：王铁媛

参 与 人：张术丹　王春梅　郭艳萍　王秀丽

一、内蒙古自治区旅游业融资环境分析

内蒙古自治区有着丰富的旅游资源，经过 20 多年的持续发展，已经取得了显著的成绩，形成了以草原风光和民族风情为主题的系列旅游产品。自治区各级政府紧紧把握国家和自治区经济快速发展的良好机遇，采取积极措施，促进旅游业发展，旅游业呈现出快速发展的良好态势，成绩卓越，累计接待海外旅游人数达到 300. 27 万人次，旅游外汇收入 9. 74 亿美元；接待国内旅游者人数达到 6566 万人次，国内旅游收入 488. 74 亿元，旅游业总收入 569. 55 亿元。旅游业各项指数年平均增速都超过了 20% 以上。其中国内旅游收入和旅游业总收入两项指标的增速更达到了 30% 以上。2010 年内蒙古自治区旅游业总收入达到了 732 亿元，旅游总人数达到了 4620 万人次，比上年分别增长了 20% 和 19%。旅游业已成为内蒙古自治区国民经济中发展最快的经济产业之一。

1. 内蒙古自治区中小企业政策扶持

2011 年，内蒙古自治区将着力实施三大示范工程，推动中小企业加快发展，自治区将围绕实现自治区党委、政府富民与强区并重的目标，扶持发展微型企业 2 万户，实现新增就业 10 万人以上，实施"以创业带就业"工程。围绕自治区重点建设的 60 个产业集群，重点培育 1000 户成长性中小企业，实施中小企业成长工程。围绕大力发展现代生产性服务业，每年重点支持 100 户中小企业在生产性服务业领域加快发展，实施生产性服务业领域中小企业发展工程。同时《内蒙古自治区人民政府关于承接产业转移发展非资源型产业构建多元发展多极支撑工业体系的指导意见》指出，发展非资源型产业将重点培育 60 个主导产业突出、承接产业转移目标明确、产业规模较大、产业链条较长、产业关联度较强、协作配套水平较高的产业集群，到 2015 年实现销售收入 2 万亿元以上，对全区工业经济的贡献率达到 50% 以上，带动新增就业 45 万人左右。

自治区经信委下发《关于上报 2010 年年度内蒙古自治区成长型中小企业通知》，决定在全区范围内重点扶持 1000 户成长型中小企业，充分发挥其引导和带动示范作用，推动全区中小企业快速成长。凡进入自治区千户成长型中小企业的，自治区在争取国家项目、安排资金、提供融资服务等方面给予重点倾斜。截至 2011 年 3 月，内蒙古发放 16 亿元小额担保贷款扶持创业。

内蒙古自治区将通过完善政策措施，实施分类指导，加强信用社区建设，逐步降低反担保门槛，直至逐步取消反担保；制定创业公共服务体系发展专项规划和服务标准，落实创业发展资金，加快创业园区、孵化基地、实训基地和创业项

目库建设；增加资金投入，提供项目信息、政策咨询、创业指导、融资服务和跟踪服务，不断增强服务能力和服务水平。

内蒙古自治区还将在各盟市成立小额担保贷款中心、创业指导服务中心，为广大创业者提供创业服务；并将继续开展"创业名师带高徒"活动，帮助和扶持更多的创业者实现成功创业。内蒙古自治区近年来实施了一系列优惠财税政策扶持中小企业发展。目前，全区个体工商户约为81.4万户，私营企业约为12.5万户，吸纳就业人数约280万人，成为带动地方经济发展的主要动力之一。

内蒙古自治区从2006年起设立了中小企业发展专项资金和中小企业技术进步贴息资金，6年来已经累计投入专项资金约5.94亿元，共扶持各类成长型中小企业及项目861个。同时还加大了对各种行政事业收费的清理力度。近年来，内蒙古自治区在国家取消100项行政事业性收费的基础上，又陆续取消和清理了108项行政事业性收费，惠及大批中小企业。

此外，内蒙古自治区还对中小企业减收相关税种，对小型微利企业，按20%的税率征收企业所得税；对小规模纳税人则按3%的税率征收增值税；这些税收优惠政策的实施，切实减轻了小企业的税费负担。

2. 呼和浩特市旅游环境分析

近年来，在市委、市政府的高度重视下，在旅游战线广大干部职工的不懈努力下，呼和浩特市的旅游业实现了又好又快发展。旅游人数、旅游收入、旅游项目投资分别由2003年的200万人次、24亿元、8亿元增长到2007年的622万人次、93亿元、106亿元，3项指标连续4年居自治区各盟市首位。旅游业收入占全市生产总值（GDP）的8%，旅游业正在成为国民经济发展的重要产业。

作为自治区的政治、经济、文化和旅游中心，呼和浩特市共有旅游从业人员近8.6万人；旅游景区38家，其中A级景区14家，国家工农业旅游示范点3家；国家文物保护单位7家；现有宾馆、饭店近750家，客房数约为26000间，床位数约为70000张，其中，星级饭店34家，客房数3996间，床位6974张；10余家待评的高星级饭店；700多家社会宾馆、旅店。现有旅行社183家，其中国际旅行社19家，组团社9家；持证导游员近2680余名；大型旅游车队7家，车辆221台。

呼和浩特旅游资源独特，产品丰富多样，已经形成了一个中心、三大特色、五大系列、6条精品线路的旅游业发展基本格局。一个中心就是"旅游区域中心"。便捷的交通、完备的旅游基础设施已经使呼和浩特成为自治区最大的旅游区域中心和集散中心。三大特色是草原民族风情旅游特色。召庙历史文化旅游特色，商务、节庆、会展旅游特色。五大系列是休闲度假系列、农家乐旅游系列、工业旅游系列、冰雪旅游系列、红色旅游系列。大青山太伟高尔夫度假村、白石生态旅游区、乌素图国家森林公园、小井生态旅游度假区形成了呼和浩特市独具魅力的大青山休闲度假旅游带。成吉思汗文化休闲街、赛罕区文化娱乐广场、大青山野生动物园、阿尔泰游乐场、南湖湿地公园，形成了呼和浩特市最具发展潜力的城市文化休闲、娱乐区。武川县五道沟农家乐示范村、和林县姑子板农家乐示范村、托县葡萄沟—溜湾农家乐旅游区是呼和浩特市三大农家乐重点发展区。伊利、蒙牛两大中国乳业领军集团大力发展工业旅游，形成了呼和浩特市集参观、游览、文化体验于一体的两大工业旅游园区。乌素图北极光滑雪场、太伟滑雪场建成并投入使用，为解决呼和浩特市淡旺季差异明显的问题做出积极的尝试。乌兰夫纪念馆、乌兰夫故居、大青山抗日根据地，经过大规模修缮建设，已经成为呼和浩特市主要的红色旅游基地。呼和浩特东线、南线、西线、北线、市区内线路、黄河旅游线6条精品旅游线路，可以为市民和广大游客日益增长的多层次旅游需求提供多元化服务。

3. 呼和浩特地区旅游业中小企业融资能力调查

现金是维持企业生产经营活动正常进行的前提和保障，企业融资能力在一定程度上决定了企业的生存和发展。中小企业是经济增长的重要推动力量，其发展受到资金不足的制约，明晰企业的融资能力是提高企业融资效率的基础。

企业能力是指企业所具有的、直接影响企业活动效率和效果的主观条件，它是一种作用力。现代企业能力理论认为，企业是一个价值创造系统，而企业能力是实现这一过程的核心。为对呼和浩特地区旅游行业中小企业融资能力进行评价和分析，本课题组对呼和浩特地区旅游行业中小企业进行了问卷调查。行业涉及旅行社、旅游公司、旅游景点等。本次问卷调查发放65份，有效回收61份。达到了最低回收标准。本次问卷调查结果有效。

呼和浩特地区旅游业中小企业的融资能力的调查从产权制度与内部控制、营销现状及面临的主要问题、企业的资产状况和投资意愿、融资环境4个方面进行，由于中小企业的问题比较复杂，在调查中有些问题没有答案，所以我们只得到了有关问题的部分回答，显然无法全部体现广义企业融资能力的所有方面，但调查中反映的中小企业的融资能力与实际情况比较符合。

（1）产权制度与内部控制。产权制度与内部控制包含以下内容：

1）企业类型。在调查的61家企业中，有效回答该问题的有60家，60家企业的类型分布如图4-9所示。

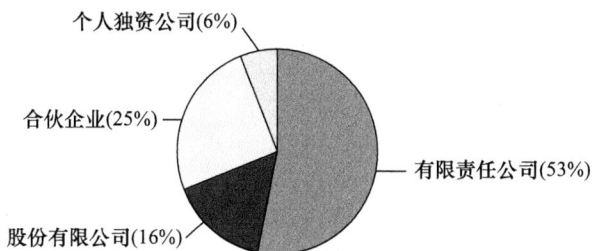

个人独资公司(6%)

合伙企业(25%)

有限责任公司(53%)

股份有限公司(16%)

图4-9　企业类型分布

2）内部控制制度。在调查的61家企业中，有效回答该问题的有60家中小企业，认为本企业的内部控制制度设计得"比较完善"的有10家，占16.67%，认为内部控制制度设计"一般"的有43家，占71.67%，只有4家企业认为设计的"很完善"，占6.7%，选择"很不完善"的企业有3家，占5%。

3）内部审计制度。在被调查的61家企业中，尚未建立内部审计制度的公司有32家，占52.5%，其余已经建立起内部审计制度的公司占47.5%。

4）企业组织结构。有43家企业认为本企业的组织结构"一般"，占70%，认为"很合理"的占12%，其余18%的企业认为"很不合理"。

（2）营销现状及面临的主要问题。营销现状及面临的主要问题有如下几点：

1）销售额增长情况。从调查结果来看，企业本年度前几个月的销售额比去年同期增长情况，选择"强劲增长"的占12%，选择"增长"的占51%，选择"下降"的占26%，其余11%选择"大幅度下降"。

2）企业的税前盈利状况。从所有被调查旅游企业来看，选择"税前盈利"的有27%，30%选择"持平"，43%选择"亏损"。

3）经营中面临的困难，该选项可以进行多项选择。选择"行业竞争太激烈"的占53%，选择"资金缺乏"的占57%，选择"旅游项目开发困难"的占43%。

4）企业所遇到的资金困难，该选项可以进行多项选择。选择"受三角债拖累"的占68%，选择"流动资金短缺"的占39%，选择"技改及追加投资短缺"的占13%。选择"资产负债率太高"的占3%，选择"不存在问题"的占3%。

5）影响企业发展最主要因素，该选项可以进行多项选择。选择"体制不顺，管理落后"的占58%，选择"发展资金不足，融资困难"的占85%，选择"职工素质有待提高"的占11%。

（3）企业的资产状况和投资意愿。企业的资产状况和投资意愿情况如下：

1）总资产规模。被调查企业的总资产规模选择"50万元以下"的占59%，选择"50万~200万元"的占34%，选择"201万~1000万元"的占7%，其余选项"1001万~2000万元"和"2000万元以上"的为0。

2）融资结构。绝大多数中小企业是通过自有资本投入。首先，从企业的融资结构来看，73%的中小企业是"自有资本投入"的；其次，21%的中小企业是"税后利润留成"进行投资的。此外，6%的中小企业采用"职工持股"。融资结构如图4-10所示。

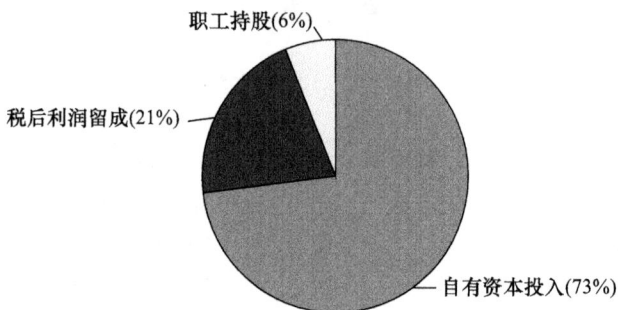

图4-10　融资结构

3）资产负债结构。被调查企业的资产负债率，选择"30%以下"的占69%，选择"30%~50%"的占23%，选择"50%~60%"的占8%，其余选项"60%~70%"和"70%以上"的为0。

4）融资主要来源。该项调查反映融资来源情况。大多数中小企业存在融资困难，外源融资较少，更多的企业选择内源融资。就构成来看，选择"利润留成"的占27%，选择"投资者投入"的占13%，选择"职工集资"的占17%，选择"亲戚朋友借款"的占43%。如图4-11所示。

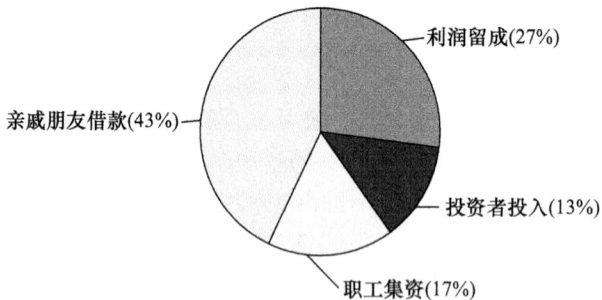

图4-11　融资来源

（4）融资环境。融资环境包括以下几方面内容：

1）资信评级。被调查企业中，有87%的中小企业知道市内有关的资信评级机构，并且这当中有67%的单位做过资信评级，做过资信评级的机构中，60%的企业认为所起的作用一般。

2）企业难以获得金融机构贷款的因素。在这项调查中，被调查者允许有多个选项。调查结果表明，认为"难以寻求到银行要求的担保条件"的占86%，认为"贷款手续过于烦琐，效率太低"的占30%，"缺少信用担保体系"的占43%，"融资成本过高"的占20%，"国家信贷政策不利于中小企业"的占19%，"自身经营管理水平有待提高"的占23%。

3）企业需要政府提供的服务。在这项调查中，被调查者允许有多个选项。调查结果表明，认为"提供优惠的信贷政策"的占85%，选择"提供技术创新基金"的占39%，选择"提供信用担保"的占89%，其余选择"开辟二板市场"的占13%，选择"开辟柜台交易"的占13%。

（5）调查结果分析。调查结果分析如下：

1）在"产权制度与内部控制"调查中，大部分企业建立了有限责任公司，按照现代公司制进行组织内部结构安排，但有关企业内部控制制度的完善问题，呼和浩特地区大部分旅游企业认为本企业的内部控制制度不够完善，只有16.67%的企业认为自己企业的内部控制制度比较完善，说明企业制度建设亟待完善。需要企业在今后的工作中对最基本的内部控制制度和内部审计工作下功夫。这点在第二部分的最后一个问题上也得到了验证。

2）在营销现状及面临的主要问题部分调查中发现，尽管大部分企业可以做到税前盈利，但是，与去年同期相比，销售额有大幅度下降，究其原因，一方面，作为全国经济的一分子，呼和浩特地区旅游会随着全国经济高低起伏；另一方面，作为旅游行业，本身也会显现出明显的旺季和淡季，从而显现在销售情况上。另外，该部分反映出的主要问题在于：①企业规模小，从业人数少，抵抗风险能力差。有94%的企业的总资产集中于 0 ~ 200 万元区间，从而反映出企业规模小带来的竞争优势差和融资能力差的问题。②在资金问题上，80%的企业选择了受三角债拖累，有70%选择了流动资金短缺。在我国企业普遍存在三角债的情况下，呼和浩特地区三角债问题亟待解决。③最终反映在企业发展最大的问题是体制不顺，管理落后，其次是资金不足，融资困难。

3）在"企业的资产状况和投资意愿"部分调查中，调查结果显示，大部分旅游中小企业资产规模较小，大多数集中在 50 万 ~ 200 万元区间，资金来源较单一，主要是自有资金投入和依靠向亲戚朋友借款这种传统的融资方式。由于这种融资来源金额有限，很难保证本企业的发展，所以，对于投资需求，尽管存在一定的投资意愿，但难以筹集到投资所需资金，大多数企业选择维持现状。

4）对融资环境部分调查显示，目前旅游行业中小企业规模小，融资环境差，目前的信用评级和信用体系难以起到应有的作用。而且，旅游行业通常固定资产较少，故此，可以用来抵押的资产就很少，而呼和浩特地区旅游业存在明显的淡季和旺季的区分，在旺季需要的资金增多，而大多数旅游行业难以找到合适的融资担保平台和合适的融资渠道，从而得不到所需资金，限制了中小企业的发展。

二、提高内蒙古自治区中小企业融资能力的策略

综上所述，内蒙古自治区中小企业整体融资能力不高，融资环境有待进一步改善。全面提升中小企业的融资能力，既要从宏观政策予以扶持，改善融资环境，又要从微观层面对中小企业进行规范和整理。

1. 继续加大金融机构对中小企业的扶持力度

（1）全面提升政策性银行的扶持力度。中小企业政策性银行就是由国家出资设立的、不以营利为目的、以中小企业为服务对象从事政策性金融活动的金融机构。今后，可适度加大中小企业政策银行对中小企业的扶持力度。一方面，建立健全中小企业政策性银行的控制制度，对于中小企业建立起适度的管控方案，保障资金的安全性；另一方面，积极引导中小企业与中小企业政策性银行的沟通，保证资金的投放和使用。

（2）商业银行支持中小企业融资。目前，中小企业融资能力低和拥有大量应收账款的现象并存，而商业银行的保理业务，既可以解决中小企业融资难的问题，又可以缓解大量应收账款的存在，城市商业银行应将此作为一项业务制度创新广泛运用，解决中小企业融资难问题。

2. 加强中小企业自身素质

（1）增强信息透明度。对比大型企业而言，中小企业信息不透明。而高质量的信息披露可以缓解信息不对称导致的融资约束问题。中小企业应当积极主动地与银行等金融机构建立良好的关系，同时向银行传达一些关于自身市场潜力及发展前景方面的信息，促进金融机构获得更多中小企业的信息，也帮助银行甄别和选择适合的企业进行放贷。并且须在企业内部建立科学合理的财务制度，保证企业财务的清晰度。

（2）强化内源融资能力，改善融资结构。如果企业自身没有一定的留存收益来作为积蓄，仅仅靠外部融资的支持，企业很难达到长久健康的持续发展，因此中小企业应强化内源融资能力。中小企业具有自身规模小、融资能力不强等特

点，这就要求其对融资结构要有一定的把握，建立起合理的、科学的融资结构。

（3）建立健全制度。财务制度不健全、财务报告不准确几乎成为中小企业的通病。想要提高企业的融资能力，必须解决财务制度问题和企业所有制不明确问题，国有中小企业应当积极进行改制重组，完善经济责任追究制度，使企业从管理层到基层员工都能够明确意识自己有义务为企业的发展竭尽所能。对于私营企业，也应在企业内部建立现代的科学管理机制，使企业中不同角色、不同地位的人员相互制约、相互激励，只有这样，企业才具有发展的动力。

3. 加强政府管理力度

（1）规范和建立中小企业信用担保机制。中小企业信用担保就是中小企业依法由担保机构以法律的保证形式提供信用担保来向银行融资，以保障贷款银行债权的经济行为。可以由政府出面进行担保，这既能保证中小企业获得资金，同时也可以降低银行的风险。

（2）制定相关的法律法规。在目前的法律法规中，我们急需制定中小企业融资相关的制度和条例。中小企业金融机构、政府机构等融资主体的权利义务、责任范围、保障措施、融资办法等用法律形式来规范。中小企业的法律地位要被明确，提供各种可以保护中小企业的政策，为中小企业创造一个良好的软环境。另外，应建立起适度的中小企业管理体系：以中央政府为主导，地方政府为基础，民间团体为补充，可以协调政府有关部门，为中小企业提供服务的同时，规范和管理中小企业。加快法制化进程，完善法制建设，为企业各项经济活动提供有效的法制环境。全面推进依法治国，建设具有中国特色社会主义法治体系。建设高效的法律实施体系是建设中国特色社会主义法治体系的重要任务。深入推进依法行政，切实做到严格执法和遵法守法，全面提升政府工作法治化水平，确保依法治国方略全面落实。

（3）加快市场化发展进程。加快市场化发展进程，可以为中小企业内部治理机制发挥作用和优化外部市场资源提供基础性的服务条件。因此，必须加大力度推进市场化改革，减少对市场价格的控制。形成良好的竞争环境，减少垄断行为。坚持以市场机制为基础的经济制度框架，推进与市场机制相互补充的制度建设。为市场化的推进提供一个良好的发展环境。

三、结论与展望

1. 研究结论

本课题以内蒙古自治区中小企业融资能力为研究内容，以呼和浩特地区旅游行业中小企业为研究对象，采用了调查报告的研究形式，深入细致地研究了呼和浩特地区融资环境和中小企业的融资能力。本文的结论如下：

（1）呼和浩特地区旅游行业中小企业资产负债率偏低，平均值在 40% 左右，低于大型企业的 50%，反映出呼和浩特地区中小企业普遍受到融资困难的约束，融资困难成为制约呼和浩特地区中小企业发展的瓶颈。

（2）大多数企业内部控制和内部审计制度相对不够完善，企业规模小，成为当前中小企业发展的瓶颈。最主要的问题是体制不顺，管理落后。其次是资金不足，融资困难。难以筹集到投资所需资金，大多数企业选择维持现状。目前旅游行业中小企业规模小，融资环境差，信用评级和信用体系难以起到应有的作用。而且，旅游行业通常固定资产较少，可以用来抵押的资产较少，而呼和浩特地区旅游业存在明显的淡季和旺季的区分，在旺季需要的资金增多，而大多数旅游行业难以找到合适的融资担保平台和合适的融资渠道，从而得不到所需资金，限制了中小企业的发展。

2. 未来研究展望

尽管本文在研究中小企业融资问题方面取得了初步成果，但是还有许多不妥的地方有待进一步的完善。由于课题组的研究能力及研究条件有限，尚有很多问题值得深入研究和探讨。本文提出以下几点展望：

（1）本文仅就呼和浩特地区中小企业中的几十家旅游行业中小企业进行了调查研究，并且调查报告的数量并不多。今后可以更多地选取其他各类型行业的中小企业，并且增大调查报告的数量，使研究更具代表性。

（2）本次研究在对中小企业进行划分时，并没有考虑微型企业和中小企业的区分，而实际上，在中小企业内部还可以继续细分，小型企业和微型企业又存在细微的差别，在今后研究中可以继续深入。

（3）融资能力的影响因素众多，企业内部的经营战略、投资行为和利润分配等；企业外部的宏观政策，行业水准等都会影响企业融资能力。今后的研究将考虑更多的影响因素，使研究更具系统性。

参考文献

［1］ Adam Smith. The Wealth ［M］. Beijing：Huaxia Press，2006.

［2］ Allen Berger，Gregory Udell. The Economics of Small Business Finance：The Role of Private Equity and Debt Markets ［J］. Financial Growth Cycle Journal of Banking and Finance，1998，22：678 - 683.

［3］Allen Berger, Richard J. Rosen, Gregory Udell. The Effect of Market Size Structure on Competitionahe Case of Small Business Lending ［R］. Chicago: Working Paper, Federal Reserve Bank of Chicago, 2001.

［4］Allen N. , Berger, Gregory F. Udell. "Relationship Lending and Lines of Credit in Small Firm Finance ［J］. Journal of Business, 1995, 3: 68 – 72.

［5］APEC. The APEC Survey on Small and Medium Enterprises ［Z］. 1994.

［6］Baxter N. D. , Gragg J. G. Corporate Choice Among Long – term Financing Instruments ［J］. Review of Finances and Statistics, 1970, OS: 34 – 39.

［7］Berger, Udell. Small Business Credit Availability and Relationship Lending: The Importance of Bank Organization Structure ［J］. Economic Journal, 2002, 7: 345 – 348.

［8］Booth, Laurence, Ajvazian Vetal. Capital Structures in Developing Countries ［J］. Journal of Finance, 2001, 56: 87 – 130.

［9］Bradley, Michael, Gregg A. On the Existence of an Optimal Capital Structures: Theory and Evidence ［J］. Journal of Finance, 1984, 39: 857 – 878.

［10］F. Modigliani, M. Miller. Comporation Incom Taxes and the Cost of Capital: A Correction ［J］. American Economic Review, 1963, 48: 433 – 443.

［11］F. Modigliani, M. Miller. The Cost of Capital Corprotion Finance and Theory of Investment ［J］. American Economic Review, 1958, 48: 261 – 291.

［12］Mekinnon, R. Money and CaPital in Economie Development ［M］. Washington D. C. : The Brookings Institution, 1973.

［13］Mvers, N. , Mailuf. Comorate Financing and Investment Decisions When Firms Have Information That Investors Do Not Have ［J］. Journal of Financial Economics, 1984, 13 : 187 – 221.

［14］Rajan G. , Raghuram, Zingales L. What Do We Know about Capital Structure? Some Evidence from International Data ［J］. Journal of Finance, 1995, 50: 1421 – 1460.

［15］Stiglits, J. E. , Weiss A. Credit Rationing in Markets with Imperfect Information ［J］. American Economic Review, 1981, 71.

［16］Strachan, Philip, James, Weston. Small Business Lending and the Changing Structure of the Banking Industry ［J］. Journal of Banking and Finance, 1998, 22.

［17］Titman S. , Wessels R. The Determinant of Capital Structure Choice ［J］. Journal of Finance, 1988, 43: 1 – 19.

［18］Wald, John K. How Firm Characteristics Affect Capital Structure：An International Comparison ［J］. Journal of Financial Research, 1999, 2：161 – 187.

［19］William D. , Bradford C. Determinants of the Firm's Capital Strucyureahe Case of the Very Small Enterprises ［J］. Working Paper form Econpapers, 2003, 9：366 – 358.

［20］巴曙松. 如何促进多层次中小企业融资体系的发展 ［J］. 经济研究, 2003, 7：10 – 17.

［21］曹成喜. 中小企业融资窘境及对策 ［J］. 现代经济探讨, 2004, 5.

［22］曹凤岐. 建立和健全中小企业信用担保体系 ［J］. 金融研究, 2001, 5.

［23］陈春玲, 龙腾. 中小企业融资问题研究文献综述 ［J］. 合作经济与科技, 2005, 19.

［24］程仲鸣. 当议中小企业融资风险及其防范 ［J］. 商场现代化, 2007, 21：149 – 150.

［25］耿宏宇. 我国中小企业融资难的原因和对策研究 ［J］. 现代经济探讨, 2009, 6：45 – 49.

［26］工信部联企业 ［2011］300 号, 工业和信息化部, 国家统计局, 发展改革委, 财政部. 中小企业划型标准规定 ［S］.

［27］洪锡颐, 沈艺峰. 中国上市公司资本结构影响因素的实证分析 ［J］. 厦门大学学报（哲学社会科学版）, 2000, 3：114 – 120.

［28］胡小平. 中小企业融资 ［M］. 北京：经济管理出版社, 2000.

［29］胡竹枝, 李明月. 中小企业融资顺序论 ［J］. 广东金融学院学报, 2005, 2：61 – 65.

［30］黄贵海, 宋敏. 资本结构的决定因素：来自中国的证据 ［J］. 经济学（季刊）, 2004, 1.

［31］黎刚华. 不对称信息与中小企业融资创新探讨 ［J］. 开放导报, 2006, 5：100 – 103.

［32］李善民, 苏赞. 中国资本市场理论前沿理论文集 ［M］. 北京：社会科学出版社, 2000.

［33］李长志. 构建我国中小企业融资体系研究 ［D］. 南京：南京航空航天大学硕士学位论文, 2003.

［34］李志赞. 银行结构与中小企业融资 ［J］. 经济研究, 2002, 6.

［35］林毅夫, 李永军. 中小金融机构发展与中小企业融资 ［J］. 经济研究, 2001, 1：10 – 18.

［36］陆正飞，辛宇．上市公司资本结构主要影响因素之实证研究［J］．会计研究，1998，8：34 - 37.

［37］吕长江，韩慧博．上市公司资本结构特点的实证分析［J］．南开管理评论，2005，5：25 - 29.

［38］杨宜等．民营中小企业融资问题研究——以北京市为例［M］．北京：科学出版社，2009.

［39］沈根祥，朱平芳．上市公司资本结构决定因素分析［J］．数量经济技术经济研究，1999，5：78 - 85.

［40］王娟，杨凤林．中国上市公司资本结构影响因素的最新研究［J］．国际金融研究，2002，8：45 - 52.

［41］王蕾．浅析企业融资风险的成因及防范［J］．商业研究，2005，3：80 - 81.

［42］王倩，徐彬．基于企业成长目标的中小企业融资模式探讨［J］．浙江金融，2008，1：58 - 59.

［43］王小哈，施健．台湾与大陆中小企业信用担保体系的比较研究与启示［J］．管理科学，2003，5：57 - 59.

［44］吴敬琏．发展中小企业是中国的大战略［J］．宏观经济研究，1999，7.

［45］吴晓求．上市公司的资本结构与公司治理［J］．中国机电工业，2003，3：32 - 36.

［46］吴晓曦．降低中小企业融资风险策略研究［J］．江西金融职工大学学报，2008，21：51 - 53.

［47］肖丽容．关于中小企业融资风险及对策分析［J］．保险职业学院学报，2008，22：30 - 33.

［48］肖作平，吴世农．我国上市公司资本结构影响因素实证研究［J］．证券市场导报，2002，8：39 - 44.

［49］阳震青．对中小企业融资风险的思考［J］．经济与管理，2003，10：40 - 41.

［50］殷文博．论企业举债筹资风险及防范对策［J］．内蒙古科技与经济，2005，19：104 - 106.

［51］俞建国，吴晓华．中国中小企业融资［M］．北京：中国计划出版社，2002.

［52］袁付礼，喻红阳．高科技创业型企业成功的基本因素图谱［J］．武汉理工大学学报，2004，12：144 - 145.

[53] 张捷, 梁笛. 我国中小企业贷款约束的影响因素分析 [J]. 暨南学报, 2004, 1.

[54] 张捷. 中小企业的关系型借贷与银行组织结构 [J]. 经济研究, 2002, 6: 32 - 37.

[55] 张维迎. 詹姆斯·莫里斯论文精选 (非对称信息下的激励理论) [M]. 北京: 商务印书馆, 1997.

[56] 赵爱良, 张丹. 我国上市公司融资风险及其防范 [J]. 财会通讯, 2006, 9.

[57] 朱冰心. 产业集群下中小企业融资方式的选择 [J]. 中国农业会计, 2007, 7: 38 - 39.

中小企业治理结构及股权融资问题研究

课题编号：ZJD10006

主 持 人：晓　芳

参 与 人：陶　娅　李存刚　兰秀文　孙再凌

　　　　　王桂英

一、公司治理与股权融资相互关系的理论研究①

关于公司治理结构与企业融资行为的关系国内外学者都给予了大量的研究。公司治理结构对股权融资会产生一定的影响。伯格洛夫（Berglof，1994）认为"融资方式的选择实际上是法人治理结构的选择"，法人治理结构影响着资本结构的决策和效率。公司治理结构对于企业融资行为具有重要影响（Iskander 和 Chamlou，2000），有效的公司治理结构是提高经济效益、维护出资者权益的重要保证。刘文丽等（2007）认为，公司治理结构对选择资本结构的决策过程有重大影响。张铮铮（2004）通过理论分析得出股权集中度和上市公司股权融资偏好之间存在着"钟形"关系。肖作平（2004）的实证研究表明，股权结构是资本结构决策的重要影响因素。

而股权融资又对公司治理结构的模式及其发展有一定的作用。威廉姆森（Williamson，1988）认为，在市场经济条件下的企业，债务和股权不仅应被看作是公司发展的工具，而且还应该被看作是不同的治理结构。萨布曼（Sablman，1990）认为现代公司的融资模式、资本结构与治理结构有高度相关性，融资模式通过股东和债权结构的选择和结合，形成相应的产权关系和利益分配格局，影响到公司的委托代理关系及其代理成本，进而影响到公司治理结构的状态及运作方式。张维迎（1998）认为，最优公司治理结构应当是一种状态依存控制结构，即控制权应当由不同的利益要求者控制。股权与债务两方面控制权的有机结合完善了公司治理结构。费方域（1998）也认为，股权结构（集中度）不同，公司治理形式也会不同。唐宗（1999）认为，有效的法人治理结构的形成，要以有效的资本结构为前提。孙永祥（2002）从委托代理关系、公司控制权转移、信息不对称等角度分析了资本结构与公司治理之间的深层关系。王国成、王峰（2002）认为企业资本结构与治理结构之间存在着有机的联系，孤立地分别研究它们的价值，可能是片面的。

上述对于企业治理结构与企业股权融资行为及资本结构关系的研究更多是以规模较大的公司制企业为背景进行研究的，而专门针对中小企业治理结构及其股权融资行为的研究还很有限。并且现有文献对于相关制度背景因素对中小企业治理结构的形成以及股权融资的影响并未进行更为系统和全面的分析。因此开展这方面的研究具有一定的理论意义。

---

① 梁红. 中小企业资本结构与治理结构相关性研究［J］. 商业时代，2010，15.

二、我国中小企业治理结构与股权融资关系实证研究[①]

1. 我国中小企业股权融资现状

在现阶段，我国中小企业存在着股权融资比例偏高，具有股权融资偏好的特点。本书选取 2003 ~ 2011 年中小企业板上市公司作为样本数据，借助资产负债率及流动负债比率来考察中小企业上市公司融资结构的变化趋势。从表 4 - 7 可以看出，中小企业上市公司的资产负债率均值介于 33.5% ~ 56.6%，离散程度较低，而发达国家上市公司的资产负债率平均高达 70% 左右，由此推断出现阶段我国中小企业负债水平整体较低，资本结构以权益资本为主。2003 ~ 2011 年中小企业板上市公司的资产负债率均值呈现逐年下降趋势，且均值与中位数偏差较小，说明中小企业越来越依赖于股权融资。

表 4 - 7　2003 ~ 2011 年中小企业板上市公司融资结构变化趋势[②]　　单位:%

融资结构 年份	均值	中位数	标准差	最小值	最大值	公司数（个）
2003	56.60	59.20	11.40	25.00	70.10	21
2004	51.30	54.40	19.20	7.28	94.90	161
2005	51.60	53.70	18.90	5.77	95.70	221
2006	51.70	53.20	17.30	7.67	94.40	354
2007	49.40	50.40	17.30	2.72	90.60	553
2008	46.90	47.60	17.90	2.10	100.00	653
2009	44.40	45.80	18.60	1.78	100.00	700
2010	36.70	35.00	20.00	1.27	97.30	698
2011	33.50	30.50	19.50	0.75	92.80	699

文章通过对债务结构分析，发现现阶段中小企业板上市公司流动负债比率自 2003 年平均每年高达 87%。通过表 4 - 7 和表 4 - 8 对比分析得出，2003 ~ 2011 年中小企业板上市公司的整体负债水平呈逐年下降趋势，流动负债比率却每年维

---

① 晓芳，李存刚. 中小企业股权融资与治理结构关系研究 [J]. 未来与发展，2013，4.

② 本书以深圳证券交易所中小企业板上市公司 2003 ~ 2011 年的数据为样本，数据来源于 CSMAR 数据库。

持较高水平，说明企业长期负债比例逐年下降，长期融资主要依赖于股权融资，债务融资比例偏低，无法发挥出通过长期债务融资对中小企业运营的优势。

表4-8　2003~2011年中小企业板上市公司流动负债比率变化趋势　单位:%

年份 ＼ 比率	均值	中位数	标准差	最小值	最大值	公司数（个）
2003	83.40	91.90	18.30	34.80	100.00	21
2004	87.50	93.50	15.90	0.00	100.00	161
2005	89.00	96.40	16.20	0.00	100.00	221
2006	90.00	96.40	14.80	0.00	100.00	354
2007	90.60	97.00	14.50	0.00	100.00	553
2008	91.40	97.10	13.30	0.00	100.00	653
2009	88.70	95.00	15.60	0.00	100.00	700
2010	88.90	94.60	15.30	0.00	100.00	698
2011	89.60	95.40	14.50	0.00	100.00	699

　　通过对公司股权首次融资和再融资规模分析，发现中小企业板上市公司自2004年成立以来，首发融资规模呈逐年上升态势，由2004年的900多万元上升至2011年的30多亿元，上涨了3000%左右。上市公司再融资方式主要有增发和配股两种途径，规模同首发相似，呈逐年增长的态势，如表4-9所示。

表4-9　中小企业板上市公司股权首次融资和
再融资规模（2004~2011年）　　　　单位：元

年份 ＼ 融资规模	首发募集资金额	增发募集资金额	配股募集资金额
2004	9108172.00	NA	NA
2005	2908530.00	NA	NA
2006	17913252.00	1780500000.00	NA
2007	39818001.40	7102660700.00	NA
2008	30083970.00	13486517540.00	NA
2009	45677787.62	6382930694.98	207508318.40
2010	202487302.00	32163836999.02	284858863.50
2011	316442792.20	32966205647.20	1711013860.62

上述对中小企业板上市公司资本结构和再融资分析，可推断出中小企业普遍存在股权融资偏好，债务融资规模偏低，没有充分利用杠杆融资优势提高企业价值。企业潜在投资者投资目标是分享企业价值不断提升所带来的收益，但如果企业负债水平偏低，没有利用杠杆收益，价值得不到持续提高，会降低潜在投资者的积极性，导致企业的股权融资不可持续。

此外，低负债高股权的融资结构无法发挥债务的治理作用，因为债权人为了降低企业低效或防止滥用借贷资金，会通过债务契约条款等途径来加强对公司经理人以及控股股东的监督。这种对借贷资金的监督，事实上可以产生正的外部性，间接保护了股东的利益，尤其是保护了股权结构较为集中情形下小股东的利益。

2. 我国中小企业治理结构现状

下面着重从股权结构、董事会结构、董事会和经理人兼职情况来考察公司治理结构。经过前期的分析，董事会规模和监事会情况没有任何信息含量，故本文忽略对其考察。

从表 4 - 10 可以看出，前三大股东的持股比例均值每年集中在 55% 左右，说明中小企业上市公司股权集中度较高。而表 4 - 11 显示，2006 年以后第一大股东持股比例比较稳定，集中在 37% 左右，说明第二大股东和第三大股东的持股比例的均值合计约为 18%，因此中小企业板上市公司存在一股独大的现象。

表 4 - 10　前三大股东持股比例（2004 ~ 2011 年）　　　　单位:%

比例＼年份	均值	中位数	标准差	最小值	最大值	公司数（个）
2004	56.18	57.01	9.80	27.93	71.02	38
2005	49.50	49.17	9.59	24.36	66.47	50
2006	56.93	54.84	14.78	24.36	99.38	119
2007	58.23	58.53	14.77	18.23	100.00	221
2008	57.32	58.53	13.28	13.64	90.31	273
2009	57.76	58.15	14.95	13.64	100.00	356
2010	56.68	57.06	15.29	13.64	100.00	553
2011	55.10	56.25	14.57	13.44	91.25	653

表4-11 第一大股东持股比例（2004~2011年） 单位：%

比例 年份	均值	中位数	标准差	最小值	最大值	公司数（个）
2004	34.62	34.06	12.96	9.31	69.09	38
2005	31.34	31.16	11.56	8.12	63.38	50
2006	37.63	33.75	16.17	8.12	90.87	119
2007	38.40	35.92	15.44	8.12	92.35	221
2008	38.31	37.38	14.40	8.12	80.60	273
2009	39.45	38.39	15.50	7.01	95.10	358
2010	38.86	38.23	15.68	5.21	95.95	554
2011	37.40	36.94	14.75	5.21	86.49	653

从董事长和总经理的兼职情况分析，在中小企业板上市公司中两职合一公司占全部上市公司比例呈现逐年上升趋势，如表4-12所示。从董事会结构来看，独立董事所占比例稳定在36%左右，对公司科学决策可以起到一定的积极作用，如表4-13所示。

表4-12 中小企业板上市公司董事长和总经理兼职情况（2004~2011年）

单位：人，%

兼职情况 年份	兼职总数	非兼职总数	二职合一占比
2004	8	30	0.21
2005	10	40	0.20
2006	28	91	0.24
2007	66	155	0.30
2008	83	190	0.30
2009	121	237	0.34
2010	201	353	0.36
2011	240	412	0.37

表4-13 中小企业板上市公司独立董事占比（2004~2011年） 单位：%

董事占比 年份	均值	中位数	标准差	最小值	最大值	公司数（个）
2004	35	33	4	30	44	38
2005	36	33	5	33	60	50
2006	36	33	4	30	57	119
2007	36	33	5	29	67	221

续表

董事占比 年份	均值	中位数	标准差	最小值	最大值	公司数（个）
2008	36	33	5	14	57	273
2009	37	33	5	30	57	358
2010	37	33	5	30	57	554
2011	37	33	5	29	67	653

通过前文的分析，归纳我国中小企业板上市公司的公司治理结构现状：首先，股权集中度在不断提高，且存在一股独大现象。因此，产生了大股东或者控股股东与小股东之间的代理成本问题。其次，两职合一现象也趋于普遍，说明董事会对经理人的监督作用难以实现。

所以，我国中小企业板上市公司治理的出发点和落脚点在于确保中小投资者的利益。只有加强对中小投资者保护的意识，才能不断地吸引潜在投资者对中小企业进行股权投资，实现股权融资的持续性。

3. 我国中小企业股权融资与治理结构关系分析

（1）公司治理结构对股权融资的影响。由上述分析可知，中小企业上市公司的股权结构较为集中，且存在一股独大现象。这样的股权结构为大股东侵害小股东的利益创造了条件，即产生了大股东与小股东之间的代理成本。由于严重的信息不对称，面对大股东的利益侵害，中小股东的监督成本很高，甚至无法监督，他们会进行逆向选择。一方面，小股东面对较高的代理成本，会用价格机制来保护自己的投资，提高期望报酬率，即中小企业面临较高的股权融资成本，这显然与企业价值最大化目标相悖，对于企业的长期可持续发展极为不利；另一方面，小股东会用"脚"投票，撤离对企业的投资。两方面的综合作用将会产生强烈的资本市场反应，股价下跌，最终中小企业的股权融资会面临恶性循环，股权融资的难度越来越大，成本越来越高。

面对越来越差的股市表现，债权投资者也会通过股市来判断目标企业的经营预期或者项目经营预期，会提高投资的预期收益率，或者会通过债务契约严格资金使用的条件，或者干脆不去投资，即债务融资的成本越来越高。

所以，不完善的公司治理结构会造成企业的股权融资和债务融资成本越来越高，从而融资难度越来越大，使企业在面对好的投资项目时失去机会，企业的可持续发展或者企业价值提升受到严重影响。其影响路径是：在产品或者要素市场上，企业没有抓住良好投资机会而失去核心竞争力，使企业走下坡路，严重的后果可能是企业濒临倒闭；在资本市场上，产生强烈的市场反应，股价大幅下挫，使企业面临收购，收购的结果或者是控股股东失去控股地位，或者是收购方进行战略调整，使原有核心业务消失，原有企业不复存在。

从表4-12可知，两职合一的公司占中小企业板上市公司的比例逐年增长。事实上，现代公司制的显著特征是所有权和经营权分离。两权分离情形下，产生了股东与经理人之间的委托代理关系，为了降低代理成本，使经理人谋求股东利益最大化，于是产生了董事会，董事会要对全体股东负责，选出优秀的职业经理人，并且监督经理人的决策，以保证经理人的决策是唯全体股东利益至上。因此，在显著两职合一的情况下，董事会的监督作用无法发挥，形同虚设。

（2）强烈的股权融资偏好对公司治理的影响。我国中小企业上市公司的资本结构现状存在强烈的股权融资偏好，债务融资的比例较低，尤其是长期债务的比例很低。从图4-12可以得知，股权融资的比例逐年上升，但是股东的报酬率却是逐年下降的。如果股东报酬率持续下降，则股东不会选择对公司进行股权投资，所以较高的股权融资是不可持续的。接下来，试图从股权融资偏好影响公司治理，进而影响企业价值提升的经济机理来分析中小企业股权融资偏好现象。

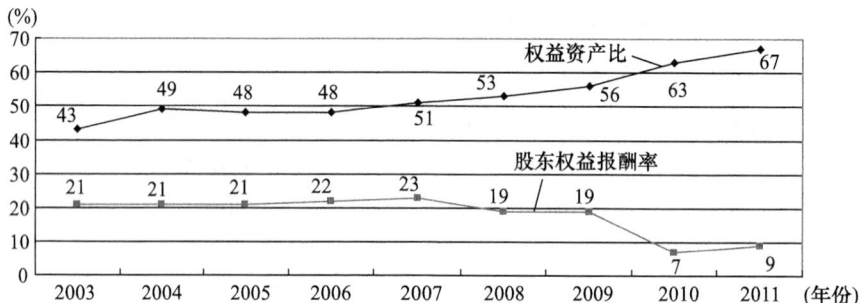

图4-12　中小企业股权融资与股权收益率的关系

1）债务融资比例低无法发挥债务的治理作用和信号传递作用。一方面，较低的债务融资比例无法发挥债务的治理作用。债务融资时签订的债务融资契约，会有限制资金的滥用或者低效率使用的条款，以对大股东或者经理人掏空进行约束。债务契约的监督条款本身会产生正的外部性，因为这样的监督也符合中小股东的利益。

另一方面，债务融资偏少无法发挥信号传递的作用，适当的债务比例可以给投资者传递公司具有优质的投资项目，具有巨大的成长机会等正面信息。这对于提升股票价值，提高中小投资者的投资积极性具有重要意义。同时，也可以传递公司经营良好，具有良好发展前景的信息，这有助于提升公司在产品和要素市场的竞争力，从而提升公司的价值。

2）股权融资比例较高会改变股权结构。前人的研究显示，一个合理的股权结构应该有一定的集中度，有相对控股股东，也要有其他大股东的存在，形成一定的股权制衡。

股权融资比例不断增加，经理人持股比例会受到稀释，这便会产生股东与经理人之间的代理成本。因为经理人具有经营控制权，但随着持股权受到稀释，经理人的剩余收益会降低，而经理人按照最大化股东利益去努力经营企业是要付出成本的。经理人持股比例降低的结果是经理人不会花费巨大成本获取较少的剩余收益，而是给自己创造机会做出道德风险的决策，从中获取私人收益。

股权融资比例不断增加的另一效应是股权结构变得过于分散，产生大量的小股东。分散的股权结构为经理人侵害股东的利益创造了便利条件，因为股东与经理人之间存在严重的信息不对称，所以单个股东对经理人的道德风险行为监督成本太高，股东之间的合作监督也缺乏契约基础，监督成本大于收益，股东可能放弃监督，所以经理人可以低成本从事道德风险行为，侵害股东的利益。

通过考察我国中小企业板上市公司的股权融资和公司治理结构现状，并且梳理二者之间的关系，得出的结论是股权融资比例偏高，并呈现逐年增长的趋势，公司治理结构还有待进一步完善。这给了我们重要启示：首先，适当增加债务融资的比例。充分利用财务杠杆可以提升公司价值的好处，同时，发挥债务的公司治理作用，以保护中小投资者的利益。其次，发挥债务的信号传递作用，传递公司的正面信息，增强公司各利益相关者对公司经营的信心。在中国现阶段不完善的资本市场上，中小企业在银行借贷市场上没有任何优势，故加大债务融资规模的途径是利用好债券市场，政府要完善债券市场的建设，给中小企业债务融资提供良好平台。债券市场上融资除了上述提到的发挥信号传递作用，债务治理作用，杠杆作用，还可以利用债券市场评级来约束企业进行科学经营，从而保护中小投资者的利益。另外，中小企业应该改变股权集中和一股独大的局面，努力建立既有控股股东，又有一定数量大股东的股权制衡结构，以最小化股东与经理人之间的代理成本和大股东与中小股东之间的代理成本。最后，董事会和经理人要适当分离，让董事会和经理人各司其职，以发挥职业经理人的经营管理特长，这要依赖于我国加快建设比较完善的经理人市场。

三、国外中小企业治理结构与股权融资的比较与借鉴

从世界范围来看，中小企业的治理结构与股权融资问题成为各国政府及理论

界所关注的问题。他山之石可以攻玉，对国外的做法进行研究与分析，从而提供我国可以借鉴的经验，同时使我们在相同的问题上少走弯路，不失为一种明智之举。

1. 国外中小企业公司治理和股权融资的关系

在特定的市场环境背景下，由于各个国家市场化程度不同，会形成不同的所有权结构和融资模式，从而会产生不同的公司治理模式。现代企业制度的基本特征是所有权和经营权分离，公司对外融资势必产生代理成本，而资本结构由于关系到所有权和经营权的分配，进而影响公司治理模式。可以将融资结构与治理结构的这一内在联系归结一条逻辑关系链：融资方式—资本结构—产权特征—治理结构，如图 4 - 13 所示。

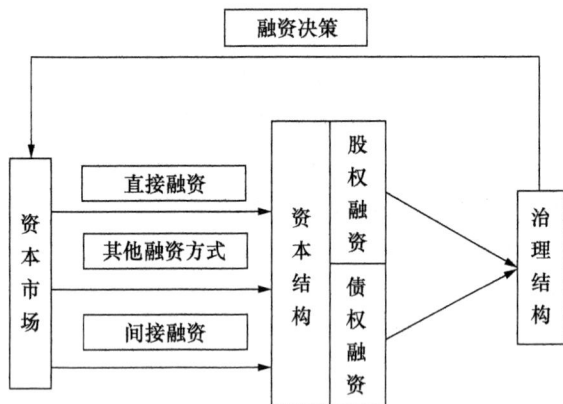

图 4 - 13　公司融资结构与治理结构关系

2. 国外中小企业公司治理和股权融资关系的比较

我们知道，企业的公司治理与融资模式之间存在着必然的联系，有着高度的依存关系，融资模式直接影响着公司的委托代理关系及其代理成本，影响着公司治理结构的状况和运作，不同的融资模式必然会形成与之相适应的公司治理结构。而西方发达国家经过数年的不断探索和改革，已经形成了中小企业的融资模式和公司治理结构，因此，剖析两者之间的对应关系，尤其是对国外这两者关系进行比较分析，借鉴先进经验，对改善我国中小企业治理结构、改进中小企业融资模式是十分有益的（见表 4 - 14）。

表 4 –14　国外中小企业公司治理和股权融资关系的比较分析

融资分析 国家	公司治理结构	融资模式	融资特点	股权融资特点
以英美为代表的国家	外部治理的市场主导型模式：股权高度分散、资本市场有效	市场导向型融资模式	直接融资是最主要的融资方式，并且以股权融资为主	（1）主要所有者股权占所有者权益资产的2/3 （2）权益资产的拥有人主要是亲戚和朋友 （3）以风险投资、天使资本、公开上市股票融资等为主要方式
以日德为代表的国家	内部治理的银行主导型模式：以银行为中心，公司间交叉持股普遍	银行导向型融资模式	直接融资在其外源融资中比重较小	（1）股权融资形式较少 （2）风险投资市场不太完善和成熟
东南亚国家（韩国、泰国、中国香港等）	内部治理下的家族主导型模式：以家族成员为主要控股股东、两权没有完全分离	市场、银行双重导向型融资模式	有内源融资偏好	（1）由所有者、管理层、家族、朋友所形成的内部资金占较大比重 （2）股权融资位于融资顺序的最后 （3）股权融资形式单一

资料来源：笔者根据相关资料整理而得。

在研究中小企业的融资模式时，大多是以融资体系、融资方式为特征，将发达市场经济国家企业融资模式分为两大类，即以英美为代表的市场导向型融资模式和以日德为代表的银行导向型融资模式，另外以东南亚国家为代表的融资模式是二者兼而有之。与企业的融资模式相对应的形成 3 种比较有代表性的公司治理模式：以英美为代表的市场主导型模式和以日德为代表的银行主导型模式以及以东南亚国家为代表的家族主导型模式。

（1）以英美为代表的市场主导型融资模式的特点。高度发达的市场经济，具有较为完备的公司制度、金融制度，产品和要素市场、证券市场是充分竞争市场，信用环境也较为规范，在这样的市场经济环境下，中小企业的资本流动遵循市场的发展规律，以价格信号为导向，在市场机制的调节下，资本的供求双方直接进行资金的融通，相互之间或建立股权关系，或形成债权债务关系。这样就自然形成了以市场为主导的直接融资模式。

由于英美两国经济的主体是私有经济，其经济运行的基础是个人的财产明晰，因此就形成了这种高度分散的股权结构，美国中小企业的典型特征是两权分离，经营者控制企业。由于具有较为稳定的股权结构，股权成为了左右公司治理结构形成与运作的主导性和基础性力量，因而在此基础上形成的公司治理结构是外部治理的市场主导型模式。

中小企业通过股权和债务两种融资方式，形成不同的资本结构，通过对公司所有权的安排对企业的治理结构产生影响，英美式的外部治理模式一般对应着较低的负债率，通过市场的直接融资形式较为多样，尤其是股权融资在其中发挥着极其重要的作用，天使资本、风险投资、公开上市股票融资等股权融资形式较为灵活，并且获得了较好的发展。

（2）以日德为代表的银行导向型融资模式的特点。政府主导型市场经济体制是形成这种融资模式的主要原因。由于其资本市场很不成熟或者规模有限，股权融资只能作为中小企业资本的辅助方式，同时，国家对中小企业上市融资的资格要求较严格，只是少数经营绩效良好的大中型企业才能获得直接融资的资格。这样，就导致了日德式的内部治理模式对应着较高的负债率。债权资本通过经营权、控制权、所有权的自下而上的路径逆向发生作用，通过对经营权的监督和制约深入公司的治理结构。

在银行导向型融资模式下，日本企业的股权结构由主银行制和稳定的法人持股形成，金融机构持股比例较高，同时企业法人交叉持股，对其公司治理模式及其运作效率产生了重大的影响，因此日本中小企业较少采用股权融资方式；全能银行在德国企业的公司治理中发挥着十分重要的作用。由于股权结构上股权较为集中，法人持股特别是银行持股比重大，股权资本流动性较低。银行作为一个"资本所有者阶层"具有很强的有效投票权，因而可以对企业的经营决策施加影响，对经理人员实施监督与控制。同美国企业不同的是，股票市场对企业经理层的监管力度较低。

（3）以东南亚国家为代表的家族主导型模式的特点。在这种模式下，企业的所有权主要控制在由血缘、亲缘和姻缘为纽带组成的家族成员中，主要经营管理权由家族成员把持，企业决策程序按家族程序进行。家族企业特有的所有权特点决定了东南亚公司治理的家族主导型模式。在这样的治理模式下，家族内部明晰的产权结构对企业的持续成长意义重大，控制权的配置呈现出差序结构式的格局，同时家族结构、家族关系也会对控制权的分配产生有效制衡，所有权和控制权并非简单地高度融合，对紧密层企业而言，两权高度融合；对半紧密层企业而言，则是家族控股，泛家族经理人经营管理，两权则是相对分离的；对松散层企业而言，两权进一步分离。这就决定了在这样的治理结构下，股权结构是封闭的，资本结构的变化也不会很频繁，导致了股权融资偏好于内部，同时融资的形式也较为单一。

四、完善我国中小企业治理结构与股权融资关系的对策研究①

通过对我国及国外中小企业公司治理和股权融资及其关系的分析，充分证明中小企业的公司治理和股权融资是存在紧密联系的，公司治理是解决股东、董事会、公司管理层以及公司利益相关者之间的利益关系问题，不同的公司治理模式具有不同的特点。公司治理结构中的股权结构对资本结构以及融资模式的安排有重要的影响。从股权结构看，一个企业的股权结构是集中还是分散及集中或分散的程度如何，将影响资本结构，进而影响到企业股权融资的规模以及形式；反之，不同的融资模式又会通过影响资本结构进而影响公司的治理结构。二者相辅相成，紧密联系，互相作用，共同影响着企业的发展。为了不断完善我国中小企业治理结构以及股权融资，我们可从以下几方面工作着手：

1. 不断完善中小企业治理结构

我国中小企业的治理结构，既不同于英美和日德模式，又有着自身的独特之处。比如，上市中小企业会要求建立独立董事制度，这具备英美模式的特点；会平行设置董事会和监事会，比较接近日本模式；有的又实行外派监事制度，这又带有德国模式特点。

（1）建立健全公司治理结构。健全良好的公司治理结构能够提高企业的资信能力，吸引更多的投资者，增强投资者的信心，保证中小企业健康有序的发展。因此，中小企业应该遵循现代企业制度，按照产权清晰、权责明确、管理科学的要求建立公司治理结构，完善以股权为核心的激励机制，实施有效的委托代理，充分调动经营者的积极性，获取发展所需资金，为其长期稳定发展奠定基础。

（2）保持中小企业合理融资。对债权和股权资本的选择是一种控制公司的手段，会影响企业的资本结构，进而影响企业的价值。因此，中小企业要对融资方式进行权衡，改变中小企业资本结构单一的状况，综合考虑企业的行业特点、收益能力、风险状况、竞争性等，实现投资主体的多元化，优化资本结构，促进其良性发展。

2. 创新中小企业股权融资的模式

我国中小企业的股权融资模式是基本依靠内源融资即自己的积累，而外源的

---

① 陶娅，晓芳. 金融中介参与中小企业公司治理——国外模式比较与未来发展展望［J］. 未来与发展，2013，10.

股权融资无论从规模上还是形式上都发展的不够好，距离国外发达国家股权融资的发展还有一些差距。国外中小企业股权融资方式很多，有天使资本、风险投资资本、公开上市融资和再融资等；融资的渠道有公募资金和私募资金等。我国应该借鉴国外中小企业股权融资的一些做法，创新中小企业股权融资的模式。

（1）充分利用好创业板市场。开设创业板市场是世界上经济、金融比较发达的国家和地区的普遍做法，是中小企业直接融资重要方式之一。创业板市场为中小企业股权融资提供了理想的平台。有助于中小企业融资模式的创新和发展。第一，应该放宽中小企业的准入资格。准入实现宽口径，可以让更多经营绩效好、发展潜力大的中小企业进入融资平台。第二，应该严格审查投资者的资质。对投资者实现严口径，可以借鉴美国培育大量专业化投资团队的做法，集中投资给优质中小企业，同时吸取日本创业板失败教训，防止大量散户过度炒作。

（2）引进战略投资者实现共赢。我国的中小企业超过 4000 万家，由于创业板上市有门槛设置，能在创业板上市进行股权融资的中小企业仍占少数。因此，为了解决这一问题，只能另辟蹊径，引进战略投资者应是一个较好的融资模式。中小企业应该转变传统观念，健全公司的治理结构，大胆引进战略投资者，将股权结构多元化，共同承担经营风险，共享公司控制权和利润，实现共赢。

3. 完善我国的资本市场体系

我国的资本市场体系虽然尝试向多层次的方向发展，但与国外的资本市场还是有一定差距。国外市场经济发达国家，目前都建立了多层次的资本市场体系，比如，美国的资本市场非常发达，拥有高度细分化的金字塔式的资本市场体系，其中包括全国性的小型资本市场，专门为中小型高成长企业提供上市融资服务；英国的资本市场也是多层次的，条块结合，包括主板、二板、三板及区域性市场；德国具有 3 个层次的交易板块，每一个板块都具备清晰的透明度；日本的资本市场由全国性和地区性市场组成，每个市场分别设立不同等级的子市场以适应不同企业的要求；韩国建立了名为"高斯达克"的二板市场，主要目的是为了扶植高新技术产业，特别是中小型风险企业，为这些企业创造一个直接融资的渠道。

多层次的资本市场结构可以适应不同规模、不同融资成本和风险的企业需求。一方面，创业板市场的建立可以极大地促进中小企业，尤其是高新技术企业的迅速成长，地方性证券交易市场对区域经济发展起着重要作用；另一方面，由于天使资本、风险资本的发展都需要健全良好的退出机制，其中的一个重要步骤就是要建立创业板市场和产权市场。建立多层次资本市场既是中小企业公开上市股权融资和再融资的需要，也是发展中小企业天使资本、风险资本股权融资的需要。

因此，我国应该借鉴国外资本市场的发展模式，建立多层次资本市场体系，使各级市场的关系定位是平等的，是相互补充的长期资本市场。我国资本市场体系的构建可以遵循主板市场、创业板市场、场外交易市场共同发展，全国性、区域性、地方性证券市场以及产权市场并存的层次分明的模式。具体可以从继续强化主板市场的管理与发展、继续完善中小板市场、积极创建与推出创业板市场、积极稳妥地发展代办股份转让系统三板市场、利用产权市场建设区域性场外交易市场等方面进行。

4. 完善天使投资和风险投资机制

我国的天使投资和风险投资的发展尚处于起步摸索阶段，而在国外，由于有完善的多层次资本市场体系以及比较成熟的天使资本、风险资本退出市场机制，天使投资、风险投资得到了较好的发展，在提高持续创新能力、促进经济持续发展方面起着积极的作用，已经成为各国多元化、多层次资本市场不可或缺的重要组成部分，是种子期和初创期中小型科技企业发展和技术创新的重要推动力量。我们需要深入学习研究国外相关经验和研究成果，分析、研究我国中小企业发展、资本市场、法律法规、社会人文等相关环境因素，针对当前存在的制约天使投资和风险投资发展的问题，为培育和发展我国天使投资和风险投资市场提出科学的决策依据。

（1）大力培育天使投资市场。我们应该从以下几方面着手：加强天使投资的教育和引导，培养信用意识；完善法律法规体系，建立健全良好的退出机制；建立天使投资区域性市场试点，给予税收优惠政策；打造专业的天使投资信息网络等。

（2）积极促进风险资本对中小企业的投资。我们应从以下方面着手：创造有利于中小企业风险投资的政策环境，加大政府扶持力度；重点开拓中小企业融资的风险投资渠道，拓宽风险资本的资金来源；加快风险投资对中小企业的融资，建立可行的退出机制等。

中小企业的公司治理和股权融资相互影响，相互作用，通过借鉴国外中小企业的做法，结合我国企业实际情况，积极探索中小企业融资新途径，使我国的中小企业能够完善自身的治理结构和治理模式，拓展中小企业直接融资的渠道以促进其股权融资来源的多元化，从根本上解决我国中小企业的融资和发展问题。

参考文献

［1］陈新桂．公司治理对我国企业资本结构选择的影响研究［D］．重庆：重庆大学博士学位论文，2008.

［2］贾鹏．中小企业股权融资的模式选择［J］．中小企业管理与科技（中旬刊），2010，2.

［3］李红霞．美、日、德企业融资模式比较与借鉴［J］．财经问题研究，2003，12.

［4］梁红．中小企业资本结构与治理结构相关性研究［J］．商业时代，2010，15.

［5］陶娅，晓芳．金融中介参与中小企业公司治理——国外模式比较与未来发展展望［J］．未来与发展，2013，10.

［6］王浩．股权结构对股权融资和债务融资影响的对比——理论与实证分析［J］．会计之友，2011，4.

［7］肖萍．中小企业治理结构对融资行为影响及其发现［J］．河南社会科学，2010，5.

［8］晓芳，李存刚．中小企业股权融资与治理结构关系研究［J］．未来与发展，2013，4.

第五部分

内蒙古自治区中小企业集群研究

内蒙古自治区中小企业集群发展动力研究

课题编号：ZJD090004

主　持　人：毛文静

参　与　人：张　平　唐丽颖　郭　毅　王瑞永

　　　　　　孙晓光　许海清　胡瑞芬

　　中小企业集群已成为当今世界经济发展中一个引人注目的现象和趋势。所谓中小企业集群，是指彼此相关联的企业、供应商、政府和其他相关机构在既有竞争又有合作的特定领域和地理空间上的聚集体（Porter，2000）。大量理论研究和实践经验表明，中小企业集群具有强大的辐射力和竞争力，对提升区域的产业竞争力具有重要作用（王缉慈等，2001；梁琦，2004）。许多国家和地区都把发展中小企业集群作为促进社会经济发展的重要手段。内蒙古自治区中小企业集群在促进中小企业成长和地区经济发展方面也发挥着重要作用，是内蒙古自治区的一个新的经济增长点。研究内蒙古自治区中小企业集群发展的动力机制具有较大的理论价值和实践意义。

一、内蒙古自治区中小企业集群的发展动力机制

要促进内蒙古自治区中小企业集群发展，必须要研究其动力机制，即促进内蒙古自治区中小企业集群发展的动力因素。根据国内外相关文献资料及我们的问卷调查和访谈，内蒙古自治区中小企业集群发展的动力因素可以归纳为内生动力和外生动力两方面。其中，内生动力是促进集群发展的内在力量，包括专业化分工、产业关联性、外部经济性、社会资本与网络效应、学习与创新机制；外生动力是促进集群发展的外部环境与条件，包括政府政策和区域环境。概括地说，内蒙古自治区中小企业集群是在专业化分工、产业关联性、外部经济性、社会资本网络效应、学习与创新、政府政策、区域环境等多方面动力因素协同作用的过程中而不断成长和发展的，如图 5－1 所示。

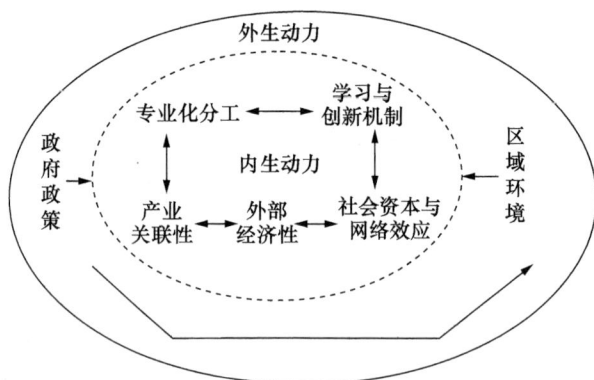

图 5－1　内蒙古自治区中小企业集群发展动力及其关系

1. 专业化分工

分工协作的深化是促使内蒙古自治区中小企业集群成长的根本动因和重要力量。专业化分工包括纵向专业化分工和横向专业化分工。纵向专业化分工指上下游企业间分工；横向专业化分工指生产不同工序或生产阶段的企业间以及企业与科研机构、政府之间的分工。内蒙古自治区中小企业集群发展的专业化分工包括以下几方面：

（1）人才专业化。集群能否成功地吸引人才是其成功的基本要素之一。当一个集群可以提供较大的发展空间时，必然会吸引全国的优秀专业人才加盟。另外，仅仅吸引人才还不够，集群的真正竞争力来自于对人才深层次的挖掘，也即

是人才的专业化分工。因为如果集群的人才不能进行有效的分工，集群的发展会停留在较低的恶性竞争，使集群的发展难以为继。人才的集中可以加剧竞争，优胜劣汰，从而也迫使人才向专业化的方向发展。专业化的人才也需要集群成立相应的专业化培训机构，以确保集群需要的高质量人才。

（2）中间投入品专门化。集群产品的竞争力来自高效的中间产品投入。当一个集群能够吸引各类专业化的中间投入商加盟时，就可以大大提升集群的竞争力。因为中间商提供的机器设备、零部件、各种服务，能够使集群因为聚集而获得规模经济和较低的运输成本。另外，在减少总运输成本的同时，还可以产生足够高的需求水平，从而确保高度专业化的零部件生产厂商得到报偿。专业化的零部件供应会吸引组装厂，反过来又鼓励新的加入者和更多的专业化服务。

（3）厂商与客户专业化。当一个集群有发展潜力时，可以吸引许多外来者。一方面是供应商专业化。供应商可以按照不同产品、不同档次、不同规格、不同型号提供原材料及零配件；另一方面是客户专业化。只有集群中存在着多元化需求的客户，集群才能发展。同供应商一样，集群内企业的客户也存在着不同质量、不同成本、不同式样的多种需求。只有这样，集群企业数量才会越来越多，这是集群成长的一个重要因素。

2. 产业关联性

专业化分工深层次的内涵是产业关联性，专业化分工为集群产业关联性奠定了基础。聚集在某一地理区域的集群企业间应该具有产业关联性，企业间相互关联而形成产业价值链是中小企业集群发展的重要纽带。如果集群企业间没有产业关联性，只是众多企业在某一地理空间的无序"扎堆"和"堆砌"，中小企业集群是难以发展的。中小企业集群产业关联性还需要不断地有新企业衍生。由于市场规模的扩大，集群已有的厂商积极寻求创造专业化生产要素和中间产品的新厂商。这就需要集群能不断地有新企业衍生出来。由于当地的金融机构和投资者熟悉集群内的产业特性，使集群容易获得所必需的资产、技能和开发团队以及高素质的劳动力，既降低了新企业进入的门槛又降低了风险。集群内企业的重组障碍较低，集群内的进入壁垒很低，更有利于催生新企业的诞生。

因此，中小企业集群应该围绕主导产业，由龙头企业起带动作用，通过产业链的延伸带动一批配套企业发展。产业链中的配套企业、众多中小企业之间应具有产业关联性，而且龙头企业与配套企业应相互依赖、协同发展，这样才能更好、更快地促进集群发展。以产业价值链为中心，以重点产品、主导产业的联动促进中小企业集群的配套发展，并努力进入国内外分工协作体系和供应链，这是带动内蒙古自治区区域经济发展的重要途径。

3. 外部经济性

集群外部经济性包括外部规模经济和范围经济。内蒙古自治区中小企业集群处于生命周期阶段的形成期和成长期，因此外部经济性是内蒙古自治区中小企业集群发展的重要动力因素。

（1）要素资源共享的外部规模经济。方便的交通、充足的水电供应、信息通信、交通运输和商业服务等基础设施会为集群发展提供外部的规模经济效应。企业通过共同使用公共设施，减少分散布局所需的额外投资，并利用地理接近性节省相互间物质和信息流的转移费用，降低了成本，实现了集聚经济。集群的"集体声誉"也具有外部性效应，良好的集体声誉可以降低集群内企业的销售费用，同时还降低消费者的信息搜索成本，促进交易的进行。外部性效应成为新企业进入这一地区的区位选择因子，是促进集群整体进一步发展的动力因素。

（2）劳动力市场共享。劳动力市场共享是经济活动聚集的基本要素。劳动市场共享使企业节约了劳动力要素成本、搜寻成本和培训时间及搜寻时间。劳动力市场具有流动性强的特点，劳动力快速流动对自身素质要求加大，也促进了信息、知识、技术的扩散和传播，并增加了创新的机会。

（3）信息交流与技术外溢。由于共同的地域文化背景，集群内企业可以免费获得有关上游供应商、同行竞争对手、下游客户的相关信息，可以更好地洞察市场需求、产业发展趋势、新市场开拓以及技术演变和革新的信息。技术外溢是产业集群产生与发展的原因之一。即产业在特定地区的聚集有利于新主意、新知识和新技能在聚集一起的企业之间传播和应用，因为信息在当地流动比远距离流动更容易。

4. 社会资本与网络效应

中小企业集群发展需要外部经济性，但仅有外部经济性是不够的，集群要想形成真正的竞争力，还需要集群企业间有意识培养彼此间的社会资本、合作关系及社会网络。信任、承诺、合作、认同等社会资本一方面能够降低企业间交易的成本；另一方面能够使集群自增强机制不断强化。如果集群企业弄虚作假，坑蒙拐骗，信任缺失，就会产生类似劣币驱逐良币的"柠檬效应"，最后导致整个产业集群的毁灭。

集群企业间在信任等社会资本的基础上构建合作网络的方式有以下几种：①横向合作。横向合作表示处于生产链上相同或相似阶段的企业间的合作，如企业共享昂贵的技术和以较低的成本购买原材料。②后向合作。后向合作包括最终生产者与其投入品供应商和分包商之间的正式和非正式合作，如最终生产者通过技术转让和培训提高分包商生产的零部件质量标准。③前向合作。前向合作包括购买者和生产者之间彼此分享市场信息和机会的合作。

5. 学习机制与技术创新及扩散

集群企业的学习是集群获得持续竞争优势的重要来源。因为只有集群企业注重学习，才能使企业不断地掌握和吸收新知识、新技能、新信息和新方法，从而提高企业技术创新水平。集群企业的学习包括向竞争者学习、向供应商学习、向客户学习、向过去的经验和教训学习。集群企业的学习不仅包括企业间的学习，而且也包括企业成员之间的学习，企业成员之间的学习是企业学习的基础。集群企业的学习行为需要通过企业间和成员间的沟通、交流、交往而进行。通过学习，企业可以获得企业发展的各种无形资源，如市场信息、商业建议、技术技巧、解决方案和精神支持等。集群学习有4种具体机制：①企业间在协作中的沟通和交流。②区域中的人才流动。③高校、科研院所的知识、技术服务。④完善的社会化服务体系。

6. 区域环境

（1）基础设施环境。除了一般意义上的交通、能源、电力通信，主要是指为集群服务的公用设施，包括公用图书馆、公共实验室、公用会议室、公共信息服务网络以及其他一些为知识的交流学习提供的公共空间等有形设施。这些基础设施是集群发展的基础层次。

（2）社会文化环境。社会文化环境主要包括区域内人们的风俗习惯、劳动力的文化水平、心理素质、主流的价值观念、社会风气等内容。如行为主体的创新精神、彼此信任的协作理念、开放的思想交流氛围等。

（3）制度环境。集群的制度环境主要包括区域内的政策法规、管理体制、法律制度、市场机制等制度。制度环境的主体主要是指政府。政府要根据本地区的具体情况，制定政策措施，促进区域制度环境的构建。

总之，良好的区域环境应具备以下几个特征：完善的基础设施和发达的信息网络；鼓励支持创新的政策、法规；提倡创新的社会文化和互利互信的商业文化；规范完善的人才市场；开放的教育科研系统以及完善的社会中介服务体系等。

7. 政府政策

中小企业集群的发展需要政府干预和支持，中小企业集群发展中的政府所起的作用不容忽视。但是，在发挥政府积极作用的同时，也要特别注意防止政府失灵，要始终坚持市场经济导向，根据区域发展状况因势利导，而不是以行政计划方式取代市场以主导集群的发展。

（1）避免集群的负外部性。中小企业集群由于企业间互相依赖和结网性可以获得外部经济性，如信息扩散、资源共享、技术外溢、劳动力市场共享等，但中小企业集群也会产生负的外部性，如企业的机会主义行为，就可能会导致整个产业集群受到影响，20世纪90年代初温州的制鞋业就是一个明显的例子。而政府可以通过制定相应的政策法规，规范企业不正当行为，避免机会主义出现。

（2）提高集群与市场对接能力。集群内企业必须保持对市场的高度敏感，这是集群获得长期繁荣的基础。政府通过信息平台的建设，举办产品展销会、企业交流会等，能够提高集群中小企业产品与市场的对接。如美国中小企业管理局组织中小企业出国参展与考察，增强中小企业对国外市场的了解。

（3）推动集群区域品牌建设。集群区域的品牌是集群发展壮大的内在要求，代表了区内企业的形象和产品的信誉，是塑造产品和服务文化理念的重要体现，同时还是解决区域招商引资问题的重要途径。集群区域品牌主要是指区域内具有完善的基础设施，完备的、优良的服务功能和服务品质，具有优势明显的核心业务。政府通过创造更好的服务环境可以推动集群区域品牌的培育。

（4）促进集群升级。中小企业集群的升级主要依靠集群的自组织和自增强能力，但目前集群内的小企业还没有自我升级的能力，需要政府提供有力的支点和扶持。在集群发展初期阶段，集群还停留在同一产业简单地聚集的阶段，难以自我发展。最明显的就是集群内几乎没有研发机构，这样的集群迅速衰亡的风险很大。政府通过税收优惠、资金扶持等政策吸引技术含量高的企业，引导和协调科研机构与产业集群的联系，从而促进集群的升级。

总之，政府作为中小企业集群发展的有力推动者，要通过公共品的供给，维护市场运行秩序，提高经济运行效率。作为制度的供给者，政府制定法律法规、交易规则的制度化，促进集群市场交易方形成稳定的预期，降低交易成本。政府还应履行提供基础设施的职能，良好的基础设施为集群生产的展开提供必要的硬件环境。作为市场信息的供给者，政府要为集群发展提供市场空间和市场需求，要对集群及其内部企业加强经济指导，有效地促进产业集群技术进步。政府还要制定很多优惠政策来促进中小企业集群的发展。

综上所述，影响内蒙古自治区中小企业集群发展的动力机制包括专业化分工、产业关联性、外部经济性、社会资本及网络效应、学习与创新机制等内在动力和政府政策、区域环境等外在动力两方面。内在动力与外在动力机制之间存在着密切联系。即外在动力决定或影响着内在动力，政府政策与区域环境对集群发展的内在影响因素，如对专业化分工、产业关联性、外部经济性等，都有着决定性影响作用。

内在动力或外在动力机制各要素之间也存在着相互关联性。就内在动力来说，专业化分工是集群发展的根本动力，专业化分工需要在产业关联性的基础上进行，或者说专业化分工导致了集群企业间的关联性。产业关联又会使集群企业间形成外部规模经济和范围经济。在外部经济性的基础上，还需要集群企业有意识地培育社会资本和有意识地构建关系网络，社会资本和关系网络对于集群企业间的学习和创新有着重要作用。集群的学习和创新促进集群企业素质的不断成长和集群发展，而这又会引发集群专业化分工的进一步深化，集群发展又会进入一个新的循环过程。外在动力方面，政府扶持会培育有利于集群发展的一个良好的区域环境，使集群形成一个注重协作、创新、学习、诚信的集群环境。

二、内蒙古自治区中小企业集群发展动力存在的主要问题

1. 集群企业家族式管理严重

内蒙古自治区多数企业没有建立现代企业管理制度，长期以来企业采取家长式管理模式，基本上处于经验管理阶段。随着企业规模的扩大，管理复杂性的不断上升，家族式的集权管理导致企业难以接受新的管理思想和新的管理手段，使企业缺乏发展动力，面临发展障碍。如果起带头示范作用的"领头羊"企业管理思想狭隘，家族管理方式严重，那么为之配套协作的众多卫星企业更加难以发展。

2. 缺乏龙头企业，且竞争实力弱

内蒙古自治区中小企业集群内虽然集聚了一定数量的企业，但企业规模偏小，缺乏品牌影响力强、知名度大、竞争实力强的核心企业和龙头企业。有些已经形成规模的集群往往只有单一的龙头企业，没有形成多核心企业带动集群发展的局面。而这单一的核心企业实力较弱，难以发挥技术扩散、交易转包等带动众多中小企业发展的作用。以内蒙古自治区发展势头强劲的内蒙古自治区乳业制品集群为例，仅有伊利、蒙牛等核心企业，虽然已经发展成为在我国较具竞争优势的企业，但是随着国内外乳制品巨头的进入，内蒙古自治区乳制品龙头企业的优势正在逐渐弱化，技术创新的缺乏，使内蒙古自治区的乳制品业核心企业与雀巢、光明、三元相比，没有特别和领先之处。包头稀土产业集群、包头机械制造装备集群、赤峰有色金属延伸加工业集群都存在着龙头企业发展实力不足等问

题。包头稀土高科技产业园区初步形成了以稀土高科、稀土研究院、包头和发稀土公司、包头罗地亚稀土公司等骨干企业为主体、中小企业协同发展的格局。但是，骨干企业的核心技术被国外发达国家掌握，制约了包头稀土产业集群的进一步发展。

3. 集群企业人力资源素质低

内蒙古自治区中小企业集群的人力资源素质偏低，是制约内蒙古自治区中小企业集群发展的瓶颈。如包头稀土产业集群，作为内蒙古自治区一个高科技工业园区，人才流失和人才不足的问题较严重，不仅技术人才短缺，甚至一般的操作工人也出现短缺。另外，内蒙古自治区中小企业集群人力资源问题还表现在企业家资源比较匮乏，缺少具有敏锐的洞察力、具有创新精神和冒险精神的企业家。企业领导人容易安于现状，不思进取，习惯于"等项目、靠政府、要资金"。

4. 技术创新力弱

内蒙古自治区中小企业集群技术创新动力不足，技术创新水平较低。如呼和浩特中小企业集群引进的企业大部分以生产制造为主，而它们的研发中心不在本地。由于引进的企业研发中心不设在本地，就造成生产企业对市场反应不及时，生产的产品创新少、高端产品少，核心竞争力不强。内蒙古自治区中小企业集群所采用的技术多为引进或模仿，自主创新较少，更缺乏持续创新能力。集群中的大多数中小企业依靠传统工艺组织生产，企业的技术模仿动机远远超过了其自主创新动机，群内中小企业都愿意成为"免费搭车者"，而不愿意进行自主创新。虽然在政府的支持下某些中小企业集群的创新能力有一定程度的提高，但总体看来，技术创新不足制约着内蒙古自治区中小企业集群的进一步成长，集群及其企业与科研开发机构的合作机制尚不完善。

5. 从事主导产业和相关产业的企业与机构数量少

内蒙古自治区中小企业集群内的成员企业数量少，企业衍生能力不足，难以吸引外部企业进入，不能够获得规模经济效应。目前，内蒙古自治区发展较好的乳制品集群，除了几家龙头企业外，从事乳品生产及延伸深加工的中小企业数量较少，为生产企业提供技术服务、信息咨询、人员培训等公共服务的机构数量更少。课题组对内蒙古自治区一些工业园区的调研访谈也能说明这个问题，即在一些工业园区，集聚在一起的生产企业数量较少，提供各种服务的组织机构更是缺乏。

6. 产业价值链联系不紧密，分工协作程度低

内蒙古自治区集群的集聚效应未充分显现，主要表现在企业彼此之间内在联系较少上，缺乏应有的专业化分工协作，大多数企业都作为单独个体面对市场竞争，不仅上下游企业间缺乏交易合作与技术合作，同一生产环节上的企业也缺少往来，尤其是实力弱的小微企业与实力强的同行业企业没有交易和联系。有些集群的供应商和市场都在集群外面，与本地联系较少，这些都严重影响了企业竞争力和社会资源配置效率，降低了劳动生产率，造成了低水平的过度竞争，导致交易费用的增加，阻碍了企业技术进步和制度创新，规模经济效益不能得到充分体现。

7. 社会资本与合作网络欠缺

内蒙古自治区中小企业集群内企业之间的社会资本及合作网络欠缺，企业间联系较少，产业集聚效应不明显。①企业之间横向关联度较低、过于强调竞争而忽视合作。内蒙古自治区的中小企业集群尽管若干企业在地理位置上邻近和集中，但在生产、市场交易等方面却相对独立，各自为政，缺乏应有的正式和非正式的技术、知识和信息交流。②企业与相关机构（大学、中介组织和科研机构）之间的合作、联系严重不足。虽然内蒙古自治区对企业与大学和研究机构的研发合作越来越重视，但其比例与全国平均比例相比还比较低。③知识的交流形式较单一。内蒙古自治区的中小企业集群内企业与企业之间知识、技能、信息的交流、沟通并不多。行业协会定期举办的座谈会、研讨会，往往流于形式。

8. 中小企业集群内的中介服务机构欠缺

内蒙古自治区中小企业集群内普遍缺乏中介服务机构，中介组织的营运环境不好也是制约中小企业集群发展的一个重要因素。如金融机构、民间风险投资机构不足，不利于集群内中小企业的融资；中间商缺乏，使企业集群的生产和销售受到制约；注册会计师事务所、律师事务所短缺，影响到集群产业市场的正常秩序；人才市场落后，不能适应企业进一步集群化发展的需要；产权交易市场跟不上需要，造成集群资源配置效率低下。

9. 地方政府的作用未能充分发挥

政府机构多凭借对国企和事业单位拥有的行政管理权，干预微观经济现象十分严重。政府在行使经济职能过程中，不是调节经济而是干预经济；不是依法监

管市场而是控制市场。内蒙古自治区政府在扶持集群发展的过程中，虽然也出台了一系列的引导、服务性政策，但是效果不是很明显。如政府虽然很重视中小企业的融资问题，也帮助中小企业获得发展所需资金，但仍有相当一部分中小企业难以获取发展资金。政府对诚信与合作氛围的引导和规范意识薄弱，导致企业间诚信缺失。

三、内蒙古自治区中小企业集群发展的对策研究

1. 内蒙古自治区中小企业集群的发展模式

根据上述中小企业集群发展模式的国内外研究文献，我们认为内蒙古自治区中小企业集群发展模式有：市场聚集型发展模式、单核轮轴型发展模式和多核心企业网络型发展模式。其中，市场聚集型发展模式是集群发展初期阶段的模式；单核轮轴型发展模式是在市场聚集型模式的基础上由于集群不断发展而形成的模式；多核心企业网络型发展模式是集群发展最高阶段的模式。总之，多核心企业网络型发展模式是在单核轮轴型发展模式的基础上发展而来。

（1）内蒙古自治区中小企业集群发展模式类型。内蒙古自治区中小企业集群发展模式有以下几种类型：

1）多核网络型发展模式。多核网络型发展模式是指集群中存在着多个大型企业或龙头企业，每个龙头企业外围都有着为其提供原材料或服务的众多中小企业。该模式的本质是由若干龙头企业带动众多中小企业共同发展。如美国硅谷就是多个跨国大企业、大公司与众多灵活的中小企业并存共赢的发展模式的典型代表。多核网络型发展模式下，集群中的大企业与小企业互相补充，共生共存、共利共赢、互相影响、相互作用。硅谷既不像日本的企业等级网络，由大企业占据绝对优势，也不像马歇尔式的产业区那样，各企业处于完全平等的地位。硅谷是若干大企业在集群中处于主导地位，带动众多中小企业发展。而中小企业具有为大企业所依赖的技术能力，大企业与中小企业在集群中各司其职、相互依存。有证据表明中小企业集群失败或发展缓慢的一个最重要原因是缺乏能居于支配地位的大企业及其带动效应。

实际上，即使在类似马歇尔式的中小企业集群中，企业之间的地位和实力也是不同的。那些有着相对优势的企业，会在集群中充当主要角色。而在有核心企业的中卫型集群中，在某个核心企业的供应商中，它们的技术、资金等竞争力不同，就决定了供应商的权力不同，这样就出现了围绕某一供应商也集聚了大量的中小企业。

中小企业集群的多核心企业网络型发展模式不是瞬间能够形成的，要经历一个发展过程，即要经过市场聚集型模式和单核轮轴型模式不断演化而成。

2）市场聚集型发展模式。市场聚集型发展模式是集群企业之间通过平等的市场交易和水平联系以求得共同发展。在这种发展模式下，集群没有核心企业，依靠众多实力相当的中小企业间的联合与协作得以发展。

市场聚集型发展模式的特征表现为集群内实力相当的企业之间、企业与相关机构间的关系是以平等的市场交易为主，各企业之间以横向的水平联系为主。市场聚集型发展模式是集群初期阶段采取的模式。在这种发展模式下，企业之间的交易与合作行为都是企业的自发行为，既会有同一生产环节的同质企业间的合作，也有不同生产阶段的异质企业之间的联合，但以同质企业之间的联系为主，即一般以同一生产工序的同质企业间的联合与协作行为为主。如联合采购原材料、联合销售、订单的共享等。这种发展模式较为典型的例子为意大利的佩扎罗、中国浙江的义乌和嵊州的集群。

随着集群的不断发展，集群中会出现实力较强的大企业，此时，集群发展模式就由市场聚集型转变为单核轮轴型模式。

3）单核轮轴型发展模式。单核轮轴型发展模式也称中卫—外围型发展模式。这种发展模式是指中小企业集群以某一个大型企业为中心、众多中小企业及其服务机构在外围为其服务而形成的一种发展模式。即由一个大企业支配、带动众多中小企业发展的模式。这种发展模式条件下，企业间关系主要是在产业链上的分工协作，组成多层次的外包和再外包网络。日本、美国、德国与韩国的中小企业集群都是该种发展模式的典型例子，而在以中小企业居主导地位的法国、意大利、中国台湾等则不普遍。如以日本汽车制造集群为例，位于生产金字塔顶端的核心企业（如丰田汽车和三菱汽车）从第一级供应商的集聚基地购买完整配件和系统零部件，第一级供应商从第二级转包商那里购买专业化零部件，第二级供应商又从第三级转包商购买专门零件，以此类推（Nishiguchi，1994），4 级及以下的配套企业则不计其数。单核轮轴型发展模式下的集群内部关联类似于金字塔的分层模式。该模式将供应商分为不同等级，一级供应商起系统整合作用，大的核心企业主要与一级供应商打交道，而更低级的供应商则主要由它的上一级供应商来管理。这样，大的装配汽车厂商通过"集中精力管理第一级相关联的厂家"而获得高效率的管理效果。戴尔（Dyer）和曲池（Quchi）认为这种发展模式的核心企业将供应商视为合作伙伴。单核轮轴型发展模式主要是由单一核心企业带动上下游的中小企业共同发展。

随着集群的进一步发展，发展模式就由单核轮轴型模式转向了多核网络型模式。中小企业集群的发展模式类型具体如图 5 - 2 所示。

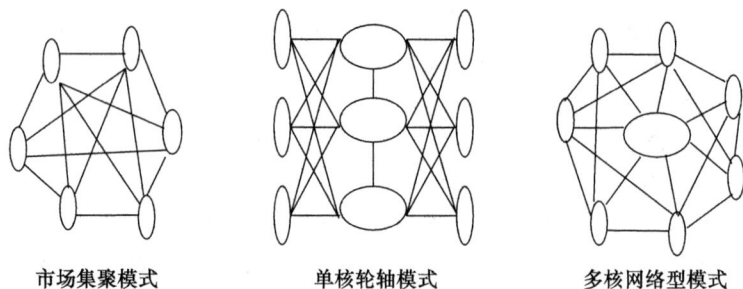

市场集聚模式　　　　单核轮轴模式　　　　多核网络型模式

图5-2　内蒙古自治区中小企业集群发展模式

　　（2）内蒙古自治区中小企业集群发展模式的演化路径。内蒙古自治区中小企业集群的多核心企业网络型发展模式是在市场聚集型发展模式、单核轮轴型发展模式的基础上不断演化而成，即在市场聚集型发展模式的基础上形成单核轮轴型发展模式，进而演化为多核心企业网络型发展模式。集群在发展的初期，众多中小企业集聚在某一地理空间，这属于集群的市场聚集型发展模式。由于政府大力扶持核心企业，也由于某些企业的出色能力，在市场主导型的集群里会逐渐出现核心企业。一旦中小企业集群里有了核心企业，中小企业就在核心企业的带动和示范作用下得以发展，中小企业集群的发展模式就由市场聚集型转变为核心型发展模式。核心型发展模式表现为两种形式，一是单一核心企业型；二是多核心企业型。成功的中小企业集群一般都有多个核心企业，如美国硅谷。这是因为，一方面，多个核心企业比单一核心企业更能促进集群发展；另一方面，多个核心企业比单一核心企业更能降低集群的经营风险。因此，较理想的集群发展模式应是由多个大企业带动众多中小企业发展的多核心企业网络型发展模式，如图5-3所示。

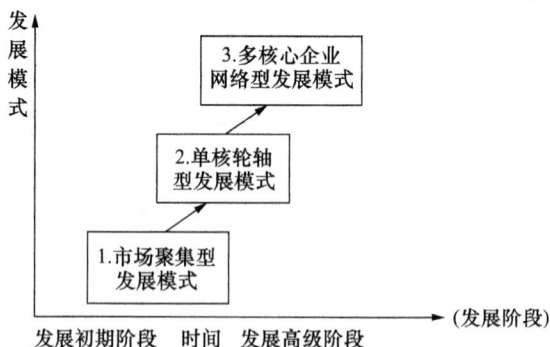

图5-3　中小企业集群发展模式的演化路径

图5-3表明，在集群成长初期的发展模式是市场聚集型。市场聚集型发展模式是集群形成的基础。在集群成长初期的市场聚集型发展模式条件下，集群的产业关联性较小，企业之间的联系、沟通和协作关系较缺乏，正式与非正式的协调机制尚未形成，企业之间相互学习、知识与技能的转移和交流很少，企业技术以传统工艺为主，极少进行科研投入，技术模仿盛行，因而集群交易成本很高、缺乏集体学习和合作创新效应。

随着中小企业集群的不断发展，生产的专业化逐渐增强，集群内会有某一企业逐渐发展起来，竞争实力逐渐增强。集群在这一核心企业的带动下，由中小企业为其提供原材料、零部件或服务而得到进一步发展。集群发展模式就会转变为单核轮轴型。此时，该焦点企业是集群发展与演进的核心，焦点企业对集群发展的主导作用是不可替代的（刘友金，2005）。

随着集群的进一步发展，集群中形成了若干具有竞争实力的核心大企业，各核心企业与其外围中小企业之间不断构建交易、创新、学习和信息咨询等网络。此时，集群以几个大企业为核心进行运营，围绕不同的核心企业形成了多个生产体系。同一体系内部，各相关企业密切合作，而在体系之间又存在着明显的竞争。这样，集群间的竞争一方面表现为核心企业之间的竞争，即选择外围合作企业（如供货商、服务机构等）和争取顾客的竞争；另一方面表现为生产同类产品的配套企业之间的竞争，即外围企业在对企业自身发展更有利的核心企业的归属上进行竞争。此时，集群的发展模式演化为多核心企业网络型。这是因为，如果集群内只有单一的龙头企业且该核心企业出现危机的话，整个集群就会由于核心企业的衰败而走向灭亡。

多核心企业网络发展模式是单核轮轴发展模式的进一步发展，而单核轮轴式又是在市场聚集型发展模式基础上形成的。或者说，市场聚集型和单核轮轴型发展模式是多核心企业网络型发展模式的基础。具体而言，在集群形成的初级阶段，集群的发展模式应该是市场聚集型发展模式，随着中小企业集群的不断成长，就要采取核心企业带动型发展模式，其中，首先是单核轮轴型发展模式发挥着重要作用，多核心企业网络型发展模式会成为中小企业集群发展高级阶段的主要模式。多核心企业网络型发展模式是市场聚集型发展模式与单核轮轴型发展模式的结合。

随着集群发展模式由市场聚集型向单核轮轴型模式直到向多核心企业网络型模式发展，集群企业间专业化分工程度、产业关联度、外部经济性、社会关系网络、合作创新、龙头企业等特征逐渐明显，如表5-1所示。因此，政府应该围绕这些特征来扶持中小企业集群发展，使集群的专业化分工程度、产业关联度、外部经济性越来越大，使集群企业间网络效应越来越强，使集群企业间合作创新水平越来越高，使集群龙头企业数量越来越多、实力越来越强，从而促进中小企业集群的发展壮大。

表5-1　内蒙古自治区中小企业集群发展模式特征

	市场聚集型发展模式	单核轮轴型发展模式	多核心企业网络发展模式
专业化分工	低	中	高
产业关联度	低	中	高
外部经济性	低	中	高
社会关系网络	少	中	多
集体学习	少	中	多
合作创新	少	中	多
龙头企业	无	单一	多

2. 促进内蒙古自治区中小企业集群发展的对策

本文主要从政府"引导"、"服务"和"规范"中小企业集群发展3方面，提出内蒙古自治区中小企业集群发展的对策建议。

（1）引导内蒙古自治区中小企业集群发展。引导内蒙古自治区中小企业集群发展是指通过制定和实施产业政策、法规，引导中小企业集群内的投资者、经营者的投资行为和经营行为，从而保证中小企业集群化沿着正确的方向健康发展。

1）引导中小企业集群正确定位。政府要综合考虑各地的区位条件、产业配套、技术水平、人力资源以及传统文化，正确地引导内蒙古自治区中小企业集群的区位定位和产业定位。鉴于内蒙古自治区经济基础薄弱、发展资本少的区情，在产业定位上，政府应鼓励集群中小企业定位于劳动密集型的传统产业，引导它们与科研机构和大学建立广泛的联系，对传统产业进行技术改造和产品创新，逐步实现集群的产业升级。

2）引导园区产业发展。政府要正确规划和建设特色产业园区，注重延伸特色产业链，吸引关联性强的企业入驻园区；注重工业园区的生态建设，吸引具有物质、能量、信息等相关机构与企业入驻园区。进一步确定最有利于基础设施共享、技术延伸、产业链和生态链形成的企业群分布区块，划出足够的预留地，便于企业网络形成。引导和吸引大企业和大企业集团落户园区，以促进内蒙古自治区中小企业集群升级转型。

3）引导企业间形成协作配套体系，提高专业化分工水平。政府应在进一步引导优势资源、资产和人才向大企业、大集团集中的同时，按照专业化分工协作原则，通过市场化运作方式积极引导中小企业进入大企业的发展体系，建立中小企业与大企业之间合理的分工协作关系，形成以大企业为主导，中小企业对大企业专业化配套和专业化服务，大中小企业合理分工、有机联系、协调发展的新型产业生产体系和发展格局。鼓励集群中小企业与大企业间采取多种多样的协作方式。政府要利用税收、财政优惠等政策引导大企业围绕自身的核心资源展开技术改造和规模扩张，将非核心的生产和业务，通过中小企业集群的专业化协作网外包给中小企业。

4）倡导以信用、合作为核心的集群文化。政府要通过引导、培育、宣传等方式形成以信用、合作、公平竞争为核心的区域文化，为中小企业集群发展营造良好环境。一方面，培育、倡导以信任、承诺、互依的集群文化，促进集群企业共同发展，促进集群内企业之间的公平竞争；另一方面，政府要运用舆论的力量，倡导合作与竞争并存的区域文化。政府职能部门要与社会中介机构联合，对集群内企业进行公正、客观的信誉评级，并进行公布。对信誉良好的企业给予奖励并大力推介。对信誉差的企业则给予警示、教育甚至惩罚。政府在必要时还可以运用法律、行政手段等对危及集群整体的、违背道德的行为加以干预。

5）变革家族化管理模式，建立现代企业制度。政府鼓励企业间相互沟通与交流，不断提高学习能力，通过宣传教育，树立集群中小企业家的开明、开放的现代企业经营理念和人才意识，积极鼓励企业改善不健全的家族化管理模式，采用先进的管理理念、管理手段、管理方法，提高企业经营管理水平，建立现代企业制度。

（2）服务内蒙古自治区中小企业集群发展。服务内蒙古自治区中小企业集群发展是指政府从宏观经济利益出发，利用行政权力，调动一切社会资源，积极创造有利于中小企业集群发展的良好环境，提供优良、周到、细致、可行的服务。如为中小企业集群发展出谋划策，为企业间协作牵线搭桥，为企业走向市场修桥铺路，为企业疏通信息渠道，提供信息服务等。

1）培育良好的集群发展环境。为促进中小企业集群健康发展，政府应从宏观管理着力，为集群培育良好的发展环境。

首先，培育发展的硬环境。加大投资力度建设基础性设施，如交通、通信、电力、互联网等。加强建立专业市场，为集群内企业提供低价优良服务。鼓励民间创办、官民协办或独立投资建设准公共物品，如教育培训机构、共用图书馆、公共实验室、公用会议室、公共信息服务机构、技术交易展览会等，为集群学习和创新创造条件。

其次，加大培育软环境。提高政府工作效率，改革审批制度，建立基于工作效率的奖惩机制，降低企业运营的制度成本，树立服务型政府理念。完善中介服务体系，为集群发展提供各方面的服务，诸如技术咨询、市场调查、会计、法律、职工培训等。对于官办的中介机构，要提高其专业水平，树立服务理念。政府应鼓励民间中介服务机构的建立。内蒙古自治区大力发展民间中介机构是今后的工作重点。政府应该把建设区域形象品牌当作一项重要工程，大力宣传和公关，逐步树立起良好的区域品牌形象。

2）拓展信息交流手段，畅通信息渠道。政府应调动一切可能的力量、采用各种手段为集群发展提供有效信息，拓展信息收集、传播与相互交流的渠道。政府不仅要积极调用现有的情报系统，而且应通过直接会面或网络交流的形式与大学、研究机构以及集群外企业沟通，获取国内外市场信息、科技信息及人才信息。要建立信息高速公路，成立集群内的信息集散中心，鼓励集群企业重视和加强与外界的沟通和交流。应充分发挥行业协会和中介服务机构的力量，组织集群内企业相互学习、交流经验、召开洽谈会、设立常设信息服务机构等方式，实现信息的内部扩散和互通。

3）鼓励产学研合作，促进技术创新。政府应积极促成集群与大学、研究机构的合作，帮助解决中小企业的技术开发与服务问题。如鼓励企业、大专院校、科研院所结成战略联盟并合作创办企业、技术转让或委托开发等；以星期日工程师的形式为集群内企业提供技术咨询服务和人才培训；以企业研发中心的形式鼓励科技人员以技术入股或直接在集群区域内创办科技小企业。地方政府要坚持知识和技术参与分配的原则，建立大学、科研机构和科技人员向中小企业转让技术的激励相容机制，既保障创新者的利益，又保证向中小企业转移的科研成果有价值。中小企业在引进技术时，政府可提供信息指导，推荐权威技术鉴定机构和中介代理机构为中小企业提供信息支持和服务，确保引进技术的时效性和市场的适应性。

4）大力发展中介组织。政府要鼓励和引导中介组织的建设，并适当给予资金支持。鼓励企业主动发起建立中介机构。在组建方式上，可以企业自发建立，也可以在企业自愿前提下，由政府协助组建。在组建初期，可适当赋予一定的行政职能，逐步改造成真正独立于政府之外，并与政府保持合作关系的社会中介组织，或者是半官半民，但民间成分占优势的社会中介组织。为了促进中介组织服务功能的健全和发挥，一要取消对民营中介组织的歧视政策，允许民营组织进入外贸、金融、保险、投资银行等行业发展业务；二要加强政府监管，积极为民营中介组织营造透明的法制环境；三要大力培养、培训各类中介服务人才，通过考试制度、选拔制度不断促进中介服务人员的自身素质和业务水平的提高。

5）提高政府服务意识，鼓励企业加强管理。政府应鼓励集群内中小企业加强管理，不断提高其质量意识、品牌意识和诚信意识。加大扶持企业的教育和培训工作力度，为中小企业培育人才市场。维持集群内良好的生产经营秩序与健康的市场行为规范，防止和避免集群内企业的封闭性管理及盲目进行同行业低水平恶性竞争。

6）重视成长型企业为其提供服务和产业配套的支持。对那些创业和快速成长阶段的企业，政府部门要给予大力支持和重点关注，如扩大公共产品或准公共产品的供应、建立有助于知识外溢的研发平台等，帮助中小企业在市场转型和产品技术要求不断提高的情况下克服其成长障碍。

（3）规范内蒙古自治区中小企业集群发展。规范内蒙古自治区中小企业集群发展就是通过行政立法、行政管理和行政执法，纠正影响企业自身发展和产生负外部性的企业行为，使企业守法经营，避免由于个别企业的不良行为而导致整个集群停滞不前，甚至解体。

1）建立奖惩机制，维护平等竞争。政府应建立奖惩机制，维护平等竞争，限制垄断，建立专业市场规范，规范市场秩序，引导集群及其企业自觉遵守市场规则，打击和消除不良经营行为和不法商贩。

2）建立行业自律性组织，规范市场竞争。积极引导和推动企业建立行业自律性组织，采取政府监管与行业自律并举的方式，共同规范市场竞争秩序，遏制无序竞争，特别是恶性价格竞争。自律性组织可以企业自发建立，也可以政府协建，可以是非官方的组织形式，也可以是半官半民的组织形式。充分发挥它们的组织职能监督、规范市场竞争及服务功能。

3）规范企业行为，维护区域品牌形象。政府不仅应该努力树立地方区域品牌，还应经营和维护区域品牌。具体做法有：逐步建立国内、国际标准化质量调控体系，规范约束企业越轨行为；促进集群区域内技术创新，帮助企业进行技术改造，使集群内中小企业"小而精"、"小而强"；扩展融资渠道，帮助中小企业缓解资金困难；通过行业协会和民间机构，建立集群区域内的激励相容机制，使集群充满了协作竞争的气氛；严格控制污染项目，避免经济的发展以生态环境的破坏为代价。

参考文献

［1］Alfred Marshall. Principles of Economics：An Introductory Volume ［M］. London：Macmillan，1890.

［2］Annalee Saxenian. Regional Advantage：Cultu and Competition in Silicon Valley and Route 128 ［M］. Boston Massachusetts：Harvard University Press，1994.

［3］Jeffrey H. , Dyer, Harbir Singh. The Relational View：Cooperative Strategy and Sources of Interorganizational Competitive Advantage ［J］. Academy of Management Journal, 1998, 23（4）：660 – 679.

［4］Mark Granovetter. Economic Action and Social Structure：The Problem of Embeddedness ［J］. American Journal of Sociology, 1985, 91（3）：481 – 510.

［5］Michael E. Porter. Clusters and the New Economics of Competition ［J］. Harvard Business Review, 1998, 76（11 – 12）：77 – 90.

［6］陈雪梅. 中小企业集群理论与实践 ［M］. 北京：经济科学出版社, 2003.

［7］仇保兴. 小企业集群 ［M］. 上海：复旦大学出版社, 1999.

［8］符正平. 论企业集群的产生条件与形成机制 ［J］. 中国工业经济, 2002, 10：20 – 26.

［9］傅京燕. 中小企业集群的竞争优势及其决定因素 ［J］. 外国经济与管理, 2003, 25（3）：29 – 34.

［10］顾强. 中国产业集群 ［M］. 北京：机械工业出版社, 2005.

［11］胡宇辰. 产业集群支持体系 ［M］. 北京：经济管理出版社, 2005.

［12］惠宁. 社会资本与产业集群的互动研究 ［J］. 西北大学学报（哲学社会科学版）, 2006, 3：30 – 35.

［13］梁琦. 产业集聚论 ［M］. 北京：商务印书馆, 2004.

［14］吕文栋, 朱华晟. 浙江产业集群的动力机制——基于企业家的视角 ［J］. 中国工业经济, 2005, 4：86 – 93.

［15］邵继勇. 中小企业集群与经济发展 ［M］. 北京：科学出版社, 2007.

［16］史东明. 我国中小企业集群的效率改进 ［J］. 中国工业经济, 2003, 2：71 – 76.

［17］唐华. 地方政府对产业集群的促导机制和效应解析 ［J］. 科学管理研究, 2004, 12：59 – 62.

［18］王程, 席酉民. 企业家对产业集群演化发展的作用分析 ［J］. 西北大学学报（哲学社会科学版）, 2006, 3：36 – 40.

［19］王缉慈. 创新的空间：企业集群与区域发展 ［M］. 北京：北京大学出版社, 2001.

［20］魏守华. 集群竞争力的动力机制以及实证分析 ［J］. 中国工业经济, 2002, 10：27 – 34.

［21］吴德进. 产业集群论 ［M］. 北京：社会科学文献出版社, 2006.

［22］张杰, 刘东. 我国地方产业集群的升级路径：基于组织分工架构的一

个初步分析 [J]. 中国工业经济, 2006, 5.

[23] 张杰, 刘志彪. 套利行为、技术溢出介质与我国地方产业集群的升级困境与突破 [J]. 当代经济科学, 2007, 29 (3).

[24] 张杰, 张少军, 刘志彪. 多维技术溢出、本土企业创新动力与产业升级的路径选择——基于中国地方产业集群形态的研究 [J]. 南开经济研究, 2007, 3.

[25] 赵鑫, 王淑梅, 纪流河, 程铭. 中小企业产业集群发展模式及建议——以辽宁省为例 [J]. 科技管理研究, 2010, 18.

[26] 周辉. 中小企业及其集群成长研究 [M]. 上海: 上海交通大学出版社, 2007.

[27] 朱静芬, 史占中. 中小企业集群发展理论综述 [J]. 经济纵横, 2003, 9: 57–63.

[28] 朱永华. 中小企业集群发展与创新 [M]. 北京: 中国经济出版社, 2006.

支持内蒙古自治区中小企业集群化成长的政策体系建议

课题编号：ZJD090006

主 持 人：李兴旺

参 与 人：毛文静　郭　毅　贾　佳　孙　玮
　　　　　朱帅帅

一、中小企业集群化成长的专项支持政策[①]

1. 扶持政策

（1）完善基础设施建设。基础设施建设包含以下几方面：

1）大力支持公共基础设施建设。为促进中小企业集群化发展所必需的集聚能力、开放能力、竞合能力和创新能力的提高，首先必须加强公共基础设施建设，这是中小企业集群化发展的基础条件。政府要加强包括供水供电、交通运输、邮电通信、环保等公共基础设施的建设，完善中小企业集群化成长的公共基础设施。如《内蒙古自治区人民政府关于促进小型微型企业持续健康发展的意见》（内政发〔2012〕88 号）规定：各类园区要集中建设标准厂房，积极为中小企业提供生产经营场地。

2）加大服务性基础设施建设。服务性基础设施主要包括市场基础设施和知识基础设施。市场基础设施，如专业销售市场、原材料市场等；知识基础设施，如大学、科研机构、技术机构、产品研发中心、产品检测中心等。政府除了要加大道路、水电等公共基础设施建设的扶持力度外，还要加大服务性基础设施建设的扶持力度，引导现代金融、现代物流、科技服务、信息服务、商务服务、专业市场等服务业发展，创建优良的中小企业集群化发展所需要的服务性基础设施。如内蒙古自治区将 2012 年确定为"中小企业服务年"，实施生产性服务业领域中小企业发展工程，重点支持 500 户中小企业在现代物流、科技研发、电子商务、工业设计等现代生产性服务业领域发展，培育一批服务企业。

3）实施和持续推进各类示范工程建设。政府应该通过实施和持续推进诸如园区、基地等示范工程建设，以产业园区、创业基地、开发区、产业集群为载体促进中小企业的集群化和集约化发展。如内蒙古自治区政府实施并加快推进"围绕园区建百户企业"、"围绕产业建百户企业"的扶植中小企业发展"双百工程"，以促进中小企业依托集群、园区和产业链发展。内蒙古自治区在 2012 年实施"三大示范工程"，即工业中小企业成长工程、"以创业带就业"工程、生产性服务业领域中小企业发展工程，引领、带动了中小企业集群化发展。"十二五"期间，内蒙古自治区将重点扶持 50 个自治区级小微企业创业基地以支持中小微企业集群化发展。2013 年内蒙古自治区在全区评定的自治区级小微企业创业基地中，选择 10 个基础设施较完备、综合服务功能较强、产业特色明显、层

---

① 本部分内容是课题研究的最后一个部分内容，是在课题的支持中小企业集群化成长政策作用的实证研究（略）基础上提出的。

次较高、孵化功能较强的创业基地，加大财政扶持、融资服务、用地指标优先、标准厂房租金补贴等扶持力度，作为全区重点培育建设的小微企业创业示范基地，引领和带动全区小微企业创业创新和集群化发展。

（2）大力培育要素市场。要素市场主要是指以下几方面：

1）市场体系建设。政府要通过税收、金融政策和政府采购政策，大力培育中小企业集群化发展的市场体系。

首先，要扶持培育专业市场。政府要通过扶持建设零售交易中心、商品批发市场、原材料市场等，为企业间的本地化交易提供市场条件，为企业商品流通提供公共平台，以流通促生产。如选择一批产品市场作为各级重点市场，在用地、用电、税收、收费及资金等方面给予扶持，使这些重点市场的发展真正成为经济发展的增长点。

其次，加大产品宣传，拓展市场空间，政府要充分运用舆论力量、展示会、产品交易会及鉴定会、广告代表会、招商会等，加大产品宣传力度，塑造区域品牌和市场形象，提高区域产品的整体知名度，拓展市场空间，如2012年，内蒙古自治区政府组织了中小企业开展大型招商活动，为中小企业创造市场需求和拓展市场空间。

最后，引导、鼓励企业申请贴息贷款建设绿色产品市场。引导、鼓励企业申请各级财政的贴息贷款建设绿色产品市场，广泛吸纳企业和个人的资金，兴办股份制市场，尽快形成功能齐全、设施先进、辐射力强和管理规范的现代化产品交易网络体系。

2）供应商培育。政府要通过财政税收和金融政策，为构建集群或园区的本地化供应商市场创造条件。

通过农村信用社、银行等金融机构，对产品储运、中间产品加工企业开通金融服务绿色通道，扶持新企业创建。以陕西省富县苹果产业集群为例，产品储藏、冷藏、气调贮藏设施，配套冷链运输等供应商的欠缺，阻碍了该集群进一步成长壮大，因此，政府通过税收优惠、贷款贴息和政府采购等政策工具，大力扶持能提供冷藏、气调贮藏和配套冷链运输等服务新创企业的形成，为集群完整的产业链发展提供条件。

要引导和鼓励集群中的骨干大型企业进行裂变和衍生新企业，促使它们将核心业务之外的非核心业务剥离出来，通过股份制、股份合作制、资产租赁等方式转制，就近形成供应商市场配套群体。

要通过招商引资等多种方式吸引重要的原材料供应商在本地生产，促进供应商企业数量增长，促进产业链条在本地的完整性，降低运输成本。

（3）加强人力资源的培训和教育。国外成功的中小企业集群化成长政策都非常注重集群或园区内人力资源的培训和教育，如意大利中央政府主要采取税收减免的政策，鼓励集群内企业自己出资开展员工培训等一些活动。我国中小企业集群化发展对人才的需求十分多样化，对低级、中级、高级人才都有需求，尤其是高层次人才。而从我国中小企业集群化发展的整体水平看，研究人员、工程师、高级技术工人缺口很大。因此，我国政府也要制定相应政策，加强人力资源培训和人力资源引进。

1）设立职工培训中心。政府部门要在集群或园区开办诸如知识更新和技术改造等培训的职业技术教育和培训中心，要围绕企业发展和企业用工需求，开展职业技能培训，不断提高企业职工队伍的整体素质。把企业家培养纳入各级企业干部培训计划，组织企业家参加集群发展的理论和管理培训，并根据企业发展需要制定人才需求目录。同时帮助企业引进紧缺人才。要明确对中小企业高级管理人员和员工培训的主管部门，提高现行的培训补助标准，为中小企业提供各类培训服务。要引导民营资本的注入以发展中小企业人力资源培训，如芬兰、德国和爱尔兰等国许多技术研发机构已经发展成为提供职业培训的专门机构，承担着这些国家大部分集群的职业培训工作。同时，应规定企业从销售收入总额中，提取一定比例的经费用于对经营管理人员和技术人才的培训和后续教育。

2）继续实施并推进"银河培训"工程。政府应继续加大"银河培训"工程工作力度，分级分批展开对中小企业人才的培训，不仅包括管理者，还要加大对基层员工的培训，要逐渐由对管理者的培训辐射到基层员工。

3）注重人才引进。政府在加强人才培训的同时，还应注重人才引进。打破地区封锁，坚持人才的多方引进与培养。吸引国内优秀人才参与创办和发展特色优势产业，并要为引进人才提供社会保障方面的有利条件，为集群吸引和留住人才提供基础条件，吸引更多的技术劳动力，满足集群内企业对高级人才数量和质量的要求，培育和形成本地劳动力市场。同时，制定相应的激励性政策吸引高级专家和学者参与到集群发展中来，可以出台类似于"千人计划"、"珠峰计划"这类针对高端人才吸引的政策。

2. 促进政策

（1）加强信息与专业咨询服务。信息与专业咨询服务的主要内容有以下两点：

1）强化专业技术咨询服务。政府应采取多样化的手段，为企业提供专业技术和知识咨询服务。一是依托国内科研院所，选聘知名专家为技术顾问，进行研发攻关和咨询服务；二是聘任区内学科带头人为首席专家，组建产业技术支撑体系建设专家团队，确定开发新产品、新技术及新品种、新技术的推广；三是组织当地技术能手、企业家组成咨询服务队，为当地群众授课讲解，培养专业技术人员。

2）加强信息咨询服务。政府要加强对企业的信息咨询服务。一是加快网络基础设施建设，对市场业务逐步实现电子化管理。二是建立中小微型企业分类统计与监测分析体系。按照新的划型标准，建立和完善中小微企业分类统计、监测分析和信息管理制度，科学、准确、及时地掌握全区中小企业生产经营基本运行状况的信息，加强对中小微企业集群化发展的分类指导，以提高政策的针对性和有效性。三是建立健全企业信息化推广和服务体系，政府筹资培育一批有水平、有信用知名度的市场化的信息技术咨询服务机构，指导、帮助企业信息化工作，架设政府与企业的桥梁。同时，要推出一批典型的中小企业信息化示范平台。四是进一步扩大和完善市场信息系统，及时采集、分析和定期发布产品价格行情走势及供求信息，衔接产销，最终形成产品信息网络。五是要引导企业实施"一把手"工程。企业信息化工作涉及企业的方方面面，绝不是单靠企业内某一部门能够推进的，关键是企业"一把手"要下决心、定目标、提要求、做决策。六是加强信息发布和传播。政府要及时公布所掌握的信息资料，如劳动力市场人才需求信息、产品市场供求信息、现有政策信息等。内蒙古自治区为了扶持中小企业集群化发展，注重信息化服务网络的建设，启动内蒙古自治区中小企业电视频道，开通内蒙古自治区中小企业门户网站，创办《内蒙古自治区中小企业》期刊；为小微企业免费建设网站、免费发布信息。

（2）构建并不断完善公共服务体系。中小企业"小、散、弱"的特点决定了它们在发展中会遇到许多自身难以解决的问题，需要完善的社会化服务体系为其提供有效的服务。政府要把推进中小企业服务体系建设作为中小企业工作的重点抓手和内容，按照"政府搭建平台，平台积聚资源，资源服务企业"的理念，坚持公益先行，紧紧抓住国家扶持建设中小企业公共服务平台网络的机遇，加快构建省（自治区）、盟市、旗县3级中小企业公共服务平台网络。同时，鼓励、引导和支持社会优质服务资源通过市场化机制满足中小企业的个性化需求。其中，由政府来扶持中介机构，再由中介机构去扶持中小企业。

内蒙古自治区将有关扶持服务业发展的政策措施，向服务中小企业的服务机构倾斜。为加快推进中小企业社会化服务体系建设，内蒙古自治区以建立政府主导的公益性综合服务平台为龙头，鼓励和引导社会力量创办专业性服务平台和社会中介服务组织，支持各地区在产业集聚区建立综合服务平台。具体而言，内蒙古自治区计划用2~3年时间基本建成以自治区级中小企业公共服务中心为核心的"枢纽"平台，整合12个盟市、2个计划单列市区域"窗口"平台，实现与100多个中介机构信息共享的"信息畅通、功能完善、服务协同、资源共享、供需对接便捷、具有较强社会影响力"的中小企业公共服务平台网络，为企业提供"找得着、用得起、有保障"的全程一站式、综合性、公益性服务。

（3）扶持企业技术创新。政府应将引导中小企业创新发展作为长期发展方向和工作目标。要不断出台鼓励政策，推动、引导和促进中小企业转型升级，摆脱粗放发展的模式，走技术型和创新型的科学发展之路。

1）扶持建设公共技术服务平台。政府要支持特色优势产业集群建设科技创新研发平台和检测平台，健全完善研发、检测、孵化等创业创新体系。加强产学研对接服务平台、网上技术市场建设，培育壮大面向中小企业服务的技术创新服务平台。

2）扶持技术、知识共享平台建设。鼓励支持高等学校、科研院所与企业联合组建工程实验室、工程技术研究中心等共享研发平台；完善科研设施共享机制，促进科学数据共享和大型仪器设备共用等服务。支持产业集群人才平台建设，组建职业教育培训联盟，鼓励高等学校和科研院所，在园区设立分院和实训基地。

3）大力扶持企业的技术创新。为了鼓励、推进中小企业技术创新，使技术创新成为中小企业发展的驱动力，政府要通过资金倾斜、财政补贴、税收优惠等手段保护和重点扶持创新型中小企业。并且对企业技术创新实行补偿机制。政府要为园区内外部企业、科研机构的合作创新牵线搭桥，积极关注外部市场存在的合作机会，同时向外界公布集群或园区内的合作创新需求。如内蒙古自治区大力实施千户创新型工业中小企业成长工程，重点培育和扶持1000户创新型工业中小企业做强做大，加速实现创新驱动发展，提高工业经济发展的质量和效益。在2012年安排和争取国家专项资金2.3亿元，支持中小企业技术改造、技术进步和科技创新项目236个。

（4）加强企业间协作配套，培育完整的产业链。中小企业集群化成长并不只依赖企业内部的资源状况及其管理，同时还依赖企业间合作沟通的行为。因此，中小企业集群政策要着重提高企业间的关联度，培育完整的产业链条，解决集群发展中存在的"集而不聚"的现象。为此，政府鼓励和引导中小企业围绕优势搞延伸、围绕重点项目搞协作、围绕大型企业搞配套，对于促进中小企业园区化、集约化、集群化发展非常必要。

1）鼓励大企业与中小企业开展经济技术协作。地方政府要把自己定位为"催化剂"，以此来促进本集群内企业之间的联系和互动，要引导本地企业树立产业集群的科学发展观。要成立行业配套协作中心，组织企业开展配套协作项目对接，鼓励大企业通过专业分工、服务外包、订单生产等方式，加强协作配套。引导大企业与中小微企业开展多种形式的经济技术协作，构建良好的利益机制，主动让渡产业链条有关环节给中小微企业，实现互利双赢。对本土配套率达到10%或本土配套率年增速达到5%以上的龙头企业，每年都要给予奖励。

要引导中小企业转变观念，甘当配角，摒弃"宁做鸡头，不做凤尾"的陈旧观念，鼓励和引导中小企业积极为大企业进行协作配套，引导中小企业之间的交易与协作，进行以产品为中心、销售为中心、原材料供给为中心、承包服务为中心等协作。制定防止大企业长期拖欠中小微企业资金的政策措施。对与核心企业签订合同的配套中小企业，提供贷款担保和贴息支持。

2）建立企业进入园区约束机制。政府要有目标地吸引那些具备产业带动优势与有产业关联效应和有配套协作功能的项目进入产业园区，建立企业进入园区的制约机制，那些不符合产业链关联和配套要求的中小企业坚决不允许加入企业集群。加大园区内龙头企业的培育，且对那些符合产业链要求的企业，政府应制定扶持政策，在税收、土地、金融、人才引进、技术改造、进出口、政府采购等方面给予支持。

3）培育区域合作、信息交流的文化氛围。政府可以通过自己的有利资源，比如电视、报纸和统计部门的数据资料，大力宣扬诚信、和谐的人与人之间的关系；鼓励在企业与企业之间，打破信息闭塞的状态，做信息通信员，积极创造相关企业的合作机会。引导集群企业设立专门的交流部门，努力扩展本企业与地区其他企业的联系。地方政府根据地理接近的原则，加强处于不同产业的企业交流，利用一切可行的措施充分培养、促进人与人、企业与企业之间的信任合作关系。

3. 规制政策

政府不仅要鼓励和引导企业诚实经营、公平竞争，保护环境，还要制定政策措施规制企业诚信守法、环保及节能降耗、清洁生产。

（1）避免机会主义行为和投机行为的政策措施。个别中小企业的一些欺诈行为和由此引发的抽逃资金、拖欠账款、逃废银行债务、恶意偷税欠税，在一定程度上影响了中小企业的整体信用形象，成为制约中小企业集群化发展的突出问题。因此，政府在培育、引导崇尚诚信、合作等区域环境和文化的同时，还要注意约束和制约区域或企业的机会主义和投机行为，要制定相应的法规条例，广泛开展"守合同、重信用"等活动，以保护诚实守信者，惩罚机会主义和投机者，形成良好的市场秩序和创新氛围。

政府有关部门应主导建设有关中小企业信用状况方面的综合信息系统，提高中小企业的信用信息披露水平，降低信息不对称性。从银行到社会中介机构应尽快建立一套完善的信用评估体系，通过信用体系的推广，逐步培育中小企业的信用观念，引导企业诚信、依法经营。例如，可以在银行信贷登记咨询系统的基础上，构建金融信用信息平台，及时向各金融机构发布信用企业名单。探索制定"诚信市场"创建标准，如对信用好的中小企业要减少日常检查，对严重失信中小企业实施重点监管，促使其诚信经营。

（2）合理规制中小企业政府采购。政府采购数量、品种、范围可以直接带动某个产业的产生和发展，从而促进中小企业集群化发展，比如硅谷的繁荣与成功在很大程度上依赖美国国防部的政府采购订单。我国中小企业集群化发展也需要政府采购合理地制定预算，对中小企业有所支持并严格要求，这样既有利于中小企业提高产品竞争力，又有利于其集群化发展。

政府要进一步完善政府采购的有关政策规定，最大限度地对中小企业参与政府采购的不合理限制进行规范，明确采购人、代理机构不得以不合理的条件对中小企业实行歧视性待遇或差别待遇，不得在注册资本、业绩水平、资格条件等方面限制中小企业，不得使用特定供应商的技术标准排斥中小企业。

在采购项目执行过程中，要制定相关比例并严格按照比例预留专门面向中小企业采购的份额，对于中小企业有能力提供的通用性强、标准与规格较为统一，能够满足采购需求的前提下，应当面向中小企业采购。对于非专门面向中小企业采购的项目，应当在评审标准和评标方法等方面做出有利于中小企业的具体规定，要将中小企业诚信经营、依法纳税和职工社会保险缴纳等情况作为评分内容。要根据项目情况给予一定的价格扣除，如 6% ~ 10% 的比例。鼓励中小企业、中小企业与大型企业依法组成联合体参与政府采购，并分别适用相应的价格优惠幅度规定，鼓励采购人允许获得政府采购合同的大型企业依法向中小企业分包。

在政府采购过程中，政府应积极开辟中标中小企业资金支付绿色通道。在控制履约风险的前提下，向中标中小企业支付的首付款比例一般应不低于 50%，累计付款不超过 3 次。集中采购机构、采购人组织政府采购活动，一律免收中小企业招标文件工本费，对中小企业投标保证金、履约保证金数额应合理确定，并适当免除或者减少。政府还应深入培训引导中小企业参与政府采购，科学建立中小企业参与政府采购奖优罚劣的诚信体系。

（3）加强市场监管，加大力度规制恶意竞争与垄断。某些中小企业产品质量低劣、价格恶性竞争与垄断行为等从根本上影响了中小企业的品牌形象。因此，政府应建立健全市场监管体系，强化规制恶意竞争和行业垄断行为。

要鼓励、引导企业间进行积极性竞争，杜绝低价格恶性竞争，严厉打击行业垄断现象，对依靠行业垄断、压制自由竞争、收取超额垄断利润的现象依法进行制裁，保护中小企业的合法权益，为展开公平竞争创造必要的环境条件。

完善地方法规，健全规章制度，加大打击制售假冒伪劣产品行为的力度，维护生产者、经营者和广大消费者的合法权益。尽快建立健全产品质量和标准体系，加快建设和完善省（自治区）、盟市、县等各级产品质量检测中心、检测站和重点县检测点，保证全面施行从生产到销售全过程的质量管理。政府职能部门要与中介机构联合，共同制定地区产品质量、服务标准，建立质量调控体系并监督执行。加强产品质量追溯，按照市场准入要求，逐步推行"信誉卡"和"二维码"的使用，保证产品质量信誉，维护区域性的良好品牌形象。

（4）生态环境保护规制政策。政府要发挥其监管作用，制定环境保护政策，加强对环境污染行为的监管和执法力度，对污染直排、偷排的企业加大打击力度，对治污未达标的企业进行重罚并限期整改，对多次偷排、直排屡教不改的企业，要从重处置，最大限度地发挥政府监管作用的实效性和严肃性。

要依据"谁污染、谁付费"的原则，按排放量和污染物对环境造成的污染程度的不同，制定收费标准，并征收污染排放税。政府应采取直接管制的控制政策，向中小企业主提供减少污染的激励，如环境保护补贴等财政手段，或者直接提供排污设备，以保护中小企业集群可持续发展的生态自然环境。政府应大力扶持产业转型和技术改造，严格限制高耗能、高耗水、高污染的新项目，加快淘汰落后技术、工艺和设备，鼓励发展资源消耗低、附加值高的第三产业和高技术产业，加快利用高新技术和先进适用技术改造传统产业。

二、中小企业集群化成长的综合支持政策

政府要通过加大资金援助、财政扶持、税收优惠及其制定相应的法令法规来扶持完善中小企业集群化成长所需的基础设施配套、要素市场、企业间协作、行业协会等。

1. 融资服务政策

资金不足和缺乏畅通的融资渠道是制约我国中小企业产业集群成长的瓶颈。要突破这个瓶颈，既要加大政府资金投入，又要面向市场融资，构筑多元化的投融资机制，进行金融扶持方式的持续创新。

（1）建立产业集群发展基金，鼓励民间资本进入。设立产业集群专项发展基金。目前较少设立中小企业集群发展基金，因此，建立产业集群发展基金非常必要，基金旨在专门扶植形成产业链、争创区域品牌、提供关键和重大技术支持、创业辅导、服务体系建设和工业园区建设等。

鼓励民间资本参与。要鼓励民营企业投资基础设施领域，鼓励民间资本投资

资产评估机构、会计师事务所、律师事务所、信用评估机构等各种公共服务机构，实现政府和民间的双赢共进。

资金扶持要有重点性和针对性。首先，要对集群中的龙头企业和骨干企业进行重点扶植，提供政府资金投入、信贷投资、证券市场、风险投资和海外融资等多元化的金融服务，为其基础研究、技术创新等环节提供有效的资金支持。其次，要对信用良好的企业实行资金重点扶持。对于那些诚信和信用度良好的企业，应该适当倾斜信贷政策，适当放宽担保抵押条件。

（2）加强以产业园区为基础的资金服务。政府部门要以园区或集群中小企业为服务对象，牵头并且不定期组织银企对话会和项目推介会，如就商业银行支持重点集群的问题进行专题研究，加强金融机构同企业之间的沟通，鼓励商业银行创新培育产业集群的信贷品种和服务手段。推动建立银行与担保机构风险共担、利益共享的协作机制，完善中小企业信用担保体系，落实国家对担保公司的优惠政策。建立和积极运用银团贷款、融资租赁、项目融资、财务顾问等多种业务方式，支持产业集群的项目建设，并采取授信贷款、贴息贷款等方式提高资金支持效果。

内蒙古自治区中小企业局联合各金融机构在全区开展"送金融服务进旗县、进园区、进企业"活动，以旗县（园区）的中小微企业为主要服务对象，注重实地考察和面对面交流，加强对接前的充分准备和对接后的跟踪服务，很好地解决了银企信息不对称的问题，提高了银企对接的成功率，正在成为内蒙古自治区银企对接的创新平台和破解中小企业融资难、融资贵的有效途径。从2011年3月至2012年8月底，共组织165家（次）金融机构，深入66个旗县（园区），对接项目781个，考察企业290多户，促成协议贷款金额486.8亿元，目前已到位资金126.8亿元。

（3）大力发展中小企业信用担保机构。综合运用免费培训、减免税收、奖励补助和资本金注入等多种扶持方式，建立融资性担保机构中小企业贷款风险补偿机制，推进银行与担保机构的平等互利合作，加快建设中小企业信用担保体系。如内蒙古自治区设立了中小企业信用担保资金，加大对中小企业担保机构的培训和资金补助、免税政策扶持力度。截至2012年年底，累计免费培训中小企业担保机构负责人400多人次，2010年以来为36家担保机构争取国家6116万元财政补贴支持。

（4）实施中小企业金融链状经营服务。政府不仅为单独的企业提供金融服务，更要为成链状存在的中小企业商户群提供金融服务。目前内蒙古包商银行通过金融产业链模式为中小企业提供金融服务。包商银行中小企业金融链状经营的方式有两种，一种是配合公司银行部的核心客户，例如，公司银行部与畜牧业某个大型厂商有合作，其上下游的供应商、客户商等都是银行服务的对象；另一种是选择小而专的行业，帮助其完成产业链扩张，即旨在发展板块集群经济，帮助其延伸上下游产业，如加工、运输、销售。

（5）增强对中小企业贷款的规模和比重。政府要引导银行业金融机构加强、创新和完善中小企业金融服务，积极发展中小金融机构，扩大对中小企业贷款的规模和比重。同时，要鼓励资产管理公司等非银行业金融机构发挥资金、专业集聚优势，充分利用各种金融产品为中小企业提供融资、增信等服务。推进和规范发展产权交易市场，完善中小企业上市育成机制。

2. 财政扶持政策

（1）建立并加大中小企业集群化发展专项资金投入。应加大对财政支持力度，采取直接资助、财政担保、贷款贴息、补助、奖励等多种形式，建立并加大中小企业集群化发展专项资金投入，积极营造促进中小企业集群化发展的财税环境。

省（自治区）本级预算要建立和继续安排中小企业技术进步贴息资金、开发区基础设施建设补助资金、节能专项资金、农牧业产业化专项资金，还要增设中小企业信用担保风险补偿资金，奖励和补贴中小企业节能技改项目、循环经济项目。支持开发区（园区）建设，对需要重点扶持的龙头企业项目建设给予贷款贴息。支持农牧业产业化龙头企业技改，支持信用担保机构提高抗风险能力。对各类专业协会以及科技、信息、购销、储运等环节的中介服务组织给予一定的财政补助。各盟市、开发区和有条件的旗县要根据实际情况设立相应配套资金，并根据财政收入增长逐年扩大专项资金规模。

（2）将增值税地方留成纳入产业发展资金。政府要将中小企业增值税地方留成部分纳入扶持各类产业发展资金，用于扶持各类产业龙头企业和基地建设。

（3）设立承接产业转移专项资金。政府要设立承接产业转移专项资金，整合各类支持产业发展的专项资金，集中支持加工业等非资源型产业项目建设和重点行业投资引导；支持承接产业转移园区加强交通、通信、供水、供气、供电等配套基础设施建设，增强园区综合配套能力。

3. 税收优惠政策

税费负担沉重是严重制约中小企业发展的瓶颈。有关数据表明，中小企业的税收增速大大超过了利润增速。我们的调研也显示，大多数企业的经营者建议"加大对企业减税力度"，认为这是企业当前最为需要的政策扶持内容。虽然我国政府出台了一些减税减费措施，如国务院《关于进一步促进中小企业发展的若干意见》提出对年应纳税所得额低于 3 万元人民币（含 3 万元）的小型微利企业实行一年税收优惠，但因范围有限、力度过小或者手续烦琐难以落实。因此，为了优化中小企业发展环境，必须进一步完善中小企业的税收优惠政策，构建地方税体系，形成有利于产业结构优化、社会公平的税收制度。

具体而言，税收优惠政策包括降低税率、税收减免与返还、提高固定资产折旧率、延长税收宽限期等。

（1）扩大增值税征收范围。政府要扩大增值税征收范围，将目前征收营业税的行业纳入增值税征收范围，消除重复征税。

（2）进一步推行结构性减税。将减免中小企业营业税和所得税的覆盖面扩大，期限延长。同时要允许个人独资和合伙中小企业在企业所得税和个人所得税之间进行选择、允许更多经营困难的企业暂免缴税或延长缴税期限，实施再投资退税等多种税收优惠形式。要放宽费用列支标准，允许中小企业设立风险经营准备金、员工培训基金等，并在税前列支。实施亏损抵免制度，允许中小企业的营业亏损向前弥补或退税或延长向后抵免期限。

（3）要加强中小企业税收服务，优化税收环境，降低纳税成本。要认真落实相关的税费优惠政策。凡是国家和地方政府政策规定减免的税费，一定要不折不扣地落到实处。要优化税收管理服务体系，规范征税机关执法行为，积极推行税务代理制度，加大税收优惠政策宣传，建立健全中小企业的纳税预约服务、定期纳税辅导、定期上门联系、税企联系卡等制度，切实做好税前、税中、税后的全方位服务。

（4）明确税收优惠的针对性和倾斜性。要对技术创新进行税收优惠。要允许中小企业建立科技开发准备金、结构调整准备金并在税前列支。对科技创新项目收益再投资于科技创新项目的企业或个人给予所得免税或退税优惠。对中小企业的技术创新项目贷款给予一定税收优惠、贷款贴息和信用担保。对中小企业进行节能减排、固定资产更新等实行设备投资抵免、加速折旧等税收优惠政策。对中小企业开展员工培训、信息化建设、技术引进及管理咨询活动给予财政补贴或税收抵免。

4. 法律法规政策

综观西方发达国家的做法，政府对中小企业集群化发展的支持政策着重体现在法律法规的支持上。各国保护和支持中小企业集群化发展的法律法规政策可分为三个层次：一是反对垄断的法律，如美国的《谢尔曼反托拉斯法》（1890 年）、日本的《独占禁止法》、德国的《反不正当竞争法》。二是保护中小企业的法律，如美国的《小企业促进法》、《机会均等法》；日本的《中小企业基本法》、《中小企业协同法》等。三是专业性、区域性或行业性的法律法规，如美国的《中小企业技术创新开发法》（1982 年）、美国加州政策通过《地区劳动力储备教育和发展法》，促使教育系统开展与产业集群发展相适应的劳动力培训，同时，加州政府制定了《加州投资政策与指南》，为集群企业提供鼓励政策、信息查询、金融援助等相关服务。

我国目前也有不少相关的法律法规，如作为基本法之一的《促进法》和《全民所有制工业企业法》、《中外合资经营企业法》、《中外合作经营企业法》、《外资企业法》、《私营企业暂行条例》、《乡镇企业法》等。

政府也不断出台扶持和促进中小企业发展法规条例，依法扶持和引导中小企业和产业集群发展。以内蒙古自治区为例，为贯彻落实国发 36 号文件精神，2009 年 7 月 14 日，内蒙古自治区人民政府印发了《关于进一步促进中小企业发展的意见》（内政发〔2009〕6 号），出台了 20 条扶持政策。为认真贯彻落实国发 14 号文件精神，2012 年 7 月 30 日，内蒙古自治区人民政府印发了《关于促进小型微型企业持续健康发展的意见》（内政发〔2012〕88 号），出台了 59 条具体的政策措施，制定了内蒙古自治区农畜产品加工业"十二五"发展规划等。这些法规文件对于促进内蒙古自治区中小企业集群化发展起到了引导和保障作用。

三、中小企业集群化成长的保障支持政策

中小企业集群化成长支持政策的保障体系是指保证中小企业集群化成长的专项性政策和综合性政策的合理制定并顺利实施所采取的措施和手段，主要表现在组织保障、加强政府部门间协调联动、建立健全工作机制、加强理论与实践学习，掌握集群发展内在规律、奖惩机制保障和加强政策宣传保障等方面。

1. 组织保障政策

为了保证中小企业集群化发展有关政策的有效实施，要有组织方面的保障措施，即应该组建和明确专门的管理部门和主管部门。如建立中小企业局作为促进中小企业集群化发展的牵头部门和主管部门。主管部门负责研究各类产业发展信息，对比市场资源、技术、环境空间，找出比较优势，制定合理、完善的产业集群布局规划，确定一批高成长性的项目，作为政府在产业集群发展中的宏观调控目标。负责制定产业集群的具体目标、政策措施，提出各重点产业集群发展的具体实施方案，包括比较详尽的产业规划、土地规划、环境规划等，协调解决重点行业集群发展的问题。

同时，每个产业也要设立由政府和相关部门领导牵头的临时或长期的工作机构，对本行业进行具体的指导和引导。负责产业信息收集、分析、总结；落实招商引资的具体工作；加强政府资源、企业资源、金融资源、项目资源、市场资源、科技资源的开发利用，为企业服务。政府主管部门要加强自身的集群理论修养并不断提高自身的综合管理能力，要从宏观角度科学地制定产业集群成长的战略规划及政策、法规，要合理规划集群发展的产业结构，要适时调查了解集群发展及其支持政策效果。

需要注意的是，要形成集群政策的长效机制，有关中小企业集群化发展的各项政策和措施不能因政府的更迭和领导人的看法或注意力的改变而随意改变。

2. 加强政府部门间协调联动保障政策

西部地区中小企业量大面广，依靠任何一个部门都难以解决好中小企业所有的问题。中小企业集群化成长的支持政策制定与落实，会涉及不同层级的政府以及政府的不同部门，而不同的政府部门承担不同的任务和担负不同的责任，也有各自不同的利益需求。因此，中小企业集群化政策的制定与实施，需要对各级政府部门职能进行合理分工，并且还要相互联结和相互协调，组成一个责任明确、分工合理、协调一致的中小企业集群化成长的管理体系。因此，政府应秉承"牵头不当头，主角配角都是角"的理念，树立大局意识，发挥好协调与组织作用，积极探索和建立多部门协调联动机制，同时也要吸纳经济学专家、生态学专家、营销专家、法学专家等多学科领域专家参与，形成合力共谋中小企业集群化发展。如建立以政府分管主席为组长、若干相关部门及经济学、管理学、生态学等方面的专家为成员的促进中小企业集群化发展的工作小组和"促进产业集群发展联席会议"。联席会议负责指导和协调地方促进产业集群发展过程中遇到的重大问题。

政府要积极、主动地促进中小企业集群化发展相关的政府职能部门、企业人士、研究机构及各方面的学者专家定期或不定期地召开协调联席会议，围绕中小企业集群化成长共同探讨和出谋划策。具体地讲，政府主管部门要与相关部门和机构合作，合理、科学地制定特色产业中小企业集群化成长战略规划和政策法规。同时，要与土地利用总体规划和城市规划相衔接，严格贯彻《产业结构调整指导目录》和国家产业政策，通过产业指导目录引导各地因地制宜地实施产业集群发展战略。政府主管部门应与相关部门共同研究制定有效的中小企业集群化发展的效果评估系统，长期对政策效果进行实时跟踪分析，从而为政府部门制定科学的政策提供实时的信息支撑。

3. 建立健全工作制度保障政策

政府职能部门应转变政府管理职能，增强服务意识和提高办公效率，实现从管制型政府向服务型政府的转变。要把中小企业集群化发展列入重要议事日程，切实加强组织领导，强化督促检查，把各项政策措施落到实处，为中小企业集群化发展营造真正的有利环境。

具体而言，政府要帮助集群企业了解、掌握和学会利用产业政策和财税政策。要严格清理、取消行政事业性收费项目，坚决清理和取消不合理收费。如全面实施行政事业性零收费政策，即所有涉及中小企业创办的管理类、登记类、证照类等行政事业性收费全部免收。要进一步减少、简化行政审批，公开办事程序。如改审批制为备案制或网上审批制；在园区内设立分支机构，加快审批速度。要进一步清理各行业协会或者中介机构的摊派和"搭车收费"，着重治理行政机关及行业协会的滥检查、滥培训、滥评比和乱罚款行为。对企业反映强烈的损害企业利益的突出问题开展专项治理，并加强舆论监督。

4. 奖惩机制保障政策

地方政府应强化集群发展与管理工作绩效考核，通过激励和监督措施来保障集群政策的合理制定和有效实施。各级政府要把各类特色产业集群化发展的任务分解落实到相关职能部门，纳入领导班子和职能部门目标考核体系，并将考核评价结果与年度实绩考评奖惩挂钩。同时，要将企业税费负担纳入政绩考核体系。在对政府领导班子的年度实绩考核中，还要提高"服务态度"、"对园区或集群的调研"考核内容的权重。对于服务态度好、深入园区或集群做调查研究的政府职能部门应给予表扬和奖励。建议在对地方政府和官员进行考核时适当淡化生产总值（GDP）及其增速、招商引资等反映数量增长的指标，强化产品附加值、科技投入、投入产出回报率、资源利用效率、品牌建设、市场秩序等反映发展质量的指标，强化失业率、人均收入水平、节能减排等关系国计民生、社会进步和生态建设的指标。

政府还应加强监管力度，严肃纪律，对片面性的"形象工程"、"政绩工程"的行为，对在企业和集群利润等指标上虚报浮夸、弄虚作假等行为要严肃处理。负责集群或园区发展的主管部门要切实加强对基础设施建设、专项基金的使用及效果、创新平台的建设及各项政策落实情况进行监督检查，对落实不力、工作拖拉的地区和部门，要严肃批评教育，并追究有关人员责任，同时要结合使用并强化法律监督和舆论监督职能。

5. 政策宣传与贯彻保障政策

西部地区各级政府部门要利用报纸、广播、电视、互联网等媒体，开展形式多样的宣传活动，广泛宣传国家、省（自治区）、盟市、县等关于中小企业及产业集群的法制法规和方针政策，及时对发布的相关政策和规划进行内容解读，使企业准确了解政策导向。要支持企业对工业园区的建设和取得的重大研究成果，对产业化重要进展等加强宣传，树立产业园区的良好形象，为营造有利于中小企业集群化健康发展的良好社会环境奠定基础。各有关部门要相互沟通协调，制定相应落实办法，高效贯彻和执行出台的政策和措施。同时，要加强支持政策落实情况的跟踪检查，及时分析问题、采取措施，保证各项政策的有效落实。

参考文献

［1］包国强．政府制定中小企业政策的原则［J］．中小企业，2004，11.

［2］段湘姬，蒋远胜．地方政府在产业集群形成和发展环境中的作用［J］．求索，2008，5.

［3］方永恒．产业集群政策的困境与出路［J］．湖南社会科学，2010，1.

［4］冯奎．中国地方产业集群政策评论［J］．生产力研究，2006，10.

［5］高全顺，李建德，程芸．产业集群的重新分类与相应发展政策［J］．经济管理研究，2008，1.

［6］顾强．中国产业集群［M］．北京：机械工业出版社，2007.

［7］顾颖，房路生．中小企业支持政策体系问题研究［J］．经济管理，2006，9.

［8］韩红．国外促进产业集群化的政策选择与启示［J］．开放导报，2006，10.

［9］洪思宁．我国产业集群发展存在的问题及对策［J］．发展，2009，2.

［10］胡蓓，李小康．欧盟产业集群政策分析及对我国的启示［J］．科技管理研究，2011，17.

［11］黄国良．推进产业集群发展的政府作用［J］．发展研究，2005，3.

［12］鞠永春．产业集群与地区发展政策分析［M］．上海：复旦大学出版社，2004.

［13］李剑力．地方政府在产业集群发展中的职能定位及应注意的问题［J］．学习论坛，2006，1.

［14］李勇．促进发展中国家企业集群形成的政策选择［J］．经济问题探

索，2004，3.

　　[15] 刘恒江，陈继祥. 国外产业集群政策研究综述 [J]. 外国经济与管理，2004，11.

　　[16] 刘长全. 国外产业集群发展状况与集群政策 [J]. 经济研究参考，2009，15.

　　[17] 龙德灿. 四川产业集群发展战略研究 [M]. 成都：西南财经大学出版社，2010.

　　[18] 马建会. 产业集群成长机理研究 [M]. 北京：中国社会科学出版社，2007.

　　[19] 钱平凡. 我国产业集群的发展状况、特点与问题 [J]. 经济理论与经济管理，2003，12.

　　[20] 王辑慈. 创新的空间：企业集群与区域发展 [M]. 北京：北京大学出版社，2003.

　　[21] 魏后凯. 中国产业集群与集群发展战略 [M]. 北京：经济管理出版社，2008.

　　[22] 魏剑峰. 产业集群发展与政府角色 [J]. 统计与决策，2007，21.

　　[23] 魏剑锋. 国内产业集群研究文献综述 [J]. 工业技术经济，2008，4.

　　[24] 吴凌芳. 企业集群形成和发展的力量：企业、政府与中介机构 [M]. 北京：经济科学出版社，2008.

　　[25] 徐燕兰. 我国西部政府在产业集群形成中的作用 [J]. 广西社会科学，2006，12.

　　[26] 杨怀. 大力推进内蒙古中小企业集群化的探讨 [J]. 企业导报，2013，1.

　　[27] 张浩川. 论日本产业集群政策及其对我国的启示 [J]. 复旦学报，2010，4.

　　[28] 赵国忻，杨置. 中小企业政策性机构功效分析 [J]. 现代管理科学，2005，2.

　　[29] 赵海东. 资源型产业集群与中国西部经济发展研究 [M]. 北京：经济科学出版社，2007.

　　[30] 赵剑冬，曹育红. 面向中小企业的产业集群政策研究——以广东省为例 [J]. 价值工程，2013，2.

　　[31] 郑健壮，叶峥. 基于资源观的产业集群政策研究 [M]. 上海：上海三联书店，2007.

　　[32] 朱英明. 中国产业集群分析 [M]. 北京：经济科学出版社，2006.

内蒙古自治区中小企业集群服务体系的现状分析与改善对策

课题编号：YJD090014

主 持 人：李瑞峰

参 与 人：齐永兴　王景峰　王佳锐　孙晓光

　　　　　冯　蕾　康秀梅

　　建立中小企业集群服务体系是在 1999 年 9 月 22 日十五届四中全会通过的《关于国有企业改革和发展若干重大问题的决定》中首次提出的。2000 年 7 月，国务院办公厅转发国家经贸委《关于鼓励和促进中小企业发展的若干政策意见》（国办发［2000］59 号）中进一步明确指出："各级政府要转变对中小企业的管理职能，推动建立以资金融通、信用担保、技术支持、管理咨询、信息服务、市场开拓和人才培训为主要内容的中小企业服务体系，并对中小企业服务体系建设给予必要的资金和政策支持。"同年，国家经贸委《关于培育中小企业社会化服务体系若干问题的意见》（国经贸中小企业［2000］372号），针对当时中小企业服务体系建设工作遇到的一些问题给予指导，并对中小企业的服务机构建设提出了更加具体的要求，极大地调动了各级中小企业主管部门建设中小企业服务体系的热情。经过对一段时间实践工作的总结，对中小企业服务体系建设工作上升到立法层面加以规范。2003 年 1 月 1 日正式实施的《中小企业促进法》使建立中小企业服务体系有了法律依据。《中小企业促进法》以重要的篇幅对建立中小企业服务体系工作进行规范，其第六章明确提出：国家鼓励社会各方面力量，建立健全中小企业服务体系，为中小企业提供服务；

政府根据实际需要扶持建立的中小企业服务机构，应当为中小企业提供优质服务；中小企业服务机构应当充分利用计算机网络等先进技术手段，逐步建立健全向全社会开放的信息服务系统；中小企业服务机构联系和引导各类社会中介机构为中小企业提供服务；国家鼓励各类社会中介机构为中小企业提供服务；国家鼓励有关机构、大专院校培训中小企业经营管理者及生产技术等方面人员，提高中小企业营销、管理和技术水平；行业自律组织应当积极为中小企业服务；中小企业自我约束、自我服务的自律组织，应当维护中小企业的合法权益，反映中小企业的建议和要求，为中小企业开拓市场，提高经营管理能力服务。

一、内蒙古自治区中小企业集群服务体系的现状调查

本文拟从企业需求的角度，采用问卷调查与实地访谈相结合的方法，了解受访企业在接受政府、行业协会、融资担保、信息咨询、技术创新、创业辅导和人才培训、市场开拓等各种服务机构的服务情况，根据调查获得的数据，分析内蒙古自治区中小企业集群服务体系在建设、发展方面存在的问题，最后就如何提高服务体系的服务供给能力提出相应的对策。

1. 企业调查样本描述

为了解内蒙古自治区中小企业集群对服务体系的需求情况，笔者赴呼和浩特、包头、鄂尔多斯3地调查了一定数量的中小企业，抽样单位均为正常经营且税务登记的合法纳税人，且符合《中小企业标准暂行规定》（国经贸〔2003〕143号公布）标准的各类中小企业。调查工作历时一个月，收回有效问卷234份（调查样本区域分布情况如表5-2所示）。参与调查的234户企业中制造业占68%，软件信息业占15%，服务业占8%，批发零售业占7%，其他行业占2%，企业所有制形式全部为民营企业，这些企业大多数成立于2003年以后。调查主要采用问卷调查和访谈为主，问卷填写和访谈对象皆为企业高级管理人员。

表5-2　调查样本企业区域分布

		频数	百分比（%）
有效值	呼和浩特	70	30
	包　头	85	36
	鄂尔多斯	79	34
	总计	234	100

2. 调查样本数据统计与分析

（1）政府服务方面。调查数据显示，在表5-3的问题（1）当中，首先在企业获得过政府的帮助方面，税收减免所占比例较大；其次为信息服务，比例也比较高，最后为人才服务和贷款服务方面，但比例相对来讲比较低，而且3地在此方面表现出了一致性。在表5-3的问题（2）当中，值得我们注意的是，呼和浩特和包头两地与鄂尔多斯呈现一个相反的趋势，呼和浩特和包头两地大多数企业首选减免税；其次为资金扶持，其比例集中在60%~80%的高位上，而选择宏

观经济稳定和技术培训的比例最高不超过 38%；但鄂尔多斯选择资金扶持和减免税比例没有超过 25%，而选择宏观经济稳定的比例却达到了 80%。首先，在表 5-3 的问题（3）当中，3 地均有超过 60% 的企业选择提供技术人才交易信息；其次，3 地有超过 40% 的企业选择提供企业间沟通的机会，在这方面，包头更加突出，其比例达到了 73%；最后，3 地在选择公共设施建设的比例都集中在 20% ~ 34%，表现出了较强的一致性。

表 5-3　政府服务方面区域数据分布　　　　单位：%

问题	选项	呼和浩特	包头	鄂尔多斯
（1）贵企业获得过政府的哪些帮助	税收减免	60	80	80
	信息服务	50	67	70
	人才服务	30	33	20
	贷款服务	28	31	22
（2）政府对贵企业的创新和效益起作用的因素是哪些	资金扶持	56	60	25
	减免税	70	80	20
	宏观经济稳定	38	20	80
	技术培训	23	6	10
（3）贵企业希望政府为企业做什么（投资和免税除外）	人才培训	34	27	20
	提供技术人才交易信息	65	80	60
	公共设施建设	34	23	20
	提供企业间沟通的机会	48	73	40

（2）行业协会和中介组织服务方面。调查数据显示，在表 5-4 的问题（1）当中，只有 20% 左右的企业选择有本地的行业协会。在表 5-4 的问题（2）当中，包头市行业协会对企业的影响力方面好于呼和浩特、鄂尔多斯，这可能与包头较好的工业基础和工业文化氛围有关。在表 5-4 的问题（3）当中，呼和浩特和包头表现出了一定的共性：选择没有、偶尔主要集中在了 41% ~ 60%，选择经常的没有超过 10%；相对来讲，鄂尔多斯在接受中介机构的服务频度方面要高于呼和浩特和包头两市。在表 5-4 的问题（4）当中，3 地均有 50% 左右的企业选择了满意。这表明虽然接触中介机构服务的频度偏低，但满意度还是比较高的。值得注意的一点是，持不满意态度的比例超过了满意度一般的比例。

表5-4　行业协会和中介组织服务方面区域数据分布　　　　单位:%

问题	选项	呼和浩特	包头	鄂尔多斯
(1) 贵企业所在行业有无本地的行业协会		22 (有)	20 (有)	20 (有)
(2) 贵企业觉得本地行业协会对企业的影响力	较弱	60	20	35
	一般	25	53	40
	较强	15	27	25
(3) 您是否经常接受中介机构的服务	没有	41	60	25
	偶尔	50	34	50
	经常	9	6	25
(4) 贵企业对行业协会与中介机构的素质和提供服务的满意度	满意	44	54	60
	一般	20	13	15
	不满意	36	33	25

（3）融资服务方面。调查数据显示，在表5-5的问题（1）当中，3地的选择表现出了较强的一致性：选择没有困难的比例集中在20%～30%，且超过了选择困难大的比例，后者主要占13%左右；而大部分企业竟然选择了困难不大，且比例集中在58%～67%，远远高于困难大的比例。在表5-5的问题（2）当中，3地也表现出了一定的一致性，有60%～70%的企业选择了银行贷款，这表明传统的融资模式依然是中小企业融资方式的首选；其次为民间借贷、股权融资和风险投资，所占比例依次降低，但差距不大。值得注意的是，股权融资和民间借贷这两种融资模式，鄂尔多斯的比例相对高于包头市和呼和浩特市，这正好反映了当前鄂尔多斯民间资本的活跃。在表5-5的问题（3）当中，在成立针对中小企业融资的专项基金和金融机构与企业提供信息交流渠道的选项方面，3地均表现了较高的集中度，比例集中在53%～73%；在贷款贴息选项方面，呼和浩特和包头表现比较一致，比例都集中在60%～67%，但鄂尔多斯在该选项的差距非常明显，没有超过20%；在协助企业在境内外上市的选项中，只有将近1/5的企业选择，3地也表现出了较强的一致性，尤其鄂尔多斯的比例更低，只有10%。

表5-5　融资服务方面区域数据分布　　　　单位:%

问题	选项	呼和浩特	包头	鄂尔多斯
(1) 贵企业在融资方面是否存在困难	困难大	12	13	15
	困难不大	58	67	65
	没有困难	30	23	20

问题	选项	呼和浩特	包头	鄂尔多斯
（2）哪种融资模式对贵企业比较重要	银行贷款	63	70	60
	股权融资	11	7	20
	风险投资	9	7	10
	民间借贷	13	13	20
（3）贵企业最希望加强哪些方面的融资服务	贷款贴息	60	67	20
	成立针对中小企业融资的专项基金	55	53	65
	信用和诚信体系建设	37	60	55
	为金融机构与企业提供信息交流渠道	60	73	60
	协助企业在境内外上市	19	20	10

（4）信息服务方面。调查数据显示，在表5-6的问题（1）当中，企业目前拥有的计算机主要应用于企业管理信息系统领域，3地比例集中在70%~83%；其次集中在电子商务、产品开发与设计方面。在电子商务领域，呼和浩特和包头的应用要明显高于鄂尔多斯，而在开发设计领域，3地的比例明显低于其他两个方面。在表5-6的问题（2）当中，首先，市场信息的选择在3地都位居第一；其次，呼和浩特和包头两地企业调研结果表现比较一致，信息重要性的排序依次是技术信息、政策和法律信息、投融资信息、人才信息；鄂尔多斯为投融资信息、政策和法律信息、技术信息、人才信息，通过对比我们发现，3地被调研的企业都把人才信息的重要性放在了最后。在表5-6的问题（4）当中，3地企业把缺乏相应的人员和缺乏信息交流中介机构方面都列为重要原因，所占比例比较高。这表明信息交流中介机构的培育和发展有着极大的市场潜力和空间。

表5-6　信息服务方面区域数据分布　　　　　　单位:%

问题	选项	呼和浩特	包头	鄂尔多斯
（1）贵企业目前拥有的计算机主要应用于哪些方面	产品开发与设计	20	37	10
	电子商务	52	73	20
	企业管理信息系统	83	70	80
（2）对贵企业来说，哪些方面的信息最重要	市场信息	81	87	80
	投融资信息	35	28	60
	技术信息	45	67	20
	人才信息	29	27	20
	政策、法律信息	36	47	40

问题	选项	呼和浩特	包头	鄂尔多斯
（3）贵企业获得哪些方面的信息存在较大难度	投融资信息	21	33	40
	市场信息	36	40	35
	技术信息	42	53	20
	人才信息	20	27	20
	政策、法律信息	36	13	40
（4）获取信息困难的原因是什么	缺乏相应的人员	45	53	20
	缺乏相应的技术设备	19	13	10
	缺乏必要的资金投入	15	13	15
	缺乏信息交流中介机构	36	20	40

（5）技术创新服务方面。调查数据显示，在表5-7的问题（1）当中，包头在自主开发和合作开发方面要高于呼和浩特和鄂尔多斯，而在技术的购买方面鄂尔多斯成为主导，明显高于包头和呼和浩特。在表5-7的问题（3）当中，资金不足俨然成为一个主导因素，成为3地排在首位的因素，其他因素表现得比较平均。而知识产权保护因素3地选择的比例都比较低。在表5-7的问题（4）当中，与前一个问题对应，资金成为3地的首选；其次为与科研机构的合作渠道、技术创新成果交易渠道和技术设施共享。

表5-7　技术创新服务区域数据分布　　　　　　单位:%

问题	选项	呼和浩特	包头	鄂尔多斯
（1）贵企业的主要技术来源是什么	自主开发	66	73	60
	合作开发	15	73	30
	购买	19	27	40
	转让	6	10	10
（2）如果是合作开发或购买，那么贵企业主要的合作对象或购买来源是哪些单位	本区的科研机构和高等院校	9	13	15
	区外的科研机构和高等院校	11	27	20
	本区企业（包括本企业的上级公司）	15	13	20
	区外企业（包括本企业的上级公司）	13	27	10
	国外机构	9	20	10

单位:%

问题	选项	呼和浩特	包头	鄂尔多斯
（3）贵企业在进行技术创新的过程中，主要面临哪些方面的制约	资金	51	47	43
	研发力量	35	20	20
	技术信息	22	20	20
	与科研机构的合作渠道	30	27	25
	政府扶持力度	20	27	22
	知识产权保护	12	13	10
（4）贵企业在技术创新过程中，希望得到哪些方面的服务	资金支持	46	67	58
	技术创新成果交易渠道	35	20	20
	技术设施共享	43	40	30

（6）创业辅导和人员培训服务方面。调查数据显示，在表5-8的问题（1）当中，企业在初创阶段，3地在需要得到的服务方面表现出了较强的一致性，所占比例排在前面的是融资服务、创业培训与咨询和市场开拓，而对技术支持和财务会计的需求排在了后面。在表5-8的问题（2）当中，市场营销的培训成为3地的首选；其次为企业经营管理和技术应用；最后为法律法规。在表5-8的问题（3）当中，企业人员流动性强成为3地首选的障碍；其次是培训效果不好和培训费用过高等。而培训机构不健全这一障碍，呼和浩特高出包头25%、高出鄂尔多斯28%，可以说表现非常明显。

表5-8　创业辅导和人员培训服务区域数据分布　　　　单位:%

问题	选项	呼和浩特	包头	鄂尔多斯
（1）贵企业在初创阶段，最需要得到哪些方面的服务	技术支持	27	33	20
	创业培训与咨询	60	53	63
	财务会计	9	13	10
	融资服务	62	67	60
	市场开拓	53	80	60
（2）贵企业最需要哪些方面的培训	法律法规	15	13	20
	市场营销	52	40	44
	企业经营管理	36	27	40
	技术应用	35	47	38
（3）贵企业对员工进行培训时面临的主要障碍有哪些	培训机构不健全	38	13	10
	培训效果不好	35	40	45
	培训时间过长	20	13	20
	企业人员流动性强	40	53	43
	培训费用过高	33	27	35

（7）市场开拓服务方面。调查数据显示，在表5-9的问题（1）当中，提供与市场开拓相关的咨询服务是3地的首选项，比例也集中在60%左右。扩大政府采购中小企业产品的比例、建立与国内外企业合作的渠道相对来讲包头在这两个方面的表现比较突出。鼓励出口的优惠政策（税收、信贷）呼和浩特的比例是37%，高出包头、鄂尔多斯17%。在表5-9的问题（2）当中，3地被调研的企业均有80%选择了很希望，这表明所调查企业一方面希望通过地理优势和大企业建立业务关系；另一方面希望通过和大企业建立稳定的业务关系，扩大自己的竞争力。技术交流方面包头和鄂尔多斯的需求高一些，这可能与一个是工业化城市，一个是后发但发展比较快的工业化城市有关。

表5-9　市场开拓服务区域数据分布　　　　　　单位:%

问题	选项	呼和浩特	包头	鄂尔多斯
（1）贵企业希望政府在市场开拓方面提供哪些帮助	维护市场秩序	16	27	22
	改善交通条件	38	7	25
	提供与市场开拓相关的咨询服务	56	60	60
	扩大政府采购中小企业产品的比例	18	47	20
	鼓励出口的优惠政策（税收、信贷）	37	20	20
	建立与国内外企业合作的渠道	21	40	20
（2）贵企业是否希望在空间上尽量接近与本企业有业务关系的企业	很希望	78	80	80
	比较希望	15	15	20
	无所谓	7	5	0

二、结论与建议

1. 政府政策服务

根据调查结果来看，税收减免依然是企业需要和促进企业发展的有效手段。税收优惠减免也是现阶段各级地方政府招商引资的利器。因此，政府在此方面的工作应该不断深入，创造性开展工作，并有所突破。对一些新创办规模比较小的企业，又属于内蒙古自治区重点扶持的产业，政府可以考虑给予更多的税收减免优惠政策。

2. 行业协会服务

行业协会在集群企业发展过程中扮演着重要角色，特别是作为保护和增进协会会员企业利益的单位，行业协会的一个重要职责就是为会员企业提供各项服务。根据调研结果分析来看，内蒙古自治区行业协会对于企业服务的力量还是比较薄弱的，再加上部分中小企业领导人思维观念的封闭性，因此加强和培育行业协会的建立和发展无疑是内蒙古自治区各级地方政府的一项长期工作。为此，政府需适当提供财政拨款，为行业协会的启动提供一定资金，并利用自身的资源、信息和组织优势从区外引入相关产业的研究机构、培训机构或其他专业性机构的专业人才以及设备，成立"政府主导型"的专业化行业协会。

3. 融资服务

根据调查结果发现，被调研企业在融资方面选择没有困难的比例占 20% ~ 30%，困难大的比例占 13% 左右；有相当一部分企业选择了困难不大，且比例占 58% ~ 67%，这与我们调研之前的预想和一贯的宣传报道有一定的差距。在后续的调查中，我们发现对资金需求比较大的企业是那些处于初创阶段、规模小的企业或者是处于调整企业战略、进行技改的企业当中。因此，我们应该重点扶持这些类型的企业。

调查结果也表明，传统的银行贷款依然是中小企业融资方式的首选，这一方面反映了内蒙古自治区中小企业融资渠道的局限性；另一方面明示了我们中小企业融资工作的重点。基于此，国有商业银行要充分发挥主观能动性，进一步搭建银企对话的平台，积极促成双方的合作。当前，股权融资和民间借贷这两种融资模式在内蒙古自治区一些地方表现出了较强的活跃性，对此我们应加强相关立法工作的进程，促进其规范操作，降低借贷双方的风险系数。

4. 信息服务

根据调查结果，我们知道市场信息、技术信息、政策和法律信息是企业信息需求的重要方面，因此，我们应该首先加强对这些服务机构的建设和投入。而信息服务机构的快速成长和发展需要政府的积极引导和扶持，为它们提供信息支持，特别是具有宏观性、全局性的信息支持。此外，依靠政府的平台，建立中小企业信息服务网，可以加强包括融资担保、管理咨询、法律咨询、认证评估等在内的各种信息服务机构的合作，借助其专业素养提升为中小企业服务的水平，进而形成特色服务产品和长效合作机制，体现社会效益和经济效益。

5. 技术服务

根据调查数据显示，资金不足俨然成为企业制约技术创新的主导因素。在技术创新过程中，企业除了资金的需求外，还应建立与科研机构的联系、技术创新成果的交易和技术设施共享，且这些方面的需求所占比例也比较高。因此，当前技术服务工作的重点应该加强科研机构间的联系渠道、技术创新成果交易渠道的建设和技术设施共享机制的形成。对此，完善内蒙古自治区中小企业集群技术服务体系可以通过3种途径：一是可以在集群内部设立技术服务中心，主要是龙头企业自己建立或几个企业技术联盟共同发起建立；二是要不断吸引外部研究机构在集群内部设立技术服务中心；三是由企业和外部研究机构在集群外部设立技术服务中心。在实际的工作中，我们应该加强这3种途径的结合。

6. 创业辅导与人才培训

中小企业在创业及成长过程中面临许多政策、法律和经济管理方面的问题，需要建立相应的创业辅导服务体系，以便保护中小企业在创业初期的健康成长，不至于牵扯它们太多的精力苦于应付。我们的调查结果显示，企业在初创阶段，在需要得到的服务方面，所占比例排在前面的是融资服务、创业培训与咨询和市场开拓。因此，我们要加强对企业创业培训与咨询的服务供给能力。可以借鉴的措施主要包括政府可以为企业实行创业初期的免税政策，甚至于提供创业贷款担保、财政补贴和优惠贷款等；相关服务机构可以为企业提供免费的创业咨询、帮助其办理申办手续、建立开业代办机构或可以根据企业的人力、物力和财力，帮助企业设计、修改各种创业方案并实行跟踪指导，以保证其创业成功。

在人才培训服务方面，正如表5-8的问题（3）所反映的，中小企业员工的不稳定性成为企业培训员工的主要障碍，这势必会形成一个恶性循环。因此，对于内蒙古自治区中小企业的人才培训来讲，必须加强员工队伍的稳定，尤其是核心技术人才的稳定，而人才稳定与企业文化建设的工作密不可分。当前，有部分中小企业领导人认为企业文化不需要花力气建设，对于这种观点，笔者认为是不可取的。

7. 市场开拓服务

调查数据显示，提供与市场开拓相关的咨询服务是企业希望政府在市场开拓方面提供帮助的首选项。据此，我们在市场开拓方面可以开展3方面的工作：一是发挥政府的政策优势和平台作用，统一对外发布产业链招商、技术招投标、用工、产品价格、物流等信息，创建集群的门户网站，扩大集群的影响力，最终创建具有地域特色的集群品牌；二是充分发挥相关服务机构的主导性，积极开展包括行业调研、技术培训、信息发布、编辑出版、会展招商、标准制定、产品推荐、中介咨询服务和国内外信息技术交流等形式各异的联合活动；三是发挥企业自身的力量，集群内企业之间可以相互进行资源、技术、资金等方面的多元化合作活动，促进集群内企业资源的合理流动和利用。总之，企业的市场开拓需要3方面的联动和合作，为内蒙古自治区经济腾飞贡献各自力量。

参考文献

［1］Albaladejo，M. A Service Approach to Local Innovative SMEs：The Case of the Spanish Toy Valley Cluster ［J］. The ICFAI Journal of Applied Economics，2005，4（1）.

［2］林汉川. 中国中小企业发展机制研究 ［M］. 北京：商务印书馆，2003.

［3］郝戊，王卉平，张璞. 内蒙古区域产业内部竞争力分析 ［J］. 科学管理研究，2009，3.

［4］迈克尔·波特. 国家竞争优势 ［M］. 李明轩，邱美如译. 北京：华夏出版社，2002.

乌兰察布市马铃薯产业集群及中小企业发展存在的问题与对策

课题编号：ZA11009

主 持 人：许　健

参 与 人：毛文静　李俊英　王　晔　康秀梅

　　　　　王景峰　解晓明

　　乌兰察布市马铃薯产业经过十几年的发展，规模化种植和产业化格局已经基本形成，诸多马铃薯中小企业在龙头企业的带领下蓬勃发展，产业链条以引、育、繁、推、加、销、贮为环节不断完善，在此基础上正逐步形成马铃薯产业集群，集群效应得以体现，产业效益明显提高。以马铃薯加工为主的中小企业为乌兰察布的经济发展做出了巨大贡献。

一、乌兰察布市马铃薯产业集群及相关中小企业的发展现状

乌兰察布市位于内蒙古自治区的中部。海拔高度在 1000～1500 米，气候偏冷，年平均气温在 2.6 摄氏度左右，昼夜温差较大，年降水量一般在 300 毫米左右，多集中在 6～8 月，降水量占全年的 70% 左右，而土壤也多为砂性。以上的气候特征和土壤条件非常适合马铃薯的繁育生长。

1. 乌兰察布市马铃薯种植情况

乌兰察布市马铃薯种植区面积早在 2008 年就超过了 400 万亩。全市马铃薯种植已形成规模化、区域化的生产格局。为了提高马铃薯相关加工产品的原料保障率，一方面，乌兰察布市以龙头企业为依托，建设了加工专用薯基地；另一方面，以种植为核心形成了很多类似于小企业的专业种植队，他们为种植户们提供包括农机租赁维修，种植承包等一系列服务。此外，如喷灌、微灌、膜下滴灌等一系列节水灌溉设施和技术也被先后引进。目前，喷灌面积为 30 余万亩，有大型指针式喷灌机 460 套，中小型喷灌机 320 套，喷灌机已装备量约占全国总数的 1/3。全市形成了 5 个万亩以上规模的喷灌基地，做到了良种、良法和优良设施三配套，即在栽培、施肥、综合病虫害防治和机械化作业等方面完全采用标准化生产措施。

2. 马铃薯的储存情况

据调查，乌兰察布市鲜薯年均产量在 400 万吨左右，大约 200 万吨于产后直接外销，剩余 200 多万吨则需要贮存代售。乌兰察布市在鼓励当地农户自建贮藏窖的同时，又以龙头企业为主体，通过大量扶持和引导先后建设了 4 处 60 万吨装备世界先进调控设备的现代化储库，再加上该市原有的 2700 余座贮存能力在 200 吨以上的储窖，总储存能力超过 200 万吨。仓储设施的建设和完善，不但实现了马铃薯全年均衡上市，而且使企业不再受原料的限制，无论淡旺季均可进行生产，降低了加工企业的成本，提升了企业产品的竞争力。同时，马铃薯储存能力的提升也为未来的马铃薯期货上市创造了条件。

3. 马铃薯的加工情况

马铃薯加工企业是乌兰察布市马铃薯产业集群中最主要的部分，它是马铃薯实现产品增值和地域内资源有效配置的重要途径。马铃薯加工主产品有：马铃薯全粉、精淀粉、变性淀粉、薯蛋白、薯条、薯片、粉条、粉皮等。现在，乌兰察

布市大中小型马铃薯加工企业已经有 70 多家，年营业额超百万元的企业达到 20 多家，年生产能力在 3000 吨以上企业达到 15 家，其代表企业有：内蒙古希森马铃薯种业有限公司、内蒙古富广食品有限公司、内蒙古集宁奈伦淀粉工业有限责任公司、太美薯业有限公司（内蒙古蓝威斯顿）、内蒙古农神食品有限责任公司、内蒙古卓资县龙的马铃薯有限公司、四子王旗润凯农业开发有限责任公司等。内蒙古富广食品有限公司是亚洲最大的马铃薯全粉生产企业之一，年生产全粉 1.2 万吨；内蒙古集宁奈伦淀粉工业有限责任公司具备 3 万吨精淀粉、2 万吨变性淀粉的生产能力；太美薯业有限公司年加工能力为 5 万吨法式薯条和 5000 吨马铃薯全粉；内蒙古卓资县龙的马铃薯有限公司生产能力可达精淀粉 2 万吨、薯蛋白 1400 多吨，其专利产品薯蛋白填补了国内空白。

乌兰察布市的马铃薯综合加工能力已经超过 100 万吨，其加工产品种类日益丰富、加工企业群体也渐成规模。在传统加工产品的基础上开发了很多新产品，例如，马铃薯咀嚼片和利用马铃薯加工废渣开发保健醋、人用薯蛋白保健品等，马铃薯加工已经涉及高附加值、高科技领域。传统加工和新品开发使得马铃薯加工转化率由"十五"期初的不足 5% 提高到 25% 左右，马铃薯产业的综合增加值突破了 30 亿元，成为地区经济的重要支柱。

4. 马铃薯销售情况

乌兰察布农产品交易平台是全国首个由政府出面搭建的现代化多功能农畜产品流通交易平台，随着它的投入使用，为马铃薯产业的发展提供了更多的购销渠道，从而提升了产业整体质量。自 2011 年开始，乌兰察布市先后在北京、集宁连续两年举办了"中国薯都·乌兰察布马铃薯展洽会"。两届马铃薯展洽会共设标准展位 123 个，特装展位 22 个，展区面积达 15000 平方米。有来自全国各地 500 多家马铃薯采购商和种植大户、专业合作社代表参会。展会期间共签订马铃薯购销、合作协议 104 项，签约金额达 17 亿元，销售马铃薯 150 多万吨。马铃薯展洽会的成功举办拓展了乌兰察布市马铃薯的市场销售空间，实现产销衔接，使乌兰察布的马铃薯走出内蒙古自治区并走向全国。

全国有影响的马铃薯批发市场有 6 个，在乌兰察布市的就有 2 个，分别是内蒙古自治区乌兰察布市四子王旗北方马铃薯批发市场和内蒙古自治区乌兰察布市察右后旗北方马铃薯批发市场。乌兰察布还有乌兰察布市北方马铃薯、乌兰哈达北方马铃薯、四子王旗东八号乡北方土豆营销合作组织、乌兰察布市察右中旗马铃薯产业协会等 10 个批发市场。这些批发市场的年交易量达 100 万吨以上。

据了解，乌兰察布市现已成立马铃薯营销协会 20 多个，注册的马铃薯经济人近 300 人，在马铃薯销售的高峰时期同时参与销售的人员达到 10 多万人。乌兰察布市在全国各地都设立了购销营业网点，建立了10多个直销窗口，并建立了现代化多功能的马铃薯价格信息平台、物流配载平台和交易平台，将马铃薯产业的信息流、货物流、资金流整合利用，使马铃薯产品的销量和销售半径不断扩大。

以希森和民丰为代表的种薯企业每年约供应山东、宁夏、河北等省区10万吨优质种薯。全市每年为上海百事（中国）食品有限公司、北京辛普劳马铃薯食品公司、上好佳食品公司、百宜食品公司等全国知名企业提供加工专用薯8万吨，还向广州、深圳、上海、海南等地出售优质鲜食薯150多万吨，并出口到欧亚多国。

5. 马铃薯产业物流状况

乌兰察布市主要农产品物流园区有3个，分别是集宁现代物流园农畜产品物流区、乌兰察布市综合物流产业园农畜产品冷链物流区和贲红综合物流园区马铃薯交易区。

乌兰察布市目前已形成以一级以上公路为主骨架的公路网结构，全市由纵横交错的2条国道、6条省道、34条县道和214条乡道构成连接市内外高效、便捷的公路交通网。市内共有5条铁路，目前营运的铁路途经乌兰察布市8个旗县市区，覆盖率达到73%。近年来，火车运能大约为120万吨，而马铃薯的运量不足5万吨，尚不足运输能力的5%；由于公路的迅猛发展，乌兰察布市汽车运输能力达到近190万吨，其中马铃薯运输量常年在90万吨左右，是乌兰察布市马铃薯外销的主要运输途径。火车的运输主要集中在卓资县，公路运输网遍布乌兰察布市的各旗县。随着马铃薯产业的发展，已经形成了以乌兰察布市银盾物流有限责任公司、锡林郭勒蒙发物流有限公司乌兰察布市分公司、上海嘉闵物流有限公司、乌兰察布市集宁蒙送物流有限公司、乌兰察布市力源物流有限责任公司为代表的初具规模的多家第三方物流企业。

二、马铃薯产业集群中龙头企业简介

乌兰察布市近年通过各种形式引进建设马铃薯企业，提升加工转化能力，进一步发展马铃薯产业集群。这些龙头企业中多数为中型企业，其经营范围涉及马铃薯产业的方方面面。在龙头企业的带领下，诸多中小企业已经形成了门类齐全、初具规模的生产加工群体。

1. 内蒙古民丰薯业有限公司

内蒙古民丰薯业有限公司成立于2008年5月，注册资金5000万元，公司总部设在乌兰察布市集宁区李长庆村农牧产业园区，占地面积为3000亩。公司集马铃薯研发、脱毒、繁育、实验、加工、仓储、物流于一体，已建成乌兰察布市马铃薯高科技示范区并成立马铃薯研究院。公司项目的实施得到了国家开发银行和市、区两级科技部门的高度支持，与中国农大、内蒙古大学、内蒙古农大、乌兰察布职业学院、天津南开大学、华南农大等单位形成了产业学习研究联盟，在马铃薯多个方面进行研究，并取得很大成果。公司与乌兰察布市现有薯业公司及广大农民形成上下级种薯供应、生产和销售体系。公司建成马铃薯深加工研发中心，面积为 2200 平方米，引进 4 条丹麦生产线。建成马铃薯脱毒研发中心，其面积为 500 平方米，进行马铃薯种质资源的保存和研究，马铃薯专用优良品种的培育、引进、脱毒以及商品薯生产技术的研究。与美国康佳公司、约翰迪尔公司合作建设完成马铃薯喷灌、滴灌、微灌种植实验区为 1300 亩，用于马铃薯育种、栽培及马铃薯机械化地下渗灌等研究，努力实现马铃薯节水灌溉和精准生产。公司与荷兰牧易公司合作建设马铃薯储存库实验中心。公司建成马铃薯组培室为 10000 平方米、马铃薯微型原种生产智能温室 8 亩、温室 30 亩、网室 200 亩、原种生产基地 6 万亩。主要功能是年生产马铃薯脱毒苗 2500 万株、微型薯 1.25 亿粒、原种 5 万吨。从而完成全市 400 万亩马铃薯种薯整体更新所需的基础种薯生产与供应。目前我国马铃薯储藏设施储存损失在 15%～20%，而采用荷兰、美国马铃薯现代化储存设施损失不到 5%。公司吸收荷兰、美国存储技术，建设 10 万吨马铃薯储藏库。公司建成 5 万吨马铃薯干刷、整理、保鲜和包装生产线一条，主要功能是对马铃薯产品进行详细分级，并包装上市。公司建成马铃薯物流仓库、交易中心为 20000 平方米，注册有"敕勒川"和"草原民丰"两大商标，在北京、上海、武汉等大城市建立了销售专区，向全国销售马铃薯。

2. 希森马铃薯产业集团种业有限公司

内蒙古希森马铃薯种业有限公司是内蒙古自治区最大的农牧业招商引资项目。始建于 2006 年 9 月，注册资金 5000 万元，占地为 500 亩，计划投资 22.36 亿元，分 3 期建设。经营范围包括马铃薯种薯繁育、马铃薯储藏、马铃薯深加工等。是"十一五"国家科技支持计划《马铃薯产业发展中关键技术研究》示范单位。内蒙古希森马铃薯种业有限公司位于内蒙古自治区乌兰察布市商都县，总占地 60 万亩，全部配备大型喷灌机，实现机械化作业，年产脱毒种薯 120 万吨。

2007 年 11 月获国家科技部批准在公司建立全国唯一的国家马铃薯工程技术研究中心，为公司的发展提供了有力的科技支撑。

内蒙古基地坐落于内蒙古自治区乌兰察布市商都县，建设种薯基地 120 万亩，每年轮作种植 60 万亩种薯，年可提供优质种薯 130 万吨，每年实现产值 30 亿元。目前已建设 45 万吨的智能气调库和 2 万吨的马铃薯全粉厂。

3. 内蒙古本源农业发展有限责任公司

内蒙古本源农业发展有限责任公司成立于 2012 年，是一家以马铃薯深加工产品为核心，集教学科研、生产、销售、服务为一体，致力于农业产业链整合的兴农企业。公司位于察右后旗土牧尔台镇农牧园区内，公司注册资金 2000 万元，总投资 5000 万元，工厂占地面积为 35200 平方米，厂房面积有 15000 多平方米，年处理马铃薯 7 万吨。建设一期工程生产一级精淀粉 6000 吨，大拉皮、水晶粉等产品 3000 吨，建设两期工程建成羊杂碎系列、火锅底料、方便粉丝等产品 2000 吨生产线；建设三期工程建成土豆泥速食产品 1000 吨生产线。

公司采用"农户＋企业＋市场"的经营模式，与当地百姓成立"薯佳源种植农民专业合作社"，共同开发种植马铃薯近 5000 亩；同时整合察右后旗马铃薯基地近 30000 亩，察右中旗马铃薯基地近 9000 亩，自营基地 5000 亩。公司依托马铃薯生产基地，利用马铃薯销售季节性差价，规划建设土牧尔台镇马铃薯仓储物流交易市场，为马铃薯产业发展搭建存储、交易、信息、运输、深加工等多元化配套服务平台。2012 年 5 月已开工建设一万吨自然通风马铃薯储库，2012 年 10 月投入运行；2013 年建设两万吨储量的马铃薯储藏库，引进荷兰牧易通风技术，实现智能化控制。

4 内蒙古富广食品集团有限公司

内蒙古富广食品集团有限公司成立于 1998 年，是专业从事马铃薯种植、仓储、加工的现代化农业产业集团。公司坐落于内蒙古自治区乌兰察布市察哈尔生态工业园区，公司占地 15 公顷，员工 120 名，拥有从荷兰、美国、意大利等国引进的最先进的马铃薯种植、收获、仓储、加工的技术和设备，总投资达 2.32 亿元。公司现有种植用地 1200 公顷、10 万吨马铃薯储存库，同时具备年产 1 万吨马铃薯雪花全粉及 1500 吨三维立体膨化食品的生产能力。公司生产的马铃薯雪花全粉，通过 ISO9001：2000 以及 HACCP 管理体系认证，质量达到欧洲标准。"富广"牌马铃薯雪花全粉获得"名牌农业产品"称号。与百事食品（中国）有限公司形成了战略伙伴合作关系，公司产品在国内市场畅销并出口远销至东南亚、中东以及一些欧洲国家。

5. 内蒙古集宁奈伦淀粉工业有限公司

内蒙古集宁奈伦淀粉工业有限公司是内蒙古奈伦农业科技股份有限公司旗下的一家大型马铃薯精淀粉、变性淀粉及农副产品综合加工的生产企业。该公司成套引进世界先进的瑞典、荷兰自控设备，完全采用欧洲生产工艺，以现代化管理方式，生产具有国际先进水平的高纯度、高黏度马铃薯精淀粉、系列变性淀粉及膳食纤维、蛋白粉等系列产品。公司位于集宁区东河路 14 号，公司总投资额 1.1 亿元，现有职工 90 人，厂区占地面积为 10 万平方米。建设规模能力为精淀粉 3 万吨，变性淀粉 2 万吨，膳食纤维 5000 吨，蛋白粉 2400 吨，年总产值 2 亿元，是全国同行业内唯一一家综合型深加工的大型马铃薯加工企业。奈伦淀粉以优越的品质被国家标准委独家授予"采用国际标准"企业，以诚信和优质服务被中国淀粉协会授予同行业独家"国家企业信用等级 AAA 级"企业。公司通过 ISO9001、ISO14001 国际质量管理体系认证。内蒙古集宁奈伦淀粉工业有限公司淀粉加工项目，总投资 10 亿元，固定资产投资 8 亿元，项目建设年产精淀粉 2 万吨、马铃薯冷冻薯条 5 万吨、建设 4 万吨马铃薯仓储库 5 座，于 2014 年 4 月开工，计划于 2016 年 12 月完工。

6. 太美薯业有限公司

太美薯业有限公司是香港太美农业有限公司在中国内地建立的外商独资企业，投资总额为 9900 万美元，注册资本金为 4600 万美元。公司主要从事马铃薯法式薯条、颗粒全粉、雪花全粉、薯泥、薯格、薯饼和番茄酱的生产销售以及农产品种植、农业高新技术研究、开发和货物仓储，是一家集马铃薯种植、收购、仓储、加工及销售为一体的大型马铃薯深加工企业。

太美薯条加工厂位于内蒙古自治区乌兰察布市商都县轻工业园区，占地 23 万多平方米，投资 5 亿元人民币，已建成年产 5 万吨法式薯条、5000 吨马铃薯雪花全粉生产线，10 万吨原料储藏库及 5 万亩马铃薯种植基地。太美薯业工厂引进荷兰科瑞欧、托斯玛、布鲁品特、美国爱达荷等国际最先进的马铃薯加工、仓储技术及包装设备。每小时 10 吨产品的薯条生产线是目前亚洲科技含量最高、生产能力最大的生产线。

7. 商都县富龙泰薯业有限责任公司

商都县富龙泰薯业有限责任公司始建于 2011 年，当年建设当年投产，主产品以马铃薯淀粉为主，厂区占地面积为 58775 平方米，总投资为 5000 万元，成套引进内蒙古科鑫源食品集团的马铃薯淀粉生产线，设备、工艺较为先进，自动化程度高，技术成熟，设计年生产能力为一万吨马铃薯精淀粉，加工马铃鲜薯 65000～75000 吨。公司现有员工 90 人，高层管理人员 5 人，中层管理人员 8 人，工程师 10 人，高级技工 16 人。

8. 卓资县富民农民种植专业合作社

卓资县富民农民种植专业合作社成立于 2009 年 3 月，注册资金为 106.25 万元，位于卓资县梨花镇东壕赖行政村。合作社现有会员 167 人，入股资金为 470 万元，主要经营马铃薯、蔬菜种植、加工、销售业务。种植园区占地面积为 1082 亩，建有大棚 606 亩、温室 32 亩，马铃薯网室 10 亩，种植露地冷凉蔬菜和马铃薯 400 多亩，年生产马铃薯 1500 吨，各类蔬菜 2000 吨。合作社实行规范化管理，所产农产品全部为绿色和无公害产品，其中马铃薯获得有机产品认证证书。此外，合作社建有脱水蔬菜加工厂一座，年生产脱水蔬菜 500 吨，产品全部出口日本等国；并建有蔬菜交易市场一处，年蔬菜交易量达 10000 吨。合作社现有职工 38 人，其中科技人员 12 人，2011 年主营业务收入为 1560 万元，实现利润 310 万元。

9. 四子王旗金烁农业科技有限公司

四子王旗金烁农业科技有限公司是由我国著名马铃薯专家和科技人员投资设立的民营高新技术企业，公司于 2011 年在内蒙古自治区乌兰察布市四子王旗注册成立。注册资金为 1000 万元。公司集科研生产和开发经营于一体，依托生物技术和现代农业高新技术成果，致力于马铃薯新品种选育、试管苗组培脱毒快繁技术和微型种薯工厂化繁育技术研究；开展马铃薯脱毒试管苗、试管薯和微型种薯的规模化生产开发以及脱毒种薯。公司科技人员占职工总数的 50%，中高级科技人员占 24%。公司主营：马铃薯合格种薯，包括微型薯、原种、一级薯（克新一号、夏波蒂、费乌瑞它、荷兰 14）。该公司现建有马铃薯试管苗组培脱毒快繁实验室 400 平方米，微型薯生产网室 75 亩和塑料大棚 16 亩，建成种薯扩繁基地 500 亩。年生产微型薯为 1000 万粒，原种 1000 吨。另建有 250 多平方米储窖 4 座，储存能力 5000 吨。

10. 凉城县淀粉制品有限责任公司

凉城县淀粉制品有限责任公司是内蒙古自治区中西部规模较大的马铃薯淀粉制品加工企业之一。现有一条马铃薯淀粉生产线、4 条粉皮生产线、一条粉丝生产线、库容 5000 吨的马铃薯恒温库和 1000 亩无污染马铃薯生产基地，生产设施装备水平均达到同期国际或国内先进水平。总资产达 1200 万元。现有生产规模为年产精制马铃薯淀粉 5000 吨、各类淀粉制品（粉皮、粉丝、粉条）1000 吨，年存储优质马铃薯 5000 吨。公司主要品种有：精制马铃薯淀粉、鸿茅生粉、精制粉皮粉条、鸿茅牌精制粉丝和冷贮鲜薯。

三、马铃薯产业集群及相关中小企业发展中存在的问题分析

目前，乌兰察布市马铃薯产业集群及中小企业存在的主要问题是：产品的附

加值低，科技含量不高；龙头企业带动能力不强；中小企业自主创新能力弱；农业产业发展软环境和可持续发展能力不强；人才缺乏。农业产业集群及相关中小企业的发展像生物群落需要各生态系统的相互配合一样，需要各要素的合理配合才能真正形成农业产业集群，马铃薯产业集群也不例外。

1. 适合加工的专用薯品种少且质量不好

马铃薯原材料对加工产品的质量有直接性影响，因此并非所有马铃薯都适合加工。用于加工的马铃薯要求其品种的物质含量高于19%，还原糖含量低于0.4%，龙葵素含量低，多酚氧化酶活性低，块大、均匀、完整度好，没有明显的病虫烂，耐贮存。而乌兰察布市马铃薯长期以来重量而不重质，这样就导致加工专用薯种少，不得不从国外进口。现况是"克新一号"、"大西洋"虽然是用于加工薯片的专用薯，但它们都较难种植而且"大西洋"对晚疫病的抵抗性比较差，薯块容易出现空心，最后导致"大西洋"和"克新一号"在乌兰察布市的种植面积较少，而且像"布尔班"这样的国外品种已经出现明显的种植退化现象。可以用来进行淀粉加工的马铃薯品种虽然较多，但种植户们考虑到销售问题，就不能专门选择最适合淀粉加工的马铃薯品种去种植，而是选择种植食用和淀粉加工皆可的品种。

2. 集群内龙头企业少，达产率低

龙头企业能够带动整个产业集群，稳定生产基地，通过技术、资金的投入提高产品附加值和市场占有率。目前，龙头企业马铃薯加工转化率仅占全部马铃薯加工企业的7%，对乌兰察布市马铃薯加工产业整个集群而言，龙头企业的数量还是较少。虽然希森马铃薯产业集团种业有限公司、内蒙古集宁奈伦淀粉工业有限公司、太美薯业有限公司、内蒙古富广食品集团有限公司等企业在设备技术和产品质量等方面已经走在全国前列，但相较于同行业中其他企业，产品的同质化较明显，其特质并不十分突出。有时，即使有优势产品（如太美的薯条）因地方保护主义等原因，迟迟打不开北京等特大型的产品消费市场。这些都导致马铃薯加工产品的市场占有率不高，所以一直没有完全释放产能。

3. 企业规模小，基础设施落后，低层次重复建设现象严重

乌兰察布市马铃薯加工产业发展起步较晚又缺乏产业政策、产业规划、生产及市场准入标准等法律法规体系的约束，小规模、低水平重复建设现象严重。2005～2006年，马铃薯淀粉价格较高，原料马铃薯的价格不高，淀粉加工企业的利润空间较大，众多社会资金投入到淀粉粗加工行业。这些无序、大量而盲目

的投资建设破坏了淀粉行业和整个产业集群的健康发展。目前，乌兰察布市马铃薯淀粉加工基地的道路系统、废水处理系统、包装储藏等基础设施非常不完善，专业户、小企业多为临时性设施，只有少数大企业具有完整的生产线系统，完善的污染处理系统。这些都导致马铃薯淀粉品质不高、质量等级达不到市场要求。很多企业基础设施落后，产品质量水平不高、不稳定，出成率低，水耗、能耗较高，既造成资源浪费又造成环境污染，一些小企业承担不起治污费用或没有能力搬迁改造而关闭。

4. 产品品质层次低，缺乏品牌竞争力

据调查，乌兰察布市马铃薯淀粉产品大多仅为合格品，优级品所占比例不高，马铃薯变性淀粉，相关具有特殊市场需求的马铃薯淀粉衍生物产品产量不高，大多数中小企业主要集中在低层次的产品竞争中，对于马铃薯淀粉产业的发展极为不利。据相关调查显示，乌兰察布市马铃薯淀粉产品每年只有40%能达到优级品，50%为合格品，其余10%是等外品。目前，合格品供过于求，市场价格很低，每吨也就4500元左右，而优级品每吨的市场价格在6200~6500元，并且市场供给较少。品牌建设方面，虽然已有几个马铃薯淀粉品牌，但对于品牌的宣传力度不够，品牌功能不能充分发挥，服务于提升马铃薯淀粉产业竞争力的能力不强。

5. 企业管理模式落后、企业间协作不足

目前，乌兰察布市马铃薯产业集群内各个企业的加工原料基本趋同，这就导致企业间在原材料阶段的竞争，尤其是在马铃薯价格走高的时候，竞争更激烈。虽然采用了"企业＋农户"或"企业＋农户＋市场"的模式来解决这一问题，但马铃薯的价格往往受到多重因素的影响，价格波动幅度大，当模式脱离市场真实情况时，企业与农户都不愿意承担损失或者减少盈利。企业与种植户之间、企业与企业之间的互信度一直不高。企业彼此间的协作不足，在原料、市场和人才方面的激烈竞争使得集群协同效应难以发挥，不能形成完整的产业关联系统，集群优势得不到体现。集群中的很多小企业都进行淀粉粗加工，产品技术含量不高。这些企业都是在淀粉行情较好时扎堆投入产生的，其经营管理者以前并非从事淀粉加工或相关行业，在企业管理上有很大的局限性，多采用粗放的作坊式管理，现代管理手段匮乏，现代企业管理制度无法建立，不能通过管理来提升企业的竞争力，往往是在马铃薯与淀粉价差大时才有盈利，价差小时就亏损甚至停产倒闭。因此，管理上的陈旧和粗放一直是制约多数马铃薯加工企业健康发展的短板。

四、乌兰察布市马铃薯产业集群及中小企业优化发展对策

1. 推广脱毒种薯，提高薯质

马铃薯种薯不好，马铃薯的产量和质量都会大幅下降，脱毒种薯正好可以解决这个问题。脱毒种薯是指马铃薯种薯经过一系列物理、化学和生物措施清除其体内病毒后，获得的无病毒或极少有病毒侵染的种薯，它具有早熟、产量高、品质好等优点，通过此项技术可使马铃薯平均增产30%～50%。为解决原料的产量和质量问题，乌兰察布市应大力推广脱毒种薯的种植。目前，脱毒种薯因技术和价格等原因，种植率徘徊在50%左右。政府应将针对马铃薯种植上的优惠政策向脱毒种薯倾斜，引导广大种植户采用脱毒种薯，在现有耕种面积的条件下，提高马铃薯的产量和质量。在促进种薯规模化生产的同时，政府还要加强监督，建立种薯技术标准，防范不合格种薯进入市场。

2. 通过技术、创新和品牌全面提升马铃薯产业集群中龙头企业的竞争力

乌兰察布可以学习定西市的"以大企业为龙头，小企业为网络"的产业集群发展战略，把年加工能力在5万吨以上的马铃薯加工企业作为重点发展对象，通过政策、资金、技术、人才的支持提升龙头企业的核心竞争力。一方面，通过技术引进和全面升级改造，提升产品产量和质量，生产出在同行业中叫得响的名牌产品，再通过营销宣传推广等手段加强品牌建设，扩大品牌影响力，提高产品市场占有率，同时加强创新，生产出满足市场新需求的新产品；另一方面，建立健全市场营销体系，打破地域界限和地方保护主义，扶持龙头企业代表乌兰察布马铃薯产业对外展开竞争，扩展市场。在打响乌兰察布马铃薯产业品牌的同时，加强龙头企业与小企业的联系，以点带面，使整个产业良性发展。还要从战略的角度来规划产业集群的发展，整合资源，淘汰落后产能，走专业化和集约化之路，适时促进同类企业的兼并重组，从而提升马铃薯产业集群的整体竞争力。

3. 革新企业设备工艺，加强中小企业标准化建设

加工设备与工艺的先进与否直接关系到马铃薯加工企业竞争力的强弱。例如，在马铃薯淀粉行业中，设备水平和工艺技术要瞄准国际同行业最先进水平，要充分利用和改造现有工艺设备，在能力范围内大胆淘汰落后产能，及时引进先进生产设备和加工工艺，保证硬件条件不落后才能保障在同行业中具有竞争优势。企业竞争生命力持续时间的长短与企业产品的创新能力紧密相关。淀粉加工

企业多以中小企业为主，只有及时根据市场对马铃薯淀粉多样化、个性化的需求研究开发出新产品，才能在竞争日益激烈的马铃薯淀粉市场体现出竞争优势。

马铃薯淀粉产业属于完全竞争行业，乌兰察布马铃薯淀粉产业无论在国际市场还是国内市场要想占据一定的份额，产品的标准化和规范化是其关键所在。只有保障了产业内部企业生产、管理的标准化、规范化，才能保证产品的标准化、规范化要求。因此，必须依据马铃薯淀粉产品质量标准，严格要求马铃薯淀粉加工企业走标准化、规范化的路子，才能增强乌兰察布马铃薯淀粉产业抵御市场风险、参与市场竞争的能力。

4. 加强政府对马铃薯产业集群发展的引导，完善政府服务功能

政府在马铃薯产业集群发展中的作用是不可或缺的，一定要充分发挥政府在政策、资金、信息、技术等方面的作用。政府要做好马铃薯产业集群发展的规划，完善服务体系和投融资体制，重点加大对马铃薯淀粉专用种薯繁育的财政支持和对马铃薯加工企业及相关中小企业的信贷支持。市各级财政及农业产业化专项资金和产业化项目安排上应加强对马铃薯精深加工项目建设的关注，金融部门要加强金融服务，在加大对马铃薯龙头企业支持力度的同时也不忽视其他中小企业。要通过建立健全信息网络，建立马铃薯相关行业数据共享机制，收集国内外同行业新技术、新工艺信息，掌握行业发展趋势，引进科研人才，促进科研单位科研能力等举措来推动乌兰察布马铃薯产业和相关企业的快速发展。积极发展中介机构，采取政府引导、市场化运作等方式，大力发展生产中心、技术信息中心、质量检测控制中心、开放行业技术中心等集群发展机构，全方位地为马铃薯加工企业和整个马铃薯产业集群的发展服务。

参考文献

［1］王文腾. 中国马铃薯产业化的发展现状与政策研究［D］. 武汉：华中师范大学硕士学位论文，2012.

［2］张玉霜. 黑龙江省马铃薯产业发展对策研究［D］. 北京：中国农业科学院硕士学位论文，2013.

［3］马旺林. 甘肃省马铃薯产业竞争力及其影响因素研究［D］. 雅安：四川农业大学硕士学位论文，2012.

［4］包玉德. 关于内蒙古马铃薯产业发展的思考［J］. 农村财政与财务，2011，11：16－17.

［5］张秋燕，张福平. 马铃薯品种的营养成分分析［J］. 中国食物与营养，

2010，6：75 – 77.

［6］孙春梅．立足乌兰察布资源优势，打造"中国薯都"［J］．区域经济，2014，2：155 – 156.

［7］武聪明．乌兰察布市马铃薯产业链发展研究［D］．呼和浩特：内蒙古农业大学硕士学位论文，2010.